퀀트

MY LIFE AS A QUANT
Copyright ⓒ 2004 by Emanuel Derman.
All Rights Reserved. Authorized translation from the English language edition published by John Wiley & Sons, Inc.

Korean translation copyright ⓒ 2007 by Seung San
Korean translation rights arranged with John Wiley & Sons International Rights, Inc.
through Eric Yang Agency

이 책의 한국어판 저작권은 에릭양 에이전시를 통한
John Wiley & Sons International Rights, Inc. 사와의 독점계약으로
한국어 판권을 '도서출판 승산'이 소유합니다.
저작권법에 의하여 한국 내에서 보호를 받는 저작물이므로 무단전재와
복제를 금합니다.

퀀트 : 물리와 금융에 관한 회고 / 이매뉴얼 더만 지음 ; 권루시안 옮김. ― 서울 : 승산, 2007
    p. ; cm

원서명: My life as a quant : reflections on physics and finance
원저자명: Derman, Emanuel
색인수록
ISBN 978-89-6139-002-6 03320 : \18000

327.8099-KDC4
332.6092-DDC21   CIP2007001919

MY LIFE AS A QUANT

물리와 금융에 관한 회고

퀀트

이매뉴얼 더만 지음 | 권루시안 옮김

승산

이 책을 부모님에 대한 추억에 바칩니다

― 야망이란 현재에 대한 영구적 불만 상태를 말한다. ―

차례

● 프롤로그 두 가지 문화 13

■ 물리학과 금융 ■ 퀀트가 하는 일 ■ 블랙-숄스 모델 ■ 퀀트와 거래사
■ 순수하게 사고와 아름다운 수학만으로 물리학 법칙을 예측할 수 있어
■ 금융에 대해서도 그렇게 할 수 있을까 ■

● 물리학자의 길

제1장 선택적 친화력 39
■ 과학의 매력 ■ 입자 물리학의 전성기
■ 컬럼비아 대학교 진학을 위해 야심을 불태우다
■ 전설적 물리학자와 신진 신동 ■ 재능과 노력, 계획과 운 ■

제2장 지지부진하던 시절 57
■ 대학원생의 삶 ■ 훌륭한 강의 ■ 리정다오, 창공에서 가장 빛나는 별
■ 일곱 해의 흉년 ■ 겨우 반쯤 살아남아 대학원을 빠져나오다 ■

제3장 그럭저럭 살아남아 96
■ 박사 후 연구원이라는 성직자 생활 ■ 연구는 쉽지 않아
■ 거의 기로에서 논문을 내다 ■ 협력과 발견이라는 광적 즐거움 ■

제4장 **낭만의 시절** ················ 114
- 옥스퍼드의 세련된 매력 ■ 물리학 논문 하나가 또 다른 논문을 낳고
- 영국 특유의 성향 ■ 인지학자들 ■

제5장 **거물들** ···················· 134
- 뉴욕 어퍼이스트사이드에서 연구원으로 또 아빠로
- 좋은 생활이기는 하지만…… 두 행로를 사이에 둔 갈등 ■

제6장 **고차 세계의 인식** ······· 147
- 두 도시로 나뉜 가족 ■ 뉴에이지 명상법 ■ 카르마 ■ 물리학이여, 안녕 ■

● 산업 세계

제7장 **유배지에서** ··············· 165
- 산업 세계에서 — 애정이 아니라 돈을 위해 일하다
- 벨 연구소의 업무분석 시스템 센터 ■ 거대한 계층구조 속의 작은 부분품
- 소프트웨어를 만드는 일은 아름다워 ■

제8장 **멈출 때** ···················· 201
- 월스트리트의 손짓 ■ 투자은행 취업 면접 ■ 연구소를 떠나다 ■

제9장 개조 ·· 219
- 골드만삭스 회사의 금융전략 그룹 ■ 옵션 이론을 배우다 ■ 퀀트가 되다
- 거래사와 함께 일하기 ■ 새로운 등장인물 ■

제10장 다른 행성으로 가는 쉬운 여행길 ·········· 241
- 옵션 이론의 역사 ■ 피셔 블랙을 만나 함께 일하다
- 블랙–더만–토이 모델 ■

제11장 불가항력 ··· 289
- 월스트리트의 군상 ■ 몇몇 아는 사람의 변신 ■ 변동성은 전염성이 강해 ■

제12장 잘려 나간 머리 ································· 316
- 잘로몬브라더즈에서 보낸 고통의 한 해 ■ 모기지 모델 작업
- 잘로몬의 정량적 마케팅 기술 ■ 고맙게도 감원돼 ■

제13장 문명과 그 속의 불만 ·························· 335
- 골드만이 내 집 ■ 정량전략 그룹을 맡다 ■ 보통주 파생 상품
- 닛케이 풋과 이색 옵션 ■ 거래사와 긴밀히 작업하는 게 최고
- 금융공학이 진짜 학문 분야가 되다 ■

제14장 어둠 속의 웃음 ········ 371
- 변동성 스마일의 수수께끼
- 블랙—숄스를 넘어: 옵션의 지역 변동성 모델 개발을 위한 경쟁
- 올바른 모델은 찾아내기 어려워 ■

제15장 지난날의 흔적 ········ 409
- 월스트리트의 합병 ■ 간편한 복장으로
- 보통주 파생 상품으로부터 회사의 통합 위험관리 부서로 이동
- 인터넷 거품이 꺼지다 ■ 월스트리트와의 작별 ■

● 다시 상아탑으로

제16장 가식의 달인 ········ 433
- 한 바퀴를 돌아, 다시 컬럼비아로 ■ 물리학과 금융으로 되돌아오다
- 필요로 하는 정밀도는 목적에 따라 달라 ■ 금융 모델의 게당켄 실험 ■

감사드립니다 ········ 443

옮긴이의 말 ········ 445

찾아보기 ········ 449

프롤로그

Prologue

두 가지 문화

■ 물리학과 금융 ■ 퀀트가 하는 일 ■ 블랙-숄스 모델 ■ 퀀트와 거래사
■ 순수하게 사고와 아름다운 수학만으로 물리학 법칙을 예측할 수 있어
■ 금융에 대해서도 그렇게 할 수 있을까 ■

세계의 모델을 만들다

19세기의 위대한 수학자 칼 프리드리히 가우스가 말한 대로 수학이 학문의 여왕이라면, 물리학은 왕이다. 뉴턴이 정리한 중력법칙과 운동의 세 법칙, 그리고 그가 개발한 미적분학은 17세기 중반부터 19세기 말까지 우리가 살아가는 세계 및 태양계 내 천체의 기계적 움직임을 외견상 완벽하게 표현했다.

1864년, 뉴턴으로부터 2백 년이 지난 이해에 스코틀랜드의 물리학자 제임스 클라크 맥스웰은 그와 비슷하게 빛과 엑스레이, 그리고 전파의 전달 방식을 놀라우리만치 정밀하게 설명해 주는 공식을 간략하고 우아한 미분 방정식으로 정리했다. 전기와 자기는 그 이전까지 두 가지 별개의 현상이었으나, 맥스웰의 방정식은 이 두 가지가 모두 전자기장이라는 동

일한 현상의 일부분임을 보여 주었다.

우리는 우리 주위 세계를 둘러보는 것만으로는 뉴턴의 법칙이나 맥스웰의 방정식을 추론해 내지 못한다. 자료는 그 혼자만으로는 아무것도 말해 주지 않는다. 이들 방정식은 정신의 승리이다. 집중적 심사숙고와 심오한 직관이 기적적으로 어우러져 세계로부터 추상해 낸 결과물이다. 이들의 성공 덕분에 순수한 사고와 아름다운 수학으로 우주의 가장 심오한 법칙을 발견할 수 있음이 증명되었다.

20세기가 시작되면서 이러한 발걸음에 더욱 속도가 붙기 시작했다. 세계를 바라보는 뉴턴의 관점과 맥스웰의 관점이 서로 충돌하는 이유를 곰곰 생각한 아인슈타인은 맥스웰의 방정식과 모순되지 않도록 뉴턴의 역학을 수정한 특수 상대성 이론을 내놓았다. 그로부터 11년 뒤 아인슈타인은 일반 상대성 이론을 내놓음으로써 다시 한 번 뉴턴을 구석으로 몰아붙였다. 이 이론은 중력의 법칙을 수정하여, 중력을 시공간 속의 커다란 파동이라 설명했다. 거의 같은 시기에 보어, 슈뢰딩거, 그리고 하이젠베르크는 언제나 비범한 아인슈타인의 도움으로 분자, 원자, 그리고 원자보다 작은 입자 등의 움직임을 다루는 양자역학 이론을 전개했다.

우주의 법칙을 발견하기 위한 정신적 접근방법을 완성시킨 사람은 아인슈타인이다. 그의 방법은 관찰이나 경험주의를 바탕으로 삼지 않았다. 그는 사물이 움직이는 방식을 구속하는 원리 자체를 인식하고 그것을 정리하려 했다. 1918년, 아인슈타인은 양자를 발견한 막스 플랑크를 위한 연설에서 연구의 원리에 대해 논하면서, 마법사처럼 희미하게 유리 저편을 보려는 행위의 매력을 이런 말로 묘사했다. "이러한 법칙에 다다를 수 있는 논리적인 경로는 없다. 오로지 경험이라는 교감적 이해를 바탕으로 한 직관으로만 다다를 수 있는 것이다."

분야를 막론하고 과학적 법칙을 탐구하려는 목적은 무엇일까? 그 목적은 바로 예지, 즉 미래의 예측과 통제에 있는 것이 분명하다. 우리가 누리고 의지하고 혐오하고 두려워하는 현대 첨단기술은 대부분 — 예를 들면 휴대전화, 전력망, 단층촬영, 핵무기 등 — 양자역학, 전자기장 이론, 상대성 이론 등의 기본 원리를 활용하여 개발됐다. 이러한 원리는 모두 사고활동을 통해 발견해 낸 것이다. 20세기의 예지에 사용된 고전적 도구는 바로 물리학 도구다. 더 근래에 이르러 물리학자는 금융에서도 동일한 도구를 적용시키기 시작했다.

지난 20년 동안 월스트리트와 런던의 시티를 통틀어, 대부분의 대형 금융기관과 다수의 소형 금융기관에서 소수의 전직 물리학자와 응용 수학자가 자신의 기술을 증권시장에 적용하려는 노력을 기울여 왔다. 로켓 공학이 과학에서 가장 발전한 분야인 것으로 착각한 사람들이 이들을 예전에 "로켓 공학자"라 부르기도 했는데, 지금은 흔히 "퀀트"라는 이름으로 불린다.

퀀트와 동료들은 "금융공학"에 종사하고 있는데, 이는 "정량적(定量的) 금융"이라는 이름이 더 어울릴 잡다한 활동을 가리키는 괴상한 신조어다. 이 분야는 물리학에서 영감을 받은 모델, 수학적 기법, 그리고 컴퓨터 과학이라는 학제 간 활동으로, 모두 금융 증권의 가치 평가를 목적으로 하고 있다. 가치와 불확실성 간의 관계를 제대로 꿰뚫어 볼 수 있는 최고 수준에 이르면, 금융공학은 진짜 과학에 근접한다.

최악의 경우에는 복잡한 수학을 이렇다 할 이유 없이 동원하여 뒤죽박죽 섞어 놓은 사이비 과학이다.

최근에 이르기까지 금융공학은 사실 하나의 분야라 할 수 없었다. 내가 이 분야에 들어왔던 1985년에는 이름조차 없었다. 그저 투자은행에서 실무를 보면서 습득하게 되는 내용에 지나지 않았다. 이제는 뉴욕 대학교의 쿠랑 수학연구소, 앤아버의 미시건 대학교, 유진의 오리건 대학교 등 수많은 교육기관에서 이 분야를 주제로 석사 학위를 받을 수 있다. 나는 2003년 7월부터 컬럼비아 대학교에서 교수로 이 과목을 가르치고 있다. 공학대학원, 통계 및 수학과, 경영대학원 등은 1~2년 과정으로 이 과목을 개설해 놓고, 1년에 3만 달러 정도의 등록금을 받는 대가로 학생을 취업이 가능한 금융공학자로 탈바꿈시켜 놓는다고 약속한다. 이 분야의 학위가 얼마나 인기가 있는지, 일부 대학교에서는 비슷한 과정을 서로 다른 학과에 개설해 놓고 동시에 운영하기도 한다.

오늘날 월스트리트의 경영자에게는 금융 분야에 취업하려는 박사 학위 소지자로부터 날마다 전화가 오고 이메일로 이력서가 날아든다. 물리학 학술지는 금융공학에 관한 논문을 점점 더 많이 싣고 있는 추세다. 그리고 물리학자 및 수학자 외에도, 금융업무의 정량적 부분에 합세하는 금융학과 및 경영대학원 출신의 박사와 교수가 점점 더 많아지고 있다. 미국 내 최고의 금융대학원으로 꼽히는 매사추세츠 공과대학교의 슬론 경영대학원과 버클리의 캘리포니아 대학교 하스 경영대학원은 최고의 젊은 교수 다수를 금융 및 증권업계에 빼앗겼다.

물리학자가 다른 분야로 흘러들어 간 것은 전통적으로 이들을 흡수해

왔던 취업시장, 즉 학계의 일자리가 1970년대에 붕괴된 것에도 기인한다. 그 30년 전 제2차 세계대전 동안 레이더와 원자폭탄이 발명됐고, 이에 따라 전쟁이 끝난 후의 미국 정부는 물리학이 쓸모 있는 학문임을 인식했다. 스푸트니크의 우주여행이 성공한 데 충격을 받은 미국 국방에너지부는 순수 연구 활동을 위한 자금을 좀 더 풍족하게 대 주기 시작했고, 그런 방면의 연구를 하기 위해 보조금을 찾아다니는 물리학자는 자신의 연구 결과가 가져다줄 부수적 효과를 부풀리지 않을 정도로 고매하지는 않았다. 1960년대 동안에는 대학교의 물리학과가 성장하고 일자리가 늘어났다. 장학금 지원이 늘어나자 이 분야에 흥미를 느끼는 열렬한 학생들이 대학원으로 물밀 듯 몰려들었다.

호시절은 그리 오래 가지 않았다. 베트남 전쟁이 끝날 무렵 경제사정이 악화된 데다 과학이 전쟁을 섬기는 데에 대한 대중의 혐오감이 확산되면서 연구 기금이 대폭 줄어들었다. 1970년대와 1980년대가 지나는 동안, 기초 과학 연구에 일생을 바치기를 바랐던 이론 물리학자 중 많은 수가 학계에 남아 있으려면 여기저기 떠돌아다니는 노동자가 되는 수밖에 다른 도리가 없었다. 대학교든 국가의 연구소든 자리가 나는 곳이면 어디서든 단기간의 임시 직책을 맡아 일했다. 우리 중에는 결국 급료가 낮은 학계의 반영구직조차 찾기를 포기하고 다른 분야로 눈길을 돌린 사람이 많다. 우리는 물리학과 관련된 일자리를 다양한 방면에서 — 예를 들면 에너지나 정보통신 연구 같은 — 찾아다녔다. 예전에 나와 함께 일하던 동료는 콜로라도 주 골든의 태양에너지 연구소에서 대체에너지 연구를 시작하거나, 코네티컷 주 릿지필드의 슐럼버거에서 석유 채굴과 관련된 수학 연구를 시작했다. 뉴저지 주에 있는 에이티앤티AT&T의 벨 연구소에서 첨단 교환기 시스템 개발에 참여한 사람도 있다.

우연한 일이지만, 물리학자를 학계에서 몰아낸 바로 그 변화의 흐름 때문에 월스트리트는 그들을 받아들이기 시작했다. 1973년 아랍의 석유금수 때문에 에너지 가격이 폭등하고 금리가 상승했다. 인플레이션이 닥쳐올 거라는 두려움으로 인해 금값이 금세 온스당 8백 달러를 상회했다. 갑자기 금융시장이 예전보다 더 불안정해 보이기 시작했다. 전통적으로 보수적 투자 대상이라 생각했던 채권이 어느 날 갑자기 그 누구도 상상하지 못한 정도로 위험도가 높은 대상으로 간주됐다. 예전의 주먹구구는 더 이상 먹혀들지 않았다. 금융기관에서는 금리와 주가의 움직임을 이해하는 일이 과거 어느 때보다도 중요해졌다. 위험관리와 헤지가 새로운 절대명령이 됐고, 새로 인지된 너무나도 많은 위험 앞에 노출되고 보니, 변동으로부터 보호받을 수단을 제공해 주는 정교한 새로운 금융상품이 급증했다.

주가의 움직임을 어떻게 표현하고 이해할 것인가? 물리학은 시간에 따라 사물이 변화하는 방식, 즉 동역학을 늘 다루어 왔다. 그것은 '해 봤더니 되더라' 하는, 성공적 이론과 모델의 모범이었다. 게다가 물리학자와 공학자는 만능이었다. 수학, 모델링, 컴퓨터 프로그래밍에 동시에 능하면서 새로운 분야에 대한 적응력과 자신의 지식을 활용하는 능력에 대한 자부심이 대단한 사람이었다. 월스트리트는 이들을 불러들이기 시작했다. 1980년대에는 얼마나 많은 물리학자가 투자은행으로 몰려들었는지, 내가 아는 어느 헤드헌터는 이들을 "피오더블유POW"라 부르기까지 했다. '월스트리트의 물리학자physicists on Wall Street'라는 뜻이다.

가장 성공적인 이론

물리학자는 그러면 월스트리트에서 무엇을 하는가? 주로 증권의 가치를 판별하기 위한 모델을 만든다. 투자은행이나 헤지펀드, 또는 블룸버그나 선가드 같은 금융 소프트웨어 회사에 파묻혀, 기존 모델을 만지작거려 새 모델을 개발해 내는 것이다. 금융 세계 전체를 통틀어 너나없이 쓰는 가장 유명한 모델은 블랙-숄스 옵션 가격 결정 모델이다. 유명한 금융경제학자이자 옵션 이론가로 현재 매사추세츠 공과대학에서 석좌교수로 재직 중인 스티븐 로스는 『폴그레이브 경제학 사전』에서 이렇게 썼다. "…… 옵션 가격 결정 이론은 금융에서뿐 아니라 경제학 전체를 통틀어 가장 성공적인 이론이다."

블랙-숄스 모델은 주식에 첨부된 옵션의 공정 가격을 결정할 수 있게 해 준다. 주식은 일상적으로 사고파는 평범한 증권이지만, 주식에 첨부되는 콜 옵션은 훨씬 더 난해하다. 만일 아이비엠IBM 주식에 대해 1년 만기 콜 옵션을 소유하고 있다면 오늘부터 1년 뒤 아이비엠 주식 1주를 미리 약정한 가격, 예를 들면 100달러에 매입할 수 있는 권리를 지니는 것이다. 만기일이라는 미래에 옵션이 지니게 될 가치는 아이비엠 주식의 주당 가격에 따라 달라질 것이다. 만일 만기일 당일 주당 가격이 105달러라면 이 옵션은 정확히 5달러 가치를 지닌다. 만일 주당 가격이 100달러를 밑돈다면 이 옵션은 아무 가치가 없다. 어떻게 보면 이 옵션은 주가가 오른다는 쪽에다 내기를 거는 것과 마찬가지이다.

옵션은 좀 더 포괄적인 파생 증권의 한 가지 특별한 경우이다. 파생 증권이란 좀 더 단순한 기초 증권을 바탕으로 삼는 계약으로, 파생 증권의 가치는 기초 증권의 가치로부터 파생된다. 만기일에 지불될 파생 증권의 이익은 기초 증권의 미래 가치로부터 이익을 계산해 내는 수학 공식을 통해 계약에 구체적으로 설정된다. 이 공식은 방금 설명한 것과 같이 최종적으로 주가가 100달러를 초과하는 액수만 계산하면 되는 옵션의 경우처럼 단순할 수도 있고, 세밀한 수식을 통해 다수의 기초 증권 가격과 연관시키는 경우처럼 대단히 복잡할 수도 있다. 지난 20년 동안 통화, 상품, 채권, 주식, 모기지, 신용, 전력 등의 거래에서 파생 증권이 널리 사용되게 됐다.

파생 증권은 원래 그대로의 주식이나 채권보다 더 복잡하다. 그런데 왜 그런 것이 존재하는 걸까? 그것은 파생 증권을 이용하면 투자은행, 자산 관리사, 법인, 투자자, 투기업자 등과 같은 고객이 떠맡거나 회피하고자 하는 위험을 정밀하게 조절할 수 있기 때문이다. 아이비엠 주식을 사는 투자자는 그 주식을 소유하는 위험을 전부 떠맡는다. 그가 소유하는 주식의 가치는 아이비엠의 주가에 비례하여 늘고 준다. 그와는 달리, 아이비엠 콜 옵션은 손실에는 제한을 걸어 주는 한편(주가가 100달러 아래로 떨어질 경우 옵션을 사들이는 데에 들어간 비용 말고는 아무것도 잃지 않으므로), 얻을 수 있는 잠재 이득에는 한계가 없다 (주가가 100달러를 넘김에 따라). 이득이라는 긍정적 부분과 손실이라는 부정적 부분 사이가 이처럼 대칭적이지 않은 것이 파생 증권의 특징이다.

옵션은 옵션 전문 거래소에서 개별적으로 사고팔 수도 있고, 도매상, 즉 거래사와 거래할 수도 있다. 옵션 거래사는 옵션으로 "시장을 조성"한다. 이들은 팔고자 하는 고객으로부터 옵션을 사들이고 사고자 하는 고객에게 파는 식으로 고객의 요구를 충족시킨다. 그러면 거래사는 이 과정에서 떠맡을 수밖에 없는 위험을 어떻게 처리하는가?

거래사는 보험회사에 비유할 수 있다. 보험회사 역시 위험관리업에 종사한다. 올스테이트가 고객에게 화재 보험을 판 뒤 그 고객의 집이 정말로 불에 탈 가능성을 생각해야 하듯, 옵션 거래사 역시 아이비엠의 콜 옵션을 팔 때 아이비엠의 주가가 올라갈 가능성을 염두에 두어야 한다. 올스테이트도 옵션 거래사도 대비한 상황이 정말로 닥쳤을 때 파산하기를 원하지 않는다. 올스테이트도 거래사도 미래를 내다볼 수 없기 때문에, 둘 모두 고객이 피하고자 하는 위험을 떠맡는 대가로 고객에게 프리미엄, 즉 웃돈을 매긴다.

올스테이트의 위험관리 전략은 각 고객에게 웃돈을 부과하는 것으로, 웃돈을 모두 합쳤을 때 그 액수가 장차 화재가 있을 때 지불해야 할 것으로 추정되는 액수를 초과할 만큼으로 설정한다. 옵션 거래사의 위험관리 전략은 다르다. 이상적인 세계일 경우, 거래사는 자신이 판 것과 비슷한 아이비엠 옵션을 제3자로부터 사들임으로써 아이비엠 주가가 오를 위험을 상쇄시키되, 파는 값보다 더 싸게 사들임으로써 이익을 남길 것이다. 그러나 불행하게도 이는 거의 불가능하다. 그래서 거래사는 비슷한 옵션을 만들어 낸다. 바로 여기서 블랙-숄스 모델이 등장하는 것이다.

블랙-숄스 모델은 기초 주식으로부터 옵션을 만들어 내는 방법을 알려주고 또 그렇게 하는 데에 들어갈 추정 비용을 거의 기적처럼 알려 준다. 블랙과 숄스에 따르면 옵션을 만드는 과정은 과일 샐러드를 만드는 것과 아주 비슷하고 주식은 과일과 약간 비슷하다.

사과와 오렌지만으로 만든 간단한 과일 샐러드를 팔고 싶다고 하자. 500그램 통조림 한 개에 얼마를 받아야 할까? 합리적으로 보면, 먼저 원재료인 과일의 시장 가격과 통조림 제조 및 유통 비용을 살펴본 다음, 그 같은 단순한 재료를 섞어 혼합물을 제조하는 총비용을 계산할 것이다.

1973년, 블랙과 숄스는 사과와 오렌지를 섞어 과일 샐러드를 만드는 것과 비슷한 방법으로 얼마간의 아이비엠 주식과 현금을 혼합함으로써 아이비엠 옵션을 만들 수 있다는 사실을 보여 주었다. 물론 옵션을 만드는 작업은 과일 샐러드를 만드는 작업보다 약간 더 복잡하다. 그렇지 않다면 그보다 일찍 누가 알아냈을 것이다. 한편 과일 샐러드의 혼합 비율은 제조 과정이 반복돼도 일정하게 유지되지만 (예를 들면 사과 50%, 오렌지 50%), 옵션의 비율은 끊임없이 바뀌어야 한다. 옵션에서는 주가가 변화함에 따라 혼합물 내의 주식과 현금 비율을 지속적으로 조정해 주어야 한다. 과일 샐러드에 비유해 보면, 처음에는 사과 50%와 오렌지 50%에서 시작했지만, 사과 값이 올라가면 사과 40%, 오렌지 60%로 바뀐다. 그러다가 사과 값이 떨어지면 사과 70%에 오렌지 30% 비율로 바꿔 주어야 하기도 한다. 어떻게 보면 시간이 지나면서 원료의 가격 변동에 따라 비율을 조절하여 혼합물의 가격을 일정하게 유지해 주기 위해 애쓰고 있다고 볼 수 있다. 이때 적용해야 하는 정확한 조리법을 블랙-숄스 방정식으로 산출하는 것이다. 이 조리법에 따라 혼합물을 섞을 때 들어가는 비용은 블랙-숄스 공식의 해답을 통해 알 수 있다. 블랙과 숄스가 이 모델을 내놓기 전에는 단순한 재료로 옵션을 만들어 낼 수 있다는 사실을 아무도 생각조차 하지 않았다. 그래서 공정 가격을 알아낼 방법이 없었다.

블랙과 숄스의 발견으로 현대 금융에 일대 혁명이 일어났다. 이 두 사람은 그 전까지 미식가의 메뉴였던 옵션을 평범한 대중 식단으로 바꿔 놓았다. 이제 거래사는 온갖 종류의 기초 증권을 바탕으로 고객이 원하는 수준의 위험도에 정확하게 맞춰 옵션을 제조, 판매하면서 그 위험을 자신이 떠맡지는 않을 수 있게 된 것이다. 그것은 산소와 수소가 가득한 목마른 세계에서 누군가가 드디어 물을 합성하는 방법을 발견한 것과 같았다.

거래사는 블랙-숄스 모델을 이용하여 고객에게 팔 옵션을 제조(또는 '합성', 또는 '금융 공법으로 가공')한다. 이들은 시장에서 사들이는 일반 주식을 바탕으로 옵션을 구성한다.

역으로, 이들은 다른 사람으로부터 사들이는 옵션을 해체해서 일반 주식으로 환원시켜 시장에 내다 팔 수 있다. 이런 방법으로 거래사는 자신이 떠맡을 위험을 경감시킨다. (블랙-숄스 모델은 모델에 지나지 않기 때문에, 그리고 금융에서 100% 정확한 모델은 없기 때문에 이들이 위험을 완전히 상쇄시킬 방법은 없다.) 이와 같은 합성 및 해체 작업에 거래사는 수수료를 (옵션의 웃돈을) 매긴다. 고급 레스토랑의 요리사가 손님에게 원재료 값만 요구하는 게 아니라 그가 사용한 조리법과 조리 기술에 대한 값도 청구하는 것이나, 양재사가 고급 양복을 맞춰 주고 원단 값과 공임을 모두 청구하는 것과 마찬가지이다.

퀀트의 삶

월스트리트에서 종사하는 퀀트의 역사는 블랙-숄스 모델을 실무자나 학자가 더 정교하게 다듬고 확장시켜 온 역사와 같다. 지난 30년 동안 이 모델은 주식의 옵션에만 적용된 게 아니라, 미국 재무부 채권과 외환에서부터 날씨에 이르기까지 생각할 수 있는 모든 것에 응용되고 있다. 응용되는 범위는 다양하지만 그 뒤에는 모두 동일한 개념이 작용하고 있다. 즉, 비율을 지속적으로 재조정하는 구체적 방법을 담고 있는 조리법을 사용하여 단순한 재료를 혼합함으로써 원하는 수준의 위험도를 정확하게 지니는 증권을 맞춤으로 만들 수 있다는 생각이다. 이 재조정은 재료의 가격 변동을 정확하게 반영한다.

채권 가격은 주식 가격과 엄밀하게 같은 방식으로 변동하지 않기 때문에 채권 옵션을 만들기 위한 조리법은 고전적인 블랙-숄스 모델과는 달라야 한다. 그러나 이 부분이 미묘한데, 새로운 상품이 처음 만들어질 때에는 대체로 블랙-숄스 모델과 비슷한 형태의 조야한 모델로도 충분하다는 사실이다. 그리고 나면 업체 간 군비경쟁이 벌어진다. 경쟁에서 오는 압력이 높아지면 이윤폭이 줄어들고, 이 때문에 여러 업체에서 일하고 있는 퀀트는 처음 만든 모델을 확장하여 더욱 정교하게 고친다. 재료의 가격 변화를 더 정확하게 반영할 수 있도록 기존 모델을 고치고 새로운 부분을 첨가하여, 샐러드를 만들기 위한 더 나은 조리법을 찾아내는 것이다. 모델을 확장하려면 금융 이론, 수학, 그리고 컴퓨터에 대해 잘 알아야 하며, 퀀트는 이러한 세 가지 학문이 만나는 자리에서 일한다.

증권 거래업체에서 일하는 실무자 퀀트의 삶은 물리학자와는 판이하게 다르다. 나는 오랫동안 물리학 연구 분야에서 종사하다가 1985년 말에 처음으로 월스트리트에 발을 디뎠는데, 그때 내 새 상사는 1년 전에 자신이 만든 모델이 안고 있는 문제점을 바로잡는 작업을 내게 맡겼다. 채권 옵션용으로 블랙-숄스 모델을 본떠 만든 모델이었다. 나는 물리학자답게 차근차근 신중하게 작업을 시작했다. 해당 논문을 읽고, 이론을 익히고, 문제를 분석하고, 그런 다음 모델을 적용한 컴퓨터 프로그램을 재작성하기 시작했다. 그렇게 몇 주가 지나자 내 상사는 나를 한쪽으로 따로 불렀다. 일의 진행이 더딘 것을 보고 더 이상 견딜 수가 없었던 것이다. 그러더니 약간은 가시 돋친 어조로 이렇게 말했다. "이봐, 이 일에서는 네 가지만 알면 돼. 덧셈, 뺄셈, 곱셈, 나눗셈 말이야. 게다가 나눗셈은 필요도 없는 때가 거의 대부분이란 말씀이야!"

나는 무슨 말인지 알아들었다. 물론 모델에 사용되는 수학은 산수보다는 차원이 높다. 그렇지만 그의 말은 옳았다. 옵션 거래사는 대부분 고객이 필요로 하는 상품을 최대한 효율적으로 제조하는 일, 즉 서비스를 제공하고 수수료를 받는 일을 생업으로 삼고 있다. 그들에게는 간단하고 이해하기 쉬운 모델이 복잡하고 더 나은 모델보다 더 쓸모가 있는 것이다. 커다란 이윤폭에 최대한 많은 거래를 성사시키는 것이 관건인데, 완벽하게 처리하기가 불가능한 세밀한 부분을 붙들고 씨름하는 일은 방해가 될 수 있다. 게다가 "더 나은" 모델의 조건이 뭔지를 정확하게 정의내리기란 쉽지 않은 때가 많다. 시장이라는 환경에서 통제된 실험은 희귀하기 때문이다. 결론적으로 내가 그 모델을 개선시키기는 했지만, 거래사는 내가 짜 넣은 편리한 화면 구성 덕을 가장 많이 봤다. 단순히 인체공학적으로 바꿔 주었을 뿐이지만, 그것이 약간의 모순점을 잡아내는 것보다 그들의 업무에 훨씬 더 큰 영향을 미쳤다. 이제 거래를 원하는 고객의 요구를 더 많이 소화할 수 있게 됐기 때문이다.

옵션이 생겨난 곳은 주식 세계이지만 더 널리 이용되고 있는 곳은 고정수익형 증권이라는 더 넓은 세계이다. 주식에는 (적어도 언뜻 보기에는) 수학이라는 세부조건이 없다. 주식 한 주를 소유하고 있다면 그에 따른 보장은 아무것도 없다. 아는 것이라고는 가격이 올라갈 수도 내려갈 수도 있다는 사실뿐이다. 그와는 달리 채권 같은 고정수익형 증권은 장차 정기적으로 이자를 지불하고 또 최종적으로는 원금을 상환한다는 부수적 조건이 딸린 화려한 장치이다. 이런 세부조건 때문에 고정수익형 증권은 보통주보다 훨씬 더 많은 부분에서 수학을 필요로 하며, 그런 만큼 수학적 분석에 훨씬 더 적합하다. 모든 고정수익형 증권 — 몇 가지 예를 들면 채권, 담보부 채권, 전환사채, 스왑 등 — 은 어떤 가치를 기반으로 삼고 있고, 따라서 편의상 시장의 기초 금리에서 파생된 증권으로 간주한다. 금리 파생 상품은 성격상 정상적 업무의 일부분으로서 채권을 발행해 돈을 빌려야만 하는 각종 법인에게 매력적인 상품인데, 이 채권의 가치는 금리나 환율 변동에 따라 바뀐다. 금리의 움직임을 현실적인 모델로 만들기는 훨씬 더 어렵다. 주가에 비해 더 복잡한 방식으로 변화하기 때문이다. 따라서 금리를 모델화하는 작업은 지난 20년 동안 파생 증권 이론을 만들어 내는 어머니 역할을 해 왔다. 이 분야에서는 어디를 가나 퀀트가 일하고 있다.

그와는 대조적으로, 보통주 세계에서는 퀀트가 비교적 드문 존재이다. 이곳에서 투자자는 대부분 어떤 주식을 매입할지에 관심이 쏠려 있는데, 이 문제를 해결하는 데에는 파생 증권을 다루는 고등 수학이 거의 도움이 되지 않는다. 고정수익형 증권과 보통주는 초점부터 근본적으로 다르다.

열광적인 고정수익형 증권 거래장을 둘러보면 왁자지껄한 소음 위로 사람들이 숫자를 — 수익률과 스프레드를 — 외쳐 대는 소리를 듣게 된다. 분주하게 돌아가는 보통주 객장에서는 대부분 회사 이름을 외치는 소리를 듣게 된다. 고정수익형 거래에서는 보통주 거래에서보다 정량적 기법과 방법에 대해 더 잘 이해할 필요가 있다. 한번은 거래사로 일하고 있는 내 친구에게, 내가 아는 고정수익형 거래사들은 보통주 거래사들보다 더 똑똑해 보이더라는 말을 한 적이 있다. 그는 이런 대답으로 알기 쉽게 요약해 주었다. "그건 보통주 방면에서는 똑똑해 봐야 경쟁력에는 아무 도움도 되지 않기 때문이지."

퀀트가 모두 블랙-숄스 모델을 가지고 작업하고 있다는 뜻으로 하는 말은 아니다. 일부는 과거의 주가 변동 패턴에서 규칙과 예측 가능한 부분을 찾아 활용하는, 즉 과거로부터 미래를 점치는 '통계적 차익거래'라는 분야에서 활동하고 있는데 점점 더 그 수가 늘어나고 있다. 헤지펀드는 시장 한쪽 귀퉁이의 아무도 찔러 보지 않은 부분에서 가격상의 작은 모순점을 찾아 그것을 활용하는 일종의 사설 펀드인데, 이들은 통계적 차익거래를 위해 지난 5년 동안 퀀트를 대거 고용해 왔고 지금도 계속해서 퀀트를 고용하고 있다.

위험관리 또한 유행하고 있다. 그럴 만한 이유가 있다. 10여 년 전인 1994년에 전 세계 금리가 예기치 않게 갑자기 오르면서 수많은 투자은행의 채권 거래 영업장에서 막대한 손실이 일어났다. 이 때문에 이들은 그때까지 초보적 수준으로 유지해 오던 위험관리 노력을 확대하게 됐고 또 증권 산업에서 종사하는 감사는 자기 회사가 떠안는 위험을 제한하는 방법에 초점을 맞추게 됐다. 이제 퀀트는 각 투자은행 내에서 회사 전체를 통괄하는 위험관리 팀의 일원으로 일한다. 이들의 임무는 회사 전체의 포지션을 취합하여 현재의 위험과 미래의 있을 수 있는 손실을 정량적으로 산출하는 일이다. 그러나 확률이란 과거의 사건을 바탕으로 추정해야 하기 때문에, 이런 확률을 바탕으로 앞으로 막대한 손실이 일어날 수 있는 가능성을 계산한다 한들 신뢰할 만한 결과를 얻을 수 없다는 사실이 잘 알려져 있다. 시장의 붕괴는 벼락처럼 아무렇게나 떨어지는 게 아니다. 지난번의 붕괴를 피하느라 여념이 없는 군중의 광기가 만들어 내는 결과물인 것이다. 군중은 이런 광기에 휩쓸려 현재 진행형인 붕괴를 만들어 낸다. 1994년에 손실을 겪었지만, 1998년에 러시아의 채무 불이행 이후 전 세계적으로 채무 회수 바람이 불면서 또다시 크나큰 손실을 본 회사가 많다. 그래서 퀀트의 시장은 위험 감시와 관리 쪽으로 점점 더 바뀌고 있다.

사색 대 행동

나는 몇 년 전 금융 사전을 뒤적거리다가 "퀀트-종종 경멸적"이라는 표제어를 보기 전에는 퀀트라는 말에 부정적 의미가 있다는 사실을 제대로 알지 못했다. '종종'이라는 표현 또한 옳다. 1985년에 골드만삭스 회사에 처음 출근했을 때 그런 불명예가 숫자에 밝다는 특징과 관계가 있다는 사실을 금방 알 수 있었다. 이따금 붐비는 엘리베이터 안에서 다른 퀀트와 이야기하다가 채권의 "듀레이션"이라든가 "볼록도" 같은 말을 꺼낼 때가 있다. 이런 용어는 금리가 바뀔 때 채권 가격이 얼마나 민감하게 반응하는지를 나타내는 것으로 채권 수학에서는 비교적 초보적인 용어다.

그런데 함께 대화하는 퀀트가 그 회사에서 나보다 약간 더 오래 일한 사람이라면 그는 — 퀀트는 대부분 남자다 — 불편한 마음에 자세를 뒤척이며 화제를 바꾸려고 할 것이다. 진짜 채권 거래사의 자신감 있는 말투를 흉내 내면서 "오늘 선물이 좀 많이 떨어졌죠!" 하는 식으로 말할 것이다. 그리고 거래사나 판매사, 관리사가 있는 자리에서 법적 성인이 수학이나 유닉스, C 언어 같은 데에 대해 이야기한다는 게 품위 없는 일이라는 사실을 깨닫기 시작하기까지 그리 오래 걸리지 않는다. 주위 사람이 눈길을 돌리기 때문이다. 따돌림당한다는 데에는 뭔가 치명적으로 두려운 느낌이 있었다.

1990년대 중반에만 해도 책벌레는 모두로부터 조롱의 대상이었다. 어느 날 오후 거래 영업장에 무리지어 놓인 책상 사이 통로 양측에서 동료와 마주보고 서 있는데 거래사 팀장 한 명이 우리 사이를 지나갔다. 자기 머리가 우리 두 사람 사이를 통과하는 그 짤막한 순간에 그는 주춤하면서 마치 극도의 고통에 휩싸인 사람처럼 두 손으로 머리를 감싸고 이렇게 소리쳤다. "아아아아악! 기가 너무 강렬해! 여길 빠져나가게 해 줘!" 이와 비슷하게, 직위가 낮은 거래사가 점심 먹으러 나가면서 엘리베이터를 타다가 안에 퀀트가 무리지어 있는 것을 보고, 반사적으로 "이-이런, 여러분이 모두 함께 엘리베이터를 타지 못하게 하는 규정 같은 게 있지 않나요?" 같은 말을 하는 걸 몇 번이나 들었는지 기억도 하지 못하겠다.

거래사와 퀀트는 원래부터 종족이 다르다. 거래사는 강하고 직선적이라는 점을 자랑으로 생각한다. 한편 퀀트는 비교적 신중하고 삼가는 편이다. 이런 개성 차이의 밑바탕에는 문화적 취향 차이가 자리 잡고 있다. 거래사는 행동을 위해 고용된다. 이들은 하루 종일 화면을 들여다보고, 경제 정보를 습득하고, 각종 자료표를 마구 뒤적거리며 미친 듯이 살펴보고, 퀀트가 작성한 프로그램을 돌리고, 거래에 들어가고, 영업 담당과 중개사와 대화하고, 키보드를 두들긴다. 업무 시간에는 거래사와 진득하게 대화를 나누기가 어렵다. 띄엄띄엄 즉답형으로 대화할 수밖에 없고, 거래사 옆에 한 시간을 서 있어도 대화 시간이 도합 5분을 넘기기가 어렵다. 거래사가 하는 일에는 전자오락 같은 측면이 있다. 결과적으로 이들은 자기주장이 강해지고, 본능적이며, 생각이 빠르고, 반드시 옳지만은 않지만 과단성이 있는 성격이 된다. 이들은 여러 가지 일을 동시에 진행시킨다.

퀀트는 다르다. 연구 활동에 익숙한 학자처럼 이들은 한 가지 일을 처음부터 끝까지 몰두하여 잘 해내는 쪽을 좋아한다. 직장 세계는 많은 일을 동시에 진행시켜야 하기 때문에 그와 같은 사치를 누리기가 어렵다. 내가 월스트리트로 옮겨 갔을 때 적응하기가 가장 어려웠던 부분은 다수의 임무를 나란히 진행시키는 법을 익히는 일이었다. 급하게 진행 중인 한 가지 일을 잠시 중단하고 그보다 더 급한 일을 먼저 진행시키고, 그 일을 마무리 짓고 나면 다시 원래의 우선순위로 돌아가는 것이다.

거래사와 퀀트는 생각하는 방식도 서로 다르다. 훌륭한 거래사는 변동의 위험과 그런 변동이 자기 포지션의 가치에 어떤 영향을 미칠지 항상 의식하고 있어야 한다. 주식 옵션이 특히 더 그렇다. 원래 비대칭적 성격을 띠고 있어서 주가 변동이 부풀려지기 때문이다. 그래서 주가가 조금만 바뀌어도 아주 크게 손해를 보거나 아주 크게 이익을 얻는다. 퀀트는 앞으로의 변동은 그다지 생각하지 않는다. 그보다는 현재의 가치를 더 많이 생각한다. 금융 이론에 따르면 하나의 증권이 어떤 순간 지니는 소위 '공정 가치'는 있을 수 있는 모든 미래 가치 전체의 평균치이다. 따라서 공정 가치와 변동은 동전의 양면과 같다. 향후 시장이 변동하면서 증권이 가치를 잃을 수 있는 방면이 많을수록 그 증권의 현재 가치가 낮아야 이치에 맞다. 이 때문에 이런 말도 나온다. "위험이 클수록 이익이 크다." 가치를 평균으로 바라보는 퀀트의 관점과 변동을 걱정해야 하는 거래사는 본성적으로 차이가 있기 때문에 둘 사이의 직업적 교류가 어려운 것이다.

투르 드 프랑스에 출전하는 자전거 선수가 뉴턴의 법칙을 이끌어 내는 방법을 알아야만 굽이진 길을 돌 수 있는 것은 아니다. 실제로 자전거를 타는 동안 물리학을 너무 많이 생각하다 보면 자전거를 타는 데에 방해가 될 수도 있다. 마찬가지로, 옵션 거래사 역시 퀀트의 업무에 정통할 필요는 없다. 옵션을 제조해 내는 세밀한 조리법은 다른 사람에게 맡겨도 된다. 그 조리법의 사용법과 언제 그 조리법을 신뢰하면 되는지를 — 완벽한 모델은 없기 때문에 — 철저히 이해하는 인내심만 있으면 되는 것이다. 내가 아는 어느 거래사는 곧잘 이렇게 말했다. "아무에게나 블랙-숄스 계산기를 안겨 준다고 해서 그 사람이 거래사가 되는 것은 아니다." 맞는 말이다. 현명하게 거래하기 위해서는 연구와 이해, 통찰, 그리고 모델의 한계점을 어느 정도 이해할 필요가 있다. 공식이 아무리 정밀해 보인다 해도 무작정 따를 수는 없기 때문이다.

훌륭한 퀀트 역시 여러 가지 성격의 복합체가 되어야 한다. 거래사, 판매사, 프로그래머, 수학자의 성격을 두루 갖추어야 한다. 자신의 영역을 넘어 거래사가 되고 싶어 하는 퀀트가 많이 있지만, 학자라는 배경, 내성적 성격, 그리고 다재다능이라는 특징 등 만만찮은 장애물이 버티고 있다.

유대교의 율법에는 먹어도 되는 동물과 그렇지 않은 동물이 있는데, 어떤 동물이 영역의 한계를 벗어나면 그 동물은 먹어서는 안 된다는 이야기가 있다. 성경의 창세기를 보면, "하늘의 새"라든가 "바다의 물고기" 등 동물을 창조할 때 종과 지역 모두를 구분하고 있다. 양쪽 영역에 걸쳐 있는 동물은 먹을 수 있게 허용되지 않는 것이다. 예를 들면 새우는 바다에서 살지만 물고기가 아니고 헤엄치지도 않는다. 타조는 새이지만 하늘을 날지 않는다. 둘 모두 율법상 먹어서는 안 되는 동물이다. 이와 마찬가지로 면(식물)과 모(동물)를 섞어 짠 직물 역시 금지돼 있다. 이런 계율을 지키며 자라난 사람은 이처럼 영역을 넘어서는 동물을 먹는다는 생각을 하면 메스꺼움을 느끼기도 한다.

월스트리트 내에서 퀀트는 한 가지 영역만을 차지한다는 계율을 깨뜨리는 사람이다. 이런 혼혈종을 보면 순혈종인 거래사나 다른 피가 섞이지 않은 정보공학 관리자는 불편함을 느낀다. 퀀트는 딱 부러지는 역할모델로 삼을 만한 전문가가 없는 아마추어이다. 투자은행의 거래사나 프로그래머는 뚜렷한 진급 단계가 있어서 매 단계에 정해진 직위와 정해진 임무가 있지만, 퀀트가 타고 오르는 사다리는 짧기도 하거니와 어중간하게 끝나는 경우도 많다.

그럼에도 불구하고 21세기에 들어 대학에서 금융공학 프로그램을 개설하고 금융기관이 위험관리를 시작하면서 퀀트의 활동이 서서히 어엿한 직업으로 자리 잡아가고 있다. 1990년대 말에 기술주 시장이 과열되면서 온갖 방면의 책벌레들이 곁불이나마 쬐게 됐고, 수많은 헤지펀드가 가격상의 미묘한 모순을 바탕으로 달러를 짜내기 위해 수학 모델을 활용한 것 역시 도움이 됐다. 큰돈을 날릴 수 있는 배짱은 나름의 영기를 발산한다. 뉴욕의 거래 회사인 디이쇼D. E. Shaw 회사는 1998년에 수십 억 달러의 손실을 입기 전까지 "블랙박스" 컴퓨터를 활용한 통계적 차익거래로 상당한 이익을 보고 있다는 소문이 있었고, 코네티컷 주에서 퀀트가 운영하는 헤지펀드인 롱텀 캐피털매니지먼트LTCM는 결국 수십 억 달러의 긴급자금을 수혈했는데, 두 회사 모두 정량적 기법을 좀 더 매력적으로 바라보는 시각에 일조했다. 그리고 실제로 롱텀 캐피털의 주역 다수는 새 회사에서 다시금 현역으로 활동하고 있다. 자신이 만든 모델로 파괴를 불러올 수 있는 능력이 궁극적으로 존경심을 얻는 셈이다.

성과 속

물리학 연구에는 거의 종교적인 측면이 있는데, 원래 물리학이 지니고 있는 초월적 특징에서 기인한다. 뉴턴의 법칙을 따라야 한다는 사실을 행성은 어떻게 아는 걸까? 양자 전기역학의 원리에 따라 움직여야 한다는 사실을 전자는 어떻게 아는 걸까? 그 안에 있는 작디작은 난장이가 내장된 나노컴퓨터를 프로그램하여 전자의 다음 위치를 뽑아내는 걸까? 원리, 상상력, 그리고 약간의 수학을 — 한마디로, 정신을 — 통해 우주의 행동을 예측할 수 있음을 알고 나면 놀랍다는 생각만 들 뿐이다. 진정한 깨달음을 제외하면 예술 말고는 이처럼 신에게 가까이 다가가는 분야가 없다.

내가 1970년대에 컬럼비아 대학교에서 대학원생으로 공부하던 때, 물리학은 전 세계로부터 과학자가 되려는 사람을 끌어들이는 흡인력이 대단했다. 이런 흡인력을 직접 겪은 좋은 증인은 물리학과 도서관 입구 곁에 놓아둔 커다란 문서함이었다. 우리는 이 상자를 "괴짜 파일"이라 불렀다. 이 상자에는 타자기로 작성한 편지, 원고, 청원서 등이 들어 있었는데, 학과장의 우편함으로 끊임없이 쏟아져 들어오는 원치 않는 우편물이었다. 이들 문서는 내용이 괴상하기는 했지만 너무나도 흥미진진했다. 시간과 공간의 성질에 대한 열띤 추측, 상대성 이론과 양자역학을 조목조목 꼼꼼하게 논파하는 논문, 그런 이론을 모두 통합시켰다는 과장된 주장, 그리고 물리학을 좀 더 형이상학적인 주제와 결합시킨 억지 주장 등 다양한 내용을 다루고 있었다. 한 가지 기억나는 글이 있는데, 지구에서 바라볼 때 해와 달의 입체각이 엇비슷하다는 사실에서 신의 존재를 추론하는 내용이었다. 입체각이 엇비슷하다는 것은 상당히 중요한 사실로서, 그렇지 않다면 일식은 일어나지 않기 때문이라는 논리였다.

이런 식으로 들어온 논문이 학술지 심사위원의 심의를 통과할 가능성은 거의 없었다. 출판은커녕 작성자가 대학원에 입학할 희망조차 별로 없었다. 어쩌면 입학할 생각이 없었을지도 모른다. 이런 우편물은 대부분 전 세계 여기저기에 외따로 떨어진 물리학자 지망생이 열렬한 마음에서 보낸 호소문이었다.

같은 과의 대학원생들은 대부분 그런 편지를 보낸 사람을 순진하다며 비웃었지만, 괴짜 파일을 훑어본 나로서는 우월감을 갖기가 어려웠다. 오히려, 원고가 가득 찬 상자를 들여다보며 나의 모습이 창백하게 비치는 것을 보았다. 학계와 산업계를 벗어난 저 바깥에도, 우리처럼 똑같이 상상력과 기호만을 사용하여 우주를 이해하고 통달하려는 노력 이면의 위력과 신비감에 사로잡힌 사람이 있는 것이다. 그런 편지를 보낸 사람이 괴짜이기는 하지만, 그들은 돈보다는 지혜와 마법에 대한 관심 때문에 물리학을 사랑하는 진정한 아마추어이기도 했다.

금융 모델 세계에도 아마추어가 있지만, 좀 더 돈 냄새가 진하게 나는 경우가 많다. 그게 오히려 자연스럽다. 나는 골드만삭스에서 오랫동안 정량전략이라는 이름의 팀을 운영했는데, 시간이 좀 지나자 외부에서 "정량 아무개 부서" 앞으로 오는 편지는 거의 모두 내게 배달됐다. 몇 달에 한 번씩 머나먼 곳에 외따로 있는 사람으로부터 금융 이론의 대발견을 이루었다는 내용의 메모를 받곤 했다. 그런데 자신의 이론이 대발견이기는 하지만, 앞으로 그 이론이 가져다줄 것이 확실한 이익의 일부를 떼어 주겠다는 내용의 계약서를 작성하지 않고서는 자세히 밝히기를 꺼리는 경우가 종종 있었다. 나는 그들을 이해한다. 그들 역시 상상력의 위력을 믿는 것이다.

이론 물리학자는 수학을 이용하여 우주의 법칙을 공식으로 표현하고 그 결과를 설명하는 데에 익숙해 있다. 우주는 정말로 최고급 스위스 시계처럼 움직이는 것 같아 보인다. 우리는 행성의 궤도라든가 원자가 방출하는 빛의 진동수를 소수점 이하 8내지 10자리까지 예측할 수 있다. 그러나 물리학자가 대학원 과정의 경제학이나 금융학 교재 첫 몇 쪽을 살펴보면 기겁을 하게 된다. 경제학에 쓰이는 수학은 물리학 교재에 수록된 수학보다 훨씬 더 격식을 갖추고 있기 때문이다. 많은 부분이 유클리드나 집합론처럼 격언과 정리와 명제 등으로 가득 채워져 기술되어 있다. 이런 온갖 격식을 동원했으니만큼 정확한 결과를 얻을 수 있겠거니 생각할 것이다. 그렇지만 물리학과 비교하면 경제학은 예측이나 설명 능력이 너무나 부족하다. 모든 게 의심스럽고, 의문이 끝없이 일어난다.

물리학자가 우주의 법칙을 추구할 때에는 이기적이지 않아 보인다. 그러나 퀀트가 이익이라는 비속한 것을 만들기 위해 거룩한 법칙을 추구하는 모습을 지켜보노라면, 이따금 나 스스로도 악마 숭배자의 모습을 떠올리게 돼 마음이 불편해진다. 경제 세계의 모델을 만들기 위해 물리학이라는 방법과 수학이라는 언어를 사용한다는 건 어떤 의미를 띨까? 경제와 그에 딸린 시장을 하나의 정교한 기계로 취급해도 되는 걸까? 거래사는 이런 것을 어떻게 신뢰할 수 있을까? 가치는 사람에 의해 결정되는 게 아니던가? 그런데 사람을 어떻게 방정식과 이미 결정된 법칙으로 묘사할 수 있다는 말인가? 물리학에 대한 모종의 부러움이 낳은 잘못된 결과물은 아닐까? 너저분한 인간의 시스템을 엉뚱한 잣대로 모델화하려는 부적절한 시도는 아닐까? 경제사학자 로버트 스키델스키가 말한 대로, 사회과학이란 과학적 이해라는 허울을 쓰고 있기는 하지만 실상은 결함투성이인 사고의 집합체일 뿐이지 않을까? 수학이 학문의 여왕이라면 정량금융은 학문이기나 한 걸까? 그리고 궁극적으로, 퀀트는 과학자일까, 아니면 괴짜일까?

이 책은 내가 과학자로, 퀀트로, 그리고 때로는 괴짜들의 여정에 함께 나선 동행으로 겪은 경험담을 모은 것이다.

물리학자의 길

Chapter 1
선택적 친화력

■ 과학의 매력 ■ 입자 물리학의 전성기 ■ 컬럼비아 대학교 진학을 위해 야심을 불태우다
■ 전설적 물리학자와 신진 신동 ■ 재능과 노력, 계획과 운 ■

나는 뉴욕이 눈부시게 반짝거릴 거라고 생각했다. 그러나 1966년 어느 더운 8월 오후에 도착한 뉴욕은 더럽고 쓰레기투성이였으며, 실망스러울 정도로 비현대적이었다. 그리고 시차에 적응하지 못하고 피곤한 상태로 케네디 공항에서 북부 맨해튼까지 땀을 흘리며 택시를 타고 갔기 때문에 기분은 우울한 쪽으로 기울어져 있었다. 록펠러 재단이 설립한 대학원생 숙소인 인터내셔널하우스는 뉴욕의 어퍼웨스트사이드 끝자락에 자리 잡고 있었는데, 포마이카 가구로 채워진 비좁은 방은 남아프리카에 있던 내게 보낸 안내책자 속 사진의 널찍해 보이던 방과는 비슷한 구석이 거의 없었다. 병적 느낌의 녹색과 흰색 복도 벽에다 건물 뒤 입구의 경비원까지 가세하니 한층 더 감옥 분위기가 났다. 이런 갖가지 흉물에 익숙해지기까지 몇 달이나 걸렸다. 우리는 다들 이곳을 "아이하우스"라 불렀다. 사

실 이곳은 외국인에게 아주 좋은 곳이었다.

  비행기에서 내리고 몇 시간이 지나면서 사무치는 외로움에 사로잡히기 시작했다. 시간과 거리를 갑자기 깨닫게 된 때문임이 분명하다. 그전에도 집을 떠나 지낸 적이 있기는 했지만, 이렇게 멀리, 게다가 정해진 기간도 없이 이렇게 막연하게 떠나오기는 처음이었다. 나는 몇 주 동안, 거의 몇 달 동안 목구멍에 걸린 응어리 같은 것이 언제 나를 삼켜버릴지 모르는 상태로 돌아다녔다. 이처럼 북받치는 감정이 지나가기까지 오랜 시간이 걸렸다. 드디어 이런 감정이 삭고 나니 이제는 그런 슬픔과 그리움이 나의 존재에 가져다주었던 고통 가득한 격정이 그리워졌다. 몇 년 뒤 로베르트 무질의 『생도 퇴를레스의 혼란』을 읽었는데, 주인공 청년의 뼈에 사무치면서도 기쁜 불행을 잘 알 수 있었다. 그 시절에 내가 겪은 외로움의 흔적은 아직도 완전히 가시지 않았다. 그 뒤로 새로운 도시에서 홀로 생활을 시작해야 할 때마다, 아무리 짧아도 당시의 음울한 기분을 다시금 느끼는 기간을 거치곤 한다.

  아이하우스에 들어간 첫 몇 주 동안은 거의 아무하고도 말을 하지 않고 지냈다. 게다가 학기가 시작되기 전이라 그곳은 거의 비어 있어 조용했다. 조심성이 많은 성격이다 보니, 그곳에 자리를 잡고 적응한 상태에서 물리학 박사 과정을 시작할 계획으로 3주 일찍 도착한 것이다. 그런데 적응은커녕 내가 아는 모든 사람으로부터 격리된 느낌을 겪었다. 요즘에는 내가 케이프타운에서 뉴욕으로 간 첫해처럼 세상 모든 곳으로부터 격리된 느낌은 거의 들지 않는다. 아이하우스에는 전화가 거의 없었다. 50명이 사는 한 층에 전화기는 달랑 한 대 있을 뿐이었다. 그것도 방음도 제대로 되지 않는 복도 부스에 설치돼 있었다. 남아프리카로 거는 전화는 요금이 비쌌고, 사전에 교환원을 통해 예약을 해야 했다. 나는 집으로 한 번도 전화를 걸지 않았다. 그 대신 매주 몇 번씩 가족과 친구에게 편지를 썼다. 다행스럽게도 드디어 대학원 첫 학기가 시작됐다.

나는 물리학에서 성공하겠다는 맹목적인 열망에 사로잡혀 케이프타운을 떠났다. 컬럼비아 대학교에 오게 된 것은 순전히 운이었다. 나는 4년 전 16세의 나이로 케이프타운 대학교에 입학했다. 우리는 영국식 교육을 받았다. 공부를 시작하기 전에 전공 분야를 — 과학, 문학, 의학, 상업학 중 택일 — 선택해야 했다. 나는 자연과학을 골랐다. 1학년 때에는 물리학, 순수 수학, 응용 수학, 화학 등 1년 과정 네 과목을 수강했다. 개인적 관심 분야를 위한 선택의 여지는 거의 없었다. 학교에서 정한 교과 내용을 모두 공부한 다음, 매년 말에 치르는 최종 연말고사 성적에 따라 학점을 받았다. 졸업반이 될 무렵 나는 이미 응용 수학과 이론 물리학을 복수 전공으로 결정해 둔 상태였다. 멍청하게도 학교는 학부 2학년부터 이론 물리학만을 공부할 수 있도록 허용했고, 그래서 나는 실험에 대한 기술이 전혀 없는 상태로 학교를 졸업했다. 이처럼 어정쩡한 전공 공부는 제대로 된 미국 대학교라면 절대로 용인하지 않았을 것이다.

1965년 말에 우리 과에서 좀 더 꿈이 큰 학생들이 해외의 대학원에 지원할 계획을 세우고 있는 것을 문득 보게 됐다. 그런데 나는 뜻밖에 운이 닿아 악성 여드름 덕분에 미국에 가게 됐다. 10년 전, 내 담당 피부과 의사의 어린 조카가 "주의 감퇴증"을 겪고 있었는데 임상 심리학자인 내 누나가 그 증세의 극복에 도움을 준 일이 있었다. 내 담당 의사는 나에게 특별한 관심을 보이면서, 해외 학교에 유학 가 물리학 공부를 계속하라고 권유했다. 나는 유학을 가면 어떻게 지내게 될지 제대로 이해하지도 못하는 상태에서 그 의사의 충고를 받아들여, 영국과 미국의 장학생 프로그램에 지원하기 시작했다. 케이프타운 대학교의 물리학과 측에서는 해외에서 공부하는 게 무슨 이익이 있겠느냐며 편협하고 미적지근한 태도를 취했지만, 나는 그들의 설득에도 굴하지 않았다.

여드름이 아니었다면 나는 남아프리카에 남았을지도 모른다. 그 뒤 나는 내 인생의 여정, 내가 떠나온 친구와 새로 만난 친구, 결혼과 아이 등이 여드름에 의한 우연한 결과물이라 생각하고 있다.[*1]

입자 물리학은 물질을 구성하는 가장 작은 기본 요소에 대한 연구이다. 유럽과 문명 세계로부터 8,000킬로미터나 떨어져 있는 케이프타운에서조차도 우리는 이 분야가 전성기를 구가하고 있다는 사실을 알고 있었다. 1960년대를 지나는 동안 이 분야는 매년 한 가지씩 개가를 올렸다. 전 세계의 가속기 센터에서 연구자는 초고속의 양성자를 마치 심벌즈처럼 맞부딪혀 그 충돌로 인해 생겨나는 여러 가지 새로운 입자를 발견해 냈다. 리처드 파인만은 기본 입자 물리학 연구는 정교한 스위스 시계 두 개를 서로 부딪혀 생겨나는 파편을 보고 그 시계가 어떻게 움직이는지를 알아

[*1] 주의가 산만하던 그 피부과 의사의 조카는 조나단 도판이다. 그로부터 몇 년 뒤 그 역시 미국의 대학원으로 진학했고, 지금은 실험 입자 물리학 분야에서 몇 군데 되지 않는 세계 최고의 연구소 중 하나인 스탠퍼드 선형 가속기 센터의 소장이 됐다.

보려 하는 것과 아주 비슷하다고 말한 적이 있다. 난점은 그 부분이었다.

새로운 입자가 급격히 늘어나자 어떤 게 기본 입자고 어떤 게 복합된 입자인지 알기가 어려워졌다. 이 수수께끼는 19세기 화학이 안고 있던 커다란 수수께끼의 되풀이였다. 당시 화학에서는 새로운 물질의 가짓수가 급격히 늘어나자 물질의 화학적 구조를 이해하기 위한 탐구가 시작됐다. 이러한 연구는 멘델레예프가 모든 원소를 화학적 성질에 따라 이해하기 쉬운 순서로 나열한 주기율표를 만듦으로써 정점에 이르렀다. 이 표의 빈칸은 아직 발견되지 않은 원소를 위한 자리인데, 빈칸이 표 안에서 차지하는 위치가 그 칸에 들어갈 원소의 성질을 나타내 주고, 이에 따라 미지의 이 원소를 찾는 방법을 알아낼 수 있다. 이제 20세기가 되자 경쟁은 이와 비슷하게 소위 기본 입자라는 것의 성질을 나타낼 수 있는 표를 찾아내기 위한 것으로 옮아갔다. 우주선(宇宙線)과 인위적으로 만든 충돌 장치로부터 너무나 많은 입자가 새로 발견되자 몇몇 본격적 물리학자(물론 캘리포니아의 물리학자)는 어떠한 입자도 다른 입자보다 더 기본적이지 않으며 어떠한 입자도 나머지 모든 입자의 복합체로 볼 수 있는 일종의 총체적 모델을 제안하기 시작했다.

1964년 여름 케이프타운 대학교에서 우리는 머리 겔만과 유발 네만의 연구에 대한 강의를 즐겨 들었는데, 둘은 현대의 멘델레예프에 해당되는 물리학자로 스스로 입자 주기율표를 만든 사람들이다. 이들이 만든 모델의 일부 하위 표에는 여덟 개의 서로 다른 입자가 포함돼 있는데, 겔만은 이 모델에 팔도(八道)라는 이름을 붙였다. 불교에서 말하는 생활원칙인 팔정도(八正道)를 암시하는 세련되고 멋진 이름이다. 겔만과 네만은 자신이 만든 표의 빈 칸을 보고 오메가 마이너스라는 아주 이상한 새 입자의 관측 가능한 특성을 예측했다. 그 직후 롱아일랜드에 있는 국립 브룩헤이번 연구소의 가속기에서 충돌을 통해 이들의 예측과 정확히 일치하는 입자가 만들어졌다. 거대한 거품상자 안에 남은 특성 흔적으로 알아볼 수 있었는데, 새 입자의 특성이 팔도에서 예측한 것과 정확하게 일치했다. 이런 것을 보면 인간의 사고로 우주를 파악할 수 있으리라는 생각이 들기도 했다.

나는 입자 물리학과 일반 상대성 이론에 깊이 매료됐다. 둘 모두 우주의 궁극적 성격 및 공간, 시간을 다루는 주제였다. 이러한 주제에 보내는 일생은 초월에 바치는 일생이었다. 물리학을 하는 내 친구 대다수가 그렇듯 나는 기초 물리학에 거의 종교적 열정을 품게 됐다. 그러나 나의 열정 밑바탕에는 유명해져 불후의 이름을 남기겠다는 더 큰 욕망이 자리 잡고 있었다. 나는 제2의 아인슈타인이 되려는 꿈을 꾸었다. 영원히 사라지지 않을 진리의 발견에 전념하면서 일생을 보내고 싶었다. 이따금은 좀 세속적인 직업을 택하는 사람보다 더 우월하다는 자만심이 들기도 했다.

어머니는 내가 학문 추구에 헌신하도록 북돋아 주었다. 아버지는 천성적으로 어머니보다는 좀 더 학자 쪽에 가까웠지만, 그래도 내가 아버지와 함께 사업에 뛰어들었다면 더 좋아했을지도 모른다. 내가 16세나 21세, 또는 34세일 때 만일 누군가 나더러 40세에는 투자은행에서 일하고 있을 거라 말했다면 어이가 없어 허허 웃었을 것이다.

컬럼비아 대학교에서 맞는 첫 학기 첫날, 등록하면서 헨리 폴리 교수가 내 지도교수로 배정됐다. 폴리 교수는 파인만에게 노벨상을 안겨 준 전자 이론을 검증하는 실험에 참여한 비교적 유명한 물리학자였는데, 1940년대에 이루어진 그 실험은 이제는 고전이 됐다. 냉소적이면서도 매력적인 성격을 지닌 폴리는 원자 물리학에 대한 내 지식이 어느 정도인지를 보기 위해 간단한 시험을 했고, 그 결과 전자의 스핀 궤도 상호작용의 세밀한 부분에 대해 케이프타운에서 내가 배운 게 얼마나 없는지 알게 됐다. 폴리 교수는 내게 G4015 강좌에 등록하라고 지시했다. 원자 물리학과 양자역학에 대한 컬럼비아 대학원 기초 강좌였다.[*2] 미국의 대학원에서 물리학을 전공하는 학생은 대부분 이와 비슷한 과목을 대학교 3학년 또는 4학년에 배웠다. 그래서 나는 나머지 학생에 비해 1년 이상 뒤떨어진 상태로 출발하게 됐다. 3년에 걸친 길고 지루한 학과 과정과 시험의 시작이었으니, 나만의 연구를 시작하게 되리라는 기대에 차 있던 나로서는 맥 빠지는 뜻밖의 뒷걸음질이었다.

그렇지만 폴리 교수는 옳았다. 나는 충분히 준비된 상태가 아니었다. 1960년대 초 케이프타운 대학교에서 우리는 현대 물리학과 양자역학을 수박 겉 핥기식으로만 배웠다. 그곳의 물리학 교수는 대부분 1930년대 이후에 전개된 모든 것을 불편하게 생각하는 듯했다. 그들의 태도, 즉 양자역학만이라도 제대로 이해하면 운이 좋은 거라는 생각은 나에게도 오랫

[*2] 강좌 번호까지 적은 걸 보고 나를 현학적인 사람이겠거니 생각할지도 모르지만, 30년 넘는 세월이 지난 지금도 무의미한 문자와 숫자의 조합으로 이루어진 강좌 번호를 보면 그때의 기억이 하나하나 되살아난다. 불가해한 연금술 같은 새로운 과목을 터득하기 위한 길목에 서 있다는 생각에 들떠 있는 나 자신의 모습, 특정 해, 특정 강의실, 특정 교수, 미닫이 칠판, 탕탕 소리가 시끄럽게 울리는 난방용 라디에이터 등…….

동안 남아 있었다. 미국의 물리학은 훨씬 더 전문적이고 실제적이며 능률적이었다. 그 뒤로도 자주 목격할 수 있었지만, 컬럼비아의 물리학과에서는 현대 물리학을 뭔가 내밀하고 어려운 고차원의 것으로 생각하지 않았다. 모종의 관문을 어렵사리 통과하여 비법을 전수받은 다음에야 우리 앞에 모습을 드러내는 것으로 보지 않았다. 그보다는 오히려 학생이 거기 곧장 뛰어들기를 기대했다.

내가 학부 과정에서 제대로 배운 과목은 딱 한 가지, 응용 수학이었다. 변화가 느린 분야라 아득하고 외딴 남아프리카에서도 쉽사리 따라잡을 수 있는 과목이었다. 케이프타운에는 영국에서 교육받은 교수가 많았는데, 이들은 케임브리지의 유명한 우등졸업시험을 본떠 책을 덮은 상태로 학년말 시험을 치르게 했다. 문제를 실질적으로 빨리 풀어내는 능력과 외우는 능력이 매우 중요했다. 모든 것을 철두철미하게 처리했다. 한 해 한 해 지나면서 우리는 점점 더 고등한 형태의 고전 역학과 전자기 이론을 배웠다. 나는 졸업 시험을 치르기 위해 외워야만 했던 몇 가지 부정적분과 푸리에 변환 방정식을 지금도 외울 수 있다.[*3]

1966년 내가 들어갔던 컬럼비아 대학교 물리학과는 전설적인 곳이었다. 처음 느낀 것은 그들이 20세기 물리학의 획기적 발견에 직접 연관된

[*3] 나는 골드만삭스에 있을 때 마지막 몇 년 동안 투자은행에 취업을 원하는 학사 출신 지원자의 면접을 맡았는데, 학과 과정을 너무나 많이 기억하지 못하고 또 자기 전공 분야의 핵심을 너무나 제대로 파악하지 못하는 지원자를 보고 놀란 때가 많았다. 통계를 전공하고도 표준 편차가 무엇인지 정의 내리지 못하는 졸업생과 전자기 이론 과정을 여러 번 듣고도 맥스웰 방정식을 기억하지 못하는 학생도 보았다. 나는 내가 배워야 할 것을 잘 배웠던 것이다. 지원자 중에는 교육을 헛받았구나 하는 생각이 드는 사람도 있었다.

사례가 너무나도 많다는 사실이었다. 이 대학교의 물리학과에서 최초로 박사학위를 받은 사람은 20세기 초에 졸업한 로버트 밀리컨이다. 그 뒤 그는 전자의 전하량을 정밀하게 측정한 성과로 노벨상을 받았는데, 눈으로 볼 수 없는 전자 한 개 내지 두 개만큼의 정전기를 띤 작디작은 기름방울의 편향도를 측정하는 기발한 방법을 사용했다.

내가 도착했을 때에는 로버트 오펜하이머의 사망 이후 미국 최고의 원로 물리학자가 된 이지도어 라비가 컬럼비아 대학교 물리학과를 이끌고 있었는데 은퇴를 얼마 남겨 놓지 않은 상태였다. 그는 핵의 자기적 성질을 측정하는 방법을 찾아내 1944년에 노벨상을 받았다. 라비는 미국의 물리학자 세대 전체의 지적 아버지로 추앙과 존경을 받는 정부 자문위원이었다. 그리고 겔만과 네만의 오메가 마이너스가 마침내 발견된 국립 브룩헤이번 연구소를 만든 장본인 중 한 명이기도 했다. 이제 은퇴가 가까워 오고 말수도 많아진 그를 보니 천재라는 생각보다는 익살스럽다는 생각이 더 들었다. 그렇지만 나는 당시 젊은 데다 약간은 건방지기도 했고, 그의 지혜와 영향력이 어느 정도인지도 전혀 몰랐다. 최근 그가 예전에 한 말이 인용된 걸 보았는데, 이런 내용이다. "A 학점을 받을 필요는 없다는 결심만 서면 대학에서 엄청난 양의 지식을 배울 수 있다."

1938년에 노벨상을 받은 고 엔리코 페르미는 컬럼비아 대학교 물리학과의 정신적 아버지로 존경받았다. 무릎 위 전신을 찍은 그의 흑백사진이 푸핀 물리학관의 8층 세미나실에 걸려 있었다. 그는 제2차 세계대전과 맨해튼 프로젝트[*4]가 진행되는 동안 교수로 재직했다. 페르미는 시카고

[*4] 미국 정부가 원자폭탄을 만들기 위해 1942년부터 1945년까지 진행한 연구 계획 (옮긴이).

I _ 선택적 친화력 | 47

대학교에서 지속적 핵 연쇄반응을 최초로 성공시킨 실험가였는데, 이 실험은 히로시마와 나가사키를 폐허로 만든 원자폭탄으로 이르는 하나의 과정이 됐다. 또 그는 1930년대에 중성미자의 존재를 예측한 놀라운 이론가이기도 했다. 중성미자는 질량도 전하도 없는 입자인데, 일반 물질과의 상호작용이 너무나도 약하기 때문에 그로부터 20여 년이 지나도록 관측할 수 없었다. 그는 이론과 실험 모두에 커다란 공헌을 한 최후의 물리학자에 속하는 사람으로, 물리학 분야의 괴테 같은 인물이었다.

컬럼비아는 또 아름다운 마리아 괴퍼트 마이어가 전쟁 동안 지낸 곳이기도 하다. 그녀는 궤도를 도는 여러 겹의 입자 껍질로 이루어져 있는 원자와 마찬가지 구조의 핵 구조 이론을 내놓아 1963년에 노벨상을 받았다. 컬럼비아에는 친척의 채용을 막는 규정이 있었기 때문에 — 그녀의 남편 조지프 마이어가 화학과 교수였는데 — 그녀에게는 대학교의 연구원 자격만 주어졌을 뿐 완전한 교수의 자격은 주어지지 않았다.

현대로 더 내려오면, 컬럼비아 대학교는 전쟁 이후 상대성 양자 전기역학의 중심지가 됐다. 양자 전기역학은 내가 컬럼비아에서 곧 배우게 될 이론으로, 전자가 빛을 방출하고 흡수하는 과정에 대한 매우 체계적인 이론이다. 원자와 그 안에 있는 전자는 너무나 작기 때문에 물리학자는 그 구조를 간접적으로 살펴볼 수밖에 없다. 원자 내부를 실제로 "볼" 수가 없는 것이다. 그래서 의사가 환자의 가슴을 톡톡 두들겨 울리는 소리를 듣고 환자의 체내 상태를 판단하는 것처럼, 물리학자 역시 원자를 찔러 보고 거기서 방출되는 빛으로부터 그 내부의 전자가 띠는 성질을 진단한다. 1940년대 말에 이르러 양자 전기역학에는 수학적 및 개념적 모순이 너무나도 깊게 뿌리내려 있었는데, 그 때문에 원자에서 방출되는 빛의 주파수를 계산하면 문자 그대로 수없이 많은 결과가 나오는 경우가 많았다.

1940년대 말, 미국의 파인만과 줄리언 슈윙거가 (그리고 그들은 몰랐지만 일본의 도모나가 신이치로가) 뛰어난 통찰력과 수학적 기교를 동원하여 양자전기역학 이론을 수정하는 방법을 제시했다. 이들은 전자가 원자 내부의 한 궤도에서 다른 궤도로 도약하면서 내놓는 빛의 파장을 아주 정확하고 세밀하게 예측하는 동시에 그때까지 의심 없이 받아들여졌던 계산을 바로잡았다.

윌리스 램과 폴리카프 쿠시는 모두 1940년대 말에 컬럼비아에 몸담고 있었는데, 이러한 거의 무한소에 가까운 수정부분을 면밀하고 정확하게 측정했고 그 결과 파인만과 슈윙거의 계산과 정확하게 일치한다는 사실을 알아냈다. 램과 쿠시는 각기 노벨상을 받았고, 파인만과 슈윙거 역시 노벨상을 받았다. 그리고 얼마 뒤 도모나가도 노벨상을 받았다.

노벨상이 모두 똑같지는 않다는 사실을 내가 알게 되기까지는 그리 오래 걸리지 않았다. 1968년, 나는 쿠시가 가르치는 전자기 이론 과목 3학년 과정 조교로 일하면서 그와 정기적으로 만났다. 오래지 않아 나는 푸핀 물리학관 사람들이 그를 대할 때 그의 노벨상이 다른 교수의 노벨상보다 왠지 가치가 떨어진다는 듯한 태도로 대한다는 사실을 알아차리게 됐다. 몇 년 뒤 그는 텍사스 대학교로 옮겨 갔다.

컬럼비아에는 또 당시에는 아직 노벨상을 받지 않았지만 리언 레더먼, 잭 스타인버거, 그리고 멜빈 슈워츠가 있었다. 모두 수많은 정교한 실험과 발견으로 이미 유명해져 있었던 이들은 1988년에 노벨상을 받았다. 그보다 거의 30년 전에 페르미가 제안한 중성미자에는 하나가 아니라 두 가지 유형이 있다는 사실을 증명한 공로를 그제야 인정받은 것이다. (2000년에 세 번째 유형의 중성미자가 발견됐는데 이는 그렇게까지 놀라운 일은 아니었고 노벨상을 받을 만한 정도는 전혀 아니었다.)

끝으로, 컬럼비아의 창공에서 빛나는 별 가운데 가장 밝은 별은 리정다오였다. 그는 컬럼비아 대학교의 물리학과가 지닌 온갖 좋고 나쁜 특징의 화신이자 어쩌면 그 원인제공자였는지도 모른다. 그는 소위 반전성이 보존되지 않는다는 놀라운 발견을 이끌어 낸 이론적 연구로 1958년에 28세의 나이로 노벨상을 받았다. 리정다오, 그리고 그와 공동으로 노벨상을 받은 양전닝은 자연법칙은 인간이 임의로 "왼쪽"과 "오른쪽"으로 정의내린 것과 같은 대칭이 아니라는 대담한 가설을 내놓았다. 이는 거의 믿기지 않는 가설이었지만, 두 사람은 그것을 확인할 수 있는 실험을 제안했다. 그로부터 1년이 지나지 않아 그들의 가설이 옳다는 게 증명됐다. 내가 컬럼비아에 들어갔을 때는 그로부터 겨우 8년이 지난 때였고, 이러한 발견의 결과가 아직도 물리학의 틀에 반영되고 있는 중이었다.

다들 리정다오를 "티디$_{TD}$"라 불렀는데, 그는 교황과 중국의 마지막 황제를 둘둘 말아 하나로 뭉뚱그려 푸핀 홀에 앉혀 놓은 듯한 사람으로 무섭도록 자기중심적이었으며 열정적이었다. 10년 쯤 전에 〈그랜드 스트리트〉라는 문학잡지에서 그의 사진을 본 적이 있는데, 칠판에 글을 쓰는 과학자를 찍은 일련의 사진 중에 포함돼 있었다. 그 중 하나는 파인만으로, 명랑하고 쾌활하게 양자 전기역학에 대해 강의하는 장면이었다. 또 하나는 록펠러 대학교의 미첼 파이겐바움이 자신의 배가 방정식을 검토하는 사진이었는데, 이 방정식은 무질서해 보이는 현상 뒤에 숨어 있는 질서를 드러내 보여 주는 것이었다. 사진의 물리학자들은 대부분 평범해 보였다. 겔만까지도. 그러나 티디의 사진은 달랐다. 1950년대에 찍은 그 사진에는 열성적으로 강의 중인 그의 앳된 얼굴에서 빛이 뿜어져 나왔다. 시나이 산에서 내려오는 모세와 다를 것이 없었다. 티디는 컬럼비아의 분위기를 좌지우지했다. 그의 존재는 고무적이기도 했지만 소모적이기도 했다.

컬럼비아에서 특출한 사람은 교수뿐이 아니었다. 학생 중에도 귀재가 많았다. 내가 대학원 과정을 들을 때 상급 과정 수업에서도 어린 나이에 잘나고 똑똑한 미국인 학부생이 드문드문 있었다. 나는 그들을 부러워하기도 하고 경계하기도 했다. 몇몇은 상고머리에다 어깨가 좁다란 정장을 입고 넥타이를 맨 말쑥한 차림이어서 50년대의 유물 같아 보였고, 또 어떤 학생은 물 빠진 청바지와 스웨터 차림에 기다란 생머리를 찰랑거리며 다녔다. 그러나 무엇을 입든 간에, 이들은 모두 수업 시간에 답을 이미 알고 있으면서도 손을 들고 교수에게 질문을 던졌다.

나는 배운 것보다 더 많이 아는 이런 사람들에게 놀랐다. 남아프리카에서는 한정된 숫자의 기술만을 아주 잘 익혔고, 그렇게 얻은 지식은 일생 동안 없어지지 않았다. 그곳에서는 "그분들"이 "나"에게 내가 소화할 수 있는 것을 가르치기 시작할 때까지 한 해 한 해 고분고분 기다렸다. 내가 배울 수 있는 수준에 이르렀는지 아닌지는 그분들이 판단했다. 내가 배우고 싶어하는 것을 내가 원하는 때에 배울 수 있다는 생각은 한 번도 들지 않았다. 미국에 와서는 스스로 배우려 나서는 학생들을 보고 경악했다. 나는 지금도 내가 공식적으로 배운 것 말고는 거의 아무것도 공부하지 않았다는 사실을 스스로 인정하기가 창피하다. 한 가지 커다란 예외가 있기는 하다. 대학 4학년 때 나는 학위 논문을 쓰기 위해 여러 달 동안 중력 및 전자기 통일장 이론을 연구했다. 아인슈타인의 중력 이론을 나 혼자 독자적으로 더 깊이 파고들어 가면서 들뜬 나날을 보냈지만, 그런 자율성은 예외적인 부분이었다.

나는 1966년부터 리정다오 같은 수준의 성공을 이루겠다는 야심찬 꿈을 품었다. 이와 같은 비현실적 기준으로 보면, 장차 대단한 성공을 거둘 것 같아 보였던 '귀재' 중 기대한 만큼 성공을 거둔 사람은 거의 없었다. 그중 한 명은 유명 연구소의 군사 분석가가 됐는데, 이라크의 쿠웨이트 침공 이후 걸프전 동안 텔레비전에서 보게 돼 반가웠다. 또 한 사람은 물리학 박사 학위를 받고 나서 의과대학으로 옮겨가 정신의학과 레지던트 과정을 시작했고, 나중에는 유명한 신경망 이론가가 됐다. 또 한 사람은 컬럼비아에서 물리학과 학부 졸업생 최우수상을 받은 뒤 조울병에 시달렸다. 공부를 계속하겠다는 확고한 뜻을 세운 그는 샛노란 메모장에다 연구에 완전히 집중한 상태로 보낸 시간을 분 단위로 기록하고 있었다. 잠시 쉬거나 중단될 때마다 그는 시계를 멈추고 몇 분 동안이나 집중된 상태가 지속됐는지를 적어 넣었다. 그리고 매일 하루를 마감하면서 총합을 계산했다. 나도 강박적이었으므로 그가 시간을 재는 심정을 이해할 수 있었다. 하루 동안 방해받지 않고 본격적으로 공부한 시간이 얼마나 짧은지를 알고 있었고, 그래서 나도 시간기록을 시작할까 생각한 때도 있었다.

나는 컬럼비아에서 만난 교수와 학생의 운명을 통해 한 가지 교훈을 얻었다. 재능이 중요하기는 하지만, 결국에는 사람됨과 기회 역시 적어도 그만큼 중요하다는 사실이었다. 운, 그리고 내 어머니가 말한 '시츠플레이시', 즉 끈기가 압도적인 역할을 하는 것이다.

처음에는 케이프타운에서 다음에는 뉴욕에서, 내게 어울리는 물리학이 무엇인지를 꾸준히 배워 가고 있었다.

물리학자가 대부분 그렇듯 나 역시 환원주의자였다. 복잡한 사물도 구성원소로 환원시키면 설명이 가능하다고 믿는 것이다. 생물학은 화학을 바탕으로 하고 화학은 분자와 원자의 물리 작용에 지나지 않는다. 원자는 전자와 핵으로 이루어지고, 핵은 양성자와 중성자를 지니고 있으며, 양성자와 중성자는 쿼크로 이루어진 것 같아 보인다. 핵 이하 단계에서 최종적으로 이런 계층의 뿌리에 있는 궁극의 소립자는 무엇일까? 그런 입자의 행동을 결정하는 법칙은 무엇일까? 이러한 의문이 입자 물리학에서 다루는 질문이다.

입자 물리학자는 자신의 분야가 가장 근본적 지식의 원천이라 생각하는 속물이어서, 같은 물리학에서도 좀 더 군더더기가 많고 좀 더 복잡한 분야를 모욕하는 장난을 조금씩 즐긴다. 입자 물리학자가 대개 가지고 있는 자기 분야에 대한 이와 같은 근거 없는 우월감을 팔도의 공동 발견자이자 쿼크의 발견자인 겔만은 간단명료하게 요약해 보여 주고 있다. 얼핏 덩어리 물질과 그 다양한 형태에 대한 통속적 연구처럼 보이는 고체 물리학을 그가 "너저분체 물리학"이라 부른 일화는 유명하다.

오늘날에는 모두가 겔만의 재치 있는 명언에 동의하지는 않는다. 지난 20년 동안 물리학자는 대규모의 덩어리 물질과 소규모의 입자 물리학 사이에 깊은 공통분모가 있다는 사실을 알아냈다.

두 분야 모두, 새롭고 흥미로운 것은 대부분 소위 "다수의 집합체"적 성격에서 생겨나는 것 같다. 즉 덩어리 물질과 작디작은 입자는 각기 아주 많은 숫자의 비슷한 구성원으로 이루어져 있는 하나의 매체를 닮은 것으로 볼 수 있다. 비슷한 구성원을 아주 많이 모았을 때 이들의 집합적 행동은 예기치 않은 완전히 새로운 성격을 나타낼 수 있다. 한 방울의 물은 갑자기 얼어 고체로 변할 수 있지만 물 분자 한 개는 절대로 그렇게 되지 못한다. 조용한 흥분이나 숨죽인 기대는 군중 사이로 휩쓸고 지날 수는 있어도 혼자 있는 사람 사이를 휩쓸고 지나지는 못한다. 노벨상 수상자인 필립 앤더슨의 말을 빌리면, "더 많은 것은 다르다!"는 것이다. 앤더슨이나 여타 많은 "너저분체" 물리학자는 모든 것을 하나로 아우르는 '만물이론'은 없다고 믿는다.

어느 쪽이 옳은지를 알게 되는 날이 올 가능성은 낮지만, 전후 시대에 물리학자가 되려던 사람이 대부분 그랬듯 나 역시 환원주의자의 관점에 금세 이끌렸다. 나는 궁극의 환원주의자, 즉 입자 물리학자가 되고 싶었다.

엄밀히 말해 그중에서도 이론가가 될지 실험가가 될지를 선택해야 했지만, 적어도 내 경우 이 문제에 관한 한 선택하고 말고가 없었다. 이론 물리학의 핵심은 우주를 들여다보고 그 구조를 정신적으로 이해하려는 시도이다. 옳게 보고 이해하면 뉴턴이나 아인슈타인 같은 사람이 된다. 십계명 중 하나를 발견한 사람이 되는 것이다. 간단한 형태의 법칙을 적어 내려간다. 밑도 끝도 없이 뽑아낸 법칙이지만, 그럼에도 그 법칙은 하느님의 세계가 돌아가는 이치를 기적적으로 설명하고 예측할 수 있다. 내가 이루고자 애쓰던 열망은 이것이었다. 이에 비하면 다른 그 어떤 것도 타협이었고 나로서는 상상할 수 없는 일이었다.

이론 입자 물리학 내에서도 분야는 더 자세하게 갈라진다. 순수 이론은 추상적 법칙, 즉 세계를 지배하는 신성한 계명을 공식화하려는 분야이다. 그러나 올바른 법칙을 받아 산을 내려왔노라는 예언자는 수없이 많지만, 그 가운데 정말로 모세처럼 타당한 법칙을 새로 내놓는 사람은 아주 드물다. 그러면 하나의 이론이 옳은지는 어떻게 아는가?

아름다움, 심지어는 수학적 아름다움도 충분하지 않다. 물리학자는 하나의 새로운 이론을 내놓을 때 그것이 세상 속에서 어떤 방식으로 작용하는지 자세히 설명함으로써 검증해야 한다. 소위 현상학을 다루는 물리학자는 그 이론에 의거하여 관찰할 수 있는 자세한 결과를 풀이하면서 원리와 실험 간의, 정신과 물질 간의 실질적 연결고리를 제공한다. 현상학자는 이론을 상세하게 설명한다. 이들은 발견을 위한 근사치를 만들어 그 이론에 실질적 도구를 입힌다. 그리고 그 이론 자체가 결과를 산출하도록 함으로써 그 이론을 인정 또는 논박할 수 있는 실험을 제안한다. 현상학자는 수면의 파문을 좀 더 다루고 수면 아래에 있는 법칙은 조금 덜 다룬다.

나는 순수 이론을 하고 싶었지만, 결국 내 인생의 많은 부분을 현상학자로서 물리학을 하는 데에 보내고 말았다. 길게 볼 때 이런 점은 내게 아주 유익하게 작용했다. 월스트리트로 자리를 옮겼을 때 나는 정량적 금융이 순수 이론보다 현상학에 훨씬 더 가깝다는 사실을 알게 됐다. 정량적 금융은 사람들이 금융 약정의 가치를 평가할 때 사용하는 기법을 다룬다. 인간의 마음이 동요하는 성질을 지니고 있는 만큼, 깊은 곳을 연구하는 원론적 연구보다는 표면을 살피는 실용적 연구이다. 이와는 대조적으로 물리학은 하느님의 규범을 다루는데, 이는 심오한 물리 법칙을 나타내는 간단하고 포괄적인 진술로 더 쉽게 표현되는 것 같다.

나는 물리학이 다루는 내용에 열정을 지니고 있었지만, 한편으로는 세속적 보상에 대한 갈망에도 사로잡혀 있었다. 필연적으로 실망을 겪으면서도 이러한 열정과 갈망은 오랫동안 사라지지 않았다. 그리고 10년 뒤, 1976년 옥스퍼드 대학교에서 박사 후 연구원으로 일하면서 야심의 퇴락에 대한 약간의 깨달음을 경험했다. 열예닐곱일 때에는 아인슈타인 같은 사람이 되기를 원했다. 스물한 살일 때에는 파인만 같은 사람이 된다면 아주 기뻐했을 것이다. 스물네 살이 되자 리정다오 정도면 만족하겠다고 생각했다. 1976년 무렵, 옥스퍼드에서 또 한 사람의 박사 후 연구원과 함께 사무실을 나눠 쓰면서, 바로 옆 사무실에 있는 박사 후 연구원이 프랑스에서 열리는 세미나에서 발표자로 초대받았다는 사실을 부러워하는 수준에 다다랐다. 금융의 주식 옵션 역시 이와 아주 비슷한 방식으로 만기일이 다가옴에 따라 잠재 가치를 잃어버린다. 옵션 이론가는 이를 '노후화' 현상이라 부른다.

Chapter 2
지지부진하던 시절

■ 대학원생의 삶 ■ 훌륭한 강의 ■ 리정다오, 창공에서 가장 빛나는 별
■ 일곱 해의 흉년 ■ 겨우 반쯤 살아남아 대학원을 빠져나오다 ■

청춘의 황금기를 낭비한다 해도 아까워하지 않는다면 컬럼비아의 대학원 생활은 천국일 것이다. 대학원 생활을 시작하면 가장 먼저 부딪히는 장애물이 박사 논문 자격시험을 통과하는 일과 담당 지도교수를 확보하는 일이다. 그러나 이 두 가지 장애물만 일단 뛰어넘고 나면 내가 어찌 되건 아무도 신경 쓰지 않는 것 같았다. 대학원 생활은 그리 나쁜 한직이 아니었다. 대학교에서 적으나마 생활은 꾸려 나갈 만큼 장학금을 계속 대주었고, 성가시게 굴지만 않으면 아무도 우리를 간섭하지 않았다. 나는 성경에서 말하는 일곱 해의 흉년을 물리학과에서 보냈다. 어느 친구는 10년을 보냈다. 우리는 모두 살아서 그곳을 빠져나왔다.

그러지 못한 사람도 있었다. 대학원에 들어가서 지도교수를 총으로 쏘아 죽인 대학원생에 대한 전설을 듣게 되기까지는 그리 오래 걸리지 않았

다. 나는 몇 년 전 하버드의 노벨상 수상자 엘리아스 코리 교수의 연구실에서 공부하던 대학원생 두 명이 자살했다는 내용의 〈뉴욕타임스〉 기사를 읽게 됐다. 이 기사에 대한 독자 편지가 1998년 12월 20일자 일요판 〈뉴욕타임스〉에 실렸는데, 편지에서 뉴욕 주 어퍼나이악의 린다 록버그는 대학원생의 생활에 대해 다음과 같이 논평했다.

…… 대학원 교육은 사춘기의 연장이다. 어쩌면 그때보다 지금이 더 그럴 것 같은데, 대단히 명석한 청년이라도 이 기간을 지나는 동안 자신의 세계가 담당 지도교수의 연구실 크기에 맞게 찌부러지는 것을 보게 된다……. 자신의 정체성이 논문 프로젝트의 결과물에 매여 있는 이들 대학원생은 다른 가능성(교직, 산업체, 또는 완전히 다른 유형의 직업)을 경멸의 눈으로 바라보는 분위기에 익숙해진다. 주당 예를 들면 50시간만 일하면 되는 의미 있는 일을 하면서 일정 수준의 급료를 원하는 것을 배신이라 여긴다.

정확한 표현이다. 우리는 과학에 대한 사랑 때문에 과학에 뛰어들었고, 그래서 그 나머지는 반눈에도 차지 않았다. 일부는 박사 논문 자격시험에서 떨어져 1년 만에 떠났다. 또 일부는 시험은 통과했지만 지도교수를 찾지 못해 포기했다. 많은 수의 대학원생은 논문이 진행되는 도중에 수건을 던졌다. 그 나머지는 겨우겨우 빠져나와 박사 후 연구직이라는 떠돌이 생활로 옮겨 갔다. 우리 가운데 편안한 시간을 보낸 사람은 거의 없었다. 이상의 추구를 포기하고 좀 덜 야심찬 목표를 향해 떠나가는 친구들은 마치 수녀원에서 낙오한 수련수녀처럼 부끄러운 얼굴이 되어 떠났다. 떠나는 그들을 깔보는 눈으로 바라보는 우리가 느낀 무언의 자기혐오를 인정했다는 점에서 록버그는 특히 정확하게 꿰뚫어 보았다. 블레이크가 쓴 『지옥의 격언』에서 "부끄러움은 자존심의 외투"라는 구절을 읽었을 때 나는 그 의미를 정확하게 이해할 수 있었다. 그렇지만 나중의 일이다.

컬럼비아의 첫해에는 학기당 네 과목을 들은 다음 흔히 "퀄"이라 부르는 박사 논문 자격시험을 치렀다. 이 시험을 통과해야만 박사 과정을 계속할 수 있었다. 이론가가 되자면 자격시험에서 또 별도로 이론 부분도 통과해야 했다. 이러한 공식 절차를 통과하지 못하면 어떠한 교수도 지도를 맡으려 하지 않았다.

나는 현대 물리학에 대해 아는 게 거의 없었고, 그래서 자격시험을 통과하여 이론가라는 우수 집단에 받아들여진다 해도 2년 동안 갖가지 예비 강좌를 더 들어야 했다. 이에 비해 영국의 케임브리지 대학교 대학원에서는 요구되는 학과 과정이 적었다. 거기 갔더라면 삼사 년 만에 박사 과정을 마쳤을지도 모른다. 컬럼비아에서는 연구를 시작하기도 전에 그만한 기간을 기다려야 했다! 한 걸음 앞으로 나가기는 했지만, 두 걸음 뒤로 물러서는 실망을 맛본 것이다.

이론가가 되기로 결심하고 나니 선택의 여지는 거의 없었다. 제대로 교육을 받지 못한 상태에서는 이론 연구를 하기가 불가능했다. 갓 실험가가 된 친구가 연구를 시작하자마자 뭔가 유용한 방식으로 기여하고 있는 것을 볼 때에는 부러운 마음도 들었다. 그들은 입자 탐지 장치를 만들고, 컴퓨터 프로그램을 작성하고 자료를 분석했다. 애벌레 같은 수준이긴 했지만 그들은 뭔가 건설적이고도 보람 있는 것을 붙들고 씨름하고 있었다. 우리 이론가는 맥이 탁 풀릴 정도로 쓸모가 없고 고독해 보였다.

오랜 시간이 지난 뒤 월스트리트에 왔을 때 나는 정량금융에서 뭔가 쓸모 있는 일로 바쁘게 지낼 수 있다는 점이 특히 좋았다. 프로그램 작성이라든가, 거래사를 위한 프로그램 화면 구성 디자인, 계산 등 언제나 일할 거리가 있었다. 대단한 일을 하지 않고서도 도움이 된다는 게 기분이 좋았다.

한편 1966년의 나는 뉴욕 생활에 적응되면서 생활이 점점 더 나아졌다. 아침마다 더블유엔이더블유 중파에서 클라반과 핀치의 교통방송을 들으며 잠을 깼다. 그들은 자기네 방송국에서 가지고 있지도 않은 교통방송 헬리콥터를 마치 가지고 있는 듯 방송했는데, 한 사람이 헬리콥터 날개 돌아가는 소리를 내는 동안 나머지 한 사람이 교통방송 대본을 읽었다. 나는 이들이 끝도 없이 읊어 대던 문구를 기억하는 사람을 지금도 가끔 만난다. "뉴저지 유니언 22번 도로의 남성복점 데니슨이 오전 10시부터 다음 날 5시까지 영업합니다. 돈이 최고예요. 안 되는 게 없죠!" 나는 이 선전을 들으며 22번 도로를 나보코프의 『롤리타』에 나오는 것 같은 싸구려 모텔도 간간이 있으면서 케루악을 연상시키는 이국적인 대륙 횡단도로쯤으로 상상했다. 1980년, 내가 결국 물리학을 그만두기로 결심했을 때 뉴저지 주 머리힐에 있는 벨 연구소로 면접을 보러 가면서 바로 이 22번 도로를 지나갔다. 이 도로에 대한 나의 상상이 완전히 허황된 것은 아니었다.

나는 뉴욕의 어퍼웨스트사이드를 좋아했다. 카리브 해 같은 분위기와 활기찬 거리 풍경이 좋았다. 맨해튼은 멋지게 고독을 즐길 수 있는 곳이었다. 컬럼비아에서 브로드웨이를 따라 타임스퀘어까지 걸어가면서 사람들을 구경하고 곧 사라질 오토매트나 하퍼레스크 초크풀오브너츠 같은 식당에 잠시 들러 홀로 커피를 마셔도 외톨이라는 느낌이 전혀 들지 않았다. 어느 모퉁이를 돌아도 희망이 깃들어 있었다. 아이하우스 주변의 푸에르토리코 인은 무더운 한여름이면 밤늦도록 집 앞 돌계단에 앉아 시간을 보냈다. 내 친구이자 같이 공부하고 있던 에테 쉬츠는 1956년 헝가리에서 망명한 사람인데, 내게 한 가지 요령을 알려 주었다. 우리는 저녁 동안 과제를 풀고 나서 123번가와 브로드웨이를 따라 걸어가, 작달막한 이탈리아 인이 만든 피자로 밤참을 먹었다. 그는 흰색 티셔츠에 흰색 앞치마를 단정하게 두른 채 자기도취에 빠져 거울을 들여다보며 희끗한 머리를 우아하게 빗었고, 엄청나게 뚱뚱한 그의 아내는 그 몸무게를 도저히 지탱할 수 있을 것 같아 보이지 않는 얄팍한 철제 접이의자에 앉아 노여운 표정으로 그를 바라보았다. 지금도 기억하고 있지만 주크박스에서는 카펜터즈의 노래 "There's a Kind of Hush (All Over The World)"가 흘러나왔다.

뉴욕 생활을 하면서 어떤 부분은 익숙해지기까지 시간이 좀 걸렸다. 나는 아이하우스 안에서 백인과 흑인과 아시아 인이 서로 편안하고 익숙하게 농담을 주고받는 것을 보고 놀랐다. 남아프리카에서 21년 동안 흑인을 백인의 삶에서 보이지 않는 배경으로 취급하는 걸 보며 살아온 흔적이 내게 남아 있었던 것이다. 이 흔적은 아이하우스에서 지내면서 사라지기 시작했다.

또 욕설을 하는 방식이 다른 데에서도 충격을 받았다. 나는 맨해튼에 도착하고도 몇 주가 지나도록 누가 "제 에미 붙을 놈"이라는 욕설을 내뱉는 걸 한 번도 들어본 적이 없었다. 그러던 어느 날 브로드웨이를 오가는 104번 버스 안에서 열 살 난 사내아이 둘이 아무렇지도 않게 서로를 그렇게 부르는 것을 듣게 됐다. 난생 처음 듣고 보니 그 말이 지니는 문자 그대로의 뜻이 내게 충격으로 다가왔다.

끝으로, 나는 미국의 대학원생들이 이례적으로 독립을 누리고 있다는 사실에 감명을 받았다. 케이프타운 대학교에서는 교재를 보조 자료로 생각했다. 우리는 강의를 꼼꼼하게 기록해 그걸 샅샅이 익혔다. 그 정도면 대개는 충분했다. 그러나 컬럼비아에서 수업을 듣기 시작한 지 두 주가 지났을 때, 교수가 학생에게 과제로 내준 문제가 수업 중 다룬 어떠한 내용과도 관련이 없다는 사실을 알고는 충격을 받았다. 나는 교수가 실수했거니 생각하고 아이하우스의 같은 층에서 지내는 에테를 찾아가 물어보았다. 그는 내게 교재의 둘째 장 마지막 부분을 보면 관련 자료를 찾을 수 있을 거라고 일러 주었다. 나는 수업 중에 한 번도 다룬 적이 없는 주제를 가지고 문제를 낼 수도 있다는 사실에 잠시 실망을 느꼈다. 그때부터는 강의 메모만큼이나 교재 공부에도 신경을 썼다.

컬럼비아에서 내가 가장 좋아한 수업은 뭔가 새로운 걸 발견한 기분이 어떤지, 그리고 어떻게 발견했는지 어느 정도 느낄 수 있는 분위기를 풍기는 분들의 강의였다.

첫해에 나는 리처드 프리드버그가 가르치는 고급 전자기 이론 과정을 들었는데, 그는 헝클어진 머리칼을 한 신동으로 학부 학생일 때 논리와 정수론에서 해결되지 않았던 유명한 문제를 풀어냈다는 소문이 있었다. 그가 그 문제를 풀어낼 때 사용한 방법은 지금도 프리드버그 정수법이라 불린다. 이제 젊은 교수가 된 그는 리정다오 교수 밑에서 공부한 다음 교수로 학교에 남은 몇몇 젊은 수재 중 한 명이다.

프리드버그는 어딘가에 정신이 팔려 있었고 텁수룩하고 창백했다. 그리고 수업 도중 집중하기 위해 오랫동안 눈을 감고 있는 때가 많았다. 에테는 프리드버그에 대해 묻자 반색을 하며 진정한 천재라고 말했다. 자신의 사람됨과 걸맞게 그는 맡은 강좌에 금세 자신의 표식을 찍어 놓았다. 당시에는 전기와 자기에 대한 설명 방식으로 수업을 진행하는 게 일반적이었는데, 프리드버그는 우리를 곧장 지식의 역사라는 신나는 세계로 던져 넣었다. 그는 우리에게 20세기 초 네덜란드의 물리학자 로렌츠가 쓴 고전 『전자 이론』의 도버 출판사 재발행본을 한 권씩 사게 했다. 1906년에 컬럼비아에서 로렌츠가 한 강의를 바탕으로 쓴 이 책에는 아인슈타인이 있기 이전 시절 모든 물리학의 바탕을 이루고 있던 뉴턴의 법칙과 맥스웰의 법칙 사이의 모순을 해결하기 위한 로렌츠의 초인적인 지적 노력이 담겨 있었다.

맥스웰이 19세기에 내놓은 전자기 이론은 당시 우주를 가득 채우고 있을 것으로 가정한 정지 상태의 액체 물질인 에테르를 통해 빛의 파동이 전달되는 방식에 대한 설명이었다. 17세기에 뉴턴이 내놓은 역학 법칙은 모든 물질의 운동에 대한 설명이었고, 따라서 에테르 자체의 운동에 대한 설명이기도 했다. 로렌츠는 움직이는 액체 속의 빛 전달과 움직이는 관찰자에게 비치는 빛의 모습을 예측할 수 있도록 두 가지 이론을 결합시키는 방법을 한 단계 한 단계씩 공을 들여 설명해 나갔다. 그가 꿰맞춘 이론에는 모순이 있었고, 이 모순을 해결하려면 물질의 구조에 대한 가정 자체를 바꾸는 방법밖에는 없었다. 그는 물체가 에테르 속에서 움직이려면 이동하면서 크기가 줄어들어야만 할 것으로 추론했다. 이처럼 꼼꼼한 과정을 거쳐 얻은 결론 덕분에 그는 아인슈타인이 1905년에 내놓은 특수 상대성 이론의 공식에 점점 더 가까이 다가갔다. 하지만 공간과 시간에 대한 통찰력은 갖추지 못했다.

로렌츠의 이론은 물리학사에서 각주 정도의 지위를 얻었다. 그는 아인슈타인의 혁신적 통찰을 끝내 완전히 이해하지 못했다. 로렌츠의 노력은 프리드버그의 강의를 통해 우리 앞에 되살아났다. 그의 강의 덕분에 아인슈타인의 사색적인 한편, 직관적인 분석이 이전 시대의 혼란을 어떻게 없애고 비켜 갔는지 깊이 이해할 수 있었다. 그때 이후로 나는 획기적 진보가 어떻게 이루어지는지 호기심을 품어 왔다. 불과 몇 년 전에 쓰인 교재를 읽는 사람은 당연하게 받아들이겠지만, 물리학에서든 금융에서든 당연하게 이루어진 발견은 하나도 없다.

움직이는 액체 속에서 운동하는 빛에 관련된 문제는 예전에는 아무도 해결할 수 없을 만큼 복잡했지만, 아인슈타인의 형식론을 사용하면 너무나도 간단하게 풀어낼 수 있다는 사실이 놀라웠다. 어떻게 보면 아인슈타인은 거의 상상조차 할 수 없었던 신비를 단순한 공식과 법칙으로 탈바꿈시켜 놓은 것이다. 건반을 누르면 소리가 나듯, 이제는 약간의 교육을 받은 상태의 대학원 1학년생이라면 누구라도 몇십 년 전만 해도 풀어낼 수 없었던 문제의 정답을 계산해 낼 수 있다. 나는 창조자와 추종자 사이의 간격을 점점 더 깊이 의식하게 됐다. 일단 배우고 나면 모든 게 너무나도 간단해 보이는 법이다. 그렇지만 나중에 돌이켜 보면 실망스러울 정도로 뻔한 것을 찾아내거나 구별하는 일이 얼마나 어려운지는 현상 세계의 혼돈 속에서 고군분투를 겪어 본 다음이라야 이해할 수 있다.

나는 1976년 프리드버그 교수의 강좌에서 쓴 파란 문제집을 아직도 가지고 있다. 문제집에는 에테르 속의 빛 전달에 대한 로렌츠의 설명 방법에 대해 내가 쓴 에세이가 손 글씨로 가득 채워져 있다. 나는 몇 년마다 한 번씩 프리드버그가 여백에 적어 넣은 칭찬을 읽어 보며 흐뭇해한다. 그는 내가 쓴 답안이 질문 요지를 벗어나기는 했지만, "필요한 논점뿐 아니라 부차적인 자료를 세밀한 모든 부분까지 정확하게, 철저히 명료하고 지성적으로" 다루었다고 평가했다.

내가 들어 본 최고의 강의는 1970년대 초에 컬럼비아에서 있었던 마크 카흐츠의 세미나였다. 폴란드 출신인 카흐츠는 확률 이론 전문가로, 양자역학과 옵션 이론 모두에서 발생되는 미분 방정식을 푸는 파인만-카흐츠 해법으로 물리학자와 금융 이론가 사이에 잘 알려진 사람이다. 그의 세미나는 "북의 생김새를 들을 수 있는가?"라는 재미있는 주제로 진행됐다. 그는 그 세미나에서 북에서 발생하는 모든 주파수의 모든 음파를 다 들을 수 있는 완벽한 청력을 지닌 장님이 있을 경우 그 사람은 북의 생김새 자체를 수학적으로 알아낼 수 있음을 보여 주었다. 이 문제는 역산란이라는 좀 더 일반적 분야의 한 부분으로, 후일 골드만삭스에서 이라즈 카니와 내가 비슷한 방법을 사용한 적이 있다. 카니와 나는 가상의 옵션 시장 관찰자가 한 가지 주식의 모든 옵션 가격을 기록해 두었다고 가정할 때, 앞으로 있을 수 있는 모든 주식 변동성을 나타내는 곡면의 모양을 알아낼 수 있음을 보였다.

카흐츠의 발표에서 너무나 인상적이었던 부분은, 해결방법을 찾다가 막다른 골목에 다다랐을 때 빠져나갈 방법을 모색하기 위해 그가 어떤 방식으로 통찰력을 이끌어 냈는지 그 과정을 아주 자세하게 설명해 주었다는 점이다. 그는 또 재미있기도 했다. 암스테르담에서 같은 내용의 세미나를 할 때 세미나의 주제가 학교 내에 잘못 홍보됐는데 그 전말을 소상하게 들려주었다. 잘못 알려진 주제는 "꿈의 생김새를 들을 수 있는가?"였는데, 결과적으로 1960년대 말의 아주 다양한 청중을 아주 많이 모으게 됐다는 것이다. 그 이야기를 들으니 컬럼비아에서도 그와 비슷한 일이 있었다는 이야기가 생각났다. "백색왜성과 적색거성"이라는 주제로 별의 구조에 대한 천체물리학 세미나가 열렸는데, 호기심에 찬 의학부 학생이 잔뜩 몰려든 것이다.[*1]

리정다오의 지도를 받는 대학원생이 되는 것은 모두가 품는 꿈이었다. 1950년대와 1960년대는 입자 물리학에서 대칭 시대의 태동기였다. 대칭을 찾기 위한 노력과 그 대칭이 미묘하게 어긋난다는 사실의 발견에서 중

[*1] 영어로 표기할 때 백색왜성과 적색거성 White Dwarfs and Red Giants은 "백색 난장이와 적색 거인"으로도 풀이할 수 있다 (옮긴이).

심적 역할을 한 것은 리정다오의 이론과 컬럼비아에서 — 레더만, 슈워츠, 스타인버거, 그리고 학과 내의 홍일점 교수로 다들 '우 여사'라 불렀던 우첸슝 등에 의해 — 행해진 여러 가지 실험이었다.

대칭이란 어떤 물체의 한 부분을 바탕으로 다른 부분을 구성해 내는 방법을 알 수 있는 한 가지 방식이다. 대칭은 정보를 압축한다. 인간의 얼굴이 대칭이라는 말은 얼굴의 양쪽을 모두 그릴 필요가 없다는 말과 같다. 오른쪽만 있으면 왼쪽을 만들어 낼 수 있다. 달리 말하면, 완전히 대칭인 인간의 얼굴은 왼쪽과 오른쪽이 바뀌어 나타나는 거울에 비친 모습과 분간할 수 없다.

리정다오와 양전닝 이전까지 물리학자는 모두 자연의 힘은 그것을 반전시켰을 때 원래의 힘과 똑같은 성질을 지닌다는 반전불변(反轉不變)의 성질을 띠며 따라서 모든 자연적 사건 자체의 거울상, 즉 거울에 비친 상 역시 똑같은 확률로 존재하는 자연적 사건일 것이라고 믿어 의심치 않았다. 이렇게 가정된 자연의 성질을 반전성 보존의 법칙이라 불렀는데, 실제 사건을 반전시켜 만드는 거울상이 원래의 사건과 똑같다는 뜻에서 붙은 이름이다.

물리학자는 중력, 전자기력, 강한 핵력, 약한 핵력 등 네 가지 종류의 힘에 대해 익히 알고 있다. 강한 핵력은 모든 원자의 중심에 있는 핵을 구성하는 양성자와 중성자를 결합시키는 힘이다. 전자기력은 원자 속의 전자가 핵 주위를 돌며 빛을 방출하게 하는 힘이다. 약한 핵력은 원자핵이 전자를 방출함으로써 일어나는 방사성 붕괴, 즉 "베타 붕괴"의 원인이 된다. 가장 일찍 발견돼 가장 잘 알려진 중력은 떨어지는 사과, 지구와 달,

행성, 별, 은하계 등의 움직임을 지배하고 있다.

1950년대의 물리학자는 강한 핵력과 전자기력이 반전성을 보존한다는 사실을 알았다. 그리고 약한 핵력에서도 반전성이 보존될 거라는 가정에 의심을 품지 않았다. 반전성이 보존되지 않으리라고는 상상하기 어려웠다. 거울 속의 자연을 들여다보았더니 존재할 수 없는 세계가 나타나더라는 결과를 아무도 상상할 수 없었던 것이다.

그 뒤 우주선 속에서 타우와 세타라는 이상하고 불안정한 두 가지 입자가 새로 발견됐다. 이 두 가지 입자는 질량과 전하량 등 거의 모든 면에서 서로 동일해 보였지만, 붕괴 방식이 달랐다. 구별이 거의 불가능한 두 가지 입자가 최종적으로 두 가지 다른 상태로 붕괴하는 원인은 도대체 무엇일까? 바로 이게 1950년대의 유명한 타우–세타 수수께끼였다.

1956년에 리정다오와 양전닝은 두 가지 입자는 사실 동일한 하나의 입자인데 약한 핵력의 영향을 받아 두 가지 다른 방향으로 붕괴하는지도 모른다고 지적했다. 그리고 붕괴의 원인이 되는 약한 핵력이 반전 불변이 아닐 경우에만 그렇게 될 수 있다고 했다. 당시로서는 터무니없는 생각이었지만, 리정다오와 양전닝은 이를 진지하고 체계적으로 다루었다. 두 사람은 원자와 핵 속의 약한 핵력을 연구한 그 이전의 모든 실험을 분석했고, 모두가 의심 없이 믿고 있던 것과는 달리 '사건과 거울상은 서로 대칭 관계'라는 가정을 제대로 실증한 실험이 없었다는 사실을 알아냈다. 리정다오와 양전닝은 더 깊은 연구를 통해, 약한 핵력의 붕괴에서 반전성을 확인하기 위한 구체적 실험을 제안했다.

물리학자는 대부분 회의적이었다. 그들은 자연의 법칙 중 거울상이 대칭을 이루지 않는 게 과연 있을 수 있을까 생각했다. 그러나 몇 달이 지나지 않은 1957년 초에 우 여사와 협력 연구자가 리정다오와 양전닝이 제안한 실험을 실행에 옮겼고, 그 결과 그게 사실임이 드러났다. 리정다오와 양전닝은 같은 해에 노벨상을 받았다.

자연이 약간 비대칭적이더라는 두 사람의 발견으로 인해 일대 혁명이 시작됐다. 그 이후 1950년대와 1960년대에 천천히, 필연적으로 이루어진 실험을 통해 약한 핵력의 상호작용에 의한 미묘한 비대칭이 더욱 많이 드러났다. 티디는 이러한 연구의 중심에 있었다.

티디는 컬럼비아뿐 아니라 훨씬 넓은 세계에서 명성을 떨치며 유명해졌다. 나는 푸핀 물리학관 8층에서 매주 개최되던 세미나에 나갔는데, 발제자는 누구나 리정다오에게 초점을 맞추지 않을 수 없었다. 강연하는 동안 그들은 리정다오만을 쳐다보며 말했고, 또한 리정다오는 자신이 완전히 동의하지 못하는 문장이 있으면 절대로 그냥 지나치지 않았다. 세미나에서 누가 강의를 하든 티디는 그들의 주장을 매우 주의 깊게 들었고, 뭔가 만족스럽지 않은 부분이 나타나면 바로 이의를 제기했다. 때로 그는 강연의 첫마디가 끝나기도 전에 끼어들기도 했다. 강사는 논점을 풀어낸 다음에야 강연을 더 진행할 수 있었다. 어떤 때에는 논점이 해명되지 않는 경우도 있었다. 한번은 외부에서 초대된 어느 박사 후 연구원이 굴욕을 당하는 광경을 보았다. 그는 첫마디를 변론하느라 자기에게 주어진 1시간 반이라는 시간을 모두 다 보내 버리고 말았다. 감히 티디를 제지하는 사람은 아무도 없었다.

모세와 미켈란젤로를 합친 사람됨과 이마에서 퍼져 나오는 광채까지,

티디에게서는 순수 그 자체가 강렬하게 뿜어 나왔다. 나는 처음에 그의 혹독한 힐문이 지식과 진리를 찾고자 하는 순수한 열망의 부작용일 것으로 생각했다. 나중에는 그가 타인의 말에 담겨 있는 결함을 잔인하게 공격하면서 얻는 눈에 띄지 않는 기쁨 같은 것을 감지하기 시작했다. 그는 사람들을 혼란에 빠뜨리기를 즐겼다. 내가 본 사람 중 집요하게 물고 늘어지는 그의 아귀를 떨쳐 버린 사람으로는 작고한 에이브러햄 파이스가 유일했다. 몸집은 작아도 혈기가 왕성한 그는 네덜란드 태생으로 록펠러 대학교 교수였는데, 반쯤은 장난스럽게 또 반쯤은 빈정대듯 하면서 티디의 악착 같은 공격을 요리조리 피해 갔다.

컬럼비아 대학교의 물리학과라는 하늘에서는 별의 밝기가 무엇보다도 중요했던 것 같다. 티디는 별처럼 찬란하게 빛나는 신동만 제자로 받아 지도해 주었는데, 이들 중에는 너무나도 젊은 나이에 컬럼비아 대학교의 물리학과 교수가 되는 사람이 많았다. 물리학과는 지나치게 밀접한 분위기에 빠져 들어가기 시작했다. 교수가 된 제자에게 그의 존재가 끼치는 압박감은 마치 아버지의 집에서 벗어나지 못한 아들이 느끼는 것과 같이 지독했던 게 분명하다. 시간이 가면서 티디의 제자 교수는 — 마치 탁한 공기 속에서 맑은 공기를 찾는 사람처럼 — 주류에서 약간 벗어난 연구 주제 쪽으로 쏠리는 것 같았다. 제자를 많이 받아들여 수많은 사도를 세상에 내보낸 라비나 슈윙거와는 달리, 티디는 자기만 한 제자를 한 명도 배출하지 못했다.

시간이 지나면서 나는 리정다오와 양전닝의 천재성에 어두운 구석이 있음을 알아차렸다. 1960년대 말에 어느 미국 물리학회 모임에 참석했는데, 이들 두 사람이 모두 같은 위원회 소속이었지만 둘이 서로의 존재를 외면하는 것을 보았다. 컬럼비아에서 티디의 수업을 들을 때에도, 그는 양전닝과 공동으로 발표한 발견의 핵심 부분을 설명할 때 자신의 공로에 초점을 맞추는 것 같았다. 나중에 어떤 사람이 내게 귀띔해 주었는데, 알고 보니 이 분야의 사람 치고 두 사람의 반목을 모르는 사람이 거의 없었다. 리정다오와 양전닝이 함께 일하지 않기 시작한 게 벌써 몇 년이나 됐으며 이제는 서로 말도 하지 않는다는 것이었다. 훗날 물리학을 그만둔 뒤에야 나는 양전닝의 회고록을 보고 화가 난 티디가 쓴 회고록을 읽게 됐다. 복수심에 불타 쓴 그 글에는 두 사람이 논쟁 끝에 갈라선 사연과 양전닝이 그의 사무실에서 울었다는 내용이 기록돼 있었다.

나는 어느 쪽이 옳은지 전혀 알지 못한다. 지금 이 글에서 티디에게 초점을 맞추는 것은 오로지 그가 가장 내 눈에 잘 띄었고 그렇게 부러운 발견을 했고 또 우리가 푸핀 홀에서 들이쉬는 공기에 너무나 강력한 영향을 끼쳤기 때문이다. 노벨상을 받고 거의 불멸이라 할 수 있는 명성까지 얻고서도 허영심과 경쟁심을 극복할 수 없다는 사실을 알고 나니 실망을 금할 수 없었다.

역사는 희한하게 돌아간다. 1960년대에 컬럼비아에 있었던 학생 눈에 비치기로는 리정다오가 양전닝과의 경주에서 유리한 위치를 차지하고 있는 것 같았다. 사실 두 사람 모두 우리로서는 현실적으로 달성하기가 절대 불가능한 업적을 이룩해 냈으니, 누가 유리한가 하는 것은 우리만의 멍청한 생각이었다. 그리고 1970년대가 되자 양전닝의 명성이 급속히 높아졌다. 20년 전 그는 이제는 고전이 된 논문에서 맥스웰의 전자기 이론은 지역 게이지 불변성이라는 미묘하면서도 강력한 대칭성의 결과인 것으로 관측했다. 당시로는 위험한 시도였지만 양전닝은 이러한 대칭성을 강한 핵력과 약한 핵력으로 확장시켰다. 이런 생각은 10년 이상 묻힌 채 있었다. 그러다가 갑자기 그의 생각이 약한 핵력과 전자기력의 상호작용에 대한 글래쇼-와인버그-살람의 통일 이론과 강한 핵력에 대한 겔만의 양자 색역학 이론 모두의 기초가 됐다. 최근 금융에 흥미를 지닌 몇몇 실무 물리학자가 동일한 원리를 시장 참여자 사이에 작용하면서 금융 상의 가치를 결정하는 "거래의 힘"에 적용하기 시작했다. 여기에 대해서는 아직 뭐라 평가할 수 있는 시점이 아니다.

지금 물리학을 배우는 학도에게 리정다오와 양전닝은 역사의 일부분이다. 그들을 직접 본 우리 같은 사람으로서는 순위를 매기고 싶은 바람직하지 않은 충동을 억제하기 어렵다. 사실은 우리 중 누구라도 그들이 혼자 또는 공동으로 쓴 다수의 뛰어난 논문 가운데 한 편만이라도 썼다면 무척 행복해했을 것이다. 그럼에도 그 당시 같이 컬럼비아에서 물리학을 공부하던 사람이 만나면 지금도 리정다오와 양전닝 중 누가 더 나은 물리학자인지를 두고 논쟁을 벌이며, 『버드나무 숲에 부는 바람』의 마지막 장에서 여러 동물이 모여 두꺼비와 그의 친구가 한 전설적인 모험에 대해 회상하는 것처럼 옛 시대 영웅이 남긴 위업을 이야기하곤 한다.

나는 미국에서 맞이한 첫 학사년도인 1966~1967년 동안 열심히 공부했다. 그리고 남아프리카의 집에 잠시 다녀온 뒤부터 9월에 있을 박사 논문 자격시험을 준비하기 시작했다.

자격시험은 범위가 대단히 넓었다. 물리학 전체에 대한 — 고전 역학, 전자기 이론, 광학, 열역학, 고체, 원자 및 핵 물리학, 양자역학 — 전반적 이해를 시험하고 온갖 종류의 관측되는 현상을 설명하는 능력을 알아내기 위한 시험이었다. 그중 문제 하나는 어디에서나 풍부한 창의력을 발휘하는 프리드버그가 출제한 것인데, 아득한 은하계 내의 어느 행성 주민이 그 행성을 도는 다수의 해와 달을 관측한 일출, 월출, 일몰, 월몰, 일식, 월식 자료를 제시하면서, 17세기 케플러의 행성 운동 법칙에 따라 이 행성의 해와 달이 나타내는 궤도를 추론하도록 요구했다. 공부를 마친 뒤 잠시 우쭐하던 시기에 나는 물리학 전체를 잘 파악하고 있다는 느낌이 들었다. 우주에 대해 내게 던져지는 어떠한 질문에 대해서도 이치에 닿는 대답을 할 수 있을 것 같았다.

나는 또 이론 부분 시험도 치렀다. 이 시험에서는 나름의 독자적 이론 연구에 대한 설명을 요구하는 에세이 문제가 나왔다. 나는 2년 전 케이프타운에 있을 때 논문을 쓰기 위해 했던 전자기 통일장 이론 연구에 대해 썼는데, 특히 1920년대 유럽의 물리학자였던 테오도르 칼루자와 오스카 클레인이 쓴 논문에 매력을 느꼈다. 이들의 논문은 우리가 사는 우주가 4차원이 아니라 5차원으로 이루어져 있으며, 제5차원이 너무나 작기 때문에 우리가 인식하지 못하는 것으로 간주하고 있었다. 이들은 만일 아인슈타인의 일반 상대성 이론이 이처럼 관찰되지 않은 한 차원을 포함시킨 더 큰 5차원 세계에서 성립된다면 그의 이론에서 말하는 힘을 우리는 일반적인 (4차원의) 전자기 이론과 중력으로 경험하게 될 것임을 보여 주었다. 그것은 관념적으로 아름다운 이론이어서 컬럼비아에서 입자를 추적하는

1960년대의 현실적 이론가와 실험가와는 동떨어지고 무관해 보였지만, 차후 입자와 상호관계의 끈 이론이 유행한 1980년대와 1990년대에 다시금 전성기를 구가하게 될 이론이었다.

나는 자격시험을 쉽게 잘 통과한 덕분에 컬럼비아에서 "이론 물리학을 하도록 허용된" 특권층의 일원으로 받아들여졌다. 그렇지만 여기에는 단서가 붙어 있었다. 연구를 시작하기 전에 2년 동안 학과과정을 먼저 수강해야 한다는 조건이었다. 긴 시간이 들어가게 된 것이다.

아직 시기상조이기는 했지만, 나는 이내 나를 박사 과정 제자로 받아 줄 지도교수를 물색할 전략을 세우기 시작했다. 유감스럽게도 티디의 제자로 들어갈 생각은 일찌감치 포기하고 말았다. 그 교수를 찾아간다는 생각만으로도 기가 죽었다. 게다가 그는 몇 년에 한 번씩 특출한 학생 한 명만을 받았다.

그러다가 티디가 제자로 키운 최초의 신동인 제럴드 파인버그 밑에서 공부해야겠다는 생각이 들었다. 그는 키가 크고 마르고 엄해 보이는 사람으로, 정수리를 평평하게 깎은 머리 모양을 하고 있어서 볼 때마다 『아치』 만화책에서 본 어떤 등장인물이 생각났다. 그리고 날마다 아주 수수하고 작은 나비 넥타이와 "지에프"라는 글자가 새겨진 금장 버클 허리띠를 매고 다녔다. 그래서 50년대 분위기가 물씬 풍겼다.

파인버그는 처음에는 아무리 보아도 전자의 한 종류로 단순히 무겁기만 한 것 같았던 뮤온 입자에 일종의 양자역학적 측면, 즉 전자와는 다른 일종의 "뮤 특성"이 있다고 생각한 최초의 학자 중 한 명으로 잘 알려졌다. 그는 글래쇼와 와인버그와 함께 브롱크스 과학 고등학교를 다녔다.

세 사람은 같은 반 급우이자 친구였으며, 글래쇼와 와인버그는 나중에 약한 핵력과 전자기력의 상호작용을 통합하여 노벨상을 받았다. 어쩌면 티디의 주 무대에서 경쟁하고 싶지 않아서였는지 몰라도, 당시 그는 입자물리학의 주요 화제를 벗어나 스스로 타키온이라 이름 붙인 빛보다 빠른 가상의 입자에 관한 난해한 이론을 개발하고 있었다. 물리학자는 대개 결함이 있거나 불완전한 이론의 모순을 보완하기 위해 새로운 입자가 존재할 것으로 추정하는데, 파인버그는 타키온의 존재를 제시할 만한 이렇다 할 이유가 없었던 것 같다. 겔만은 한때 자연은 "금지돼 있지 않은 것은 모두 강제적"이라는 내용의 전체주의 원칙에 따라 움직인다고 재치 있게 말한 바 있다. 그러므로 어쩌면 파인버그의 논리는 보기와는 달리 시시하지 않을 수도 있다. 어떻든 그것은 위험 부담이 큰 도박이었다. 만일 타키온이 발견된다면 엄청난 사건이 되겠지만, 그렇지 않다면 아무것도 달라지지 않고 아무도 상관하지 않을 것이다. 추측은 누구나 할 수 있으니까.

나는 파인버그의 학생이 되고 싶었지만 어떻게 해야 될지 알 수 없었다. 공식 절차에 들어가기는 아직 일렀고 또 나는 천성적으로 말이 적고 숫기가 없는 성격이었다. 그래서 그저 마주칠 때마다 공손하게 인사만 하기 시작했다.

대학원은 좁은 세계다. 나는 이내 학교 내 복도와 엘리베이터에서 하루에도 여러 번씩 파인버그와 마주치기 시작했고, 그럴 때마다 공손하게 "안녕하세요"라고 인사하면서 미소를 지었다. 파인버그 역시 비슷하게 입술을 약간 움찔하는 정도로 내게 답례하곤 했다. 이 같은 줄다리기 놀음은 시간이 지나도 잦아들지 않고 계속되었다. 나를 제자로 받아 줄 수 있는가 하는 질문을 할 용기가 도저히 나지 않았다. 아마도 나는 아무 말도 오가지 않는 상태에서 그냥 그렇게 되었으면 하고 바라고 있었는지도 모른다. 나는 그를 볼 때마다 미소를 지었고, 내가 미소를 보일 때마다 그는 조금씩 더 어색하게 입술을 움직여 내게 답했다. 날이 갈수록 우리의 얼굴 표정 변화는 진짜 미소와는 점점 더 거리가 먼 것으로 변해 갔다. 우리가 주고받는 몸짓은 하나의 풍자만화였다. 그리스 연극에서 호의를 나타내는 표시로 얼굴에 쓰는 가면 같았다. 어느 날 나는 더 이상 견딜 수 없게 됐다. 그날 하루에만 한 다섯 번째로 마주쳤던 것 같은데, 그때 나는 길고 어두운 푸핀 관의 고풍스런 복도 저편에서 그가 내 쪽으로 다가오는 모습을 보는 순간 곧장 가까운 계단으로 가서 위층으로 올라갔다. 순전히 그와 마주치지 않기 위해서였다. 그렇게 한 번 성공하고 나니 계속해서 그렇게 하지 않을 수가 없었다. 이내 나는 그가 다가오는 것을 보기만 하면 언제나 곧장 위층이나 아래층으로 가게 됐다. 마치 납량특집 판으로 만들어 놓은 〈로드러너〉라는 전자오락의 주인공이 된 것 같았다.

파인버그를 향한 나의 구애는 이제 도저히 손쓸 수 없는 상태로 변질돼 버렸고, 그나마 어느 날 아침 갑작스레 끝나고 말았다. 그날 아침 우리 두 사람이 함께 엘리베이터를 타고 8층까지 올라갔는데, 서먹하게 서로 쳐다보지도 않으면서 엘리베이터 안에 붙여 둔 안전점검 확인증만 열심히 읽었던 것이다. 끝나고 나니 무척이나 홀가분했다.

그 뒤 나는 멀찍이서 파인버그를 지켜보았다. 푸핀 홀에서는 매주 함께 모여 커피를 마시며 이런 저런 이야기를 나누는 시간이 있었는데, 그에게는 논리를 극단으로 적용시키려는 기질이 어렴풋이 있다는 사실을 알게 됐다. 나중에 나는 시카고 대학교 경영학과 출신 가운데 이런 약점을 지닌 사람을 많이 보게 됐다. 그는 인류의 미래에 대비하기 위한 목적으로 프로메테우스 프로젝트라는 이름의 단체를 만들어 운영하고 있었다. 나는 파인버그와 데이비드 프리드먼이 엄격한 합리성을 사회에 적용시키는 문제에 대해 한참 동안 논의하는 것을 귀 기울여 들었다. 데이비드는 밀턴 프리드먼의 아들로 당시 컬럼비아에서 박사 후 연구원으로 일하고 있었다. 한번은 파인버그가 연 소득이 예컨대 1만 달러에 못 미치는 사람은 맨해튼에서 살지 못하도록 금지하면 1970년대에 맨해튼이 안고 있던 사회 문제 중 많은 부분이 해결될 거라고 말하는 것을 들었다. 그렇게 하면 학교에서 연구하고 있는 사람 중 다수가 거기 포함되리라는 생각은 들지 않은 모양이었다. 몇 년 뒤 우리는 그가 죽으면 자신의 시신을 냉동보존할 생각이라는 소식을 들었다. 사인이 무엇이든 그 병을 치료할 수 있는 때에 해동하여 소생할 수 있으리라는 기대 때문이라는 것이다. 애석하게도 그는 1992년에 암으로 죽었다. 최근 나는 파인버그와 뉴욕 냉동보존 협회에 대한 글을 수백 건이나 찾아냈는데, 그가 냉동보존 협회를 지지했음에도 불구하고 궁극적으로 자기 자신의 시신 보존에 대해서는 아무런 지시도 남기지 않았음을 다들 애통해하는 내용의 글이었다.

그 뒤 1968년, 아직도 논문 지도교수를 찾고 있던 나는 입자 이론가가 되고 싶지 않은 최후의 유혹에 부딪혔다. 맨해튼에서 살고 있던 내 사촌이 로버트 허먼을 소개해 주었는데, 두 사람은 1930년대에 시티칼리지에서 만나 같이 공부한 친구 사이였다. 물리학자였던 허먼은 가정상의 이유로 학계를 버리고 제너럴모터스에서 차량 교통 흐름을 분석하는 일을 하고 있었다. 학계의 입자 물리학자는 이런 종류의 응용 물리학을 '저속한' 일이라며 깔보았지만, 허먼은 학계를 떠나기 전 기초 연구에서 뛰어난 실력을 보여 주었던 사람이다. 그는 우리가 속해 있는 우주를 생성하게 된 대폭발로 인해 극초단파 복사선이 우주를 가득 채웠을 것으로 보는 최초의 논문을 1940년대에 공동 저술했다. 나중에 벨 연구소의 아노 펜지아스와 로버트 윌슨이 우연히 이 배경복사선을 탐지하여 노벨상을 받았다. 그 뒤 1950년대에는 허먼과 내 사촌의 또 다른 시티칼리지 친구인 로버트 호프스태터가 양성자에 고속의 전자를 쏘아 전자가 튕겨 나가는 것을 관찰하는 방법으로 양성자의 내부 구조를 탐사한 최초의 물리학자가 됐다. 만일 양성자가 초소형 당구공처럼 단단하고 작은 물체라면 전자를 쏜 방향과 커다란 각도를 이루며 튕겨 나가는 것을 이따금씩 보게 될 것이다. 그러나 만일 양성자가 폭신하다면 커다란 각도를 이루는 경우는 아주 드물 것이다. 뜻밖에도 호프스태터와 허먼은 커다란 각도를 이루며 튕겨 나오는 전자를 거의 관찰할 수 없었다. 양성자를 작고 단단한 최소 단위의 물체일 것으로 생각한 모두의 상상과는 달리, 두 사람은 양성자의 내부가 솜사탕처럼 부드럽다는 결론을 내렸다. 이 연구로 호프스태터 혼자만 노벨상을 받았다. 내 사촌은 허먼이 노벨상을 박탈당한 것은 학계 외부의 과학자에 대한 선정위원회의 편견 때문이라 주장했다.

우리가 만났을 때 허먼은 내게 응용 물리학 연구를 해 보면 어떻겠냐며 자신이 쓴 교통 흐름에 대한 논문 몇 편을 보내 주었다. 그러나 나는 아직 타협을 낯설게 생각하고 있었기에 거절했다. 그렇지만 우연히도, 내가 장차 쓰게 될 박사 논문은 호프스태터와 허먼의 전자-양성자 산란 실험과 아주 깊이 관련돼 있었다.

  나는 컬럼비아의 2년째와 3년째 동안 수많은 필수과목을 수강하는 한편 입자 물리학 지도교수를 찾기 위한 노력을 계속하며 보냈다. 드디어 1969년 초에 노먼 크라이스트의 제자로 들어가기로 합의를 보았다. 그는 티디의 여러 신동 중 최근에 합류한 사람이었다. 정중하고 열성적이고 쾌활한 청년으로 나와 나이가 비슷했지만, 2년 전 내가 컬럼비아에 들어오기 전에 티디의 지도로 최단기간에 박사 학위를 받는 기록을 세웠다. 그리고 프린스턴의 고등연구소에서 박사 후 연구원으로 2년 동안 지낸 뒤 종신 조교수가 되어 컬럼비아로 돌아왔다. 직업으로 보면 그는 바랄 수 있는 모든 것을 다 갖추고 있는 것 같았다. 그렇지만 이른 나이에 그런 위치에 도달한 사람에게 쏟아지는 수많은 기대를 한몸에 받는 부담이 아주 컸을 것이다. 오랜 세월이 지난 뒤, 그가 평소 성격과는 달리 물리학자는 매료된 상태로 자신의 시간을 반쯤 보내고 나머지 반은 우울에 빠져 보낸다고 논평했다는 말을 들었다. 나 자신의 경험과 아주 비슷한 이야기여서 위안을 느꼈다.

  나는 노먼이 받은 최초의 박사 과정 학생이었다. 어쩌면 그가 최근까지 학생이었다는 사실도 한몫했을지 모르지만 우리의 관계는 딱딱했다. 나는 그의 학생으로 4년 동안이나 있었지만, 그는 내게 편안하게 말을 거는 방법을 끝내 찾지 못했다. 아마도 우리 두 사람이 나이는 비슷하지만 상대적 위치는 다른 데에서 오는 긴장감 때문이지 않을까 한다. 그는 도저히 나를 "이매뉴얼"이라는 이름으로만 부를 수 없었고 결국 "더만 씨"라는 호칭을 사용했는데, 그럴 때의 당혹감을 암시하려는 뜻에서 보이지 않는 따옴표 사이에 넣어 말했다. 나 역시 그를 "노먼"이라는 이름으로는 도저히 부를 수 없었다. 타인의 이름을 부를 때 그처럼 곤란하게 느낀 것은 나중에 내 장인과 장모를 부를 때뿐이었다. 내게 부르라고 한 이름은 너무 친밀한 느낌을 담고 있는 것 같았고, "박사님"이나 "부인"이라는 이름은 너무 딱딱한 것 같았다. 그리고 내 아내가 쓴 "엄마"와 "아빠"의 슬로바키아어는 너무 부자연스러웠다. 결국 나는 노먼과는 그러지 못했지만 내 처가 어른에게는 이름을 부를 수 있게 됐다.

1968년 가을에 아이하우스를 나와, 친구 한 명과 함께 암스테르담애브뉴와 120번가에 있는 다세대 건물로 이사를 갔다. 현재 내가 금융공학을 가르치고 있는 곳에서 바로 길 건너에 있는 건물이다. 아이하우스에서 2년 동안 지내면서 사귄 외국인 친구들은 이제 대부분 고국으로 돌아갔기 때문에 나는 대부분을 홀로 지냈다. 어느 날 저녁 나는 십 대 몇 명에게 처음으로 강도를 당했다. 그리고 그 뒤 몇 년 동안 두 번을 더 당했다. 그렇지만 좋은 일도 있었다. 1969년 어느 봄날, 물리학과 도서관에서 새로 들어온 이국적 분위기의 외국 여학생을 보았다. 물리학을 하는 여자는 드물었기 때문에 새로 들어오는 여학생이 있으면 누구나 관심을 보였다. 아직 직접 만날 방법을 찾아내지는 못했지만, 그래도 나는 그녀가 다른 대학원생 사이에서 함께 웃으며 손짓하며 이야기를 나누는 모습을 멀찍이서 지켜보았다. 그러던 어느 날 저녁 119번가에서 있었던 동료 학생의 파티에서 그녀를 보았다. 나는 그녀에게 다가가서 이름이 에바라는 사실을 알아냈다. 그녀는 1968년 프라하의 봄 때 여름 일자리를 찾아 체코슬로바키아를 떠나 독일에 가 있었는데, 러시아가 침공하자 돌아가지 않았다. 그녀는 영어가 애교 있게 서툴렀다. 나는 그녀가 영어로 진행되는 물리학 수업을 들으며 슬로바키아어로 받아 적은 빈약한 강의 메모를 보고 서글픈 마음이 들었다. 파티 장을 떠나 그녀를 바래다주러 집으로 걸어갔는데, 그동안 우리가 둘 다 120번가의 같은 다세대 건물에서 살고 있었다는 사실을 알게 됐다. 이윽고 우리는 함께 보내는 시간이 많아졌다.

나는 1969년 여름 동안 롱아일랜드 업튼의 국립 브룩헤이번 연구소에서 열리는 입자 물리학 여름 학교에서 보냈다. 주말에는 대부분 시내로 돌아가 에바를 만났다. 때로는 에바가 나를 만나러 브룩헤이번으로 오기도 했다. 우리는 스미스포인트에서 대서양의 거친 파도를 헤치며 수영을 즐겼다. 케이프타운을 떠난 뒤로 그렇게 큰 파도는 처음이었다. 그렇지만 따분한 롱아일랜드에서 지내는 여름 주간은 대체로 지루하게 느릿느릿, 그러면서도 왁자지껄하게 지나갔다. 그리고 마침내 여름이 끝나갈 무렵 나는 가족을 만나기 위해 케이프타운으로 돌아갔다.

그곳에서도 마음이 들떠 있기는 마찬가지였다. 집을 떠난 지 3년이 지나 있었다. 어떤 방향을 보아도 미래가 불확실하여 혼란스러워진 나는 어느 날 누나의 소개로 야니 라우라는 아프리카너 정신과 의사를 찾아갔다. 그는 아득한 곳에서 겪는 외로움과 불안감에 대한 내 이야기를 귀 기울여 들었고, 그러고는 구체적 충고를 회피함으로써 마음에 들기도 하고 들지 않기도 했다. 그러면서 내 고통을 철학적으로 바라보는 게 어떻겠느냐고 했다. 나는 한 번 더 그를 찾아갔고, 내가 떠날 때 그는 내게 두 권의 책을 권했다. 빅터 프랭클의 『삶의 의미를 찾아서』와 루돌프 슈타이너의 『고차 세계의 인식으로 가는 길」이었다. 나는 프랭클의 책에서 약간의 위안을 얻었다. 그렇지만 슈타이너의 책은 몇 년이 지나도록 거들떠보지도 않았다.

　브룩헤이번에서 여름을 지내면서 내게 강한 인상을 남긴 사람은 케임브리지에서 입자 물리학을 공부하던 대학원생인 마이클 그린이었다. 마이클은 학문적으로 나보다 훨씬 앞서 있었고 이미 논문을 쓰기 위한 연구를 시작한 상태였다. 영국의 대학원에서는 부러울 정도로 모든 게 빨리 진행됐다. 그 뒤 몇 년 동안 나는 애스펀과 스탠퍼드의 여름 연구회에서, 또 옥스퍼드와 케임브리지의 대학교 세미나에서 정기적으로 그와 마주치게 됐다. 그는 오로지 그의 소중한 끈 이론만을 항상 연구하고 있었다. 이 이론은 기본 입자를 상대론적 속도로 흔들리며 움직이는 아주 작은 일차원의 고무 밴드 같은 끈으로 취급하는 모델이다. 나는 결과가 나올 때까지 몇 년이고 같은 문제를 붙들고 늘어질 수 있는 마이클의 끈기와 능력에 늘 감탄했다. 그로부터 15년 뒤, 나는 이미 물리학을 그만둔 뒤였지만 마이클은 우주가 10차원 또는 26차원일 때에만 끈 이론이 수학적으로 모순이 없다는 사실을 증명함으로써 유명해졌다. 이상하게도 나는 그의 정당한 성공에 조금치의 부러움이나 경쟁심도 느끼지 않았다. 내가 학부 학생일 때 공부한 칼루자-클레인 이론처럼 마이클의 입자 모델은 높은 차원의 우주에서만 성립이 가능하며, 보기에는 4차원인 우리의 우주에 맞춰 나타낼 수 있으려면 나머지 차원이 모두 관찰할 수 없을 정도로 너무나도 작아야만 한다. 끈 이론은 너무나 난해하여, 물리학자조차도 이따금 "21세기 물리학의 파편이 우연히 20세기 속으로 떨어진 것"으로 묘사할 정도이다.

내가 몸담고 있던 물리학과는 좀 더 열정적인 충돌의 현장이었다. 리언 레더만, 맬빈 루더만, 리처드 가윈 등 다수의 교수는 미국 국방연구원의 제이슨 분과에서도 활동했는데, 국방 관련 문제를 연구하는 이 분과는 유수 대학교의 석학으로 구성됐다. 젊은 나이의 내 지도교수 노먼 크라이스트도 이 분과에 소속돼 있었다. 베트남 반전 시위가 한창일 때 컬럼비아의 반전 학생단체는 이들 교수의 집과 세미나장에서 팻말을 들고 시위를 벌였다. 제이슨 분과의 보고서 내용은 아마 비밀로 분류돼 있었겠지만, 반전 활동가들은 보고서 제목을 유인물로 돌렸다. 한 가지 기억나는 제목은 "트럭의 야간운행 금지"였는데, 우리는 이 보고서가 게릴라의 이동로인 호치민 통로의 폭격 방법에 대한 내용일 것으로 생각했다. 어느 가을 우리는 반전 시위대가 유대교의 욤 키푸르 전야에 교외에 있는 루더만의 집 앞에서 유대교의 속죄일을 지키는 행동과 군사 관련 자문 보고서를 쓰는 행동이 서로 모순된다는 내용의 팻말을 들고 시위를 벌였다는 소식을 들었다. 이에 대해 루더만이 약간은 표리부동하게도 자신의 사생활 침해에 대해 극도의 분노를 표한 일이 생각난다. 가장 인상 깊은 사람은 리처드 가윈이었다. 다른 교수는 대부분 노골적 격분, 외틀어진 설득, 체제 내부에서 정의를 도모한다는 애매한 변명 등을 버무리는 방법으로 군사 관련 활동에 대한 도덕적 책임 문제를 회피하려 했지만, 가윈은 세상에는 무력이 맡아야 할 역할이 있으며 자신의 행동은 신념을 바탕으로 하고 있다고 주장했다.

2002년 3월 23일자 〈뉴욕타임스〉에 국방부가 예산 지원을 그만두었다는 내용의 기사가 실렸지만, 지금도 제이슨 분과는 존재하고 있다. 그 기사는 농담처럼 '이제는 조금 나이가 든, 젊은 석학 Junior Achiever, Somewhat Older Now '의 머리글자를 따 '제이슨 Jason'이라는 이름을 만들었다는 소문이 있다고 했다. 다시 말해 과거의 신동이라는 뜻이리라.

1969년 말에 나는 드디어 박사 논문을 시작했다. 바로 그때 내가 발을 들여놓기 시작한 입자 물리학계는 두 가지 중대한 발전으로 법석대고 있었다. 하나는 실험가들이 쿼크가 실제로 존재한다는 실마리를 드디어 찾아내기 시작했다는 사실이다. 그리고 둘째는 약한 핵력과 전자기력이 미묘하게 닮은 원인이 어디에 있는지를 이론가들이 이해하기 시작한 것이다.

겔만은 자신이 만든 팔도 모델에서 양성자, 중성자 및 이제까지 강한 상호작용을 일으키는 것으로 관찰된 모든 입자가 근본적으로 쿼크라는 이름의 세 가지 소립자로 만들어져 있을 것으로 예측했다. 만일 쿼크라는 게 존재한다면 그것은 거의 믿을 수 없을 정도로 독특할 것이다. 양성자가 띠고 있는 전하량의 1/3 또는 2/3에 해당하는 전기를 띠고 있어야 하는데, 그만한 전하를 띠고 있는 입자를 본 사람이 아직 아무도 없었다. 비록 팔도 모델에서 쿼크의 존재가 암시돼 있지만, 물리학자는 이를 진지하게 받아들이기를 꺼렸다. 그래서 수학적 계산 이면에 자리 잡고 있을 현실을 외면하고, 쿼크를 수학적으로 성립되기는 하나 결코 관찰될 수 없는 허구에 속하는 구성원소로 생각하게 됐다. 그것은 마치 이제껏 동전을 사용하면서 5센트, 10센트, 25센트짜리밖에 보지 못했지만 1센트짜리 동전이 어디엔가는 분명히 있을 것으로 결론지은 것과 같았다.

만일 양성자가 작고 단단한 세 개의 쿼크를 깊숙이 간직하고 있다면, 빠른 속도의 전자를 양성자에 쏘아 쿼크를 정통으로 맞혔을 때 커다란 각도를 이루며 튕겨 나가는 모양을 관찰함으로써 실험적으로 "볼" 수 있어야 할 것이다. 이 방법은 스펀지케이크 안에 든 달걀껍질을 찾는 것과 비슷한 방법이다. 케이크를 씹을 때 달걀껍질이 이에 으깨어지며 내는 소리를 이따금 듣게 되는 것이다.

내 사촌의 1930년대 시티칼리지 친구였던 로버트 호프스태터는 그런 식으로 커다란 각도를 이루며 튕겨 나오는 것을 보지 못했고, 그래서 다들 양성자는 순수한 스펀지케이크일 뿐 달걀껍질은 들어 있지 않다고 결론지었다. 그렇지만 호프스태터의 실험에는 한계가 있었다. 그는 소위 탄성충돌이라는 것만 유심히 살펴보았던 것이다. 탄성충돌이란 양성자가 마치 당구공처럼 온전한 그대로 튕겨 나가는 상황을 말한다. 내가 컬럼비아에서 생활한 1960년대 말에 이르렀을 때, 더 나중 세대의 물리학자들이 스탠퍼드 선형 가속기 센터에서 전자와 양성자의 소위 비탄성충돌을 지켜보기 시작했다. 양성자가 전자와 충돌한 뒤 튕겨 나가는 게 아니라 붕괴되는 충돌을 말한다. 놀랍게도 이러한 충돌에서 많은 수의 전자가 마치 아주 작고 단단한 것에 부딪힌 것처럼 커다란 각도를 이루며 튕겨 나갔다. 안쪽 깊숙한 곳에 정말로 달걀껍질이 있다는 뜻이었다.

캘리포니아 주 패서디나의 캘리포니아 공과대학교에서 연구하던 파인만은 양성자를 현상론적으로 단순하게 쿼크 같은 단단한 구성원소를 담고 있는 밀봉된 자루와 같이 그린 바 있는데, 이 쿼크 같은 것을 그는 "파톤"이라 불렀다. 파인만의 그림에 견주면 가속기 센터에서 양성자를 산란시키는 강력한 에너지를 띤 전자는 양성자 내의 파톤을 비춰 주는 엑스레이에 비유할 수 있었다. 일반적인 엑스레이나 컴퓨터 단층촬영에서 고주파의 복사선을 사용하여 우리 신체 내의 장기를 보여 주는 것과 흡사했다. 가속기 센터에서 파톤을 엑스레이 촬영한 정보를 이용하여 양성자 자체의 여러 가지 성질을 계산해 낼 수 있었다.

오랫동안 우리는 양성자를 더 이상 쪼갤 수 없을 것으로 생각했지만, 이제는 점점 더 합성물일 것으로, 그 안에 쿼크가 들어 있을지도 모른다고 믿기 시작했다. 그러나 우리를 흥분시킨 것은 이뿐만이 아니었다. 우리는 또 약한 핵력과 전자기력이 비슷하다는 사실을 점점 더 깨달아 가고 있었다. 1930년대부터 물리학자는 맥스웰이 1873년 내놓은 전기 및 자기 이론과 1934년 페르미가 내놓은 약한 핵력 이론이 흥미롭게도 비슷한 점이 있다는 사실을 인식하고 있었다. 그러나 이러한 유사점을 이 두 가지 힘에 관한 일관된 이론으로 확장시킨 사람은 아직 아무도 없었다. 그러다가 1960년대에 각기 따로 연구 중이던 글래쇼, 와인버그, 살람 등 세 사람이 오늘날 "표준 모델"이라 불리는 것을 만듦으로써 두 힘을 포괄시키는 성과를 이루어 냈다. 이들의 이론은 양전닝의 지역 게이지 불변성의 대칭 원리를 바탕으로 삼았다.

마치 멘델레예프가 주기율표를 통해 다양한 화학 원소를 연관 지은 것과 아주 비슷하게, 표준 모델은 자연의 힘을 서로 연결시켰다. 멘델레예프는 원소의 성질 속에서 일말의 질서를 감지하고, 전체 그림을 완성하는 데에 필요한 아직 발견되지 않은 원소가 있다는 사실을 추론해 냈다. 이와 비슷하게 글래쇼, 와인버그, 살람은 약한 핵력과 전자기력 모두에서 하나의 패턴을 발견하고, 그렇게 그린 그림이 완성되기 위해 필요한, 아직은 발견되지 않은 약한 핵력이 있음을 추론해 냈다. 이 모든 힘의 총합이 표준 모델이 됐다. 거창하지만 설득력이 강한 이론이었다. 이 이론이 입증되자 이론을 만든 사람들은 노벨상을 받았다. 이론 입자 물리학은 많은 경우 이와 같은 방식으로 돌아간다. 아름다운 노래를 여기저기 뚝뚝 떨어진 몇 마디씩 듣고 나서 그것을 일반화하여 패턴을 찾아 노래 전체를 추측해 내는 것이다.

그 뒤 3년 동안 진행된 내 논문 연구는 전자와 쿼크 사이에 새로운 약한 핵력이 있음을 예측한 와인버그-살람의 표준 모델과 쿼크 이론 모두를 활용했다. 이 새로운 약한 핵력 중 하나는 소위 약한 중성류라 불리는데, 전자와 쿼크의 충돌에서 약간의 반전성 위배 현상을 일으킨다. 만일 양성자가 쿼크 주머니라면 전자와 양성자 간의 충돌에서도 약간의 반전성 위배 현상을 관측할 수 있어야만 했다. 그 효과는 대부분 훨씬 더 강한 전자와 쿼크 사이의 전자기력에 가려질 것이기 때문에 작고 미묘할 것이었다.

나는 논문에서 표준 모델에 대한 새로운 시험을 제안했다. 구체적으로 스탠퍼드 가속기 센터의 실험가들에게 반전성에 위배되는 표준 모델의 약한 핵력을 전자와 양성자의 비탄성충돌에서 관측해 보기를 제안했다. 신호 크기를 산정하기 위해 나는 지난 몇 년 동안 습득한 여러 가지 기술을 동원했다. 반전성 위배 분석을 위한 리정다오와 양전닝의 논리적 틀을 적용했고, 양성자를 쿼크의 자루로 생각한 파인만의 파톤 모델 묘사를 사용했다. 이렇게 함으로써 표준 모델이 정말로 옳다면 반전성에 위배되는 비대칭이 얼마나 많이 관측될 수 있을지를 계산했다.

나는 1970년에 연구를 시작했다. 파톤 모델 활용법을 설명하는 수많은 논문을 읽고, 그런 논문에서 발표된 계산을 내 스스로 해 보면서 동일한 결과가 나오는지를 확인하는 등 천천히 진행시켰다. 한 걸음 한 걸음씩 그 모델의 역학 구조와 활용 방법을 익혔다. 그런 다음 나 자신의 연구를 시작했다.

첫 번째 과제는 쿼크와 충돌한 다음 튕겨 나오는 전자의 분포를 예측하는 기다란 수학 계산을 해내는 일이었다. 나는 "파인만 도해"를 사용하며 각 계산을 해 나갔다. 이 도해는 파인만이 만든 만화 형식의 설명방법으로, 충돌 시 여러 가지 입자가 상호작용을 일으키는 방식을 체계적으로 정리한 것이다. 나는 이론상 나타날 수 있는 도해를 모두 그렸다. 그리고 파인만의 법칙을 사용하여 각 그림을 각기 한 개의 수학 공식으로 바꾼 다음 평가했다. 펜과 종이를 사용하여 한 이 계산은 수십 쪽에 이르는 분량이었다. 나는 모순점을 찾아낼 목적으로 각 계산을 적어도 두 번씩은 되풀이했다. 연이은 계산이 서로 일치하지 않을 때에는 동일한 결과가 나올 때까지 각각의 계산을 살펴 잘못된 부분을 찾아 고쳤다. 오늘날 반복적인 대수 계산은 대부분 매스매티카 같은 기호 수학 프로그램을 사용하여 할 수 있다.

파인만의 도해와 규칙은 그림을 이용한 일종의 장부정리 같은 처리 과정인데, 놀랍게도 이를 통해 표준 모델의 온갖 세밀한 부분을 일련의 도해로 표현할 수 있었다. 이를 활용하면 파인만보다 재능이 떨어지는 사람이라 해도 더없이 복잡한 계산을 차근차근 정확하게 할 수 있었다. 물리학에서는 대부분 이런 식으로 커다란 발전이 이루어진다. 이제까지 생각조차 거의 불가능했던 것을 조목조목 요약하여 일정한 처리 과정으로 만들어 버리는 것이다. 새로운 문제를 — 물리학이든 옵션 이론이든 — 가지고 작업할 때마다 내가 가장 먼저 마주치는 커다란 과제는 진행 방법을 어느 정도 직관적으로 파악하는 일이다. 그 다음은 이 직관을 뭔가 좀 더 공식에 가까운 것으로 탈바꿈시키는 일이다. 이처럼 누구든 따를 수 있는 일련의 규칙, 원래의 직관 자체를 요구하지 않는 규칙으로 바꿔 놓고 나면 한 사람의 획기적 발전이 모든 사람의 것이 되는 것이다.

몇 달이 지나고 쿼크를 산란시키는 전자에 대한 계산이 마무리됐다. 그러나 실제 세계에서는 전자가 양성자를, 즉 쿼크 자루를 산란시킨다. 내가 해결해야 할 다음 과제는 따라서 한 개의 전자가 자루에 부딪히면 어떻게 되는지를 계산하는 일이었다. 나는 광범위한 수치 계산을 시작했다. 구식의 펀치카드에 프로그램을 입력하여 대학교의 전산센터에 있는 아이비엠 대형 컴퓨터에 넣고 밤새도록 돌렸다. 지루한 작업이었다. 당시에는 컴퓨터에 대화식 화면이 연결돼 있지도 않았고 개인용 컴퓨터도 없었다. 펀치카드에 한 곳이라도 잘못 입력한 데가 있으면 하루 꼬박 작업한 것을 날려 버릴 수도 있었다.

내가 이끌어 낸 새로운 공식에서 모순되는 부분은 없는지 모든 각도에서 철저하게 확인하기 전에는 절대로 신뢰해서는 안 된다는 사실을 깨달은 것은 바로 그때였다. 대개 새롭고 복잡한 것은 그 이전부터 있는 좀 더 단순하고 더 익숙한 계산의 연장선이다. 따라서 가장 먼저 해야 할 일은 복잡한 부분으로부터 벗어나, 익숙한 계산에서 익숙한 결과를 얻는지를 확인하는 일이다. 나는 계산하면서 실수가 끼어들기가 얼마나 쉬운지를 알게 됐고, 그래서 비행기를 타는 게 정말로 안전할까 하는 생각마저 하게 됐다. 이론과 명예가 아니라 삶과 죽음이 달려 있는 비행기를 설계할 때 공학자가 자신의 계산을 어떻게 신뢰할 수 있을까 싶어진 것이다.

내가 대학원에서 박사 학위를 받기까지 7년이 걸렸다. 인생의 1할이나 되는 기간이다. 예비 교과 과정 3년, 뒤이어 내 연구 분야에서 준비 기간 1년, 실제 논문 연구에 2년이 걸렸다. 그리고 끝으로 반년 동안 논문을 쓰고, 출판을 위해 글을 작성하고, 논문 발표 준비를 했다. 5년 만에 컬럼비아를 마친 친구도 소수 있었지만, 8년이나 9년씩 걸린 친구도 많았다.

때로 우리는 다른 이들을 우리의 숙명으로부터 구해 내려 하기도 했다. 1970년대 초에 더글러스 호프스태터가 푸핀에 있는 우리 사무실에 들렀다. 그는 아직 무명이었다. 오리건 주 유진에서 물리학 박사 과정을 밟고 있는 학생일 뿐, 아직 『괴델, 에셔, 바흐』의 유명한 저자가 되기 전이었다. 전자-양성자 산란으로 유명해진 내 사촌의 친구 로버트 호프스태터의 아들이라는 사실을 알게 되기까지는 약간의 시간이 더 걸렸다. 더글러스는 오리건 대학교 대학원에서 공부하고 있었지만 컬럼비아로 옮겨 올 생각을 하고 있었다. 자학하는 듯한 묘한 쾌감으로, 우리는 그에게 푸핀에 오지 않는 게 좋을 거라는 경고를 주었다.

우리는 대부분 물리학과에서 지내는 것을 싫어하게 됐다. 20대 나이의 대부분을 그곳에서 우리는 두문불출하며 지냈다. 또한, 대부분 각기 스승으로 모시는 사람으로부터 거의 아무런 관심을 받지 못하고 무시당하며 지냈다. 내 친구 유창리는 여섯 달 동안 지도교수와 아무 대화도 없이 어떤 논문 문제를 풀고 있었는데, 알고 보니 그보다 몇 달 전에 지도교수가 이미 푼 문제였다. 그래서 그는 처음부터 다시 시작해야 했다. 노먼 크라이스트는 책임감이 있는 사람이어서 나와 매주 만났으니 나는 형편이 더 나왔지만, 학위를 절대로 마치지 못할지도 모른다는 생각을 자주 했다. 미국 에너지부에서 나오는 연구 기금을 받으며 한 해 한 해 어영부영 지내고 있다 해도, 학생이 학위를 언제 끝내는지, 끝내기는 하는지, 끝내고 나서 무엇을 할지에 대해 아무도 신경을 쓰는 사람이 없는 것 같았다.

그에 대한 반항심에 나는 마지막 몇 년 동안 기죽지 않은 모습을 보여 주려 애썼다. 어느 날 아내와 손을 잡고 브로드웨이를 따라 걸어가고 있었는데, 문팰리스에서 점심을 먹고 학교로 돌아오는 컬럼비아 교수들을 지나치게 됐다. 마주 지나쳐 갈 때 나는 태연하게 활기찬 목소리로 이야기하면서 아무 걱정 없이 행복해 보이려고 무척 애썼다. 나 자신과 또 지나치는 교수들에게, 그들이 학교를 제외한 인생의 나머지 부분에는 아무 영향을 끼치지 못하는 체한 것이다.

그렇지만 물론 그들은 영향을 끼쳤다. 1970년대 초 어느 여름, 미국의 캄보디아 침공에 항의하며 학생 시위가 벌어지던 동안 에바와 나는 유창리 부부와 함께 캐츠킬 산맥의 산간으로 캠핑을 갔다. 외부 소식이 끊어진 상태로 며칠 동안을 천막에서 지낸 뒤, 우리는 근처 호텔에서 휴가를 즐기고 계시는 처가 어른들을 만나러 갔다. 우리가 도착했을 때 내 장인은 무거운 표정으로 물리학과 화장실 한 곳에서 폭탄이 터졌다는 사실을 알려 주었다. 유창리와 나는 한 박자도 놓치지 않고 기뻐 야호 소리를 지르며 공중으로 뛰어올랐다. 처가 어른들은 어리둥절한 표정으로 우리를 쳐다보았다. 그 순간 문득 나는 우리가 탄성 한계 이상으로 얼마나 많이 당겨져 있었는지 깨달았다.

나는 4년을 기다린 끝에 논문 연구를 시작했다. 그렇지만 일단 진행할 수 있을 만큼 충분히 배우고 나니 꾸준한 속도로 앞으로 나아갈 수 있었다. 연구가 반쯤 진행됐을 때 그때까지 얻은 결과 일부를 주제로 티디를 비롯한 여러 학과 교수 앞에서 세미나를 했다. 1972년 초에 드디어 내 첫 논문을 출판했다. 논문에서 나는 파인만의 파톤 모델을 사용하여 리언 레더만과 협력 연구자가 최근 컬럼비아에서 한 실험 결과를 설명했다. 내 계산은 앞으로 하게 될 논문 연구의 준비운동에 지나지 않았지만, 그토록 오랫동안 기다린 끝에 논문을 출판하고 내 이름이 인쇄된 것을 보니 잠시나마 들뜬 기분이 됐다. 나는 1972년 말에 논문 연구를 끝냈고, 그리고 드디어 1973년 봄에 티디, 크라이스트, 그리고 레더만으로 구성된 심사위원 앞에서 공식적으로 내 논문을 발표했다. 나는 그들의 질문에 답했고 그것으로 끝이었다.

내 논문, 〈$l^{\pm} + N \rightarrow l^{\pm}$ + 임의의 것 내의 약한 중성류 시험〉은 1973년에 〈물리학 리뷰〉에 실렸다. 그것은 그때까지 검증되지 않은 표준 모델의 약한 핵력과 전자기력이 전자-양성자 산란에서 반전성 위배를 통해 그 진면목을 드러내는 독특한 방식을 분석한 쓸 만한 수준의 연구 작품이었다. 1978년, 스탠퍼드 가속기 센터의 찰스 프레스콧과 리처드 테일러가 이끄는 연구진이 면밀하고 정밀한 실험을 통해 표준 모델과 일치하는 일정 수준의 반전성 위배가 있음을 확인하고 그 결과를 출판했다. 근래에 나온 20세기 입자 물리학의 역사에 대한 책[*2]에서는 프레스콧이 실험 결과를 처음으로 공개한 뒤 청중이 오랫동안 박수를 친 사실을 두고 "한 시대의 종말에 바친 긴 만가 같은 경례"라 했다. 이들의 실험은 글래쇼, 와

[*2] 크리즈, 로버트 P. · 찰스 C. 만 공저, 『제2의 창조』, 러트거즈 대학교 출판부, 개정판 (1996).

인버그, 살람의 표준 모델에 최종적으로 찍은 승인 도장이었다. 그들이 참조한 논문 목록에서 내가 1973년에 출판한 논문이 앞자리를 차지하고 있는 것을 보고 기분이 좋았다.

논문을 마치기까지 그토록 오랜 시간이 걸렸지만 그래도 나는 별다른 후회는 없다. 어떻게 보면 그런 고투를 이겨 낸 나 자신이 자랑스럽다. 그 시절 내가 배운 것—수학만큼이나 끈기까지—은 학계에서뿐 아니라 월스트리트에서도 내게 큰 보탬이 돼 왔다. 어떤 분야에서 뭔가 새로운 것을 발견하려 할 때에는 여러 해 동안에 걸쳐 생각하고, 엉뚱한 곳도 파헤치고, 막다른 골목에서 헤매고, 수렁에 빠지기도 하면서 다시 일어서서 계속 앞으로 나아가야 한다. 이런 목적이라면 박사 공부는 고통스럽기는 해도 좋은 훈련 과정이다.

오래 뒤 월스트리트에서 일할 때, 난생 처음 보는 학위인 '에이비디'를 퀀트의 이력서에서 보고 황당해했다. 알고 보니 사회에서 흔히 쓰이는 약어로 "논문만 남겨 두었다All But Dissertation"는 뜻이었다. 박사 학위 공부를 했지만 논문을 완성하기 전에 학계를 떠난 사람을 나타내는 말이었다. 박사라는 것은 정의상 논문에 소개된 독창적 연구를 마치는 것을 위주로 하는 연구 학위이고, 따라서 나는 에이비디를 촌극 속의 박사 정도로 바라보았다. 그것이 연구에서 필요로 하는 혁신과 노력의 가치를 깎아내린다는 점에서 마음에 들지 않았다.

그 뒤 나는 박사 후 연구원 자리를 찾기 시작했다. 2년간의 저임금 연구직이 과학에서 학계 경력을 쌓아 가는 표준적 첫걸음이었다. 내가 이름을 알고 있는 수많은 물리학자에게 이력서와 함께 편지를 보냈다. 나를 초청하는 대학원이 있으면 어디든 달려가 연구 세미나를 열었다. 그렇지만 학계의 일자리는 드물었다. 대학교는 지난 10년 동안 채용된 젊은 종신 교수로 넘쳐날 지경이었으므로 물리학자 한 세대가 죽을 때까지 기다려야 할 판이었다.

대부분의 경우와 마찬가지로 누군가 이끌어 주면 도움이 된다. 골드만 삭스에서는 파트너가 되려면 유대교의 "랍비"가 필요하다는 식의 말을 곧잘 하는데, 컬럼비아의 물리학과에는 랍비가 절대적으로 부족했다. 결국 나는 연구가 시의 적절한 데다 운도 좋았던 덕분에 필라델피아의 펜실베이니아 대학교에서 2년 기간의 박사 후 연구원 자리를 얻어 냈다. 1973년 9월에 시작될 예정이었다.

나는 5월에 거행되는 컬럼비아의 졸업식에 나가지 않았다. 졸업식은 로 도서관 앞에 있는 거대한 야외 광장에서 거행되는데, 바로 몇 년 전인 1968년 학생 점거 사건 당시 밤중에 뉴욕 시 경찰이 곤봉을 들고 학생을 뒤쫓는 광경을 같은 자리에서 지켜보았다. 내 대학원 친구 중에서도 졸업식에 신경을 쓰는 사람은 아무도 없어 보였다.

그해 여름 한 달 동안은 에리체에서 지냈다. 에리체는 시칠리아 서부 트라파니의 고지대에 있는 아름다운 소도시인데, 그곳에서 해마다 열리는 에토레 마요라나 입자 물리학 여름 학회에 참석했다. 산꼭대기에서 여름마다 이국적인 곳을 다니며 협의회를 순회하는 성공한 물리학자의 삶을 얼핏 엿볼 수 있었다. 나는 그들과 함께 마을 광장에 앉아 담배를 피우고 이탈리아 아페리티프를 음미했다. 어느 날 아침 근처에 있는 이발관에서 뜨거운 수건과 함께 면도를 했다. 묵직한 가죽 의자에서 뒤로 드러누워 있는 사이에 이발사는 가죽 허리띠에 면도날을 벼리었다. 여러 해가 지난 뒤 기업 소속 변호사와 월스트리트의 판매사를 만날 수 있었다. 그들은 비행기 1등석, 값비싼 식사, 고급 호텔 등 자신의 업무에 따르는 부수적인 장점을 자랑했다. 나는 그들이 직업에 따르는 물질적 이익에 관심을 쏟는 것을 보고 속으로 비웃었다. 물리학에서는 삶 자체가 이익이라 생각했기 때문이다. 흥미로운 장소에서 흥미로운 사람에게 물리학에 대해 이야기한다는 것 자체가 덤이 아니라 주 메뉴였던 것이다.

나는 에리체에서 참석자 중 프랑크 빌체크라는 사람을 약간 부러운 눈으로 지켜보았다. 그는 프린스턴을 갓 졸업했는데 벌써 장 이론의 유명한 논문을 공동 저술했다. 그렇지만 나는 물리학에 거의 지쳐 있었고 7년 동안의 고투는 빛이 바래가고 있었다. 나는 아인슈타인이 자신의 최종 자격 시험이 남긴 후유증에 대해 67세 나이에 쓴 자전적 메모에서 본 몇 줄의 글로 스스로 위안을 삼았다. "이러한 강요가 [내게] 얼마나 큰 방해 효과를 남겼는지, 자격시험을 통과한 뒤 나는 꼬박 1년 동안 어떠한 과학 문제를 생각해도 혐오감만 들 뿐이었다."

Chapter 3

그럭저럭 살아남아

■ 박사 후 연구원이라는 성직자 생활 ■ 연구는 쉽지 않아
■ 거의 기로에서 논문을 내다 ■ 협력과 발견이라는 광적 즐거움 ■

1973년 노동절에 나는 부업으로 자그마하게 이삿짐센터를 운영하는 친구의 친구를 고용하여 나와 나의 소지품을 필라델피아로 옮겼다. 집 주인에게는 약간의 존중심을 얻는 동시에 책임질 줄 아는 사람이라는 인상을 줄 요량으로 "닥터 더만"이라고 해 두었다. 나의 학위를 이용하여 "진짜" 닥터, 즉 의사인 척하면서도 죄의식은 아주 약간밖에 들지 않았다. 나와 내 아내를 태우고 뉴욕으로부터 고속도로를 달려 이삿짐을 날라 준 내 친구의 친구는 빌린 승합차를 허츠에 돌려줄 때에는 늘 주행거리계를 되돌려 놓는다고 했는데, 개인감정이 개입되지 않는 대기업 것을 빼돌리는 행동을 정당하게 여긴 1960년대식 관점이었다.

그 주말에 나는 필라델피아의 홀로생활에 적응하는 노력을 시작했다. 에바는 컬럼비아의 대학원생이 지내는 아파트로 돌아갔다. 이 아파트에

서는 브로드웨이와 112번가 모퉁이에 있는 톰 식당이 내려다보이는데, 수잔 베가와 텔레비전 시트콤 〈사인펠드〉에 의해 컬럼비아뿐 아니라 전 세계적으로 유명해진 곳이다. 에바는 분자 생물학으로 박사 과정을 밟고 있었는데 아직 몇 년이 남아 있었다. 나는 에바가 나와 함께 필라델피아에 오기를 바랐지만, 에바가 학교와 지도교수를 바꾸기는 불가능했다. 물리학에서 생물학으로 전공을 바꾼 지 얼마 되지 않았고, 게다가 생물학 박사 과정으로 들어가는 조건으로 그 과에서 박사 과정을 마치겠다는 약속을 해야 했던 것이다. 생물학으로 옮겨 가면서 에바는 우 여사에게 추천을 부탁했는데, 우 여사 자신도 남편으로부터 떨어져 컬럼비아 근처의 모닝사이드하이츠에서 살고 있었고, 여사의 남편은 80킬로미터 거리의 국립 브룩헤이번 연구소에서 물리학자로 일하고 있었다. 우 여사는 에바를 만나 희생의 필요성에 대해 일장 훈시를 하면서, 내가 졸업한 뒤에도 에바는 계속 학교에 남아 있겠다는 약속을 하지 않으면 생물학 박사 과정에 받아 주지 않으리라는 점을 분명히 했다. 에바와 내가 결혼했다는 사실과 내가 에바보다 먼저 졸업하리라는 사실을 사람들이 알고 있기 때문이라는 것이 이유였다. 올바른 정치관이라는 개념이 아직 생겨나기 전이라 아무도 성차별에 대해 심각하게 생각하는 시대가 아니었고 보니, 교수가 여학생을 대학원에 받아들일 때 그 학생이 얼마나 진심인지 확인해 보는 일은 당연하게 받아들여졌다. 그로부터 몇 년 뒤 내가 학계를 떠나 일하게 됐을 때, 우리는 기업의 취업 면접관이 여자 지원자에게 만일 의도하지 않게 임신을 했을 경우 일에 방해가 된다면 낙태를 하겠냐고 질문을 던졌다는 이야기를 듣기도 했다.

그 뒤 2년 동안 에바와 나는 주말과 여름에 잠깐씩만 만났다. 이런 식의 생활에서 오는 긴장은 그 이후로도 내가 학계에서 생활하는 내내 사라지지 않았다.

나는 박사 후 연구원 생활을 일종의 성직자 생활로 상상하고 있었다. 지식에 바친 더없이 행복한 삶으로 미화하고 있었던 것이다. 일류 대학교의 경우 이론 물리학을 연구하는 박사 후 연구원에게는 일반적으로 부과되는 세속적인 의무가 전혀 없었다. 강의도, 행정 업무도, 정해진 출퇴근 시간도 없었다. 그것을 빼면 남는 것은 초월 자체였다. 연구원은 연구에 대한 재능으로 채용됐다. 할 일이라고는 오로지 자신의 흥미를 끄는 것 중 뭔가 개념적으로 가치 있는 대상을 찾아 연구하는 일뿐이었다. 중요한 것은 나의 성취뿐이었다. 간단했지만 한편으로 위험부담도 컸다. 내가 아는 누구도 부자가 된다거나 장차 얼마를 벌게 될 거라는 생각은 별로 하지 않았다. 다들 뭔가 원대한 것을 성취하기를 바랐고 그것을 위해 일생을 기꺼이 바칠 수 있었다. 우리는 종신 지위를 얻고 나서 "물리학 하기"[*1] 를 그만두는 교수들을 경멸했다. 나이가 들면서 우리는 서른이 넘어 위대한 발견을 한 사람들에 대한 이야기를 들으며 위안을 얻었다. 월스트리트와는 전혀 달랐다. 그곳에서는 이십 대 후반의 거래사들이 "자신의 액수"에 대해 말하는 것을 듣곤 했는데, 각기 그만두기 위해 필요하다고 생각하는 액수의 돈으로서 다시는 일하지 않아도 될 만큼 충분한 액수를 말했다.

[*1] 나와 내 친구 물리학자는 우리가 하는 일을 "물리학을 한다"고 표현했다. 내 아내의 분자 생물학자 동료는 이상하게도 "생물학을 한다"는 말을 한 번도 하지 않았다. 내가 보기에는 물리학이나 마찬가지로 세분화된 분야 같은데도 그보다 넓은 호칭인 "과학을 한다"고 말했다.

물론 현실은 달랐다. 나는 펜실베이니아에서 친구도 없었고 주위에는 다들 결혼한 사람뿐이었다. 그리고 다들 아홉 시에 나와서 다섯 시에 들어갔다. 나는 우르르 왁자지껄 모여 지내는 대학원 생활에 익숙해져 있었는데 그곳은 그와는 완전히 딴판이었다. 필라델피아는 모닝사이드하이츠에 비하면 불쾌할 정도로 안전하지 않았고 황량했다. 나는 결혼한 사람이었지만 배우자와 함께 지내지 못했고, 미혼 대학원생 사이에 끼려니 약간은 나이가 많았고 매인 데도 많았다. 그렇다고 가정생활에 익숙한 기혼 교수 사이에 끼려니 너무 젊고 혼자였다. 그래서 거의 사람들과 어울리지 못하고 대부분의 시간을 혼자 보냈다.

 박사 후 연구원 생활은 하나의 격세유전으로, 오랜 과거로부터 전해 내려온 유물이었다. 박사 후 연구직은 대학원생과 교수 사이에 잠시 동안의 쉴 참을 마련하기 위해 만들어진 자리이다. 그렇지만 스푸트니크 이후 미국이 과학을 바라보는 시각은 사실상 전쟁이나 마찬가지로 변했고, 이로 인해 젊은 과학자가 양산됐다. 이제 종신 교수직에 오른 이들이 모든 교수직을 다 차지하고 있었다. 은퇴하려면 앞으로 30년은 더 있어야 했다. 교수에게는 학생이 필요한 법, 그래서 물리학자를 꿈꾸는 사람은 계속해서 박사 과정으로 들어가지만 과정의 끝을 빠져나와 보면 갈 만한 곳이 거의 없었다. 이 문제를 일시적으로나마 해결해 주는 게 바로 박사 후 연구원 자리였다. 연구원직은 2년 정도 머물러 있을 수 있었고 보수는 아주 적었다. 그럼에도 이런 방식은 대학교 입장에서는 잘 굴러갔다. 매년 젊은 물리학 연구원을 새로 한 무더기씩 확보할 수 있었고, 어쩌다 교수직 자리가 나면 그중 특별히 뛰어난 사람을 골라 뽑을 수 있었던 것이다.

평범한 박사 후 연구원에게는 그렇게 유쾌한 자리가 아니었다. 가을에 2년 기한의 연구원직을 시작하면 1년간의 유예 기간을 갖게 되는데, 그 기간에 뭔가 흥미로운 연구를 시작하고 마무리하여 출판해야만 2년째에 전 세계 다른 연구소나 학과의 박사 후 연구원직에 지원할 수가 있었다. 카오스 이론에 끼친 공로로 유명한 미첼 파이겐바움이 이를 잘 묘사해 주었다. "이런 2년 연한의 연구직에서는 본격적 연구가 거의 불가능했다. 1년이 지나고 나면 다음에는 어디로 갈지 고민이 시작되기 때문이다." 운이 나빠 1년짜리 박사 후 연구직밖에 못 구할 경우에는 유예 기간이 없었는데, 그것도 그리 드문 일이 아니었다. 그러면 연구원 생활을 시작하자마자 다음 일자리를 찾아 지원을 시작해야 했다. 빠져나올 수 있는 유일한 길은 — 학계 내에서 물리학 하기를 포기하는 일 말고 — 크게 인정받을 수 있는 논문을 쓴 다음 몇 안 되는 교수직을 제의받는 것이었다.

내 박사 친구 중 몇몇은 열정은 있으나 물리학을 계속해야 한다는 절박감 때문에 "무보수직" 연구원이 됐다. 이들은 아무 곳에서도 일자리를 찾을 수 없어, 최고 수준의 연구소에 가서 책상과 초보적인 연구 설비만을 허락받아 무보수로 연구를 계속했다. 이들의 목표는 자극적 환경에 들어가 좋은 인맥을 쌓고, 그러다가 보수가 있는 일자리를 얻을 만한 연구 결과를 내놓는 것이었다. 그중 한 친구는 이류 연구소이기는 하나 보수도 있는 연구원직을 거절하고 하버드에서 무보수직으로 일했다. 그리고 하버드에서 쓸 만한 연구를 해냈고, 그것으로 일류에 속하는 연구소인 스탠퍼드 선형 가속기 센터에서 유급 연구원직을 따 냈다.

지도교수도 없이 펜실베이니아 대학교에 온 나는 이제 내 스스로의 길을 걸어야 했다. 그래서 뭔가 새로운 연구 거리를 찾기 시작했다. 나는 대학원생 시절 대부분을 고에너지 현상학을 연구하면서 다른 사람의 이론을 다른 사람의 실험과 비교하며 보냈다. 쓸모 있고 흥미롭기도 했지만, 내가 하게 될 것으로 상상했던 물리학의 환상과는 거리가 있었다. 나는 꿈을 높게 갖기 위해 소위 리정다오 모델이라 불리는 것을 연구하기 시작했다. 티디 자신이 초기에 쓴 논문의 주제였던 입자 상호작용을 이상화한, 따라서 상호작용을 분석적으로 풀어낼 수 있는 이론이다. 나는 이를 통해 쿼크와 관련된 여러 힘을 더욱 깊이 이해하기 위한 기반을 쌓을 수 있기를 바랐다. 펜실베이니아의 첫 학기는 대부분 이 분야를 통달하려 애쓰며 부질없이 보냈다. 집중하기가 어려웠다. 친구가 없어 떠돌았고, 아내와 떨어진 결혼생활로 인해 긴장된 상태로 지냈으며, 차를 몰고 왔다 갔다 하는 — 금요일 밤에 뉴욕으로 갔다가 월요일 아침 일찍 필라델피아로 돌아오는 식의 — 데에 지쳐 있었다. 어떤 주말에는 너무 지쳐 뉴욕으로 가지 못하고 필라델피아에서 홀로 하릴없이 시간만 보내며 반쯤 골난 상태로 지냈다.

  첫 학기는 이렇다 할 진전이 없이 지나갔다. 나를 채용한 종신 교수 역시 나름의 문제로 나에게 신경을 써 줄 여유가 없었고, 격려인지 아닌지 모를 격려만 해 줄 수 있을 뿐이었다. 그는 물리학의 경쟁력 때문에 낙담한 듯했다. 한번은 나를 자기 집으로 초대하여 저녁을 대접했는데, 뭔가 대단한 걸 이룩하지 못했으니 "우리"가 스스로 물러나야 하지 않겠는가 하는 말을 했다. 그러자 그의 부인이 얼른 교수에게 그 "우리"에 나를 포함시키기에는 아직 이르다는 사실을 상기시켜 주었다.

시간이 쏜살같이 지나가는 것 같았다. 예의 그 교수는 나를 자기 분야의 주제인 약한 전자기류 대수론을 연구하게 하려 했는데, 내 관심사와는 너무나 거리가 멀어 혐오감마저 느낄 지경이었다. 연구 주제를 스스로 고를 수 없다면 물리학을 연구하는 게 무슨 의미가 있는가? 첫 학사년도가 끝나는 1974년 5월에 이르러 나는 막다른 길로 나아가고 있었다. 앞으로 세 달이면 다음 연구직을 물색하기 시작해야 하는데 아직 논문을 출판하지 못한 것이다. 그보다 더 심각한 문제는 출판할 수 있을 만한 그 어떤 활동에도 관여하지 못하고 있다는 사실이었다. 나는 "논문을 내놓느냐, 자리를 내놓느냐" 하는 말의 의미를 피부로 느낄 수 있었고, 친구와 친지에게 앞날이 암담하다는 말을 꺼내기 시작했다.

그래도 사는 게 모두 힘들기만 한 것은 아니었다. 그해에 세 가지 좋은 일이 있었다. 모두 연구와는 무관한 일이다. 저녁 시간을 필라델피아의 내 거처에서 보낸 때가 하도 많다 보니, 테니스 공 세 개를 동시에 던지고 받는 저글링 재주를 익혔다. 장거리 달리기를 즐기는 열성파 대학원생들이 있었는데, 이들과 함께 이전보다 더 본격적으로 달리기를 하기 시작했다. 이들은 펜실베이니아 계주 경기가 열리는 곳으로 유명한 타탄 트랙에서 날마다 정오에 달렸다. 나는 로저 배니스터가 1마일(1.6킬로미터)에 4분이라는 벽을 깬 것을 기억했다. 그래서 어리석을 정도로 과욕을 부렸고, 준비운동이라든가 장거리를 좀 더 천천히 달리는 게 유익하다는 점을 깡그리 무시했다. 그리고 시간을 재면서 1마일을 최대한 빨리 달리기를 매주 여러 번씩 했다. 몇 주마다 한 번씩 다리가 회복할 수 있도록 쉬었다. 그저 최대한 빨리 달리기만 할 게 아니라 체력단련을 위한 인내심을 얻기까지 몇 년이라는 시간이 더 걸렸다. 끝으로, 웨스트 필라델피아 아트센터에서 소규모 모임과 함께 리코더 연주법을 배웠다. 미미한 실력이나마 다른 사람들과 화음을 즐길 수 있어 좋았다.

나의 첫 연구직 학사년도가 끝나고, 에바와 나는 1974년 여름 동안 애스펀 물리학 센터에서 한 달 동안 함께 지냈다. 그곳에서 너무나 많은 유명 물리학자와 가까이 지낼 수 있다는 사실에 감명을 받기도 했다. 애스펀은 인기가 좋았다. 연구 공간과 아파트가 부족한 나머지, 몇몇 나이 많은 물리학자는 그곳에서 여름을 나기 위해 집을 사 두기도 했다. 젊은 박사 후 연구원은 몇 주밖에 지낼 수 없었다. 우리는 매주 한두 번씩 산으로 산행도 가고 제롬호텔 풀장에서 수영도 했다. 풀장에서는 여자들이 모두 직접 뜨개질하여 만든 것 같아 보이는 비키니 윗도리를 입고 있었는데, 풀장 가에 앉자마자 벗어 버렸다. 날마다 나는 당시 점점 주목받고 있던 약한 전자기 상호작용에 대한 양–밀스 게이지 이론의 구조에 대해 좀 더 알아내기 위해 조직적인 노력을 기울였다. 〈현대 물리학 리뷰〉에 실린 〈뉴요커〉 기고가이자 물리학자인 제레미 번스타인의 교육적 입문 기사를 꼼꼼하게 읽었다. 그리고 그는 애스펀의 단골이었으므로 때로는 어슬렁 다가가 궁금한 부분을 묻기도 했다. 공부하고 산행을 즐기고 물리학에 대한 이야기를 나누고, 애스펀 음악당에서 음악을 듣고, 배구로 스트레스를 날려 보내고 — 학계의 물리학 생활이란 바로 이런 것이었다. 그렇지만 내 즐거움은 논문을 발표하지 못하고 한 해가 지나갔다는 생각 때문에 퇴색됐다. 그 때문에 해마다 여름을 애스펀에서 지내며 즐거운 생활을 누리는 것은 나의 운명이 아닐 거라는 느낌이 들었다.

6월은 금세 지나갔다. 7월에는 케이프타운에 갔다. 내 어머니는 오랫동안 스티븐 호킹처럼 근위축성 측삭 경화증을 앓았고, 그래서 나는 해마다 케이프타운으로 가서 어머니를 만났다. 그러나 호킹은 기적적으로 안정 상태에 들어선 것 같았지만 어머니는 1970년대 내내 병세가 악화됐다. 처음에는 팔을 움직일 수 없게 되고, 다음에는 손, 다음에는 다리, 나중에는 고개를 들고 있거나 음식을 삼키기마저도 힘들어졌다. 어머니에게는 그 병의 치료법을 아무도 모른다는 사실이 풀리지 않는 수수께끼였다. 8월에는 뉴욕에 돌아와 한 달을 지내면서, 우리 아파트나 컬럼비아의 도서관에서 게이지 이론에 대한 자료를 계속 읽었다. 그러는 내내 에바는 논문 작업을 계속했다. 학자는 무엇이든 원하는 대로 연구할 (또는 하지 않을) 수 있었다. 그것은 자유였다. 그러나 박사 후 연구원으로 1년을 보낸 뒤 미래가 불확실해지고 보니, 실패를 위한 자유 같아 보이는 때도 있었다.

1974년 9월에는 황량한 필라델피아로 돌아왔다. 그리고 1975년 가을을 목표로 박사 후 연구원직을 찾아야 하는지에 대한 심사숙고를 더 이상 미룰 수 없었다. 이력서에 추가할 새로운 연구 성과가 없었기 때문에 연구직을 찾기가 그만큼 힘들어질 것이었다. 나는 "물리학 하기"를 그만둘까 하는 생각을 진지하게 해 보기 시작했고, 그러자면 겪게 될 수치에 대비해 마음을 단단히 먹기 시작했다. 최후가 닥친 것 같았다. 그러다가 갑자기 좋은 일이 생겼다. 정말 흥미로운 물리학 수수께끼가 나타났는데, 그것을 풀기 위해 필요한 기법은 내가 박사 학위 논문에서 사용한 기법과 밀접한 관계가 있었던 것이다.

펜실베이니아의 선임 실험가 중 한 명인 앨프리드 만은 제네바의 유럽 원자핵 공동 연구소에 있는 입자 가속기에서 양성자로부터 뮤온 유형의 고에너지 중성미자를 산란시키기 위한 국제 협력 연구에 참여하고 있었다. 그의 실험은 내가 논문에서 분석한 강한 비탄성 전자-양성자 산란과 아주 비슷했다. 차이는 양성자를 향해 전자가 아니라 중성미자를 쏘아 보냈다는 점이다. 당시 약한 상호작용에 대해 알려진 바에 따르면 발사된 중성미자는 양성자에 부딪힐 때 음전하를 띤 뮤온[*2] 한 개로 바뀔 것이었다. 그러면 양성자는 산산이 부서져 그림 3.1(a)에서 보는 것처럼 양성자와 비슷한 여러 가지 입자로 이루어진 파편이 될 것이었다. 그렇지만 실제는 이와 달랐다. 자료를 검색하던 만과 협력 연구자는 소위 두 뮤온 사건이라는 현상을 다수 발견해 냈다. 이 사건이란 충돌의 최종 결과물 속에 음전하를 띤 뮤온 한 개와 양전하를 띤 뮤온 한 개씩이 포함되는 현상이다. 파인만이 말한 "스위스 시계" 충돌이 바로 이런 것으로, 실험에서 나타나는 예외적 현상을 살펴봄으로써 새로운 입자 내지 그런 입자를 생성한 새로운 힘을 발견할 수 있는 것이다.

수수께끼는 두 뮤온이 생겨난 원인이 무엇인가 하는 부분이었다. 두 가지 (적어도) 설명이 가능했는데, 모두 새로운 입자가 생성된다는 가정을 필요로 했다. 첫 번째 가정은 발사된 중성미자가 하나의 무거운 중성 렙톤[*3]으로 바뀐 다음, 약한 핵력에 의해 붕괴돼 만과 협력 연구자가 관찰한 두 개의 뮤온이 된다는 것이다. 이는 그림 3.1(b)에 나타나 있다. 두 번째 가

[*2] 일종의 전자로, 전자와 전하량은 같으나 질량이 200배 정도에 이른다.

[*3] 일종의 전자로 더욱 무겁지만 중성, 즉 전하를 띠지 않는다. 존재하지 않을 마땅한 이유가 없으며, 따라서 겔만의 전체주의 원칙에 의하면 존재할 수밖에 없다.

정에서는 발사된 중성미자가 정상적 과정에 따라 음전하를 띤 뮤온으로 변하지만, 양성자 파편 중에는 약한 전자기 상호작용의 표준 이론에 따라 존재해야만 하는 소위 참 쿼크가 포함돼 있고, 이 참 쿼크가 약한 핵력에 의해 붕괴되어 양전하를 띤 뮤온을 생성한다는 것이다. 이는 그림 3.1(c)에 나타냈다.

이 새로운 입자 — 가설상의 무거운 중성 렙톤 또는 가설상의 참 쿼크 — 중 어느 쪽이 두 뮤온의 조상일까? 판단 기준은 이들의 속도 분포 속에 들어 있을 것이다. 양전하와 음전하를 띤 뮤온의 상대속도는 그것을 생성한 것이 무거운 렙톤인지 참 쿼크인지에 따라 달라질 것이다. 전자의 경우라면 두 개의 뮤온이 모두 무거운 렙톤의 붕괴에 의해 생겨났을 것이고, 두 개 모두가 기원이 비슷하기 때문에 비슷한 속도를 띠게 될 것이다. 후자에서는 참 쿼크의 붕괴에 의해 양전하를 띤 뮤온이 생겨나고 그래서 속도가 아주 다를 것이다. 물총을 만든 회사에 따라 물줄기의 특징이 정해지듯, 여러 가지 입자도 붕괴될 때 나름의 특징에 따라 두 뮤온의 분포가 결정된다.

나는 동료인 창 라이남과 오 존과 함께 무거운 렙톤의 생성에 따른 두 뮤온 분포의 특성을 조사하기 시작했다. 만과 협력 연구자가 발표한 뮤온 속도와 비교하기 위해서였다. 이는 이론과 실험을 비교하는 고전적 현상학 문제로 내 논문과 밀접한 관련이 있었고, 그래서 뮤온의 최종 속도와 각도 분포 계산법을 알고 있었다. 우리 세 사람은 각자의 분석 계산을 서로 검산했고, 나는 뮤온의 분포를 평가하기 위한 컴퓨터 프로그램을 작성했다. 문득 나는 다시 연구에 몰입해 있었고, 실험가 바로 곁에서 새롭고

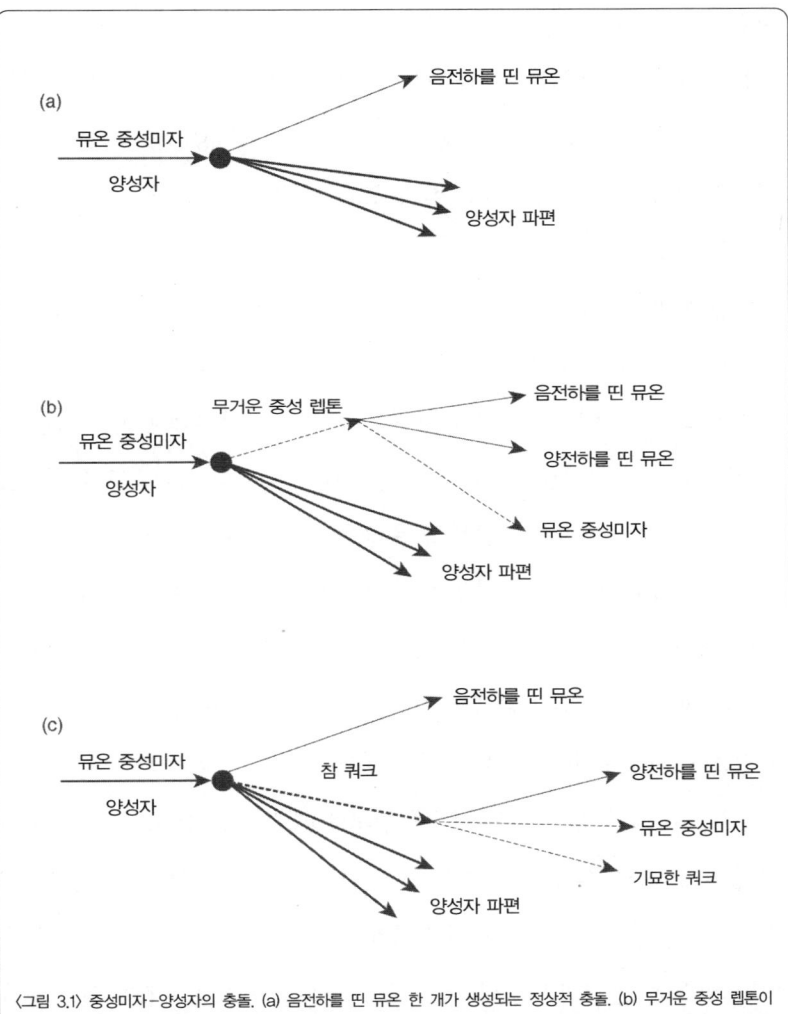

<그림 3.1> 중성미자-양성자의 충돌. (a) 음전하를 띤 뮤온 한 개가 생성되는 정상적 충돌. (b) 무거운 중성 렙톤이 생성되고, 이것이 다시 붕괴하여 두 개의 뮤온과 하나의 뮤온 중성미자로 바뀌는 가설적 충돌. (c) 음전하를 띤 뮤온 한 개와 참 쿼크 한 개를 생성하며, 생성된 쿼크가 양전하를 띤 뮤온 한 개, 중성미자 한 개, 그리고 기묘한 쿼크 한 개를 만드는 가설적 충돌.

의미 있는 것을 연구하고 있다는 사실 자체가 그지없이 신났다. 나는 고도의 정신적 자극을 받는 시기에 들어갔고 그 덕에 되살아났다. 아침에는

저절로 일찍 일어나게 됐고, 깨자마자 연구실로 달려가 계산하고 프로그램을 작성했다. 라이남과 존과 나는 번갈아 서로의 손에서 분필을 낚아채 거머쥐고 칠판에 적고 말하면서 장시간에 걸쳐 도취될 정도로 활기찬 논의와 토론을 벌였다. 경쟁심은 사라지고 자신감에 찬 우리는 밤늦게까지 열심히 연구했다.

추정 속의 무거운 렙톤을 붕괴하게 만드는 가설상의 약한 핵력이 지니는 정확한 특성은 알려져 있지 않았고 따라서 추측할 수밖에 없었는데, 합리적으로 그것이 띨 수 있는 형태는 다양했다. 라이남과 존과 나는 다양한 (그렇다고 총망라한 것은 아니고) 힘에 대해 뮤온의 상대속도를 계산했다. 우리는 고려 대상으로 삼은 모든 경우에 있어 양 뮤온과 음 뮤온이 모두 무거운 렙톤의 붕괴에 의해 생성되는 경우, 예견된 속도 차이는 앨프리드 만과 그의 협력 연구자가 관측한 차이보다 훨씬 적다는 사실을 보여주었다. 따라서 우리는 두 뮤온 사건으로 무거운 중성 렙톤이 새로 생성되었을 가능성은 대단히 낮다고 주장했다.

우리는 우리의 연구를 "가논문" 형태로 배포했다. 정식으로 출판하기 전 등사 인쇄물 형태로 출판하는 보고서인데, 같은 분야의 물리학자에게 돌렸더니 다행하게도 많은 관심을 끌게 됐다. 펜실베이니아의 2년 기한은 이제 겨우 몇 달 남아 있었다. 거의 최후의 순간까지 온 시점에 연구를 마무리 지었고, 그 덕에 다음 연구직을 얻을 수 있게 된 것이다. 나는 지원서를 여러 곳에 보냈고, 1975년 늦봄에 아슬아슬하게 매디슨에 있는 위스콘신 대학교와 영국의 옥스퍼드 대학교로부터 박사 후 연구원으로 채용하겠다는 편지를 받았다. 박사과정을 마치려면 뉴욕에서 1년을 더 지내야 하는 에바는 컬럼비아에 머물 수밖에 없었다. 이왕 1년 이상을 혼자 지내려면 미국의 매디슨보다는 유럽의 옥스퍼드가 더 나았다. 필라델피아의 텅 빈 거리는 이제 지긋지긋했다.

  무거운 렙톤에 대한 우리의 연구는 시의 적절하기는 했지만 충분히 깊게 파고들어 간 것은 아니었다. 무거운 렙톤이 두 개의 뮤온을 생성했을 가능성이 아주 낮다는 것을 보여 주기는 했지만 그게 정말로 불가능함을 증명한 것은 아니었다. 붕괴의 원인이 되는 가설상의 약한 핵력이 띨 수 있는 모든 형태를 놓고 그 속도 차이를 계산하지는 않았던 것이다. 몇 달 뒤, 에이브러햄 파이스(컬럼비아의 세미나에서 리정다오에 맞서는 것을 내가 직접 본 몇 안 되는 발표자 중 한 명), 그리고 그와 함께 오랫동안 협력연구자로 일한 프린스턴의 샘 트레이먼이 등장했다. 약한 핵력이 어떤 형태를 띨지는 아직 알려지지는 않았지만, 약한 상호작용 분석 분야에서 노련한 두 사람은 그것이 어떤 형태를 띠든 상관없이 무거운 렙톤이 붕괴되면서 생성되는 양전하 뮤온과 음전하 뮤온 간의 속도 차이에 대한 매우 개괄적인 상한선을 이끌어 냈다. 어떠한 상황에서건 속도 차이의 최대값은 앨프리드 만과 협력 연구자가 관측한 것보다는 작다는 사실을 보여 주었고, 이로써 무거운 렙톤이 두 개의 뮤온을 생성했을 가능성은 완전히 배제됐다. 우리는 가능성이 낮다고 결론지었고, 그것을 파이스와 트레이먼은 불가능하다고 실증했다. 라이남이나 존이나 나보다 더 경험도 많고 더 전문적인 두 사람은 그 공로의 대부분을 인정받았지만 우리도 약간은 인정받을 수 있었다. 그것만으로도 옥스퍼드의 연구원 자리를 충분히 따내고도 남음이 있었다.

필라델피아는 이제 끝이었다. 어쨌든 살아남았고 결론적으로 성공했다. 그해 여름 한 달 동안 케이프타운에서 어머니와 지냈고, 또 한 달 동안은 스탠퍼드 선형 가속기 센터의 여름 이론 물리학회에 참석했다. 가속기 센터에서는 더글러스 호프스태터와 다시 만났다. 그는 이제 가족과 함께 집에서 지내고 있었다. 그는 캠퍼스에 있는 자기 집으로 나를 초대했고, 거기서 드디어 그의 아버지 로버트 호프스태터, 그리고 그와 함께 양성자에 전자를 쏘았던 로버트 허먼을 만났다. 내가 뉴욕에서 지낸 첫 몇 해 동안 사촌이 너무나도 많은 이야기를 들려 준 시티칼리지 동창이다.

다시금 물리학으로 활력을 얻은 나는 영국으로 떠날 준비를 했다. 그렇지만 한편으로는 나중에 에바가 합류할 때까지 나 혼자 다른 나라로 떠나야 한다는 생각에 약간 두려움을 느끼고 있었다. 나는 미국에서 지낸 9년 세월을 돌아보았다.

물리학계에는 특별한 재능을 지닌 사람이 무척 많았다. 과거의 찬란한 별, 그리고 미래를 지배할 준비 중인 신성이 공존했다. 첫 몇 해 동안 나는 그들 중 많은 사람을 직접 보고 만나기도 했다.

컬럼비아에서는 리정다오가 가르치는 통계 역학 과목을 들었다. 세미나에 자주 참석하여 그의 발표를 들었고 내 논문을 그와 함께 의논하기도 했다. 폴리카프 쿠시 밑에서 전자기 이론의 문제 풀이를 가르치기도 했다. 50대 말의 나이인 그가 캠퍼스에서 뻣뻣하게 몸을 구부리고 두 번째 결혼에서 얻은 어린 아들과 함께 노는 광경을 지켜보았다. 물리학과의 휴게실에서 리언 레더만, 잭 스타인버거, 제임스 크로닌 등과 함께 이야기를 나누며 커피를 마시고 쿠키를 먹은 일은 부지기수다. 모두 당시 컬럼비아의 교수로 나중에 노벨상을 받았다. 이론가와 실험가에게 내 논문에 대해 강연하고 그들 중 많은 사람으로부터 질문을 받았다. 전설적 존재인 디랙과 하이젠베르크가 강연하는 세미나도 들었다. 파인만의 세미나도 들었는데, 브루클린에서 태어난 택시 기사 같이 말하는 카리스마 넘치는 연사였다. 그래서 컬럼비아 교수들보다 훨씬 더 편안한 매력을 풍겼는데, 그럼에도 그는 자신이 풍기는 매력을 너무나 잘 의식하고 있었다. 어느 금요일에는 에드워드 텔러의 강의를 들었다. 그는 수소폭탄을 공동 개발하고 또 오펜하이머의 평판을 실추시켜 악명이 높았다. 그가 컬럼비아의 극장에서 강의하는 동안, 반전 시위대가 구호를 적은 팻말을 들고 일어서서 말없이 시위하며 극장을 빠져나갔다. 나중에 우리는 숟가락 구부리기로 유명한 이스라엘 사람 유리 겔러에 대한 세미나를 보러 몰려갔다. 세미나는 그의 염력을 연구하던 스탠퍼드 연구소 소속 과학자 두 명이 발표했다. 이들을 초청한 장본인은 물론 제럴드 파인버그였다.

   펜실베이니아의 물리학과에서는 존 로버트 슈리퍼가 제일 빛나는 별이었는데, 당시는 그가 초전도 이론 개발에 기여한 공로로 노벨상을 받은 직후였다. 그는 문을 위로 젖혀 열게 되어 있는 흰색 벤츠 자동차를 몰고 다녔는데, 노벨상 상금으로 구입했다는 소문이 있던 그 차 덕분에 물리학과 주차장 전체가 매력적으로 보였다. 스칸디나비아 사람 같아 보이던 그의 부인 역시 우아하고 매력적이었다. 1976년 물리학과는 펜실베이니아 주 시골의 암만파 교도가 사는 지역에서 국제 중성미자 협의회를 개최했는데, 여기서 다시금 파인만의 강의를 들을 수 있었다. 나중에 화장실에서 그와 마주쳤을 때 나는 용기를 내 그와 대화를 나누었다. 미국 전역에서 사람들이 찾아와 펜실베이니아에서 세미나를 열었다. 어느 가을 초창기 매사추세츠 공과대학의 빅터 바이스코프가 펜실베이니아를 방문했다. 그는 양자 이론의 영웅이자 맨해튼 프로젝트를 이끈 사람 중 한 명이다. 또 어떤 주에는 스티븐 와인버그의 세미나가 있었는데, 약한 전자기 상호작용에 관한 그의 표준 이론이 막 입증되기 시작한 무렵이었다. 박사 후 연구원 자리를 지원하는 사람이 물리학과에 보내온 수많은 이력서 더미 중 앨런 거스가 보낸 게 기억난다. 당시 그는 비교적 평범한 지원자였지만, 얼마 지나지 않아 팽창하는 우주 이론을 내놓았다.

나는 스스로의 한계를 깊이 인식하기 시작하고 있었다. 물리학계에서 만나는 사람 중에는 상상 그 자체를 완전히 초월하는 사람이 있었다. 아인슈타인이나 파인만이 쓴 고전적 논문을 읽으면, 그런 논문의 내용을 이해하고 활용할 수는 있어도 절대로 만들어 낼 수는 없으리라는 사실을 알 수 있었다. 물리학을 그만두고 생물학을 시작한 내 아내는 양쪽 분야 모두에 대해 어느 정도 알고 있었는데, 아무리 똑똑한 생물학자라 해도 나와 차원부터 다른 사람이라는 생각은 들지 않는다고 했다. 물리학은 달랐다.

내 친구 중에는 물리학과 금융 분야에서 있었던 여러 가지 위대한 발견이 당연하다는 식으로 곧잘 말하는 이가 있다. 당연해 보이기는 하겠지만 그것은 망상이다. 역사적인 맥락에서 일단 배우고 나면 그런 발견이 대개 명백해 보인다. 그렇지만 그런 발견 뒤에는 언제나 온갖 편견과 혼란, 경쟁 중인 수많은 이론이 자리 잡고 있다. 금융이든 이론 물리학이든, 아무리 작은 발견이라 해도 그것은 오랫동안의 열중과 노고와 고역 끝에 얻어

낸 것이다. 영국의 낭만주의자 시인 윌리엄 블레이크는 이렇게 썼다. "진보는 곧은 길을 만들지만, 진보가 없는 꼬부라진 길은 천재의 길이다." 물리학계의 우리 대다수는 진보를 가져오는 것만으로도 운이 좋은 것이며, 절대로 꼬부라진 길을 헤쳐 나아가지는 못했으리라는 사실을 알고 있었다. 그렇지만 연구를 하는 동안 드문드문 문득 우리 앞에 모습을 드러내는 진리를 통해, 그런 길을 발견하는 기분이 어떨지는 어렴풋이 알고 있었다.

이제 나는 스스로의 한계를 감지했지만 그럼에도 최근 들어 운세가 역전된 것을 기쁘게 받아들였다. 몇 달 전만 해도 침울한 상태였고 그만둘 마음가짐이 되어 있었다. 이제 연구 한 가지를 성공적으로 마무리 짓고 나니 아직 아무도 풀지 못한 수수께끼를 찾아 풀어내려는 열의에 다시금 사로잡혔다. 그때 이후 인생의 부침을 반복하는 내내, 나는 연구에서건 일에서건 아무리 상황이 어려워져도 미래는 알 수 없다는 사실로부터 약간의 위안을 얻을 수 있다는 점을 기억하려 애썼다. 불운의 와중에서도 뜻밖의 좋은 일이 아무 예고 없이 벌어질 수 있는 것이다.

Chapter 4
낭만의 시절

■ 옥스퍼드의 세련된 매력 ■ 물리학 논문 하나가 또 다른 논문을 낳고
■ 영국 특유의 성향 ■ 인지학자들 ■

1975년 10월부터 1977년 8월까지는 옥스퍼드에서 물리학을 하며 행복한 나날을 보냈다. 이번에도 나는 홀로 도착했다. 아내는 그로부터 일곱 달 뒤에 도착해, 첫 박사 후 연구원 생활을 옥스퍼드에서 시작했다. 예상할 수 있겠지만 이번에도 낯선 도시에서 홀로 지내기는 어려웠다. 9년 전 뉴욕에서 첫 몇 주 동안 홀로 지내며 겪었던 것과 똑같은 기분이 엄습했다.

옥스퍼드의 사회생활은 자율적으로 움직이는 개개의 대학으로 이루어진 대학교를 중심으로 돌아간다는 사실이 내게는 불리하게 작용했다. 이론 물리학과에 의해 직접 채용된 나는 소속 대학이 없었던 것이다. 이 학과는 오래된 개인주택 두 개를 합친 건물 안에 자리 잡고 있었다. 아일랜드 출신의 영국 작가 조이스 케리가 이 중 한 집에서 살다가, 내 어머니와 같은 질병인 근위축성 측삭 경화증으로 죽었다. 교수들이 대학의 식당 머

리에 있는 그들 전용의 '높은 식탁'에서 포트와인과 호두를 곁들인 점심과 저녁을 먹고 식후 시거를 피우는 동안, 대학원생이 같은 식당 내의 낮은 식탁에 모여 앉아 농담을 주고받는 동안, 대학 소속이 아닌 박사 후 연구원 친구(인디아, 파키스탄, 키프로스, 오스트레일리아, 그리고 미국인 몇 명)와 나는 시내의 학교와 무관한 지역에 있는 몇몇 인디아 식당을 찾아 나섰다.

순진하게도 나는 옥스퍼드에 있다는 사실이 자랑스러웠다. 영국 편향의 남아프리카 출신인지라 옥스퍼드를 학문 생활의 전형으로 보았다. 그리고 거기 도착하니 물리학을 하는 게 훨씬 더 쉬워졌다. 처음에 펜실베이니아에서 지낸 동안에는 그늘진 골짜기 속으로 힘겹게 나아갔다면, 이제는 연구를 위한 주제를 찾아내는 방법을 알고 있었다. 한 가지 연구를 마무리 짓는 방법을 배웠고, 그게 여의치 않을 때에는 적어도 뭔가 출판할 만한 흥밋거리를 찾아낼 수 있었다. 한 가지 연구가 다음 연구로 흘러 들어가게 하는 것도 배웠다. 그리고 드디어 연구를 약간은 더 사업처럼 다루는 법을 배웠다.

옥스퍼드에 가서는 두 개의 뮤온 생성 이론에 대한 연구를 계속했다. 내 동료와 내가 추론한 대로, 또 파이스와 트레이먼이 증명한 대로 무거운 중성 렙톤 이론은 막을 내렸다. 그래서 두 뮤온 사건은 참 쿼크가 새로 생성되고 그것이 이내 붕괴하여 생기는 현상일 가능성이 남았는데, 이 역시 흥미로웠다. 나는 새로 생성되는 참 쿼크의 붕괴에 부합될 만한 두 뮤온의 분포 계산에 착수했다. 전문가로서 실력을 발휘하여 해낸 유용한 작업이었다. 나는 더욱 많은 이론 계산을 하고, 두 뮤온의 분포 연산을 위한 포트란 프로그램을 더욱 많이 작성하고, 연구 내용을 문서화하고, 내가 쓴 가논문을 다른 여러 대학교 물리학과에 돌리고, 그 다음 논문을 출판했다. 밤늦도록 작업하고, 프로그램의 잘못된 부분을 허둥지둥 바로잡은 다음 전산실에 제출하며 느낀 흥분이 지금도 기억난다. 피로하긴 해도 의욕이 넘쳐 아침이면 저절로 눈이 떠지고, 연구를 하고 싶은 마음에 더 이상 잠이 오지 않아 얼른 연구실로 출근하는 생활의 순수한 즐거움을 가장 잘 기억하고 있다. 다음에는 무엇이 나타날지 보고 싶은 마음뿐이었다.

한편 필라델피아에서는 나와는 별도로 라이남과 존이 관련 연구를 독자적으로 계속하고 있었다. 당시에는 이메일도 분당 10센트씩 하는 전화도 없었으므로 우리는 쉽게 연락을 주고받을 수 없었다. 대서양을 사이에 둔 협력연구는 비용 문제 때문에 불가능했고, 인터넷이 없던 시절이라 연락이 오가는 데에 상당한 시일이 걸렸다. 연구를 논의하기 위해 전화를 사용하는 일만 비현실적으로 느껴진 게 아니다. 항공우편 요금과 복사 비용도 비쌌다. 스스로도 재원이 넉넉하지 않았던 옥스퍼드의 이론 물리학과는 박사 후 연구원 1인당 월 40장의 복사만 무료로 해 주었다. 40장을 넘기면 그 때부터는 복사할 때마다 각자가 비용을 내야 했다. 연산은 더 어려웠다. 개인용 컴퓨터도 매틀랩이나 매스매티카 같은 프로그램도 없었다. 그래서 나는 뉴욕을 떠나기 전에 사 두었던 프로그램 가능한 최신형 휴대용 계산기인 휴렛패커드 25를 이용했다. 특수한 경우를 상정하여 비슷하면서 좀 더 간단한 계산을 프로그램하는 방법으로 내가 포트란 66으로 작성한 몬테카를로 컴퓨터 프로그램에 오류가 있는지 확인하곤 했다.

그 한 해 동안은 고스란히 참 쿼크의 생성이라는 현상을 연구하느라 보냈다. 멋진 삶이었다. 생계를 꾸려 나가고 있었으므로 어른스러워졌다는 느낌이 들었지만, 그러면서도 지식을 획득하며 보내는 인생이란 마땅히 이래야 한다는 상상에서 순진할 때가 많았다. 드디어 1976년 초에 에바가 도착했고, 우리는 옥스퍼드의 생활습관에 길들어 갔다. 옥스퍼드 현대미술관에서 전시회와 공연을 관람했고, 노동자 계층이 사는 지역인 카울리의 피널티미트 픽처 팰리스에서 추위에 와들와들 떨어 가며 옛 영화를 감상했다. 한번은 어느 대학의 야외 파티에서 아이리스 머독 여사를 보기도 했다. 에바와 나는 우리 동네인 제리코에서 근처에 있는 포트메도까지 먼 산책을 다니기도 하고, 자동차로 화이트호스의 베일이나 단 몇 분 만에 날씨가 험악해지기도 하는 코츠월즈 산마루로 나들이를 가기도 했다. 근처에 있는 템즈 강 운하에서는 갑문에 물이 느릿느릿 차오르고 빠지는 동안 유람선이 기다리는 광경을 지켜보았다. 늦은 오후에 차월 강에서 너벅선을 타고 대학원생들과 소풍을 즐기기도 했다. 위도가 높은 곳이라 여름에는 저녁 시간이 길었다. 얼마나 긴지, 저녁을 먹고 나서도 이론 물리학과 옆의 대학 공원에 있는 잘 다듬은 잔디 크리켓 구장과 테니스장에서 맨발 조깅을 즐길 시간까지 있었다. 나는 케임브리지, 런던, 파리 등지에 초대돼 가서 세미나를 열었다. 한번은 독일 아헨에서 열린 중성미자 협의회에 참석했는데, 그곳에서는 한여름이면 서쪽 하늘이 아직 어렴풋이 빛나고 있는데도 동쪽 하늘이 밝아오기 시작했다. 주말에는 자동차를 몰고 런던으로 내려가 친구들을 만났고, 휴가 동안에는 지중해의 크레타에서 지냈다. 한가로운 생활이었다.

나는 연구에서 한 가지 전술적 실수를 저질렀다. 나를 채용한 사람은 나중에 유럽 원자핵 공동 연구소의 소장이 된 유명한 이론가 크리스토퍼 루엘린 스미스였지만, 채용된 첫 해 동안 거의 대부분 나 혼자 연구했다. 참쿼크의 생성과 붕괴에 대한 연구를 마무리 짓고 출판하기 위해 논문을 쓸 때가 됐을 때, 크리스토퍼가 논문을 공동으로 써야 하는 것이 않냐는 무언의 기대감을 품고 있는 것 같다는 생각이 얼핏 들었다. 그렇지만 동화에 나오는 붉은 암탉처럼, 연구는 내가 했으니 출판도 내 이름으로 해야 한다고 생각했다. 돌이켜 생각해 보니 그건 잘못된 생각이었다. 나는 그에게 채용됐고 그의 조언을 받았다. 공동 논문으로 작업한다 해도 그리 잘못된 구석은 없었을 것이다. 그보다 더 중요한 사실은 내 경력에 보탬이 됐으리라는 점이다. 그는 나보다 훨씬 널리 알려진 (그리고 훨씬 더 나은) 물리학자였고, 그래서 그의 이름이 논문에 올라 있었다면 더 많은 사람이 읽었을 것이다. 그래서 어쩌면 또 다른 협력 연구의 발판이 됐을지도 모른다. 그렇지만 내 자존심이 그걸 허락지 않았다. 같은 해에 다른 물리학자가 비슷한 분석 연구를 하고서 더 많은 사람의 관심을 끌자, 크리스토퍼는 내가 논문을 자기와 함께 냈더라면 나에게 더 유리했을 거라는 점을 지적했다. 맞는 말이었다. 세월이 지난 뒤 골드만삭스에서 금융 모델로 연구하던 때에는 누가 관여했는지를 꼼꼼하게 따지는 버릇이 많이 줄었다.

1970년대의 이론 입자 물리학계에는 태곳적의 비능률과 이상한 풍습이 가득했다. 학자는 논문을 출판하기 전에 자신의 연구를 "가논문" 형태로 배포했다. 원래 동료 사이에서 연구 메모를 일정한 형식 없이 돌려 보던 관습에서 시작된 게 가논문이지만 당시에는 하나의 절차로 뿌리내려 있었다. 전 세계의 물리학자는 관심이 있겠다거나 영향력이 있겠다 싶은 사람이라면 누구에게든 가논문을 보냈다. 그리고 스탠퍼드 선형 가속기 센터의 도서관에도 한 부를 보냈는데, 도서관에서는 새로 들어온 가논문을 모아 격주로 목록을 만든 다음 회원에게 보냈고, 회원은 그 목록을 보고 관심이 가는 가논문이 있으면 원저자에게 직접 요청할 수 있었다. 옥스퍼드 물리학과는 비교적 가난했다.[*1] 나나 다른 사람이 논문을 새로 쓰면 옥스퍼드는 가논문을 항공우편이 아닌 육상우편으로 발송했다. 그 결과 미국에 있는 물리학자는 가논문이 나온 지 4주 내지 6주가 지나서야 받아볼 수 있었는데, 동일한 주제로 연구 중인 경쟁자에게는 상당히 긴 시간 지체되는 셈이었다. 이에 대해 미국에 있는 물리학과 역시 대부분 자기 학과의 가논문을 육상우편으로 보내 주었다. 이 때문에 두 배로 지체됐다. 이러한 조건은 소규모나 해외에 있는 연구소에게는 결정적으로 불리하게 작용했다. 예산이 적다는 것은 새로운 연구에 대한 인쇄물을 가장 나중에 받아본다는 의미였던 것이다. 한번은 연구 결과를 빨리 알려 내 미래를 보장받고 싶다는 생각에 복사 및 제본 비용을 내 호주머니에서 내고 가논문 60부를 내가 부담하여 항공우편으로 보냈다. 오늘날에는 새로운 연구는 모두 인터넷에 올라오고, 누구라도 거의 아무 비용도 들이지 않고 전송받아 볼 수 있다. 인터넷 역시 유럽 원자핵 공동 연구소 소속 물

[*1] 월스트리트에서 오래도록 일한 뒤 학문 생활로 돌아온 지금, 1990년대에 투자은행에서 자원이 풍족한 생활을 누린 때문에 내가 버릇이 잘못 들지 않았나 하는 생각이 들 때가 가끔씩 있다. 그곳에서는 사무실도 호화로웠고 연구 관련 잡지 구입 비용은 묻지도 않았으며, 최신 컬러 프린터도 많았다. 그리고 컴퓨터에 문제가 생기면 시스템 관리자를 부르면 그만이었다.

리학자들의 발명품이다.

옥스퍼드는 구식임을 자랑으로 생각한다. 내가 아는 어느 학생은 후식으로 바나나를 먹을 때 조심조심 껍질을 벗겨 접시에 놓은 다음, 마치 소시지를 먹듯 포크로 찌르고 나이프로 조각조각 얇게 잘라 먹었다. 내가 만난 어느 캐나다 인은 지독한 친영파였는데, 파이프 담배를 피우며 능직 승마바지에다 트위드 재킷을 걸치고 멋지고 무거운 영국제 수제화를 신고 다니기 시작했다. 온화하긴 해도 사시사철 축축한 기후인지라, (사실 말이지만) 이런 복장은 모두 진흙투성이인 길을 다니기에 안성맞춤이었다. 여섯 달이 지나지 않아 그의 영국 억양은 토박이 영국인의 억양과 구별이 가지 않을 정도가 됐다. 또 한 친구는 소속 대학의 특별연구원이었는데, '높은 식탁'으로 나를 초대해 함께 저녁을 먹었다. 가장 나이 어린 특별연구원이던 내 친구가 포트와인과 호두를 돌리느라 자리를 비워야 할 때에는 몸을 기울여 내게 말을 거는 등 거기 있던 연구원은 모두 황송스러울 정도로 정중했다.

옥스퍼드 소속의 대학 중 몇몇은 터무니없으리만치 부유해서 소속 상임연구원도 정말 잘살았던 반면, 대학교 내의 학문 관련 학과는 그리 넉넉하지 못했다. 나는 사우스파크로드에 있는 이론 물리학과의 비좁은 사무실을 도널드 싱클레어와 함께 썼다. 그는 무뚝뚝하고 호감이 가기는 하나 성격이 까다로운 오스트레일리아 사람으로, 초창기 강한 상호작용의 격자 게이지 이론을 개발한 사람 중 한 명이다. 그는 아주 다양한 색상의 사인펜을 사용하며 밤늦도록 연구했는데, 책상 위에는 팅커토이 조립 장난감 같아 보이는 격자 연산 도표가 가득 그려져 있는 종이뭉치가 한 자

두께씩 쌓여 있었다. 대학교에서는 겨울이라도 저녁에는 난방을 공급해 주지 않았는데, 우리 사무실이 있는 건물은 보온마저 거의 되지 않아 밤이 되면 온도가 급강하했다. 그래도 도널드는 굴하지 않고 저녁 때 따뜻하게 지낼 요량으로 낮 동안 난방을 있는 대로 틀어 놓아 열을 비축해 두었다. 부질없는 노력이었다. 결과적으로 우리 사무실은 사실상 사람이 살 수 없는 곳으로 변하고 말았다. 낮이면 냄새 나는 사우나가 됐다가, 잠깐의 과도기를 지나 밤이 되면 장갑 없이는 연필도 제대로 거머쥘 수 없었다. 한번은 그가 어떤 여자 문제로 어려움을 겪고 있었는데, 그러자 훨씬 더 말이 많아졌다. 그리고 자신은 문제가 있을 때 훨씬 더 괜찮은 사람으로 변하는 부류에 속한다는 말을 했다. 슬픈 사실이었다.

나는 영국인이 천성적으로 외국인을 싫어한다는 사실을 알게 됐다. 미국에서는 남아프리카 인이라는 사실이 약간은 유리하게 작용했다. 외국인은 환영받았고 흥미로운 존재라는 인식이 있었다. 그렇지만 영국에서는 그저 평범한, 열등한 식민지 사람에 지나지 않았다. 에바의 친구 중 주자라는 사람이 있었는데, 러시아가 침공했을 때 체코슬로바키아를 떠나온 슬로바키아 인으로 옥스퍼드를 졸업한 뒤 이제는 근처 고등학교에서 교사로 활동하고 있었다. 어느 날 그녀는 어느 영국인 동료 교사에 대해 이렇게 말했다. "있잖아요, 그 사람은 정말 정말 똑똑해요. 교장선생님이 돼야 할 분이죠. 그런데 부인이 스웨덴 사람이라 절대로 교장은 못 될 거예요." 그렇게 말하면서도 이유는 설명하지 않았다. 당연히 알고 있으리라는 얘기였다. 이와 비슷하게, 나는 유대인이라는 사실에 당혹감을 느꼈다. 옥스퍼드에서 지내는 기간이 거의 끝났을 무렵 우리 아들 조수아가 태어났는데, 대학원생 친구 하나가 내게 "그렇게 유대인 티가 물씬 나는" 이름을 아들에게 지어 준 이유가 뭔지 물었다. 거기에 대해 나는 같은 아프리카 사람으로 조수아 은코모라는 사람이 있다는 이야기만 떠듬떠듬 들려줄 수 있을 뿐이었다. 또 한 학생은 내게 대학교 전산실에서 컴퓨터 사용 시간을 학생에게 할당할 때 너무나 "유대인스럽게" 군다는 말을 했다. 또 어느 날에는 바나나를 썰어 먹던 그 친구가 머지않아 자기 학과에서 "바이츠만 연구소의 몇몇 유대인"을 초빙하리라는 사실을 내게 알려 주었다. 유대인과 이스라엘 인이 어떻게 다른지를 완전히 헷갈린 게 분명했다. 이들이 내게 일부러 무례하게 군 건 아니지만, 그러다 보니 나도 어느새 내 뿌리를 드러낼 만한 말을 할 때에는 저절로 머뭇거리게 됐다.

내가 아는 외국인 중에서도 많은 사람이 나와 비슷한 경험을 했다. 터키가 키프로스를 침공한 뒤부터 영국에서 살고 있던 키프로스 인 친구 사바스는 특별한 제약 조건이 붙은 영국 여권을 소지하고 있었는데, 영국을 떠나 3년 이상을 지낼 경우 무효가 되는 여권이었다. 얼마 안 가 나는 외국인에 대한 편견이 왠지 그럴 듯하게 여겨진다는 사실을 깨달았다. 어느 인디아 인 박사 후 연구원 친구가 약간 쭈그러진 중고 자동차를 사서 클래런던 실험실동 근처 사우스파크로드에 주차해 두었을 때 나는 장난으로 학과장이 쓴 것처럼 메모를 적어 그에게 남겼다. 그의 자동차가 낡아서 실험실동의 품위를 떨어뜨리기 때문에 너무 가까이 주차해 두지 않았으면 좋겠다는 내용이었다. 그는 이를 완전히 곧이곧대로 받아들여, 내가 미처 말릴 사이도 없이 학과장을 면담하러 달려갔다.

대학교 자체가 관료적이고 딱딱했다. 그래서 어떤 사람 때문에 화가 나면 그 사람의 윗사람에게 일러바치는 방법을 썼다. 옥스퍼드에서 2년을 지내고 뉴욕으로 돌아오기까지 두 달밖에 남지 않았을 때, 진료소장이 내게 결핵이 있을지도 모르니 엑스레이 촬영에 임할 것을 요구하는 편지를 보냈다. 나는 내가 결핵에 걸렸을지도 모른다는 점이 그렇게 심각하게 걱정이 됐다면 처음 도착했을 때 엑스레이를 찍었어야 하지 않느냐는 내용의 답장을 보냈다. 그는 내가 보낸 답장을 물리학과장에게 전달했다. 전달하면서 손글씨로 이런 꼬리말을 덧붙였다. "○○ 교수님, 교수님 학과에는 참 매력적인 사람들이 있군요!" 놀랍게도 학과장은 일부러 짬을 내 나를 나무랐다.

몇 가지 경험에서는 오래도록 깊은 인상이 남았다. 아내의 학과에서 있었던 어느 파티에서는 어떤 스웨덴 여자를 소개받았는데, 알고 보니 작고한 오스카 클레인의 딸이었다. 그는 내가 남아프리카에서 대학교에 다닐 때 연구했던 칼루자-클레인 이론의 공동 발견자였다. 입자 이론의 몇 가지 기둥을 세운 거장이자 비회전 양자 입자를 묘사한 클레인-고든 방정식과 콤프턴(광자-전자) 산란을 설명하는 클레인-니시나 공식의 장본인이기도 했다.

마찬가지로 박사 후 연구원으로 와 있던 사람 가운데 프레드라그 츠비타노비치는 자기가 하고 싶은 그대로 행동하고 자기가 하는 행동을 좋아하는 사람으로 오랫동안 내 기억 속에 남았다. 어두우면서도 잘생긴 사람으로, 십대 시절에 유고슬라비아를 떠나 미국에 갔다. 그는 언제나 사람들의 인습에 얽매이지 않고 부러울 정도의 독립을 누리며 살아왔던 사람처럼 말했다. 자전거로 영국을 일주했고, 옥스퍼드의 나이트클럽에서 춤도 추었다. 어느 날 저녁에는 그가 출연하는 블레이크의 〈순수와 경험의 노래〉 공연을 유니버시티파크에서 관람했다. 잎담배 색깔의 아디다스 운동화를 신고 체크 무늬 셔츠를 입었으며, 농부들이 입는 푸른 청지로 된 덩가리 작업복을 걸치고 다녔다. 그의 어머니가 잠시 다니러 왔을 때 그는 어머니를 마치 함께 어울리며 재밋거리를 즐기는 친지 중 한 사람처럼 말했다. 자신만만해 보이는 그의 태도에 나는 늘 약간의 감탄을 느꼈다. 대단히 전형적인 옥스퍼드 식 야외파티에서 그의 비웃음을 샀던 일이 생각난다. 내가 무슨 말을 하다가 "내 아내"와 "내 차"라는 표현을 썼는데, 그 말을 들은 프레드라그는 "내 이거 내 저거" 하며 돌아다니는 세상 사람에 대한 비난을 큰 소리로 쏟아 냈다. 나는 그가 보여 주는 극단적 독립심을 있는 그대로 받아들였을 뿐 그로 인해 겪었을 어려움에 대해서는 한 번도 묻지 않았다. 제임스 글릭은 저서 『카오스: 현대 과학의 대혁명』에서 내가 만났던 바로 그 무렵 프레드라그가 카오스 이론의 한 가지 측면에 대해 연구하고 있었다는 사실을 언급하고 있는데, 그때 그가 했던 연구가 나중에 미첼 파이겐바움이 이 분야에서 획기적 성과를 거두는 데에 결정적 역할을 했다. 글릭에 따르면 프레드라그는 입자 물리학 이론 연구를 위해 채용됐으면서도 카오스 이론에 너무나 매료된 나머지 아무에게도 그 사실을 알리지 않고 연구했다고 한다. 궁극의 환원주의자인 입자 물리학자라면 외견상 물질의 근본 성질과는 아무 관련이 없어 보이는 데다 50년 더 일찍 생겨났을 수도 있었던 카오스 이론을 깔보았을 가능성이 충분히 있는데 그는 달랐다. 1977년, 우리가 옥스퍼드를 떠나 뉴욕으로 오기 직전 우리 아들 조수아가 태어났을 때 프레드라그는 축하하는 뜻에서 포도주를 한 병 들고 찾아왔는데, 비교적 긴 시간을 그와 한 자리에서 보낸 일은 그게 마지막이었다. 1984년에 우리 딸 소냐가 태어난 직후 센트럴파크의 대광장 부근에서 소냐를 유모차에 태워 밀고 다니다 한번 더 그와 마주친 적이 있다. 나는 늘 그를 스스로 운명을 개척하는 모습의 사람으로 기억했다.

1976년 어느 날 크리스토퍼 루엘린 스미스가 스티븐 울프램을 물리학과에 데리고 왔다. 이튼 고등학교 학생으로 열여섯 살쯤 됐지만, 조숙했던 그는 벌써 입자 물리학에 대한 연구 가논문을 돌리고 있었다. 그가 초창기에 쓴 논문은 대단하다 할 수는 없었지만, 아직 어린 나이에 그런 논문을 쓸 수 있다는 사실만으로도 옥스퍼드의 대학원생은 주눅이 들었다. 다행히도 나는 비교 대상이 될 만한 나이를 벗어나 있었다. 그는 '차세대'에 속했던 것이다. 울프램은 옥스퍼드를 다녔고, 나중에는 울프램 연구소 소장이 되었으며 매스매티카를 개발했다. 매스매티카는 기호 수학을 처리하는 컴퓨터 프로그램으로, 물리학자, 수학자, 퀀트 사이에서 널리 이용되고 있다.

어느 날 오후 옥스퍼드 신문에서 인지학회 광고를 보았다. 인지학회는 작고한 독일의 구루 루돌프 슈타이너의 철학을 신봉하는 사람이 모인 단체인데, 8년 전 케이프타운에서 라우 박사가 그의 책 몇 권을 내게 권한 적이 있었다. 그 뒤 그의 책을 한두 번 뒤적거린 적은 있지만 그게 다였다. 옥스퍼드에 홀로 도착하고 몇 달 되지 않은 시절, 나는 자그마한 슈타이너 서점에 들러 그가 쓴 『고차 세계의 인식으로 가는 길』을 샀다. 그날 밤

잠자리에 들어 읽기 시작했는데, 첫 몇 줄을 읽으며 복잡하고 혼란스런 인생을 풀어나가는 분명하고 권위 있는 어조를 경험할 수 있었다. 거기서 오는 활력이 놀라웠다. 그때까지는 이 분야를 잠깐씩 건드려 보는 정도로만 접해 보았는데, 인지학자들의 책은 과장도 있고 영어에서 독일어 냄새가 풍기는 데도 불구하고 힘차게 고양되는 느낌을 주었다.

인지학자가 거부하는 것은 지식에 대한 과학적 접근방법 그 자체가 아니라, 수많은 과학자가 신봉하고 있는 편협하고 오만한 유물주의였다. 그리고 내가 알기로는, 괴테와 같은 방식의 면밀한 외적 및 내적 과학 관찰에 의존할 것을 주장했다. 나는 슈타이너가 영혼을 언급할 때 사람들이 유형의 대상에 대해 언급할 때처럼 직접적으로 언급한다는 점이 마음에 들었다. 그는 사람의 내적 세계 역시 외적 세계와 마찬가지로 현실의 일부분일 것으로 보았고, 내적 인지에 우선적 지위가 있다고 보았다. 그로부터 몇 년 뒤 브루노 베텔하임이 쓴 『프로이트와 사람의 영혼』을 읽었는데, 프로이트가 독일어로 쓴 원래 글에서는 단순하고 직접적 용어를 사용하여 프시케(그리스 어로 영혼)를 묘사했다는 내용을 발견하고 반가웠다. 베텔하임에 따르면 프로이트는 각기 "나", "그것", "내 위쪽에 있는 것"을 나타내는 쉬운 울림의 독일어 낱말인 이히(Ich)와 에스(Es) 및 위버-이히(Über-Ich)를 사용했는데, 이를 라틴어화한 허식적 의학 용어인 이드, 에고, 슈퍼에고로 바꾼 것은 저술을 영어로 번역한 제임스 스트레이치였다고 한다. 독일어로 무의식적 실언이라는 뜻인 "펠라이스퉁Fehlleistung"이라는 말을 사이비 과학 냄새가 나는 파라프락시스라는 말로 바꾼 사람 역시 스트레이치였다.

고 슈타이너에 대한 내 관심은 1976년 솔 벨로가 노벨 문학상을 받으면서 슈타이너와 제자 오언 바필드가 널리 알려진 뒤로 더욱 깊어졌는데, 벨로 역시 당시 슈타이너의 열렬한 신봉자였다. 그의 소설 『훔볼트의 선물』에서 화자는 시카고에서 슈타이너 명상법을 연구하고 있고, 또 벨로 자신 역시 여러 기사와 인터뷰에서 슈타이너와 바필드를 언급했다. 나는 내친 김에 바필드가 쓴 『영어 낱말 속의 역사』를 읽었다. 이 책은 인간 의식 발달에 대한 그의 이론을 흥미롭게 설명하고 있는데, 인간 의식과 나란히 발달해 온 영어 어휘를 바탕으로 도출하고 있다.

슈타이너의 관점은 19세기에서 20세기로 넘어오는 전환기의 신비주의자인 블라바츠키 여사와 신지학자들이라는 낯선 사람들로부터 이어받은 것이다. 그리고 어쩌면 구르디에프도 그에게 영향을 주었을 것이다. 슈타이너는 독일의 낭만주의와 동양의 신비주의를 결합시켰다. 그는 아동기, 정신지체자의 교육과 훈련에서부터 예술과 유기농법에 이르기까지 모든 것에 대한 이론을 다 갖추고 있었다. 나는 그의 이론 중 이해가 가는 부분은 모두 마음에 들었다. 내가 친구들에게 슈타이너에 대해 이야기를 할 때마다 반응은 대부분 냉소적이었다. 그렇지만 내가 존경하는 다른 사람들도 세월이 흐르면서 슈타이너와 추종자의 영향을 받게 됐다. 특히 20세기 초의 화가, 그중에서도 바실리 칸딘스키, 아실 고키, 아서 도브 등은 더 높은 세계에 대한 그의 강의와 스케치에서 영감을 얻었다. 1990년대 말에는 뉴욕 소호의 어느 화랑에서 전시회를 구경하다가 슈타이너가 철학 강의를 하면서 칠판에 색분필로 그린 그림을 찍은 커다란 사진을 보았다. 나중에 골드만삭스의 고객 방문차 마드리드에 갔을 때 튀센 미술관에 들렀다가 우연히 도브의 그림을 여러 점 보게 됐는데, 슈타이너의 그림과 닮았다는 사실을 금방 알아볼 수 있었다. 헤이그에서도 유로넥스트의 옵션 협의회에 참석한 뒤, 생물의 영적 실체를 그리려던 슈타이너의 영향을 받아 백합을 그린 몬드리안의 초기작 몇 점을 보았다. 더 근래에는 카오스에 대한 글릭의 책을 다시 읽었는데, 초창기 카오스를 연구한 파이겐바움과 립차드가 괴테, 슈타이너 및 슈벵크(화가로서 역시 슈타이너의 추종자)에게서 받은 영향을 묘사한 부분이 흥미로웠다. 글릭에 따르면 이들은 모두 동일한 이념을 내놓았는데, 그것은 면밀한 독자적 관측과 자기 자신의 모든 감각에 대한 의존이다.

1년이 지나 나는 그린카드가 말소되지 않도록 미국으로 돌아와, 1976년 여름을 대부분 스탠퍼드 선형 가속기 센터의 이론 물리학 연구소에서 보냈다. 그런 다음 옥스퍼드에서 지내는 마지막 해에 동료 박사 후 연구원인 팀 존스와 함께 좀 더 근본적인 이론적 주제를 놓고 연구를 시작했다. 우리는 전자 및 그보다 무거운 뮤온의 깊은 유사점을 설명하기 위한 이론을 개발했는데, 자연은 두 입자 간에 또 하나의 순열 대칭을 부과하였다는 가정에서 출발했다. 우리 모델은 이제는 널리 알려진 약한 전자기 상호작용의 표준 모델을 단순히 확장한 것으로, 표준 모델에다 전자와 뮤온을 이어 주는 부분을 추가한 것이었다. 그 뒤 몇 년 동안 나는 이 부류의 모델에 대한 연구를 계속하면서, 순열 대칭을 확장하여 새로이 관측된 타우 렙톤까지 포함시켰다. 타우 렙톤은 전자 및 뮤온과 같은 입자지만 더 무겁다. 만일 우리 모델이 옳다면 뮤온, 타우 렙톤, 그리고 b 쿼크가 모두 이제까지 관측된 바 없는 독특한 방식으로 붕괴해야 했다.

미술과 음악의 경우 일반에게 인정된 틀 내에서 뭔가 새로운 것을 창조하는 긴장으로부터 아름다움이 생겨나는 일이 많듯, 이론 물리학의 경우 대단히 포괄적인 원리로 이루어진 한계선 내에서 자연의 법칙을 설명하려는 시도로부터 깊은 진리가 나타나는 경우가 많다. 머리도 좋고 운도 좋으면 이 원리는 온갖 이론 가운데 하나의 진정한 이론만을 남기고 나머지는 모조리 배제시켜 줄 것이다. 팀과 내가 연구한 확장 표준 모델은 딱히 심오하지는 않았지만 새로운 대칭과 새로운 입자의 존재를 추정하고 있기 때문에 — 또 우리의 이론이 옳을지도 모른다는 사실 때문에 — 흥미로웠다. 나는 하느님의 법칙을 발견하려는 노력에서 오는 깊은 기쁨이 어떨지 짐작할 수 있었다. 이 기쁨은 다른 사람의 이론을 다른 사람의 실험과 비교하는 단순한 작업에서 생겨나는 일상적 기쁨과는 완전히 달랐다. 그렇지만 훨씬 더 커다란 실망의 가능성도 느꼈다. 틀렸다는 결론이 날 가능성이 거의 확실했기 때문이다.

돌이켜 보니, 반전성에 위배되는 약한 상호작용이 1957년 우 여사와 협력 연구자에 의해 처음으로 관측됐고, 그 뒤 파인만은 그것이 정확히 어떤 형태일지 최초로 추측해 낸 소수의 물리학자 가운데 한 명이 되었는데, 그때 파인만이 느낀 흥분에 대해 읽었던 글이 생각난다. 파인만은 1940년대에 양자 전기역학의 재규격화 가능성에 대해 좀 더 전문적이고 독보적인 연구를 내놓았는데 하나의 걸작이었다. 이 연구에서 만들어진 형식론은 그 뒤 오랫동안 물리학자 사이에서 사용됐다. 그랬음에도 그는 반전성에 위배되는 약한 상호작용의 진정한 형태를 공동 발견했다는 사실에 더욱 흥분한 것 같다. 연구 결과를 배포하기까지 잠시 동안 그는 아무도 모르는 우주의 성질을 자기 혼자만 알고 있다는 느낌이 들었던 것이다. 바로 이 점이 새로운 이론을 연구하는 매력이었다.[*2]

이윽고 옥스퍼드에서 1년이 지나고 1년이 남은 1976년 가을, 나는 다음 일자리를 찾을 때가 됐다. 물리학과에서는 내가 한 해 더 있어도 된다고 했지만 에바나 나에게 옥스퍼드는 잠시 머물렀다 가는 곳에 지나지 않는다는 사실이 분명했다. 몇 주 뒤 옥스퍼드 근처 러더퍼드 연구소에서 어떤 협의회가 열렸는데, 거기서 뉴욕에 있는 록펠러 대학교 교수인 에이브러햄 파이스를 소개받았다. 그는 나의 두 뮤온 연구에 대해 알고 있었다. 나와 내 동료가 '가능성이 낮다'고 결론지었으나 그와 트레이먼이 '불가능하다'고 결론지음으로써 우리를 완전히 능가했던 바로 그 연구다. 나도 파이스에 대해 몇 가지 흥미로운 사실을 알고 있었다. 우선 그로부터 몇 년 전 컬럼비아의 초청을 받아 세미나를 열었을 때 리정다오가 펼치는 지적 공격을 그가 아무렇지도 않게 매끄럽게 받아넘기던 장면이 생각났다. 크리스토퍼 루엘린 스미스로부터 파이스가 제2차 세계대전 동안 네덜란드에서 안네 프랑크와 비슷하게 숨어 있었다는 말을 들은 적이 있었다. 그리고 우연한 일이지만 나는 그가 쓴 박사 논문을 토막토막 읽은 적이 있다. 10년 전 컬럼비아에서 학생으로 있을 때 학교에서는 내게 과학자가 사용하는 두 가지 외국어를 번역할 수 있는 능력의 증명을 요구

[*2] 팀과 내가 개발한 범속한 이론은 결국 잘못된 이론이었음이 드러났다. 그러나 내가 골드만삭스에 있을 때 고용한 어느 물리학자 출신은 입사하기 전에 함께 일하게 될 사람이 누구인지 알아보려고 학계의 여러 참고문헌 데이터베이스를 검색해 보았는데, 그가 입사한 당시에도 내가 예전에 쓴 논문이 이따금씩 인용된다고 했다.

했다. 오래전인 1967년의 일이었지만, 그때 이미 구시대의 것이 돼 버린 요구조건이었다. 물리학 논문 다수가 독일어나 프랑스어 내지 러시아어로 쓰였던 세계대전 이전 시대의 유물이었다. 나는 남아프리카에서 학교를 다니며 영어와 네덜란드어가 섞인 아프리칸스어를 배웠으므로 네덜란드어 번역 능력을 증명하기로 했다. 연습을 하려는 생각으로 네덜란드어로 쓰인 논문을 찾아 컬럼비아의 물리학과 도서관을 뒤지던 중, 미분 기하학의 핀슬러 공간에 대해 파이스가 쓴 박사 학위 논문을 우연히 발견했다. 1940년대 말에 미국으로 이주하기 전에 네덜란드어로 쓴 논문이다. 나는 그 논문을 잘 기억하고 있는데, 남아프리카에서 통일장 이론을 연구하면서 핀슬러 공간에 대해 공부했기 때문만이 아니라, 그가 논문 헌사로 "안 마미 엔 파피"(엄마와 아빠에게)라 적었기 때문이기도 하다. 이와 같은 어린아이 같은 헌사를 보았던지라, 옥스퍼드에서 그와 이야기를 나누던 나는 뉴욕의 길거리에서 체득한 지혜와 유럽인의 정중함을 겸비한 과감하고 세련된 그의 인물됨이 금방 와 닿지 않았다. 그럼에도 불구하고 일자리가 달려 있었기 때문에, 나 또한 정중한 태도를 유지하면서 그에게 논문과 부모에 대한 헌사 모두를 보았노라고 말했다.

몇 달 뒤, 다음 연구원 자리를 구하기 위한 지원서를 록펠러에 있는 파이스에게 보냈다. 일말의 희망을 안고 보낸 지원서였다. 그곳에 일자리를 얻으면 나와 아내에게 안성맞춤일 거라 생각했다. 첫 아이가 태어나기 직전이었고, 우리 둘 모두 뉴욕을 고향처럼 여기고 있었으며, 게다가 뉴욕에서는 에바가 얻을 수 있는 학문직이 아주 많았다. 그러나 내가 원하는 곳에서 원하는 연구원직을 반드시 얻을 수 있으리라 장담할 수 없었으므로 다른 학교에도 지원서를 많이 보냈다. 그리고 기다렸다.

그해 봄에 기업에서 근무하는 어느 고등학교 동창이 옥스퍼드에 들렀다가, 나에게 가을에는 어디에 있을 거냐고 꼭 집어 물었다. 나는 어디에서 연구원직을 줄지 연락이 오기를 아직 기다리고 있다고 대답했다. "그러니까 아무 데에서도 채용하지 않을 수도 있다는 말이야?" 그 친구는 그렇게 물으면서, 이 친구가 이렇게 캐묻는 저의가 뭘까 하는 의심마저 들 정도로 불편한 수준의 뚜렷한 대답을 요구했다.

학계에 대해 알지 못하는 내 친구는 우리 같은 박사 후 연구원이 지키며 살고 있는 규칙을 이해하지 못했다. 한번은 어느 남아프리카 인 친구에게 내가 쓴 글이 물리학계에서 가장 권위 있는 정기간행물 중 하나인 〈물리학 리뷰 레터〉에 채택됐다고 자랑한 적이 있다. 그랬더니 그는 그걸로 그쪽에서 내게 원고료를 얼마나 지불하는지 물었다. 당황스러웠지만 나는 그게 그 반대로 돌아간다는 사실을 설명해 주었다. 내가 소속한 물리학과에서 그 논문이 인쇄될 수 있도록 지면 사용료 수백 달러를 미국 물리학회에다 지불해야 했다. 그 친구는 도무지 이해하지 못했다. 내가 공명을 알리기 위한 출판에 맛을 들인 것으로 생각했다.

그해에 나는 운이 좋았다. 1977년 봄에 이스라엘의 바이츠만 연구소에서 2년간 연구원으로 채용하겠다는 편지를 받았다. 조건도 매력적이었다. 그러나 나는 미국으로 돌아가고 싶었다. 그로부터 몇 주 뒤, 다행하게도 록펠러에서 박사 후 연구원으로 채용하겠다는 편지가 왔다. 거기서는 에바도 일자리를 얻을 수 있었기 때문에 나는 얼른 제의를 받아들였다. 앞으로 2년 동안은 안심이었다.

1977년은 영국에서 그 전후 몇 년 사이 여름이 가장 더웠던 해이다. 주말에 주점의 얼음이 동나는 일은 다반사였다. 맑은 날씨가 오래도록 계속되는 동안 우리는 공을 차고 나들이를 가고 연구하며 보냈다. 그러다가 드디어 8월 1일에 아들 조수아가 태어났다. 해외에서 태어났기 때문에 조수아는 국적이 영국이었다. 그래서 그로부터 한 주 뒤 런던의 미국 대사관에서 자신의 정치적 신념과 전과 기록에 대한 장시간의 인터뷰를 받아야 했다. 아들을 대신해서 내가 대답했고, 조수아는 따로 그린카드를 받았다. 지난 2년은 행복했다. 그로부터 한 주 뒤 우리는 자신감에 차 행복한 마음으로 뉴욕에 돌아왔다.

Chapter 5
거물들

■ 뉴욕 어퍼이스트사이드에서 연구원으로 또 아빠로
■ 좋은 생활이기는 하지만…… 두 행로를 사이에 둔 갈등 ■

　록펠러 대학교는 여러 가지 특권이 집약된 곳이었다. 교수진과 박사 후 연구원은 학교에서 급료를 받는 외에도, 학교가 뉴욕 어퍼이스트사이드의 서턴플레이스 근처에 마련해 준 멋진 아파트에서 생활했다. 록펠러는 대학교라기보다는 하나의 거대한 연구기관이었다. 1901년에 의학 연구 기관으로 설립된 록펠러는 미국의 연구 기금이 급속히 늘어나던 시절 호화로운 시설과 함께 석사 이상 학위만을 수여하는 정식 대학교로 성장했다. 1960년대 확장기에는 생물학자뿐 아니라 수학자, 논리학자, 철학자, 심리학자, 언어학자, 그리고 물리학자까지 채용했다. 그러다가 1970년대 말에 이르러 좋은 시절이 지나가자 차츰 예전으로 돌아가기 시작했고, 나중에는 다시 생물 의학 연구에 초점을 두게 됐다.

　록펠러에서 일하고 있다고 말할 때면 기분이 좋았다. 거기서 일하며 연구했던 유명한 생물학자와 수학자 덕분에 석학과 어깨를 나란히 하고 있다는 느낌이 들었다. 1944년 록펠러에서 에이버리, 매클라우드, 매카티 세 사람은 유전자가 디옥시리보핵산DNA으로 이루어져 있음을 발견했다. 유명한 분석 철학자 솔 크립키는 1960년대에 록펠러에 몸담고 있었다. 내 연구실은 타워빌딩에 있었는데, 그곳의 엘리베이터 안에서 단단한 체구에 얼굴빛은 붉고 머리는 벗겨진 마크 카흐츠를 종종 볼 수 있었다. 매력적 억양을 지닌 폴란드계 유대인 수학자로, 예전에 내가 컬럼비아에 학생으로 있던 시절 그가 들려준 북의 생김새에 대한 강의는 걸작이었다. 당시 나는 파인만의 양자역학적 진화관과 양자역학, 통계 물리학 및 옵션 이론의 편미분 방정식 해법을 연결지어 준 파인만-카흐츠 정리에 대해 거의 아는 게 없었다. 오랜 세월이 지난 뒤 카흐츠가 자신의 학문적 역사에 대해 쓴 글을 읽었다. 짧막하지만 흥미진진한 그 글을 통해 그가 무작위의 성질 정의에 대한 연구를 얼마나 많이 했는지 알게 됐다. 그의 사무실 밖 벽에는 매력적이고 당당한 모습의 폴란드 인 수학자 소냐 코발레프스카야의 사진을 담은 커다란 미국 수학회 포스터가 걸려 있었다. 한번은 내가 이 포스터에 대해 한마디 던지자 그는 진한 억양의 영어로 그녀가 "남녀를 통틀어 가장 잘생긴 수학자"였음이 분명하다고 말했다.

록펠러는 호화롭고 귀족적으로 보였다. 지식 추구에 헌신하는 지성으로 가득 찬 정원, 강당, 고층건물, 연구실의 집합체였다. 강의도 교과 과정도 학부 학생도 없이 오로지 연구만 이루어졌다. 그곳에 있으면 1970년대의 더러운 맨해튼 한가운데에서 군림하는 철학자이자 왕이 된 듯한 기분이었다. 우리는 뉴욕 병원 근처 요크애브뉴에 있는 대학교 소유의 고층 아파트에서 살았다. 에바의 실험실과 내 사무실로부터 한 블록밖에 떨어지지 않았다. 나는 그 전에도 그 뒤에도 그보다 더 커다란 사무실을 독차지해 본 적이 없다. 책꽂이는 모두 천연목재에다 높이 조절이 가능했으며, 필요한 책을 다 꽂고도 남을 정도였다. 내 사무실과 우리 아파트는 모두 이스트리버를 내다보고 있었고, 헬리콥터 발착장과 에프디아르드라이브가 내려다보였다. 낮이든 밤이든 창밖을 내다보면 대통령 후보나 외상 응급환자를 태운 헬리콥터와 에프디아르드라이브를 따라 구불구불 움직이는 자동차와 강을 따라 오르내리는 커다란 배를 볼 수 있었다. 오가는 자동차만 보일 정도로 시야를 좁히면, 1950년대에 내가 어릴 적 아버지가 읽어 주시던 만화에서 본 미래의 도시 생활과는 완전히 달라 보였다.

옥스퍼드와 케임브리지에 대한 경의의 표시로 록펠러에는 전통적 연구 학과가 없었다. 그 대신 각 교수가 나름의 "연구실"을 운영했다. 이론 입자 물리학 분야에서는 수석 교수가 여러 명 있었다. 몸집이 자그마한 파이스는 가장 유명한 교수로, 나를 자기 연구실에 채용한 사람이다. 한때 파이스의 협력연구자로 활동했던 미르자 압둘 바키 벡이 또 하나의 연구실을 운영했다. 다부진 모습에 판초 빌라 스타일의 콧수염을 기른 그는 파키스탄 사람으로, 유명한 독일 태생의 유대인 물리학자 루돌프 펄스가 자신의 스승이라는 말을 입버릇처럼 읊고 다녔다. 파이스와 벡 사이에는 리정다오와 양전닝 사이에 있었던 불화를 아주 많이 완화시킨 형태의 전쟁이 벌어지고 있다는 소문이 있었는데, 실제로 둘 사이에 고성이 오가는 싸움이 있었다는 이야기도 들었다. 우리는 또 파이스가 1950년대에 그의 협력자로 일한 머리 겔만과 철천지 원수가 됐다는 소문도 들었는데, 조지

존슨이 쓴 겔만 전기에 따르면 그는 파이스를 언제나 "악마 난쟁이"라 불렀다 한다. 리정다오와 양전닝 간의 불화를 보았던지라 이러한 반목이 그리 놀랍게 여겨지지는 않았다.

록펠러에서는 얼마나 열심히 얼마나 오래 일하는 듯 보이느냐는 중요하지 않았다. 중요한 것은 무엇을 성취했느냐 (그리고 또 어쩌면 얼마나 대단한 것을 성취할 듯한 분위기를 풍기느냐) 하는 점이었다. 나는 아침 느지막이 출근했고, 이따금씩 저녁 늦게까지 일했다. 그리고 아침저녁으로 많은 시간을 조수아와 함께 보냈다.

록펠러에서 행복했다. 조수아는 아침 일찍 잠에서 깨곤 했는데, 그러면 나는 조수아를 유모차에 태우고 이스트사이드 동네를 따라 긴 산책에 나서곤 했다. 도중에 아침 일찍 나온 베이글이나 에그 맥머핀을 사기도 했다. 우리는 기나긴 대화를 나누었다. 나는 언제나 피곤했지만 아이와의 대화는 말할 수 없이 즐거웠다. 나는 아이의 양육에 도취해 있었고, 반쯤 밖에는 그럴듯하지 않은 온갖 종류의 슈타이너식 교육 이론에 대해 개방적 태도를 지니고 있었다. 슈타이너는 아이에게 아이보다 높은 수준의 말을 들려주라고 주장했는데, 그 근거로 아이가 세상에 처음 나왔을 때 부모가 들려준 말은 모두 아이보다 높은 수준이었지만 그래도 배워 이해하게 됐다는 점을 들었다. 당연히 나는 그의 말대로 했다. 결국 가장 중요한 부분은 조수아와 함께 보내는 시간이었다. 나는 아이가 두세 살이 되도록 내내 지켜보면서 생명의 신비와 낯설고도 추상적인 시간의 성질을 깊이 이해하게 됐다. 조수아는 이렇다 하게 애쓰지도 않으면서도 공간적 장소, 사물의 이름, 나아가 형용사와 부사까지도 익히고 기억했다. 시간적 장소

(어제, 내일)나 색의 상태(빨강, 초록)는 그보다 어려웠다. 복잡한 진술을 할 수 있게 된 훨씬 뒤에도 (한번은 장난감을 망가뜨리고 나서 "나 자신에게 화가 났어!" 하고 소리쳤다) 어제와 오늘, 빨강과 초록을 서로 혼동하곤 했다. 나는 고대에는 시간과 색이 보이는 것처럼 그리 자명하지 않았다는 이론이 반쯤 믿기기 시작했다. 시간과 색은 농경의 발견과 마찬가지로 인류 역사의 초기 어느 시점에 발명 내지 발견된 것이며, 그것이 주관화되어 세대에서 세대로 이어져 내려왔다는 것이다. 어쩌면 아이가 잎사귀와 스웨터가 모두 초록이라는 사실을 알게 될 때, 그 아이는 서로 판이하게 다른 두 가지 사물이 지니는 대단히 막연한 추상적 성질을 — 한때에는 인간의 이해력 밖에 있었던 — 추출해 내고 있는 건지도 모른다.

록펠러의 물리학 교수 중 좀 더 흥미로운 축에 속한 사람은 양자역학에 대한 책으로 널리 읽히고 있는 『우주의 암호』를 쓴 하인츠 페이절스였다. 하인츠는 내가 본 사람 중 흰색 아디다스 컨트리 운동화와 양복 정장을 결합시킨 최초의 인물이다. 쉽게 가까워질 수 있는 매력적인 성격으로, 남에게 물리학 이외의 폭넓은 인맥으로 깊은 인상을 심어 주려는 성향이 있었다. 이름을 툭 던지지 않고는 배기지 못하는 성격이어서 더욱 재미있었다. 그저 "간밤에는 맥나마라와 함께 애스펀에서 저녁을 먹었거든" 하는 식으로는 말을 맺지 못하고, "거 왜, 존슨 대통령의 국방장관 말이야" 하고 덧붙여야만 직성이 풀렸다. 그는 화제의 방향을 감지하는 초감각적 능력을 지니고 있었는데, 다른 사람, 특히 정치적 영향력이 더 큰 사람의 문장이 어디로 흘러갈지를 예측하는 재주가 탁월했다. 파이스와 대화할 때 보면 파이스가 겨우 말을 꺼냈을 뿐인데도 하인츠는 금방 그 말을 마무리 지을 수 있었다. 파이스가 아직 말을 하는 도중에 그 말을 나직이 되뇜으로써 파이스의 생각이 흘러가는 방향을 파악하고, 점점 더 용감하고 빠르고 목소리도 크게 하여 그 문장의 주도권을 잡은 다음, 마치 그게 완전히 그 자신의 생각이었던 것처럼 결론을 맺는 것이다. 나는 그와의 대화를 좋아했다. 그러나 애석하게도 그는 몇 년 뒤 그가 가족과 함께 여름 대부분을 지내는 애스펀 근처 산간에서 산행을 하는 도중 추락해 사망했다.

하인츠는 제레미 번스타인과 친하게 지냈다. 〈뉴요커〉의 기고가로도 활동하는 물리학자인데, 그 또한 내가 아는 대부분의 물리학자에 비해 더 둥글둥글하게 인생을 살아가고 있는 모습이 존경스러웠다. 번스타인은 파인버그와 리정다오와 함께 한두 편의 논문을 썼는데, 컬럼비아에 있을 때 세미나 동안 리정다오가 그를 괴롭히는 걸 보고 놀랐다. 번스타인은 1960년대부터 물리학에 대한 책을 써 왔고 또 리정다오와 양전닝이 노벨상을 받은 뒤 두 사람에 대한 소개를 시작으로 〈뉴요커〉에도 기고하기 시작했다. 그는 솔직하고 분명하게, 그리고 이해가 어려운 부분은 최대한 쉽게 풀어 썼다. 그 결과, 양자역학과 우주론에 대해 좀 더 선정적 감각으로 쓴 사람들의 책만큼 잘 팔리지는 않았던 것 같다.

학문 생활의 커다란 즐거움 중 하나는, 가르치는 의무를 일단 완수하고 나면 — 록펠러에서는 그나마 이 의무도 없었으니! — 그 나머지 시간은 오로지 나만의 것이라는 사실이었다. 나는 내가 원하는 때 내가 원하는 곳에서 연구할 수 있었다. 오후에 공원에 나가 10킬로미터 정도 달리기를 하거나 미술관에 가서 전시회를 관람하고 그날 저녁에 일해도 됐다. 하인

츠와 나는 『미지와의 조우』가 개봉된 날이 주 중임에도 불구하고 그날 오후에 극장에 가서 보았다. 긴 휴가 동안 흥미로운 곳에서 물리학을 하며 지내는 것 또한 그런 즐거움 중 하나다. 이런 자그마한 자유가 돈과는 무관하게 부자가 된 듯한 느낌을 주었고, 급료가 낮아도 그것으로 보상이 됐다. 내 연구실은 성역이었다. 문을 두들기고 나서 내가 "들어오세요!" 하고 소리치지 않으면 아무도 들어오지 않았다. 혼자 있고 싶거나 집중이 필요해서 내가 안에서 문을 닫아걸고 있으면 사람들은 마치 내가 거기 없는 듯 행동했다. 나는 이런 사적 공간을 하나의 권리라 생각했지만, 생각보다 훨씬 더 흔치 않은 특권임을 나중에 깨달았다. 그로부터 몇 년 뒤 벨연구소에 다니면서, 내 시간이나 내 사무실이 모두 에이티앤티 소유이며, 상사나 동료, 아니면 우편 배달원이 아무 때고 아무런 사과도 예고도 없이 침범할 수 있다는 사실을 알게 되었을 때 나는 순진하게도 충격을 받았다. 물론 월스트리트는 내 개인적 공간과 시간에 대한 소유권을 더욱 강하게 주장하곤 했다. 내 경우 학문계의 이와 같은 자유는 머지않은 장래에 끝날 참이었다. 그렇지만 내가 물리학을 하는 동안에는 뉴욕 로드러너 클럽에 가입하여 이스트리버드라이브를 따라 센트럴파크를 돌며 달리기도 하고 아침저녁으로 조수아와 놀며 지냈다. 행복한 나날이었다.

　록펠러의 2년이 쏜살같이 지나가면서 나는 파이스가 점점 불편해졌고 나에 대한 그의 불만을 감지하기 시작했다. 어쩌면 비교적 떨어지는 나의 재능이 마음에 들지 않았을 수도 있고, 아니면 물리학 이외의 주제에 대해 내가 존경하는 태도를 보이지 않는 것을 보고 무례하다고 받아들였는지도 모른다. 나는 스스로 파이스가 나보다 훨씬 나은 물리학자라고 인정하고 있었지만, 그렇다고 해서 소설이나 영화 또는 국제정세에 대한 대화에서까지 무조건적으로 조연 역할만을 맡을 수는 없었다. 나는 내 의견 또한 여느 사람만큼은 피력할 권리가 있는 것처럼 행동하지 않으면 안 된다고 생각했는데, 필시 그게 그리 좋은 생각이 아니었던 것 같다. 록펠러에서 지낸 지 만 1년이 됐을 때부터 파이스의 비서는 학과 사무실에 있던 내 우편함에 다른 학교의 박사 후 연구원 채용 광고를 넣어 주기 시작했고, 그것을 보고 나는 파이스의 연구실에서 3년차를 맞이하지는 못하리라는 사실을 알았다.

에바와 조수아와 나는 그해 여름 한 달 동안 애스펀 물리학 센터에서 지냈다. 그리고 1978년 9월, 나는 파이스의 암시를 받아들여 내가 처한 상황을 살펴보기 시작했다. 나는 33세였고 세 번째 연구원 자리도 이제 반쯤 지나갔다. 이런 방랑생활은 어디에서 끝날 것인가? 나는 종신직을 얻을 가능성이 높은 조교수 자리를 찾아내든가, 아니면 물리학을 그만두어야 한다는 결론을 내렸다.

1978년 어느 날, 갑자기 의과대학에 가서 의사가 되면 어떨까 하는 생각을 머릿속에서 굴리게 됐다. 요약하면 이런 식이었다 ― 물리학은 가혹한 능력주의다, 그 능력은 대부분 상위의 몇몇 전설적 인물에 집중돼 있다, 파인만 정도의 인물이 되지 못하면 아무것도 아니다. 유능하지만 뛰어나지는 않은 연구직 물리학자는 자부심을 느낄 거리가 거의 없었다. 내가 제공하는 것을 누가 필요로 하겠는가? 어디선가 자그마한 대학에서 그 귀한 전임 강사 자리를 얻으려 노력해 볼 수도 있지만, 매주 그렇게 많은 시간을 가르치며 보내려면 가르치는 일을 나보다는 더 좋아해야 한다. 그래서 초월에 대한 추구라 생각하는 것에 내가 일생을 바치고 있다고 생각하니 좋기는 했지만, 뭔가가 부족하다는 생각이 들기 시작했다. 그와는 대조적으로 의학에서는 단지 유능하기만 한 것으로도 뭔가를 뚜렷하고 구체적으로 기여할 수 있으리라는 생각이 들었다.

이런 식으로 생각한 사람이 나뿐이 아니었다. 최근 여러 의과대학에서 의예과 학위가 없는 지원자도 자연과학 방면에 박사 학위가 있으면 받아들이기 시작했다. 코럴게이블스에 있는 플로리다 대학교에서는 박사 학위 소지자를 여름학기 포함 2년 만에 의학박사로 바꿔 줄 수 있었지만, 지원할 수 있으려면 대학원 입학 자격시험GRE에 합격해야 했다. 그런데 나는 그 자격시험을 치렀던 적이 없었다. 내가 컬럼비아에 지원한 1966년 남아프리카에서는 이 시험을 시행하지도 않았다. 나는 노크 없이는 들어오지 못하는 록펠러의 내 사무실 안에 틀어박혀, 내가 무엇을 하고 있는지 아무에게도 말하지 않은 채 한두 주 동안 자격시험 모의고사 문제를 풀며 공부했다. 대학 시절 배운 물리학 지식을 되살리고, 자연계의 상수값과 원자 물리학의 에너지 준위 값을 외웠다. 대학원 첫해 이후 공부하지 않았던 모든 과목을 다시 들추어 보았다. 그러다가 조수아가 고열로 앓았기 때문에 뜬눈으로 밤을 지새운 다음 날인 어느 토요일, 드디어 컬럼비아 대학교 캠퍼스에서 하루 종일 일반 시험과 물리학 시험을 치렀다. 시험 결과는 좋았다. 코럴게이블스 측에서 내 면접을 위해 록펠러 근처의 슬론케터링 암센터에서 인턴으로 근무하고 있는 졸업생 한 명을 보냈고, 그러고는 입학 허가가 났다.

그런데 도저히 엄두가 나지 않았다. 내게는 이 길을 따라 계속 갈 용기가 없었다. 플로리다에 가서 2년을 지내야 하는데, 에바는 부모님이 뉴욕에 계시는 데다 생물학자로 성공할 가능성이 내가 물리학자로 성공할 가능성보다 더 커 보였던 만큼 괜히 플로리다로 이사를 가서 연구를 중단시킬 이유가 없었다. 그래서 나를 학사행정에 포함시키게 하기 위해 등록금을 내기는 했지만, 그럼에도 취소하리라는 사실을 나 스스로 알고 있었다. 실제로 몇 주 뒤 가정 사정을 빌미로 코럴게이블스에 전화를 걸어 취소하고 말았다. 의사가 됐다면 나는 아주 다른 인생을 살고 있었을 것이다. 지금도 나는 실질적으로 기여하는 사람들을 보면 부러운 마음이 든다.

록펠러에서 보낸 마지막 한 해 동안에는 주로 연구를 중요하게 생각하는 학교를 중심으로, 종신직으로 이어질 수 있는 조교수 자리 또는 안정감 비슷한 게 보장되는 몇 되지 않는 장기 계약 연구원 자리 등 "진짜" 물리학 일자리에만 지원했다. 겨울 동안에는 전국을 다니며 세미나를 여느라 시간을 많이 보냈다. 세미나를 위해 초청할 정도로 나를 중시하는 곳이면 어떤 학교든 어떤 국립 연구소든 가리지 않았다. 그 결과 드디어 두 군데에서 조교수 자리를 찾아냈다. 하나는 시카고에 있는 일리노이 공과대학인데, 페르미 연구소가 가깝다는 점이 가장 마음에 들었다. 이 연구소에는 거대한 고에너지 입자 가속기가 있었을 뿐 아니라 뛰어난 이론가들이 모여 있었다. 또 하나는 볼더에 있는 콜로라도 대학교였다. 이 학교의 물리학과는 이론 입자 물리학 분야의 일자리 하나를 놓고 1백 명 이상이 경쟁을 벌일 정도로 수준이 괜찮은 학교였다. 나는 1978년 12월에 콜로라도 대학교에서 면접을 보고 결과를 기다렸다. 몇 달이 지나자 내가 세 번째로 물망에 올랐다는 소식이 왔다. 좀 더 지나니 1순위에 있던 여자 박사 후 연구원이 다른 곳에서 더 나은 조건으로 제의를 받았다. 그 뒤 2순위의 남자 박사 후 연구원은 학자인 부인이 동해안에서 영구직을 이미 확보한 상태인지라 가족과 가까이 지내기 위해 스스로 사양했다. 그 다음 나에게 차례가 돌아왔다.

나는 시카고보다는 볼더가 훨씬 더 좋았다. 아름다운 도시에서 좋은 일자리를 얻을 기회였다. 그렇지만 에바는 그곳에서 장기적 일자리를 얻을 가능성이 당장은 없었고, 그래서 나를 따라 무작정 거기 간다는 게 그다지 합리적이지 않았다. 그래서 그해 가을 나 혼자 볼더에 가게 될 가능성이 크다는 사실을 알면서도 나는 눈을 질끈 감고 콜로라도 대학교의 제의를 받아들였다. 에바는 볼더에서 학문을 계속할 수 있는 일자리를 찾아보겠다고 했지만, 그녀에게 최선의 길은 아니었다. 그렇지만 나는 에바가 볼더나 아니면 근처 덴버에 있는 대학병원 같은 곳에서 어느 정도 영구직에 가까운 일자리를 어떻게든 찾아낼 수 있기를 바랐다.

이것이 몇 해 동안 지속될 힘든 시기의 시작이었다. 에바의 경력을 위해서는 최선이 아니었음에도 나는 마음 한구석에서 에바가 볼더로 함께 갈 것으로 기대하고 있었고, 그 기대가 무너지자 화가 났다. 그러는 동안 콜로라도 주 정부가 교수직 채용 동결을 선언했고, 그래서 에바가 가까운 장래에 영구직을 얻을 가능성은 없었다. 지난 6년 동안 정기적으로 새로운 도시의 새로운 일자리를 찾아 나 홀로 옮겨 다녔지만 이번은 경우가 달랐다. 아내만이 아니라 아들도 두고 가게 된 것이다. 지난 두 해 동안 나는 조수아의 양육에 어느 누구 못지않게 정성을 기울였다. 이따금 나는 에바에게 조수아를 볼더로 데려가야겠다고 했다. 우리는 서로 다투고 싸웠다. 7월, 우리 셋은 바하마 제도의 작은 외딴 섬 아바코에서 한 주 동안 지낼 계획으로 휴가를 떠났다. 이틀째 되던 날, 모터보트를 빌려 근처 섬으로 나들이를 갔다가 기분이 언짢아진 상태로 돌아와 보니 남아프리카의 부모님과 뉴욕에 계신 에바의 부모님이 전화를 바란다는 쪽지가 남겨져 있었다. 나는 휴가를 떠날 때마다 비상시를 대비해 남아프리카의 가족에게 내 연락처를 남겨 놓기 시작한 지 이미 오래 됐기 때문에 무슨 일인지 금방 알 수 있었다. 어머니께서 근위축성 측삭 경화증으로 돌아가신 것이었다. 그 병에 걸린 지 10년만이었다. 외딴 아바코에 있던 우리는 팜비치로부터 작은 비행기를 불러 타고 본토로 나가야 했다.

우리는 팜비치에서 급히 뉴욕으로 돌아왔고, 나는 장례식을 위해 케이프타운행 비행기에 올랐다.

나는 그해 여름이 끝날 무렵 록펠러 사무실에 있던 짐을 꾸렸다. 그리고 긴 노동절 연휴가 시작되는 금요일 비행기에 올라 볼더로 향했다. 에바는 록펠러에 머무르며 계속 박사 후 연구원으로 일하는 한편 콜로라도의 교수직을 찾아보기로 했다.

나는 조수아에게 내가 한동안 떠날 수밖에 없다고 말하면서, 전화도 걸고 편지도 쓸 거라는 점을 설명해 주었다. 돌이켜 보니 그 때 내가 왜 "떠날 수밖에" 없다고 생각했는지 모르겠다. 나는 물리학을 계속해야 한다고 느꼈기 때문에 떠났다. 조수아는 인생의 첫 두 해 동안 거의 내내 어른들과 이야기하며 보내느라 조숙해졌는지 두 살배기 나름으로 이해하는 것 같았다. 에바는 조수아를 데리고 택시 타는 곳으로 내려와, 케네디 공항을 향해 떠나는 나를 배웅하게 했다. 택시에 오르다가 나는 조수아가 에바에게 안겨 있는 모습을 보았다. 조수아는 내 쪽으로 몸을 기울이며 다급한 목소리로 소리쳤다. "아빠, 가지 마!" 비행기 안에서 나는 조수아에게 보내려고 비행기에서 주는 엽서에다 내 모습을 그렸다. 그리고 덴버에 내리자마자 조수아에게 전화를 걸었다. 나는 떠나왔다는 사실이 괴로웠고 내가 처한 상황에 화가 났다.

Chapter 6
고차 세계의 인식

■ 두 도시로 나뉜 가족 ■ 뉴에이지 명상법 ■ 카르마 ■ 물리학이여, 안녕 ■

    1979년의 볼더 시내 중심가는 길이는 여섯 블록 정도에 너비는 두 블록 정도 되는 크기의 보행자 전용 쇼핑몰로 이루어져 있었다. 쇼핑몰에는 히피 옷가게와 등산용품점, 자연식품 카페 등이 늘어서 있었다. 여름 날씨는 덥고 건조했다. 습한 뉴욕과는 달리 이곳에서는 그늘에 들어서자마자 시원하게 느껴졌다. 겨울은 상쾌했다. 도시에서 굽이져 나와 로키산맥의 언덕으로 이어지는 협곡이 주말 산행객을 유혹했고, 프랭크 쇼터의 가게는 장거리 달리기를 즐기는 사람의 메카였다. (성전이 없는 메카였다. 달리기 좋은 곳은 변두리를 따라 많이 있었지만, 볼더 어디에도 타탄 트랙은 없었다.) 나는 가모브 물리학관에 있는 깨끗한 흰색 사무실을 사용하게 됐다. 그리고 교수용 사택으로 쓰는 저층 아파트에서 살았다. 비탈진 캠퍼스를 가로질러 조금만 내려가면 사택이었는데, 벽에는 어두운 빛깔의 나무 패널을 두르고 바닥에는 리놀륨을 깔아 분위기가 칙칙했다. 낡고 먼지투성이였지만 지내기에는 아무 불편이 없었다.

볼더는 또 나로파 연구소가 있는 곳이기도 했다. 이 연구소는 미국 내 티베트 불교의 본거지로, 촉얌 트룽파 린포체가 이끌고 있었다. 린포체는 환생한 영적 스승을 높여 부르는 호칭이다. 여름이면 앨런 긴즈버그가 '잭 케루악의 탈육체 시학 학교'를 열었다. 이와 함께 볼더의 뒷골목에는 각종 군소 컬트와 구루가 가득했다. 그중 특히 기억나는 것은 구루 마하 라즈 지의 회원 모집센터인데, 12세 나이답게 새침해 보이는 외모에다 완벽한 스승이라는 호칭이 붙은 그는 롤렉스 시계를 차고 있었다. 모 시겔은 레드 징거라는 이름의 허브차를 개발해 볼더에서 셀레스철 양념·차 회사를 세웠는데, 이 지역에서는 상업적으로 성공한 히피족 회사로 전설적 존재였다. 그 뒤 여러 차례 주인이 바뀐 끝에, 2000년 3월에 약 3억8천만 달러에 하인 사가 매입했다. 대학교 게시판과 지역 신문은 동네 마사지사, 자기사랑, 알렉산더 요법, 그리고 자기계발을 위해 희망을 불어넣어 주는 각종 방법을 제공하는 사람들의 광고로 가득했다. 사실 마음에 든다 하지 않을 수 없었다.

볼더로 오기 전 나는 에너지부가 주관하는 고에너지 물리학 연구 부문 젊은 과학자 상을 받았다. 그 결과 그해에는 가르칠 과목을 맡지 않았고, 단지 학부 과정의 문제 풀이 수업에서 지도만 하면 됐다. 나는 느지막이 일어나는 데에 익숙해져 있었는데 볼더에서는 하루가 일찍 시작했다. 식당은 아침과 점심 동안만 여는 데가 많았다. 이런 식당은 오후 이른 시각에 완전히 문을 닫아 버렸다. 뉴욕에서는 한 번도 보지 못한 풍경이었다.

화요일 아침이면 여덟 시에 문제 풀이 수업을 시작하여, 동일한 문제 풀이 시간을 한 시간씩 네 시간 정도에 걸쳐 계속했다. 이 때문에 내 몸에 배어 있던 남다른 생활습관이 흔들려 버렸다. 그때까지 느지막이 일어나는 데에 익숙해져 있었으므로 그 전날 일찍 잠자리에 들 수 없었고, 그래서 매주 수요일은 피로 때문에 거의 하루를 허비하면서 나의 원래 생활 리듬을 되찾으려 애썼다.

나머지 날에는 매일 사무실에 나와, 내가 연구하던 모델을 바탕으로 한 여러 가지 확장 모델 연구에 집중했다. 그러나 나는 가족과 친구로부터 떨어져 있었고 또 조수아를 두고 왔다는 생각에 비참한 기분에 빠져 있었다. 그래서 연구에 집중하려 해도 무거운 마음뿐이었다. 학과 내에서는 낮 동안 아무도 내게 별로 말을 걸지 않았다. 대학원생은 저마다 나름의 생활에 바빴고, 교수는 대부분 기혼자였는데 아침 일찍부터 열심히 일하다가 집으로 돌아갔다. 시간이 지나면서 내가 연구 중인 문제가 벽에 부딪혔는데, 아이디어를 얻을 수 있을 만큼 관심사가 비슷한 동료가 없었다. 몇 달 동안 이 난점을 해결하기 위해 온갖 방법을 시도했지만 수포로 돌아갔다. 정말 필요한 것은 희망이었다. 어쩌다가 어느 날 그 문제를 해결할 수 있을 것 같은 전략이 문득 떠오르기도 했다. 그럴 때면 아직 이른 시각이라도 얼른 집으로 돌아갔다. 그럼으로써 실망을 하루 더 늦출 수 있기 때문이었다. 잠깐 동안 아무것도 하지 않으면서, 내일이면 내가 찾아낸 새 전략이 통할지도 모른다는 일말의 희망을 만끽하는 편을 택했다. 대개 그런 기쁨은 채 몇 시간이 가지 않았다. 새로운 방법은 시도할 때마다 금방 실패로 판가름 나기 때문이었다.

처음 뉴욕에 도착했을 때에는 뉴욕의 활기찬 길거리와 식당을 외로움에 대한 일종의 방어 수단으로 애용했다. 브로드웨이에서는 아무리 밤이 깊어도 사람들의 흐름이 끊이지 않아, 그 속을 어슬렁 떠돌며 내 쪽으로 거슬러 오는 사람들을 구경할 수 있었다. 생기 넘치는 스페인어로 말하는 사람, 부랑자, 화난 목소리로 스스로를 욕하는 사람 등 각양각색이었다. 볼더는 그처럼 활기차지 않았다. 그러나 처음 도착한 날 저녁 볼더의 야외 쇼핑몰에 나가 보니 학생과 지역 주민으로 가득 차 있었다. 그뿐 아니라 아직 고급 체인점이 즐비하게 들어서기 전이어서 소규모의 지역 상권이 차지하고 있었다. 작은 공원에서는 배낭을 멘 히피가 하늘을 이고 침낭에서 잠잤다. 몰에서는 블록마다 사람들이 아마추어 마술사나 포크 가수, 기타 연주자, 벨리댄서, 저글러, 곡예사 등을 에워싸고 몰려 있었다. 이러한 공연은 모두 밤 10시나 11시가 되어야 끝났다. 나는 거의 매일 저녁 그곳으로 나가, 끝까지 걸어갔다가 다시 반대쪽 끝까지 걸어가기를 끝없이 반복했다. 언제나 혼자였다. 잠시 멈춰 군것질을 하고, 사람들을 관찰하고 공연을 구경했다. 공연을 벌이는 사람 중에는 저글링도 하고 불을 먹기도 하고 검을 삼키기도 하는 사람이 있었다. 키가 작고 피부가 가무잡잡한 그 사람은 히피 같아 보였는데 콧수염을 기르고 유머가 있었다. 그리고 모조라는 말을 종종 사용했다. 나는 거의 언제나 이 사람을 에워싼 구경꾼 틈에 끼었는데, 아무리 기분이 우울해도 그 사람을 보면 언제나 기분이 좋아졌다. 토요일과 일요일에는 영화를 보고 나면 언제나 그곳으로 돌아갔다. 나중에는 똑같은 가게 주인, 웨이터, 웨이트리스 눈에 내 모습이 자꾸자꾸 띈다는 사실이 창피하게 여겨지기 시작했다. 나는 늘 혼자였고, 늘 책을 읽고 있었다. 달리 할 만한 게 없었던 것이다.

주 중에는 학과 내의 누구와도 거의 아무 대화도 하지 않고 지냈다. 월요일부터 수요일이나 목요일까지는 어느 정도 물리학을 할 수 있었다. 그리고 금요일이 다가오면 점점 걱정이 깊어졌다. 또 한 번의 주말을 나 혼자 지내야 한다는 두려움이었다. 그런 두려움 때문에 지역 신문을 뒤져, 더굿어스의 공동 식탁에서 팬케이크를 먹고, 달리기를 좀 하고, 일도 좀 하고, 몰에서 좀 걷고, 저녁에는 외국 영화를 보고 하는 식으로 주말 일정을 강박적으로 빽빽하게 세우다 보면 어느새 일에 대한 집중력도 떨어졌다.

홀로 생활을 하다 보니 물리학 이론가로서 또 학자로서 혼자 해야 하는 활동이 더욱 외롭게 느껴졌다. 사람들과 함께 어울리고자 하는 욕구를 억누르려는 생각에 항상 머리를 벽에다 부딪으며 연구나 계산을 계속하는 것이다. 나는 그런 고독이 싫었고, 일상적으로 다른 사람들을 만나는 직업을 지닌 사람들이 부러웠다. 세월이 지난 뒤 퀀트가 되고 보니, 학자 생활보다 퀀트의 일상이 더 풍부하고 덜 고립되게 느껴졌다. 어떤 날이든 다른 퀀트와 이야기를 나누고, 이론을 읽고, 거래사와 업무를 처리하고, 소프트웨어를 작성하고, 고객과 대화하고, 영리하기는 하나 수학을 비교적 잘 알지 못하는 거래사들을 상대로 강연하며 어려운 개념을 설명하는 등의 활동이 일상적으로 이어졌다. 직접 경험해 보지 않았다면 투자은행이 대학보다 더 사람들과 많이 어울린다는 사실을 믿지 못했을 것이다.

볼더에 도착한 직후 나는 거기 있는 불교 연구소를 찾아갔다. 일단 슈타이너의 『고차 세계의 인식으로 가는 길』이 마음에 들게 되고 나니 그 책을 토막토막 읽으며 마치 부적처럼 지니고 있게 됐다. 그러나 그 책에서 권하는 몇 가지 영적 훈련은 가끔씩만 해 봤을 뿐, 정말 엄격히 해 본 적은 한 번도 없었다. 그래서 제대로 하자면 그런 사람들끼리 모일 필요가 있고 그런 것을 가르치는 학교에 다닐 필요가 있다는 사실을 차츰 깨달아 가는 중이었다. 이제 나는 불교 센터에서 운영하는 티베트 불교에 대한 몇 가지 입문 강좌에 나가기로 했다.

강좌는 린포체의 추종자들이 가르쳤는데, 이들은 전혀 히피가 아니었다. 오히려 사무적이고 보통 사람 같아 보였다. 강의 중에는 그들의 수련은 세상으로부터 멀어지는 게 아니라 세상 속에서 살아가는 것과 부합된다는 내용도 있었다. 내가 배운 바에 따르면 명상에서는 가부좌를 틀고 앉아, 자기 안에서 떠오르는 생각을 마치 영화 속의 인물을 냉정하게 바라보듯 그저 관찰하기만 해야 했다. 마치 다른 사람의 고민을 듣는 것처럼 감정이 배제된 상태에서 자신의 상상, 집착, 근심, 욕구, 열정, 실망 등을 지켜보는 것이다. 나는 그게 마음에 들었다. 그렇지만 그렇게 하기는 아주 어려웠다. 자신의 생각을 가만히 지켜보기만 하는 게 아니라 어느 틈에 걱정하고 적극적으로 계획을 세우고 있음을 깨닫게 되는 것이다. 자신이 그러고 있다는 사실을 알아차리면 그 때문에 자책하거나 애써 그러지 않으려 하지 말고, 그저 정신이 흐트러진 그 상태 자체를 또 하나의 관찰 대상으로 인식하면 되었다. 나는 가끔씩 일요일 아침에 불교 센터에 나가 명상 강좌에 참석하기 시작했다. 한번 앉으면 최대한 오래 앉아 있으려 노력했다. 정해진 시간은 세 시간 동안 계속됐다. 티베트 스타일로 화려하게 장식된 방 안을 누가 소리 없이 다니다가, 자세가 나쁜 사람이 있으면 말없이 바로잡아 주었다. 한 시간에 한 번씩 종소리가 울렸다. 그러면 다들 지도자를 따라 몇 분 동안 방 안을 말없이 걸으며 뭉친 근육을 풀었다. 나는 한 번도 내 시계를 들여다보지 않았다. 시간은 다른 사람 몫이었다.

강사들은 명상하는 동안 가끔 이상한 환상을 보거나 야릇한 초자연적 흥분을 느끼는 때도 있다고 경고했다. 그럴 때에는 거기에 대해 지나치게 신경을 쓰거나 그런 환상을 영적 진전의 표식으로 받아들여서는 안 되었다. 그보다는 이런 경험을 자기 안에 떠오르는 다른 생각이나 느낌과 마찬가지로 자연히 생기는 일로 받아들여야 했다. 정말로 이따금 명상실 벽이 희미하게 빛나는 듯 보이는 때가 있었는데, 강사가 경고해 주었음에도 우쭐해지며 기분이 좋아지는 것을 어찌할 수 없었다.

입문 강좌에 나갔을 때 한번은 방 앞쪽에 앉은 어떤 사람이 강사에게 질문을 했는데, 그 질문을 듣고 슈타이너에 대해 잠깐 손댔던 일이 생각났다. 그는 이름이 로이 허시였는데, 그 역시 나처럼 볼더에 온 지 얼마 되지 않았다. 내 느낌이 맞았다. 그는 유럽에서 인지학자들과 함께 조경사 교육을 받았는데, 이들은 슈타이너와 마찬가지로 식물을 살아 있는 지구에 난 털로 생각했다. 나는 로이가 마음에 들었고, 우리는 이따금 저녁을 같이 먹었다. 그는 홀쭉한 몸매에 활발한 성격이었다. 물리학을 하는 내 동료들과는 달리 성공을 추구하지 않았으며, 내가 본 사람 중 식사 속도가 가장 느렸다. 천천히, 웨이터가 아무리 서둘러도 아랑곳없이 식사를 하면서 미안해하지도 않았다. 파스타 한 접시를 먹는 데에 한 시간이 걸리는 일이 예사였다. 어떤 때에는 나에게 음식을 밖에서 사먹는 것보다도 스스로 준비하는 게 영적으로 얼마나 유익한지에 대해 열변을 토하기도 했다. 그럼에도 불구하고 저녁때가 되면 나는 집에 가서 혼자 식사를 하느니 식당에서 책을 읽으며 식사하고 싶은 유혹을 이기지 못했다. 어느 날 저녁에는 로이를 집으로 초대하여, 피에르 프라니의 〈60분 요리법〉 칼럼에서 본 대로 포크 찹과 오렌지 소스를 요리했다. 저녁을 먹고는 카펫에 앉아 반 시간 동안 명상했다. 로이는 많은 사람이 함께 지내는 집에서 살았는데, 날마다 자기 방에서 명상한다고 했다. 나는 그의 시간적 여유가 부러웠다. 내가 알고 지낸 거의 내내 그는 직업이 없었다.

볼더에는 "함께 작업하는" 영적 단체가 많았다. 로이는 매주 한 번씩 모이는 단체에 나갔는데, 30대 초반으로 조용하고도 강인한 성격인 프란체스카라는 여자가 운영하는 모임이었다. 프란체스카는 자기 집에서 매주 한 번씩 모임을 가지며 1인당 10 또는 15 달러를 받았다. 나는 긴가민가하면서도 로이의 초대에 응해 모임에 나가 보았다.

프란체스카는 나에게 모임에 참여해도 좋다고 허락하기에 앞서 자기와 단독 면담을 가질 것을 요구했다. 그래서 면담을 하기로 한 오후에 내 연구실을 나서 그녀의 집으로 찾아갔다. 나는 그녀의 질문에 답했다. 아내와 아이로부터 너무나 멀리 떨어져 지내는 어려움에 대해 이야기한 게 기억난다. 또 내가 느끼는 노여움에 대해서도 털어놓았다. 그런 다음 그녀의 모임에 참석하기 시작했다.

모임에 나오는 사람은 대학교 학생으로부터 히피에 이르기까지 다양했다. 그리고 중년 남자도 한 명 있었는데, 각기 나름의 문제 때문에 거기 나오는 게 분명했다. 프란체스카는 돈이 거의 없었다. 잘생기기는 했지만,

피부가 불안한 느낌이 들 정도로 밝은 노란색이었다. 그녀는 직접 갈아 만든 당근 주스를 많이 마시는 식사습관 때문이라고 했다. 모임에서 그녀는 인생을 대하는 태도에 대해 말하고, 자기계발 책을 읽어 주고, 토론을 유도하고, 그리고 긴장을 풀어 주는 테이프를 들려주는 것으로 모임을 마쳤다. 진부하긴 했어도 완전히 무의미하지는 않았다. 행복해진다는 문제에 관한 한, 세련된 사람이나 그렇지 않은 사람이나 필요한 것은 똑같이 단순한 도움이었다. 쓸모없어 보이는 문고판 자기계발 책을 받아 들고 (기억나는 책 한 가지는 제목이 『우주의 힘으로 이르는 신비한 길』이었다), 거기 적힌 글귀의 진부한 표현 속에 담겨 있는 성서와 같은 단순한 진리를 발견하면 겸손해지는 기분이 들었다. 프란체스카는 사람들에게 열심이었다. 그녀의 방식에는 뭔가 대결적이고 불공평한 면이 있었다. 나에 대해 알고 있는 개인적 사실에 대해 다들 모인 자리에서 이야기를 꺼내기도 하고, 내가 겪고 있는 불쾌한 문제를 모두가 모인 자리에서 공개하여 들려주기를 강요하기도 했다. 이런 식으로 창피 주는 걸 즐겼는지, 아니면 그게 나에게 이롭다고 생각하기 때문에 그랬는지 궁금했다. 블레이크의 〈순수의 예언〉 한 구절이 생각났다. "나쁜 의도로 말한 진실은 꾸며 낼 수 있는 모든 거짓말보다 낫다." 이따금 모임은 그녀가 한 말 때문에 누군가 한 사람이 몹시 기분이 나빠진 채로 끝나기도 했는데, 그러면 그녀는 당사자와 함께 밤새도록 대화를 나누며 풀어 나가자고 자청하기도 했다.

우리는 프란체스카의 개인사에 대해 아는 게 거의 없었다. 그녀는 1980년 봄에 볼더를 떠났는데, 로이 말로는 어떤 남자를 따라갔거나 어쩌면 결혼하기 위해 떠난 모양이었다. 그녀가 떠나면서 모임은 끝났다. 나는 그녀가 떠나기 직전 어느 채식주의 식당에서 그녀와 점심을 먹은 적이 있다. 불편한 자리였다. 여느 때와 다름없이 그녀는 긍정적이면서도 아픈 데를 찔렀다. "물리학자가 되니 어때요?" 그녀는 물었다. 나는 야심을 품은 데에서 오는 어려움, 물리학계의 영리한 사람들, 고투, 정치적 싸움, 옮겨 다녀야 하는 생활, 피로 등에 대해 한탄하기 시작했다. "아니, 아니. 불만 말고 좋은 부분에 대해 말해 봐요. 긍정적인 것 말예요!" 그녀의 요구였다. 다시는 그녀를 보지 못했다.

1979년 9월에 시작된 학사년도는 쏜살같이 지나갔다. 10월 말 에바의 어머니가 우리를 돕기 위해 직장에서 한 주 동안 휴가를 내 조수아를 데리고 왔다. 조수아는 2년 2개월 됐는데, 나는 아이를 데리고 와 주신 장모가 너무나 고마웠다. 바보처럼 조수아를 실망시킬까 늘 두려웠던 나는 아이가 오자마자 이번 방문은 일시적이며 한 주 뒤에는 돌아가야 한다는 사실을 설명했다. 여느 때와 다름없이 아이는 내가 하는 말을 모두 알아듣는 것 같아 보였다. 우리는 한 주 동안 놀이터도 다니고 거의 엄청나다 할 수 있는 그랜드 래빗 장난감 가게에도 들렀다. 조수아가 볼더를 떠나는 날 그 장난감 가게에서 〈론 레인저〉 드라마의 주인공 인형을 샀는데, 장모와 조수아가 비행기에 탑승하기 위해 나와 작별하기 직전에 관심을 다른 곳으로 돌릴 생각으로 조수아에게 선물했다. 그러고는 나는 다시 혼자였다. 장모는 뉴욕에 도착하여 내게 전화를 걸었다. 조수아를 떠나보낸 뒤 내가 우울해 하고 있을 줄 알고 있었던 것이다.

추수감사절이 됐고, 나는 긴 주말 동안 뉴욕으로 돌아갔다. 도착하자마자 나는 조수아에게 사흘 뒤에는 다시 떠나야 한다는 사실을 열심히 설명해 주었다. 조수아를 하루 종일 돌봐 주고 있던 헬가는 조수아를 유모차에 태워 길을 가다 보면 가끔씩 아이가 낯선 사람 중 나와 닮은 사람을 발견하고는 "저 사람 우리 아빠 아냐?" 하고 묻곤 한다는 말을 내게 들려주었다. 나는 조수아가 어떤 정신 세계에서 살고 있는지 전혀 알 수 없었지만, 그 세계 속에는 내가 근처에 살면서도 찾아오지 않는다는 생각도 포함돼 있나 보다 생각하니 마음이 아팠다.

크리스마스에 나는 다시 뉴욕으로 돌아가 긴장된 상태로 겨울방학을 보냈다. 1월에는 다시 비행기로 볼더로 돌아왔다. 조수아를 혼자 돌보아야 했던 에바는 척추에 이상이 생겨 병원에서 엎드린 채로 한 주를 지내야 했다. 볼더에서는 주말에 스피노자를 읽으며, 인생의 불행이 지니는 논리를 감정이 배제된 상태로 엄격하게 바라본 그의 관점을 통해 약간의 위안을 얻었다. 1980년 5월에는 뉴욕으로 돌아와 여름 동안 지냈다. 가을에 가르치게 될 과목을 준비하는 한편으로 볼더로 돌아가지 않으면 어떨까 하는 생각을 하기 시작했다.

그해 여름은 고맙게도 록펠러 대학교가 제공해 준 사무실에서 연구하며 보냈다. 에바와 조수아와 나는 여전히 록펠러의 박사 후 연구원 사택에서 살고 있었다. 나는 뉴욕 지역에서 물리학과 조교수 자리를 찾아볼까 생각도 했지만, 그런 자리 자체가 너무 적었던 데다 수많은 곳을 찾아다닐 생각을 하니 맥이 풀려 버렸다. 여름이 중반에 이르렀을 무렵, 나는 볼더로 돌아가 지난 한 해와 같은 식으로 또 한 해를 보낼 생각이 없다는 사실을 깨달았다.

톨스토이는 운을 죄를 갚는 기계 장치라 했는데, 그 무렵 나는 그 말의 의미를 이해할 것 같았다. 우주는 우리가 허영과 야심과 자존심을 버리고 하느님을 받아들이기를 원하고 있었다. 자발적으로 그렇게 하는 게 가장 바람직했다. 그렇지만 스스로 그렇게 하지 않을 경우, 우주의 일상적 작용인 운이 우리가 항복할 때까지 마치 감자 껍질 벗기는 기계처럼 기계적으로 우리의 허영심을 조금씩 갈아내 버리고 자존심과 자만심이라는 껍데기를 조금씩 벗겨 내는 것이다.

그러면 나는 어쩌면 좋을까? 1970년대 말과 1980년대 초에 있었던 유류파동과 물가앙등 때문에 금리가 올라가고, 오랫동안 투자 포트폴리오에서 주요 항목으로 자리 잡고 있던 재무부 채권과 기업 발행 사채 가치가 떨어졌다. 고정수익형 투자자는 가격이 안정된 상품을 거래할 수 있었던 옛날을 그리워했다. 이에 대응하여 투자은행은 1980년대 말에 재무부 채권 선물, 채권 옵션, 다계층 증권, 스왑, 스왑션 등 각종 금융상품을 우후죽순처럼 내놓았다. 이런 상품은 점점 더 복잡한 수학을 동원해야 했기 때문에, 결국에는 물리학자가 금융계에서 일자리를 얻을 기회가 많아지게 됐다. 만일 내가 1984년에 볼더를 떠나고 물리학을 그만두었더라면 월스트리트는 틀림없이 내게 오라고 손짓했을 것이다.

그러나 아직 에너지 파동의 초기에 지나지 않았던 1980년에 박사 후 연구원직을 찾아 이곳에서 저곳으로 떠도는 생활에 지친 물리학자에게 유혹의 노래를 불러 준 곳은 뉴어크의 엑슨 연구소, 코네티컷 주 릿지필드의 슐럼버거, 콜로라도 주 골든의 태양에너지 연구소, 그리고 뉴저지 주

전역에 흩어져 있던 벨 연구소 등 에너지 회사와 통신회사였다. 이들 산업체는 1980년도의 물리학계 사람에게 월스트리트에 해당하는 곳이었다.

순수 물리학 세계 속에서 살던 내 인생에 약간이라도 변화가 온다면 그것은 응용 물리학 관련 일자리가 될 것이다. 태양에너지 연구소나 엑슨, 또는 슐럼버거 같은 산업체의 석유 채굴이나 태양에너지 난방 관련 물리학이었다. 그러나 나는 물리학을 떠나기가 실망스럽기도 하고 창피하기도 했으며, 하위 분야에 대해 오만하고 거들먹거리는 태도를 지니고 있었다. 이렇게 생각했다. "만일 순수 물리학을 할 수 없다면 응용 물리학 따위를 하지는 않을 거야!" 수도원에서 쫓겨날 경우 속세에서 하느님을 섬길 생각은 없었다. 차라리 종교를 완전히 버리는 쪽을 택하겠다는 태도였다.

돌이켜 보니 참으로 잘못된 생각이었다. (그래도 궁극적으로는 운이 따라 주었다.) 양과 질의 중요성이 비슷해질 정도로 가까이에서 살펴보면 흥미롭지 않은 것이 없다. 미묘한 차이까지 구별할 수 있을 만큼 충분히 익숙해져 형식과 내용 간의 간극을 좁히려는 노력을 시작하면 모든 분야가 흥미진진하다. 응용 물리학은 다양한 과제를 안겨 줄 수 있다. 장기적 및 단기적으로 풀어내야 하는 문제로 씨름하기도 하고, 가르치는 동시에 오락거리를 제공하는 기회도 생기는 등 — 간단히 말해 고독한 연구의 강박적 세계와 사람들을 대하는 활기찬 세계 사이를 오가는 재미가 있다.

"원하는 걸 할 수는 있어도 원하는 걸 원할 수는 없다." 당시 읽기 시작한 『에세이와 격언집』에서 쇼펜하우어는 이렇게 썼다. 맞는 말이라는 생각이 들었다. 나는 물리학을 하고 싶은 마음이 간절했지만, 더 이상은 물리학을 하고 싶어 할 수 없었다. 이와 같은 갈등 속에서 나는 우주와 우주를 움직이는 힘을 냉엄하고 냉소적으로 바라보는 쇼펜하우어의 관점을 음미하게 됐다. 모두 너무나 아름답게 압축된 언어로 쓰여 마치 시처럼 느껴졌다. 결코 잊히지 않았다. 그의 투명한 분석과 우아한 문체는 아무런 설명도 없이 투박하게 진실을 선언하는 슈타이너를 훨씬 능가했다. 그렇지만 슈타이너에 비해 훨씬 더 차가운 위로를 안겨 주었다.

거의 20년 전 물리학에 들어섰을 때나 이제 떠나는 때나 나는 혼자가 아니었다. 나는 시류를 좇는 사람기도 하고 상황의 노예이기도 했다. 내 스스로의 의지라 느끼는데도 불구하고, 내가 케이프타운에서 물리학과를 졸업한 1965년은 물리학과 졸업생이 사상 최고로 많았고, 1966년에 컬럼비아 물리학과에 들어갔을 때에도 학생이 사상 최고로 많았다. 이와 비슷하게 이번에도 나는 순수 물리학계를 빠져나가는 썰물의 일부분이었다. 학생 때나 박사 후 연구원 시절에 알게 된 물리학도 중 여러 명이 벌써 빠져나가 현재 벨 연구소에서 일하고 있었다. 게다가 에바와 알고 지내는 분자 생물학자인 루시 샤피로의 남편 할리 맥애덤스가 뉴저지 주 머리힐에 있는 벨 연구소에서 일하고 있었다. 루시는 에바에게 내가 자기 남편을 면담해 보는 게 어떻겠느냐며 넌지시 권했다. 나는 마지못한 마음으로 여름 날 하루를 그 곳에서 보냈다. 그리고 반 시간에 걸쳐 게이지 이론 입문과 내가 한 연구에 대해 강연했다. 강연하는 동안 질적으로 높은 수준을 유지하는 동시에 재미있게 하려고 무척 애썼다. 그리고 얼마 지나지 않아 그들로부터 채용 제의가 들어왔다. 나중에 친구가 된 마크 쾨닉스버그는 그들이 나를 아주 마음에 들어했다고 했다. 마크는 매사추세츠 공과

대학 출신의 응용 수학자로 이미 그곳에서 일하고 있었는데, 내가 면접을 갔던 그날은 자리에 없었다. 그는 과학적 은유를 곧잘 만들어 냈는데, 내 이름을 넣은 단위를 만들어 그 뒤로도 몇 년 동안이나 나를 놀리는 동시에 추어주곤 했다. 내가 면접을 본 뒤로 면접을 보는 사람을 모두 '밀리더만' 단위로 점수를 매겼다는 것이다.

그들의 채용 제의를 생각해 보다가 그 곳을 다시 찾아가 좀 더 알아보기로 했다. 그래서 1980년 늦은 여름날 다시 뉴저지 주 고속도로를 따라 차를 몰고 서쪽으로 방향을 틀어 22번 도로로 들어섰다. 할리는 머리힐에서 부장으로 일하고 있었는데 업무분석 시스템 센터 소속이었다. 이 센터는 진짜 로켓 과학자와 공학자로 구성돼 있었는데, 벨 연구소에서 우주 개발 지원금이 끊어졌을 때 스스로 업무분석가로 변신함으로써 업무 영역을 넓힌 사람들이었다. 할리는 다방면에 관심을 지니고 있었고 거기서 일하는 것을 좋아했다. 또는 절대로 연구해 보지 않았을 온갖 것들을 탐구해 볼 기회를 준다는 게 할리의 설명이었다. 개인적으로는 배움 자체를 위한 배움에 대한 흥미가 내게 있을까 싶었다. 나는 여전히 성취를 추구하고 있었던 것이다.

그들은 콜로라도 대학교보다 훨씬 많은 돈을 주겠다고 했지만 나는 여전히 물리학을 갈망했고, 그래서 할리에게 혹시 매주 사흘 동안은 거기서 일하고 나머지 이틀 동안은 록펠러에서 물리학을 계속할 수 있을지 물었다. 그는 거절했다. 회사 측에서 볼 때 일이 제대로 돌아갈 만한 방법이 아니라는 설명이었으니 수긍이 갔다. 결국 나는 더할 수 없는 불안감과 죄책감 속에 채용 제의를 받아들였다. 반역을 저지르고 있는 셈이었으니까.

남아프리카 출신인 어느 물리학자 친구에게 내가 에이티앤티의 벨 연구소에서 일하게 됐다는 말을 들려주자, 그는 11년 전인 1969년에 워싱턴 시에서 열린 미국 물리학회 연차총회에서 우리가 그 회사에서 개발 중이던 탄도탄 요격 미사일 시스템에 항의하여 시위한 적이 있다는 사실을 상기시켜 주었다. 그러고는 무정하게도 이제 내가 바로 그 회사를 위해 일할 예정임을 지적하여 죄책감을 더욱 자극했다.

나는 볼더의 물리학과장에게 편지를 써 돌아가지 않기로 한 데 대해 사과했다. 몇 주 뒤, 여름 막바지에 에바와 조수아와 나는 볼더로 가서 내 짐을 꾸렸다. 에바는 내가 처한 상황을 자기 탓으로 돌릴까 두려웠는지 몰라도 입자 이론 분야의 선임 교수를 만났고, 교수는 내게 마음을 바꿔 계속 남아 있기를 권했다. 그러나 나는 이미 돌이키기 힘든 상황까지 와 있었기 때문에, 가을에 입자 물리학을 가르칠 준비를 한다는 것 자체가 상상이 가지 않았다. 우리는 긴장된 상태로 스팀보트스프링스에서 잠시 휴가를 보냈다. 그곳에서 진짜 로데오를 구경했는데 조수아가 너무 좋아했다. 그리고 뉴욕으로 돌아왔다. 10월에는 조수아를 데리고 케이프타운으로 가서 가족을 만났고, 11월 초에 돌아와 벨 연구소에서 일하기 시작했다.

산업 세계

Chapter 7
유배지에서

■ 산업 세계에서 — 애정이 아니라 돈을 위해 일하다 ■ 벨 연구소의 업무분석 시스템 센터
■ 거대한 계층구조 속의 작은 부품 ■ 소프트웨어를 만드는 일은 아름다워 ■

아침마다 나는 아홉 시 정각에 책상머리에 앉아 있어야 했다. 월스트리트에서 17년을 보내고 난 뒤인 지금은 느긋한 시각으로 들리지만, 당시에는 상당히 이르게 느껴졌다. 나는 아침 일곱 시쯤 일어났다. 그 전에 조수아가 나를 깨우지 않으면 그렇다는 얘기다. 아침을 먹고, 〈뉴욕타임스〉를 훑어보고, 록펠러 대학교 아파트 건물 밑에 있는 주차장에서 내 차를 꺼내고, 시내를 가로질러 링컨 터널로 가서, 거기서 뉴저지 주 고속도로에 올라 쏜살같이 달려가, 뉴어크에서 서쪽으로 돌아 24번 국도로 들어가 머리힐에 도착했다. 보통 사람들과는 반대 방향의 출근길이었는데 한 시간 정도가 걸렸다. 퇴근길은 차량이 몰리는 길과는 반대방향인데도 불구하고 한 시간에서 두 시간까지 걸렸다. 첫 출근 때에는 거기까지 차를 몰고 가는 데 얼마나 걸릴지 몰라 그곳에 일찍 도착했다. 가는 도중에 맥도널

드에 들러 에그 맥머핀을 먹으며, 에드워드 호퍼의 그림에서 보는 고독과 비슷한 프롤레타리아적 낭만을 느꼈다.

그때까지 나는 직장으로 통근한 적이 없었다. 언제나 내가 원하는 일을 했다. 이제 나는 대부분의 사람들과 마찬가지로, 돈을 벌기 위해 내 상사가 원하는 일을 하게 됐다. 이게 현실 세계였다.

첫 몇 주 동안은 고속도로를 달려가면서 마치 밤늦게 마시는 위스키처럼 천천히 조금씩 슬픈 생각을 달랬다. 뭔가 상황을 균형 잡힌 시각으로 바라보려 애쓰며 내 비참한 처지를 음미했다. 처음에는 통근길을 고스란히 명상 수련에 이용하려 해보았다. 그렇게 몇 주가 지난 뒤 깡그리 포기하고 뉴스와 음악을 들었다. 가장 좋아한 것은 잡담 방송이었는데, 1980년대 당시 이런 방송이 뉴욕에서는 막 생겨나던 시기였다. 통근길에 가장 즐겨 들은 방송은 더블유비에이아이였다. 1960년대 스타일의 얼터너티브 라디오로 자기주장이 강한 사회적 피해자들이 많이 출연했다. 그들은 뭐든 그들을 괴롭히는 것에 대해 한 시간 정도씩 발언했다. 어퍼웨스트사이드의 마이크 페더는 매주 한 번씩 출연하여 자신의 비참한 인생역정과 간간이 경험한 행복한 시기에 대해 끝없이 이야기를 늘어놓았는데, 스팰딩 그레이 스타일의 독백으로 재미있게 들려주었다. 그는 오랜 세월이 지난 뒤 웨스트 81번가와 브로드웨이에 있던 셰익스피어 회사라는 서점에서 일했는데, 이제는 대형 할인점과 인터넷에 치어 사라진 지 오래다. 그 라디오에서 마곳 애들러는 여성의 권익에 대해, 또 위카 교가 유행하기 전 위카 교인으로 살아온 인생에 대해 이야기했다. 어느 동성애자 남자는 한 시간 동안 감상적인 영화 · 극 등의 주제 음악을 들려주었는데, 이 프로그램에서 캐런 에이커즈가 부르는 독일 풍의 카바레 노래를 처음으로 들었다. 때로는 "테이프에 담긴 책" 형태의 명작 소설을 듣기도 했다. 그러나 가장 즐겨 들은 것은 토크쇼였는데, 특히 억압받고 불행한 사람들이 출연하는 프로그램이 흥미로웠다. 나는 또 상담 프로그램을 즐겨 들었다. 그중에서도 오후 늦게 집으로 돌아오는 길에 더블유에이비시에서 토니 그랜트가 진행하는 방송을 좋아했다. 그녀는 상담 전화를 건 사람에게 매끄러운 미국 억양에 또박또박하고 아름다운 발음을 실어 "걸음마"를 떼는 걸로 시작하라는 충고를 하곤 했다. 내가 라디오를 몇 분 이상 귀담아 들은 시기는 벨 연구소에서 보낸 그 5년간이 유일했다.

언제나 생계를 위해 일해 온 사람들은 내게 벨 연구소는 상아탑이라 했다. 하지만 내게 있어서는 그저 돈을 벌기 위해 일하는 것에 지나지 않았다. 볼더에서는 18,000달러 정도를 벌었다. 벨 연구소에서는 입사하자마자 42,000달러를 받았고, 반 년 만에 49,000달러로 올라갔다. 그렇지만 뉴욕에서는 훨씬 더 적은 액수로 느껴졌고, 돈을 더 많이 받아도 살아갈 방향을 잃어버렸다는 느낌은 거의 조금도 사라지지 않았다. 물론 나는 그렇지 않은 척 행동했다.

언제나 걱정이 많고 강박적이던 나는 에이티앤티의 여러 규칙을 훨씬 더 필요 이상으로 진지하게 받아들였다. 나는 아침 아홉 시까지 출근해야 했다. 어느 날 아침 연료 펌프에 고장이 나 출근길에 자동차가 제 속도를 내지 못했고, 그래서 적어도 10분 내지 15분 지각하겠구나 하는 생각이 들었다. 당황한 나는 고속도로를 달려가다 아침 8시 45분에 근처 공중전화에 들러 내 상사의 비서에게 전화를 걸어 조금 늦을 거라 말했다. 그로부터 30분 만에 사무실에 도착했더니, 그녀는 도대체 그런 일에 신경 쓸 사람이 누가 있느냐고 나무라며 나를 정신나간 사람처럼 취급했다. 그렇지만 내가 오케스트라 연주자로 급료를 받고 있는 거라면 회사에서 원하는 음표를 모두 연주해야 한다고 생각했다. 나는 이런 부분을 거의 병적으로 싫어했기 때문에, 회사에서 정한 규칙의 이념보다는 자자구구에 더 신경을 썼다. 한번은 조수아의 탁아소에 가느라 오전 근무를 못 하게 됐을 때 그 사실을 할리에게 해명하려 한 적이 있다. 그는 그런 일은 내가 알아서 처리하고 자기에게는 말할 필요도 없다는 사실을 친절하게 알려주었다. 그러나 나는 너무 고지식하고 사회 경험도 적었고, 그래서 이런 상식적 자유를 나에게 유리하게 이용하지 못했다. 그곳에 있는 동안 뭐든 내가 하고 싶은 일을 할 수도 있었을 거라는 사실을 오랜 뒤, 그만두고 난 뒤에야 깨달았다. 게다가 아주 오랫동안 내 하고 싶은 일을 했어도 아무도 눈치 채지 못했을 것이다. 내 친구 마크 쾨닉스버그는 1986년 말 잘로몬브라더즈로 이직했는데, 그때까지 그는 미국식 풋 옵션[*1]의 가치를 계산하기 위한 닫힌 해[*2]를 찾아내기 위해 상당히 오랜 기간에 걸쳐 옵션 이론에 관한 책을 공부하며 보냈다. 그가 무엇을 하고 있었는지 제대로 알고 있었던 사람은 아마 없었을 것이다. 그 해법을 찾아냈다면 대단한 발견이 됐겠지만, 업무분석 시스템 센터에게는 직접적으로 아무런 상업적

[*1] 옵션은 권리행사 시점에 따라 미국식과 유럽식으로 나뉘는데, 미국식은 만기일까지 언제든지 행사할 수 있는 반면 유럽식은 만기일에만 행사할 수 있다 (옮긴이).

[*2] 주어진 문제를 몇 가지 일반적으로 널리 쓰이는 함수와 사칙연산만으로 풀어내는 방정식을 가리킨다 (옮긴이).

가치도 가져다줄 수 없었을 것이다. 하긴, 무엇이 그런 가치를 가져다줄 수 있었을까.

업무 분석 시스템 센터, 아니면 업무 시스템 분석 센터였나? 사실 나는 제대로 기억하지 못한다. 제5관 건물 내에 자리 잡고 있던 센터에서는 약 백 명이 일하고 있었는데, 우리는 모두 다양한 방면의 과학자 출신으로 입사와 동시에 대충의 재교육을 받은 뒤 업무를 시작했다. 주요 임무는 에이티앤티의 업무 관련 문제점 중 수학적으로 접근할 만한 부분에 대한 자문을 제공하는 것이었다. 우리의 총책임자는 짐 다운스였다. 사십 대 말 나이인 그는 응용 수학자 출신으로, 현대판 오병이어의 기적을 통해 이와 같은 영지를 거느리는 영주가 됐다.

다들 다운스를 정도 이상으로 두려워했다. 그는 사교를 올림픽 경기처럼 승리를 놓고 경쟁을 벌이는 행위로 보는 듯했는데, 마치 유도 경기처럼 재빨리 상대방의 균형을 무너뜨리기 위한 대화 기술의 달인이었다. 논의 중인 화제가 뭐든 공격적이고도 수수께끼 같은 불가해한 논평을 던지는 방법으로 대화 상대의 허를 찔렀다. 애석하게도 그가 거느린 선참자들은 그의 불가사의한 지혜를 퍼트리고 다녔다. 최근 〈월스트리트저널〉 기자이자 『천재들의 실패』 저자인 로저 로웬스타인이 존 메리웨더에 대해 "자신이 유리하지 않을 때에는 결코 경기를 뛰지 않는 사람"이라 논평했다는 말을 들었는데, 다운스는 모든 곳에서 자기가 유리하다고 믿었다. 그는 모든 대화에서 주도권을 행사해야 했다. 우리가 알고 있는 어떠한 사실, 우리가 지닌 어떠한 관심사도 그에게는 결투 신청이나 마찬가지여서, 반드시 보복에 나서 우리의 기를 죽여 놓아야만 직성이 풀렸다. 만일 마크 쾨닉스버그가 열 전도에서 경계값 문제 해결에 대해 뭔가를 말하면 다운스는 20년 전 자신이 푸리에 분석을 통해 해냈다는 뭔가 기발한 (그러나 관계는 없는) 것에 대해 남부인 특유의 느린 말투로 늘어놓곤 했다. 점심 시간에 우리 몇 사람이 모여 장거리 달리기 준비를 하고 있는 걸 보면 그는 방금 점심을 먹고 나왔음에도 불구하고 당장 우리와 함께 뛰겠다고 나섰다. 우리는 다들 공복이었고 또 우리 중에는 자기보다 젊은 사람도 있었지만, 그는 우리 모두를 이기려는 마음에 격렬한 속도로 무리하게 달리다 복통으로 주저앉곤 했다. 나는 그가 주위에 있으면 불편했기 때문에 거리를 두고 지냈다. 그러나 한번은 어쩌다 보니 명상이 무아경과 겸손을 얻는 한 가지 방법이라는 내용의 허식적 대화에 끼게 됐는데, 그는 같이 대화하던 사람 중 자신이 가장 겸손하다는 주장 아닌 주장을 했다. 나는 그의 주장 속에 깔린 아이러니를 가까스로 알아차렸지만, 그는 전혀 눈치채지 못했음이 분명하다. 아마 그는 과학자와 학자가 곧잘 갖게 되는 경쟁 불안을 심하게 겪고 있었던 것 같다. 그 때문에 관리자로서 불안한 사람이 됐다.

  내 담당 과장은 론 셔먼이라는 사람으로, 할리 휘하의 과장 네 사람 중 한 명이었다. 통통한 몸집에 다정한 성격인 론은 공학 박사 학위를 지니고 있었는데, 전자기 펄스EMP에 관한 중요한 실험 연구 논문을 공동으로 쓴 사람이다. 전자기 펄스는 패러데이 전류와 열의 순간적 파동을 말한다. 핵 폭발이 일어나면 그 때 발생하는 강력한 자기장으로 인해 미국 전역의 전화 회선망에 전자기 펄스가 흐를 수 있다. 따라서 핵 공격이 있을 시 설사 사람이 해를 입지 않는다 해도 전화망은 녹아 못쓰게 돼버릴 것이다. 론은 우리 센터에서 상냥한 쪽에 속하는 사람이었다. 젊은 시절 가족에 닥친 비극으로 인해 어린 두 아들을 홀로 키워야 했음에도 유머가 있고 친절했다. 두 아들 중 한 명은 벌써 극작가로 인기가 있었다. 그는 자신의 출퇴근 시간을 직접 정하는 등 연구소 내에서도 부러울 정도로 매력적인 생활을 누리고 있는 것 같아 보였다. 관심사가 다양하여 해가 갈수록 학위가 많아졌다. 처음에는 공학 박사, 다음에는 경영 전문 엠비에이, 그리고 아마 법학 학위도 땄던 것 같다. 벨 연구소에서는 사환이나 비서를 채용하는 일이 별로 없었고, 그래서 론은 이따금씩 내가 오후 늦게 퇴근 준비를 하고 있을 때 우리 부서의 모든 사람에게 나눠 줄 두터운 서류의 복사를 맡기면서 약간의 기쁨을 누렸던 것 같다. 어떤 때에는 우리 부서가 회의를 할 때 내 손 글씨가 예쁘다며 내게 서기를 맡겼다. 인정하기 애석하지만 그럴 때 나는 중요한 사람이라는 느낌과 어린아이가 된 기분이 동시에 들었다.

    론과 나는 벨 연구소 전체뿐 아니라 에이티앤티, 웨스턴일렉트릭, 그리고 해체 이전 당시 벨시스템 소속이던 별의별 조직을 통튼 거대한 계층구조 속에 있는 마디 두 개에 지나지 않았다. 제일 말단에는 '기술요원'이 있었고, 그 위에는 기술요원 네 명 정도를 거느리는 과장이 있었으며, 그 위에는 과장 네댓 명을 거느리는 할리 같은 부장이 있었으며, 그 위에는 부장 넷을 거느리는 짐 다운스 같은 사람이 있었다. 그리고 계층구조는 그 위로 한 계단씩 더욱 높아져, 나중에는 회사 전체를 나타내게 된다. 나는 여기서 네 단계만 더 올라가면 미국 내 성인 전체가 이 조직에 포함되게 될 거라는 생각을 하곤 했다.

새로 채용되는 직원은 누구나 오래지 않아 이러한 지휘계통을 본능적으로 의식하게 됐다. 조직에 처음 들어오면 금세 누군가가 그에게 벨 연구소의 계층구조는 비교적 수평적인 에이티앤티의 계층구조 속에서 반 단계 정도 높게 자리 잡고 있다는 사실을 설명해 주었다. 그렇기 때문에 연구소의 조직 내에서 제일 밑바닥에 있는 우리 비천한 기술요원은 에이티앤티 전체 기준으로 보면 거의 과장급에 해당된다는 말이었다! 거기서 보낸 5년 동안 누군가가 "지금 4단계 회의에서 돌아오는 길이야!" 하고 자랑하는 말을 자주 들을 수 있었다. 그게 4단계라는 고귀한 신분의 누군가가 자리를 빛낼 정도로 중요한 회의였다는 말인지, 아니면 회의가 너무나 포괄적이어서 네 가지 계층 사람이 한 자리에 모여 있었다는 말인지 결국 알지 못했다. 숫자가 낮을수록 더 상서로운 계층이었고, 그래서 우리는 그들의 신비로운 광휘에 몸을 떨었다. 짐 다운스는 우리 자신의 직책보다 위로 한 단계를 넘어 올라가면 그 직책의 활동에 대해 절대로 이해할 수 없다는 말을 곧잘 했다. 그러니까 승진하지 않으면 자기보다 두 단계 더 높은 사람의 활동은 영원한 수수께끼로 남게 될 운명이었다. 대단히 부조리하게 들렸다. 월스트리트 전체에서, 특히 5년 뒤 내가 일하게 된 골드만삭스에서 유달리 인상적이었던 부분은 상관에 대한 거리낌이 없었다는 사실이다. 당시 골드만에서는 업무상 필요하다고 생각될 경우 중요한 (그리고 부유한) 사람들을 만나기가 비교적 쉬웠다. 예를 들면 나는 골드만에 들어갔던 첫 해에 로버트 루빈과 두어 차례 면담했는데, 당시 그는 고정수익 사업부의 최고 책임자였다.

벨시스템은 선로 보선공에서부터 변호사에 이르기까지 백만 명의 근로

자가 모인 거대한 관료조직이었다. 자체적으로 만든 거대한 법규 백과사전도 있었다. 한번은 나에게 뉴욕 시 법원에서 시민 배심원으로 출두하라는 통고가 왔는데, 그 때 내 상사들이 적절한 대응 방법을 찾기 위해 법규집을 뒤지는 광경을 지켜보았다. 군대와 마찬가지로 벨은 개인으로부터 공로, 지위, 명예 등 외적 치장을 모두 걷어내 버리고 과장, 부장, 국장 등과 같은 자체적 위계를 부여했다. 왠지 우리는 명함에는 학문적 자격이 표시돼서는 안 된다는 부분을 이해하고 있었다. 물리학자 출신으로 소행성 추적에 열정을 쏟고 있는 아마추어 천문학자 앤디 솔트하우스는 나보다 약간 먼저 연구소에 입사했는데, 박사 학위를 소지한 기술요원이 석사 학위밖에 안 가지고 있는 과장 밑에 있을 경우 생길지도 모르는 마찰을 피할 수 있기 때문에 필요한 관행이라 설명해 주었다.[*3]

물리적 공간으로 보면 업무 분석 시스템 센터는 머리힐의 유명한 캠퍼스 내 위쪽 가장자리에 있는 조립식 막사 건물에 자리 잡고 있었으며, 벨 연구소에서 가장 흥미롭고 학문적인 부분이었다. 논리적 공간으로 보면 우리는 네트워크 시스템 부서의 제90구역 소속이었다. 왕관에 박힌 보석 같은 존재는 숫자가 가장 낮은 제10구역으로, 최우수 과학자 및 공학자가 정부의 자금 지원을 따내야 하는 부담 없이 첨단 연구를 수행하는 순수 연구 센터였다. 당시에는 법으로 지정된 독점 기업이라 경쟁 회사가 없었

[*3] 1990년대 말까지 월스트리트에서는 박사가 자기 명함에 학위를 표시하는 경우는 드물었다. 그렇게 하면 이내 그는 사업과는 무관한 사람으로 스스로를 제외시켜버리게 때문이었다. 퀀트와 프로그래머가 명함에 자신의 이메일 주소를 인쇄하기 시작한 것도 마찬가지 이유로 오랜 시일이 걸렸다. 1996년부터 1999년까지 닷컴이 성장을 구가하는 동안 느리긴 해도 꾸준히 박사 학위의 지위가 향상됐다.

으므로 에이티앤티는 비용을 대기 위해 소비자에게 얼마든지 요금을 매길 수 있었다.

제10구역은 컴퓨터 공학 및 물리학 분야에서 단연 세계 최고였다. 브라이언 커니한과 데니스 리치는 그 곳에서 동료들과 함께 이제는 전설이 된 C 프로그램 언어와 유닉스 운영체제를 개발했고, awk, ed, sed, finger, lex, yacc 등 바보 같으면서도 깜찍한 이름의 프로그래밍 도구 모음을 만들어냈다. 제10구역은 프로그램을 도구 겸 문서로 취급하는 이중적 관점을 전파하는 데에 커다란 역할을 했다. 프로그램을 작성할 때 전자기계 구동뿐 아니라 사람들이 이해하고 조작할 수 있도록 하자는 취지였다. 연구소 사람들은 프로그램 작성을 자랑스레 생각했고 그 자체를 하나의 예술로 보았다. 물리학 및 공학에서 벨 연구소는 전자 및 정보 이론 연구를 통해 통신 발달의 많은 부분을 가능하게 해준 실험 및 이론의 발전소였다. 바딘과 브래튼, 쇼클리는 1947년에 벨 연구소에서 트랜지스터를 발명했고, 클로드 섀넌은 1948년 〈벨시스템 기술 저널〉에 이제는 이정표가 된 논문 〈통신의 수학적 이론〉을 발표했다. 기초 원리의 발견도 이루어졌다. 펜지아스와 윌슨은 대폭발에 의해 우주가 생성되면서 우주선이 방출됐을 것으로 생각한 로버트 허먼의 예측대로 우주선(宇宙線)을 발견함으로써 노벨상을 받았다. 내가 거기서 일한 동안에도 현재 컬럼비아 대학교에 있는 호르스트 스퇴르머가 양자 홀 효과에 대한 연구로 노벨상을 공동 수상했다. 내가 벨 연구소를 떠나기 얼마 전인 1984년에는 파인만이 연구소를 방문하여 양자 연산 이론에 대해 강연했는데 이 기술은 당시 막 태동기에 있었다. 나중에 해체된 제10구역의 경제학 연구 부서 또한 유명했다.

이 부서에서 일한 로버트 머턴은 1973년에 결정적인 논문 〈옵션 가격의 합리적 결정을 위한 이론〉을 〈벨 경제학 및 경영과학 저널〉에 발표했다.

나는 제10구역의 모든 사람이 누리는 자유가 부러웠고, 그에 반해 나에게는 그런 자유가 없음을 한탄했다. 나는 여러 해 동안 다른 사람들과 함께 소형 승합차를 타고 맨해튼과 머리힐 사이를 출퇴근했는데, 그러면서 나처럼 연구소의 응용 분야에서 일하는 기술요원을 많이 만났다. 대학원을 졸업하고 곧장 연구소로 온 공학자는 회사의 관료주의와 편협한 태도에 곧장 적응했다. 다른 생활을 해본 적이 없었으니까. 그러나 우리처럼 이전에 독자적으로 활동했던 과학자는 공무원 같은 분위기에 항상 짜증이 났고, 그래서 많은 숫자가 결국은 떠나고 말았다.

몇 년 뒤 골드만삭스에서 나와 함께 협력 연구를 한 윌리엄 토이는 입자물리학 실험가였는데, 그의 박사 논문 지도교수였던 제롬 프리드먼은 나중에 내 박사 논문 작업의 자극제가 된 강한 비탄성 전자─핵 산란 실험에서 쿼크의 구조를 발견하여 노벨상을 받았다. 윌리엄은 나와 마찬가지로 골드만삭스에 입사하기 전 벨 연구소에서 일했는데, 그곳에서 나와 비슷한 좌절감을 느꼈다. 우리는 일을 해내고 싶어 한다는 게 문제였다. 값비싼 첨단 장비를 만지작거리는 것만으로 즐겁게 지낼 수 있는 성격이라면 벨 연구소는 재미있는 곳이 될 수 있었겠지만 그런 생활은 우리 직성에 맞지 않았다. 나는 뭔가를 만들어내는 데에서 오는 뿌듯함을 느끼고 싶었다. 그러나 제5관 건물 내에서 내가 손댄 프로젝트 중에는 막다른 길에서 지리멸렬한 상태로 끝나버린 게 많았다. 약간의 연구를 하고, 내부용 서류를 만들고, 그러면 할리가 다운스에게 보고하고, 그러면 다운스는 뭔가 도무지 이해할 수 없는 애매모호한 이유를 내세워 실패 내지는 성공으로 끝맺어 버리는 것이다. 연구 결과는 회사 소유이기 때문에 우리에게는 출판할 권한이 없었다. 그렇지만 그런 연구 결과는 회사 내의 누구에게도 쓸모가 없는 때가 많았다. "정보는 자유를 원한다." 누가 만들어 냈는지는 몰라도 나는 이 구호에 점점 더 동조하게 됐다.

나는 연구소의 관리직 숭배 풍토를 혐오했다. 거기 들어갔을 때 나는 서른다섯 살이었는데, 제90구역에서는 관리자가 아닐 경우 아무런 존중도 받지 못한다는 사실을 금방 깨달았다. 그때까지 물리학을 하며 보낸 세월 동안에는 무엇보다도 재능과 기술이 중요했다. 뭔가를 만들어 내는 생활을 접고 행정직을 맡는 사람을 보면 측은하다는 생각이 들기까지 했다. 그러나 벨 연구소에 오니 재능은 관리자가 사들여 재판매하는 상품에 지나지 않아 보였다. 과장은 실제로 "기술적인 일"을 하지 못하도록 금지돼 있었는데, 그런 일을 하느라 하급자와 경쟁하면 사기 저하가 야기될 수 있다는 이유에서였다. 그래서 관리직에 있는 사람은 사내의 정치에 대한 전문가로 변신했다. 이들은 스스로의 능력을 내버리고, 그 시기 그 조직에서만 가치가 있는 체제와 지나치게 밀접한 관계에 들어가버린 것 같았다.

벨 연구소에 있으면 늙어버린 느낌이었다. 내 동료들은 기술요원이 40세가 되면 한물 간 것으로 취급했다. 본의 아니게 나 역시 나 자신을 포함하여 그 나이가 된 기술요원을 비슷한 눈으로 바라보기 시작했다. 앞으로 20년 동안을 그렇게 살 것으로는 상상할 수 없었다. 나중에 골드만삭스로 이직했는데 그곳에서는 실질적 기술과 재능을 중시한다는 사실을 알고 마음이 놓이는 동시에 생기마저 느낄 수 있었다. 거래사, 판매사, 프로그래머, 옵션 전문가 등 모두가 자신의 능력으로 일했고 게다가 돈도 아주 잘 벌고 있었다.

내가 소위 '올바른 정치관'을 처음으로 목격한 것도 벨 연구소에서였다. 그 말이 아직 본격적으로 유행하기 전인 1981년이었지만, 이미 우리는 외부인이 제3의 장소에서 진행하는 집단요법 방식의 모임에 1년에 한 번씩 하루 동안 의무적으로 참석했다. 모임에서는 인종 및 성차별에 대해 교육받았다. 한 자리에 모여 놀이를 하기도 했는데, 놀이에서는 사람들 앞에서 자신을 어떤 동물과 동일시하는지, 그렇게 생각하는 이유는 무엇인지 발표해야 했다. (1년 뒤 내 담당 과장이 된 어느 양순한 여자는 스스로를 사자와 동일시한다고 했는데, 무리 중에서 사냥하는 건 암사자, 즉 여성이기 때문이라 했다.) 우리는 음악을 듣고 어떤 느낌을 받는지 발표했다. 직장에서 고비를 맞이한 상황을 연출하여 촌극을 벌이기도 했다. 예를 들면 어떤 촌극에서는 남녀 기술요원 여러 명이 담당 과장을 동반하지 않은 채 회사 근처 어느 식당으로 점심을 먹으러 나간 상황을 연출했다. 식당에서 남자 기술요원 한 명이 지저분한 농담을 했다. 여자 기술요원 한 명이 모멸감을 느꼈다. 그녀는 다음 중 어떻게 해야 하는가? ① 못 들은 체 해야 한다, ② 그 남자에게 주의를 주어야 한다, ③ 연구소로 돌아와 담당 과장에게 일러바쳐야 한다. 정답이 무엇이었는지는 기억나지 않는다.

이러한 별도 교육에 나가면 자신이 지닌 편견을 동료와 상사가 다 모인 자리에서 발가벗겨 드러내 놓도록 되어 있었다. 바로 그 다음 날에는 일터에서 다시 그들과 함께 일해야 한다는 사실은 고려되지 않았다. 개인의 개성과 편견이 업무의 품질에 영향을 줄 수 있으며 따라서 당연히 회사의 관심사에 속한다는 논리가 이와 같은 사생활 침해에 대한 근거로 내세워졌다. 나는 개인과 회사를 이런 식으로 뭉뚱그리는 게 싫었다. 내가 그 회사에서 일한다고 해서 1년에 한 번씩 사람들 앞에서 내 개인적 문제를 까놓고 이야기해야 할 의무는 없는 법이다. 다른 사람들의 문제를 딱히 듣고 싶지도 않았다. 그로부터 20년 뒤, 닷컴 거품이 거의 끝나가던 무렵 골드만삭스조차 팀워크 형성을 위한 돌팔이 처방을 팔아먹는 자문가로 북적거렸다. 잠시이기는 했지만 실망스럽기는 매한가지였다.

한편 제5관 건물에서는 너도나도 야망에 열을 올렸다. 거기서 일하는 — 거기서 일하는 다른 사람들과 마찬가지로 과학자 출신인 — 여자 여러 명이 『성공하는 남자의 옷차림』을 열심히 읽으며 그 책에서 권하는 대로 따라 하기 시작했다. 이들은 어깨심을 넣은 남자 같은 정장을 입고 실크 넥타이를 매고 다니기 시작했다. 어느 여자 기술요원은 내게 갈색 양복은 절대로 입지 말라고 충고했다. 말하는 태도가 어찌나 진지했는지, 그 때 이후로 나는 갈색 양복을 사 입지 못했다. 뭔가 중요한 사실을 정말로 알고 있을지도 모른다는 생각이 들었기 때문이다. 그럼에도 불구하고 어느 날 그녀는 내 사무실에 와서 자신의 개인적 문제를 털어놓으며 울었다. 사무적이 되어야 할지 흉금을 터놓아야 할지 아는 사람은 아무도 없는 것 같았다. 내가 거기서 일하는 동안 벨시스템이 해체되고 베이비벨스가 분리되면서 벨 연구소 자체가 여러 조각으로 찢어졌다. 나는 에이티앤티에 남았지만 동료 몇몇은 벨 전화회사에서 새로 만든 통신 연구소인 벨코어로 보내졌다.

벨 연구소에서 일하면서 느낀 비능률과 짜증을 다 나열하자면 책 한 권이 족히 되겠지만, 관료주의의 좀스러운 특징을 가장 잘 보여주는 멍청한 사례는 1984년 어느 날 상부 어디에선가 내려온 지시였다. 우리는 매주 근무시간 기록부를 작성했는데, 거기에다 초과 근무 시간(회사에서 일했든 집에서 일했든)을 적어 넣으라는 내용이었다. 그렇다고 초과 근무에 대한 급료는 전혀 없었다. 결국 정해진 시간 외에 얼마나 더 많이 일했는지 거짓말함으로써 담당 관리자에게 알랑거리라고 부추기는 것 말고는 아무 의미도 없었다. 〈딜버트〉 만화에 어울릴 정도로 불합리했다. 이 만화의 작가 스콧 애덤스가 퍼시픽벨에서 몇 년 동안 근무했다는 사실도 그다지 뜻밖으로 들리지 않는다.

그러나 그곳 생활에도 몇 가지 좋은 부분은 있었다. 센터에는 물리학자와 수학자 출신이 가득했는데, 과학자가 학문 생활을 떠나 기업체로 흘러들어간 1970년대 말 시대사조의 여파였다. 그들 중에는 내가 그 전부터 알고 있었던 입자 물리학자가 많았다. 나는 마크 쾨닉스버그와 가까워졌다. 그는 퍼즐이라면 무엇이든 좋아했다. 내가 처음 면접을 갔던 그날에는 자리에 없었지만, 거기서 일하기 시작한 직후부터 우리는 그곳의 여러 가지 사정을 똑같이 싫어한다는 사실로 가까워지기 시작했다. 내가 연구소를 그만두고 골드만삭스로 자리를 옮긴 지 여섯 달 뒤 그 역시 연구소를 나와 잘로몬브라더즈로 이직했다. 마크와 나는 래리 커젤러스와 친구가 됐다. 물리학자인 그는 나와 비슷한 나이로, 몇 년 전 그가 펜실베이니아 대학교 박사과정에서 일반 상대성 이론을 공부하고 있을 때 만난 적이 있었다. 스티브 블라하 역시 그전 7년 동안 여러 곳의 협의회에서 만난 적이 있는 입자 물리학자 출신으로, 나처럼 윌리엄칼리지의 학문직을 포기하고 센터에 들어와 일하고 있었다. 스티브도 몇 년 뒤 연구소를 그만두고 보스턴 지역에서 소프트웨어 자문가로 또 저자로 활동하기 시작했다.

마크와 래리와 나는 함께 어울려 다녔다. 한번은 뉴욕의 윤리문화 협회에 둘을 억지로 끌고 가서 촉얌 트룽파의 강연을 들은 적이 있었다. 래리 역시 나와 비슷하게 색다른 데에 관심이 많았고, 그래서 심리학자 라이히의 정신분석에 관심을 갖게 됐다. 그보다 이전에 나는 라이히에 관한 우스운 영화를 본 적이 있었다. 두샨 마카베예프 감독의 『더블유아르: 유기체의 신비』라는 영화였는데, 슬라브 특유의 감각이 재미있었고 성적 억압을 정치적 억압과 나란히 놓은 점이 재치 있었다. 지금은 라이히의 기이하고도 용감한 삶을 그린 마이런 섀라프의 전기 『빌헬름 라이히: 세상에 대한 분노』를 읽고 있다.

벨 연구소 생활은 느슨했다. 우리는 점심시간에 22번 도로에 있는 싸구려 식당으로 나가 오랜 시간을 보냈다. 가끔 면접을 보러 온 사람을 데리고 저녁을 먹으러 나가기도 했는데 그럴 때 주로 가는 곳은 '라페르'라는 이름의 식당이었다. 세련을 가장한 식당 이름을 보면 그곳을 경영하는 사람, 그곳의 음식, 그리고 우리를 그곳으로 데리고 가는 사람들에 대한 모든 것을 짐작할 수 있었다. 한번은 마크와 래리와 함께 내 차를 타고 밖에 나가 장시간 점심을 먹고 돌아왔는데, 비가 몹시 퍼붓는 통에 제5관 건물 밖 주차장에 차를 세워 놓고 비가 그치기를 기다렸다. 기다리는 동안 우리 셋은 센터에 파다하게 퍼져 있던 두 개의 콘돔 조합 문제를 생각했다. 다음과 같은 내용이었다.

(이성애자) 커플 두 쌍이 함께 모여 있었다. 이들은 가능한 모든 남자-여자 조합으로 그룹섹스를 갖기로 했다. 콘돔이 두 개뿐이었는데, 모두 다른 사람으로부터 성병이 옮을지도 모른다는 불안감을 지니고 있었다. 단 두 개의 콘돔으로 도합 네 번의 성교를 어떻게 해낼 수 있을까? 첫째 남자가 콘돔 두 개를 겹쳐 끼고 첫째 여자와 성관계를 갖는다. 그러면 감염 가능성이 있는 부위와 접촉하는 부분은 바깥에 있는 콘돔의 바깥 면과 안쪽 콘돔의 안쪽 면뿐이다. 첫째 남자는 바깥의 콘돔을 벗고 두 번째 여자와 성관계를 갖는다. 첫째 남자가 벗겨낸 바깥쪽 콘돔의 안쪽 면은 아직 아무와도 접촉하지 않았는데, 이 콘돔을 두 번째 남자가 끼고 첫째 여자와 성관계를 갖는다. 첫째 여자 역시 이 시점까지 바로 그 콘돔의 바깥 면과 접촉했을 뿐이다. 끝으로, 두 번째 남자가 아까 그 콘돔을 낀 채 첫째 남자가 꼈던 콘돔을 겹쳐 끼고 두 번째 여자와 성관계를 갖는다. 두 번째 여자 역시 자신이 이미 접촉한 콘돔을 다시 접촉하게 된다.

N 쌍의 커플로 일반화하고 싶은 유혹을 뿌리치기란 불가능했다.

래리는 본격적으로 달리기를 즐겼다. 그래서 나는 그와 함께 연구소에서 강박적으로 열심히 달리기를 하는 소수의 무리 중에 끼여 매주 몇 번씩 점심시간에 달렸다. 우리는 건물·단지 관리부서에 있는 작은 샤워실로 가서 옷을 갈아입고, 잔디밭에서 몸을 푼 다음 30~45분 정도 달리고, 다시 마무리 운동으로 근육을 풀어준 다음, 샤워하고 옷을 갈아입고 카페테리아에서 점심을 먹었다. 그렇게 하면 두 시간 가까이가 지나갔다. 아홉 시부터 다섯 시까지 하루 일과를 보내는 사람의 경우 상당한 시간이 날아가는 셈이었지만 아무도 신경 쓰는 것 같지 않았다. 나는 그때처럼 건강하고 빨리 달릴 수 있었던 시기가 그전에도 뒤에도 없었다.

우리는 부서 내에서 가끔씩 교육 목적의 세미나를 열곤 했다. 1981년 초에 한번은 래리가 블랙-숄스 이론에 대해 강의했는데, 그때까지 나는 단 한 번도 그 이론에 대해 들어본 적이 없었다. 내가 입자 물리학에서 사용하던 히비사이드 (지시) 함수 대수학 및 계산법이 옵션 계산에서 활용된다는 사실에 잠시 신기하다는 생각이 들었다. 나중에 버클리의 마크 가먼이 초창기에 쓴 논문을 우연히 보게 됐는데, 그 역시 똑같은 연관성을 연구하고 있었다. 그러나 옵션 이론은 우리가 연구소에서 하는 일과는 대체로 무관했고, 그래서 내가 잠시 품었던 흥미도 금세 엷어지고 말았다. 나는 헤지라든가 위험 중립에 대해 전혀 아무 것도 이해하지 못하고 있었고, 주식 시장에 대해서도 전혀 관심을 기울이고 있지 않았다.

몇 년 뒤 래리와 마크와 나는 매사추세츠 공과대학에서 개최된 경영자를 위한 금융 연수회에 2주 동안 파견됐다. 지도자는 스튜어트 마이어스였고, 그가 브릴리와 함께 쓴 책을 교재로 사용했다. 우리는 대학 기숙사에서 지내며, 늦은 오후에는 대학의 육상 트랙에서 달리고 저녁에는 케임브리지 시내에서 식사를 즐기는 등 회사 생활에서 벗어난 자유를 한껏 누렸다. 마이어스의 연수회는 자본 자산 가격 결정 모델에 초점을 맞추고 있었는데, 나는 금융 이론과 열역학이 비슷해 보인다는 사실에 크나큰 흥미를 느꼈다. 나는 열과 자본, 온도와 위험, 엔트로피와 샤프 비율이 서로 너무 뚜렷하게 닮은 구석을 보았으나, 그런 사실을 활용할 방법은 그때 이후로 아직까지 찾아내지 못했다. 강좌는 짧고 집중적이었으며, 우리가 쏟은 것보다 더 많은 공부를 필요로 했다. 강사 중에는 테리 마시라는 사람이 있었는데, 현재 버클리의 교수이자 금융 소프트웨어 회사인 퀀털의 공동 창업자 겸 파트너이다. 당시 그는 막 알려지기 시작하던 참이었다. 오랜 세월이 지난 뒤 금융 전문가 모임에 나가서 또는 내가 버클리의 하스 경영대학원에서 세미나를 열 때 우연히 그와 마주치면 항상 반가웠다.

나는 에이티앤티를 하나의 직업으로 보았다. 직업 치고는 실망스러운 것으로 생각했다. 그러나 래리는 불굴의 정신력으로 무장한 사람이라 우리 모두가 인간의 의사소통을 향상시키는 데에 기여하고 있다고 믿었다. 당시에는 그의 말을 재미있다고 생각하는 정도였지만, 어느 면에서 보면 그가 옳았던 것 같다. 그럼에도 불구하고 그와 마크와 나는 — 모두 숨막혀하고 있었으므로 — 5년 이내에 모두 벨 연구소를 떠났다.

내가 연구소에서 정말 무엇보다도 좋아한 것은 소프트웨어를 만드는 재미였다. 무지한 사람들은 그 작업을 "코딩"이라 불렀다. 그 말에는 내용은 모르는 채 한 세트의 부호를 그저 기계적으로 다른 세트의 부호로 옮기기만 하면 되는 작업으로 취급한다는 뜻이 내포돼 있는 것이다. 그것을 좋아하는 사람은 스스로를 스스럼없이 "프로그래머"라 불렀다. 그걸 뭐라 부르든, 내 경험으로 프로그래밍은 더없이 순수한 활동에 속한다. 낱말을 사용한 진정한 건축인 것이다. 내 친구는 학계에 있든 사업계 종사하고 있든 모두 프로그래밍에 대해서는 우월감을 지니고 있었다. 정반대 성격 사이의 희한한 의견 일치라 할 수 있겠다. 물리학을 하는 것이나 돈을 버는 것보다 열등하다고 생각한 것이다. 그러나 나는 프로그래밍과 사랑에 빠졌다.

프로그램을 작성한다는 것은 기계가 업무를 수행하도록 디자인하는 것이다. 디자인할 때에는 인간이 만든 프로그램 언어를 이용한다. 예를 들면 포트란, 리스프, C++, 자바 등이 이런 언어에 속한다. 프로그래밍은 친구에게 업무 처리를 부탁하는 것과 그다지 많이 다르지 않다. 커다란 차이는 친구에 비해 컴퓨터는 융통성이 훨씬 떨어진다는 사실이다. 그래서 컴퓨터가 세상에 대해 아는 게 전혀 없는 것으로 간주하고 업무의 세세한 부분까지 구체적으로 명시해 주어야 한다.

1980년에 벨 연구소에 들어가기 전까지 나는 프로그래밍이 얼마나 정연하고 매력적인지 제대로 알지 못했다. 나는 컴퓨터 터미널을 사용해 본 적이 없었다. 학생 시절과 박사 후 연구원 시절 내가 짠 프로그램은 전부 복잡한 수식의 수치를 반복하고 또 반복하여 얻어 내는 것만을 목표로 하고 있었다. 나는 컴퓨터를 대단히 미화된 덧셈 기계로 생각했다. 유일한 예외는 1965년에 케이프타운 대학교에 있을 때였다. 그때 나는 펀치카드를 이용하여 컴퓨터에 어휘를 입력한 다음 임의로 조합하여 짤막한 시를 만들어 냈다. 나는 그때의 일을 늘 어린아이 같은 장난으로 생각하고 있었다.

그러나 1980년 에이티앤티에서는 회사 전체가 C 언어를 수용하고 있었다. C는 그보다 10년 정도 전 머리힐에서 데니스 리치가 개발한 언어로 우아한 동시에 실용적이었다. 그는 C를 이해가 쉬운 고급 언어로 고안하여 기종 간 이식성이 높은 운영체제인 유닉스를 개발하는 도구로 사용했다. 유닉스 역시 그곳에서 켄 톰슨과 리치에 의해 개발됐다.[*4] 이제 전화

교환 시스템으로부터 문서 작성용 소프트웨어에 이르기까지 모든 것이 유닉스에서 C로 작성되고 있었다. 게다가 스타일도 놀라웠다. 드디어는 소수점 이하의 자릿수에만 주로 관심이 있었던 물리학자까지도 실용적이기만 할뿐 못생긴 포트란을 버리고 시적 멋을 갖춘 C를 받아들이기 시작했다. 프로그래밍은 혁명의 마지막 단계에 들어와 있었고, 이 혁명에 대해 나는 막 배우기 시작하고 있었다.

이 혁명의 신조는 프로그램을 인간이 이해할 수 있는 정보를 담은 글 형태로 만든다는 것이었다. 그 이전에는 항상 그러지는 않았다. 프로그램은 값도 비싸고 용량도 넉넉하지 않은 기억장치에 저장해 두어야 하는데, 이 때문에 프로그래머는 프로그램을 될 수 있는 대로 작게 만드는 데에 노력을 많이 기울이는 전통이 있었다. 이들은 프로그램을 "꽉 차게" 작성했다. 간결하게 압축하여, 암호문 같은 데다가 혼란스럽기까지 하게 만드는 것을 자랑하고 다녔다. 그래도 빠르게 동작하기만 하면 된다는 사고방식이었다. 스타일은 거의 아무 소용이 없었고, 내용만이 제일이었다. 따라서 프로그램은 오류가 잘 생길 뿐 아니라 사람이 이해하고 수정하기도 어려웠다. 오로지 사람의 명령을 기계적으로 실행하는 컴퓨터만을 위해 작성됐다. 만들기 어렵다 보니 프로그램은 일단 작성되면 놀라우리만치 오래도록 사용됐고, 사용되는 내내 관리, 수정 및 성능·기능 향상을 위해

---

*4 운영체제를 C 같은 고급 언어로 작성한다는 것은 새로운 개념이었다. 그 때까지는 운영체제를 컴퓨터마다 제각기 다른 기계어나 어셈블러 같이 읽기 어려운 원시적 저급 언어로 처음부터 끝까지 힘겹게 작성하곤 했다. 기종마다 다른 특정 기계어가 아니라 표준 C 언어를 사용함으로써, 새로 어떤 컴퓨터가 생산돼도 그 기종에서 C가 돌아가게 하는 것만으로도 유닉스 및 관련 도구 전체를 금방 만들어 낼 수 있었다.

값비싼 비용을 들여야 했다. Y2K문제 이면의 고민은 이와 같은 환경 속에서 생겨난 것이다.

그러면 프로그래밍이란 무엇일까? 그것은 하나의 언어를 사용하여 상상 속의 세계를 조목조목 최대한 자세하게 규정하는 행동이다. 간단한 명령 말고는 아무 것도 이해하지 못하고 실행하지도 못하는 기계 안에 상상 속의 이 세계를 만든다. 그러자면 오로지 지시 사항을 정확하게 작성하는 방법밖에는 없는데, 그러다 보면 지시 사항이 수십만 줄에 이르는 경우도 다반사다. 일련의 지시 사항은 컴퓨터라는 이해력이 부족한 자동 기계에 의해 조금의 애매함도 없이 실행돼야 하는 동시에, 나뿐 아니라 다른 프로그래머가 읽고 이해하고 기억하고 수정할 수 있어야 한다. 시를 쓸 때 형태와 의미 간의 긴장을 해소하려 애쓰는 것과 마찬가지로, 프로그래밍 역시 간결함과 명료함 사이의 갈등을 해결해야 한다. 그러기 위해서는 우리가 사용하는 언어가 결정적으로 중요하다.

연구소에서는 프로그램 작성 자체를 도구가 필요한 작업으로 보았다. 이들은 프로그래머 각자가 씨름하고 있는 특수 용도의 프로그램을 좀 더 범용의 프로그램 부류에 속하는 것으로 바라보기를 권장했고, 그런 다음 이런 넓은 관점을 바탕으로 컴퓨터를 이용하여 그 부류를 만들어 내기를 장려했다. 이들은 자신이 만드는 프로그램의 일부 또는 전부를 작성하기 위한 프로그램을 고안했다. 연구소 내에서 유닉스를 만지는 사람들은 자신이 만드는 프로그램의 작성, 진단 및 수정 작업에 도움이 되는 편집 및 분석 도구 일체를 만들었다. 일 때문이 아니라 프로그래밍을 좋아하기 때문에 만든 것이다. 톰슨과 리치의 유닉스 프로그래밍 환경에서는 컴퓨터가 프로그램을 실행하기 위한 자동 기계로도 중요하지만, 프로그램을 만들어 내기 위한 도구로도 마찬가지의 중요성을 띠고 있었다. 컴퓨터는 망치일 뿐 아니라, 차세대의 망치를 만들어 내기 위한 대장간이기도 했던 것이다.

벨 연구소의 기술요원은 프로그램을 그냥 기계적으로 만드는 게 아니다. 그보다는 프로그램에서 필요로 하는 세부 작업을 (예를 들면 입력을 읽어 들이고, 방정식을 풀고, 출력물의 형태를 잡는 등) 생각했다. 그런 다음에는 이처럼 커다란 프로그램의 세부 단위를 생성하는 용도로 쓸 수 있는 특수 목적의 자그마한 프로그램 언어를 작성했다. 그리고 난 뒤 끝으로 이런 자그마한 언어를 사용하여 전체 프로그램 자체를 만들었다. 이들은 항상 작업을 일반화하여 도구를 만들어 낼 방법을 생각했던 것이다.

에이티앤티는 법규의 적용을 받는 공익기업이었기 때문에 이익 목적으로 아이비엠이나 디지털Digital Equipment과 경쟁하여 소프트웨어를 판매하는 일은 금지돼 있었다. 그래서 연구소는 이런 도구를 무료로 대학교에 나눠 주었다. 이렇게 전파시킨 결과, 프로그래밍을 허드렛일이 아니라 컴퓨터를 매개수단으로 하는 문학 활동으로 생각하는 새로운 프로그래머 세대가 생겨났다. 내가 만든 프로그램이 얼마나 명료하고 정연하고 틀이 잘 잡혀 있느냐 하는 문제는 얼마나 효율적으로 동작하느냐 하는 문제만큼이나 중요해졌다.

커니한과 플로거는 1970년대에 『프로그래밍 스타일의 요소』라는 제목의 책을 썼다. 커다란 영향을 끼친 이 책은 스트렁크와 화이트가 공동집필한 작문 지침서의 고전인 『스타일의 요소』에 경의를 표하는 뜻에서 그렇게 제목을 붙인 것이다. 이들은 프로그래밍과 코드 개발을 예술로 인식한 운동의 일원이었다.

이와 같은 문화는 내가 업무 분석 시스템 센터에 들어갔을 때 이미 널리 퍼져 있었다. 새로 들어온 직원은 모두 유닉스와 본 셸 스크립트 언어 외에도 프로그래밍을 위한 C 언어, 통계를 위한 S 언어, 그리고 줄 단위 문서 편집기인 ed를 배웠다. 나는 빌 조이가 만든 화면 편집기인 vi가 발표된 직후 그 사용법을 배우며 느낀 흥분을 기억하고 있다. 센터가 컴퓨터 과학 교육 과정을 구성한 일은 높이 살 만하다. 석사 학위에 준하는 과정으로, 주로 뉴욕 시에 있는 컬럼비아 대학교 소속 교수들이 가르쳤다. 나는 너그럽고 겸손한 성격의 시각 소프트웨어 전문가인 존 켄더에게서 소프트웨어 디자인과 알고리듬을 배웠다. 우리는 데이비드 쇼에게서 데이터베이스 이론을 배웠는데, 그는 나중에 디이쇼 회사라는 투자 부티크를 설립했을 뿐 아니라 최초의 무료 이메일 서비스인 주노를 창시했다. 그는 디이쇼에서 제프리 베조스를 고용했는데, 나중에 회사를 그만두고 아마존닷컴을 설립한 사람이다.

데이비드 쇼는 그 때 벌써 통이 큰 기업가였다. 그는 스탠퍼드에서 컴퓨터 과학을 공부하면서 소프트웨어 회사를 경영한 경력이 있었다. 내가 그를 만났을 때 그는 사업가다운 자신 있는 태도와는 잘 어울린다고 볼 수 없는 학자 같은 엉성한 느낌을 여전히 풍기고 있었다. 지금은 흔해졌지만 당시로서는 보기 드물었던 자본주의자 학자였다. 가죽 장정의 자그마한 데이타이머 수첩을 바지 뒷주머니에 넣고 다녔는데, 항상 지니고 다녔기 때문에 그의 몸 윤곽에 맞게 모양이 구부러져 있었다. 펜실베이니아에서 제조된 이 수첩은 미국의 중간 관리자 분위기를 물씬 풍겼다. 한 달 단위로 알장을 끼워 넣을 수 있도록 스프링으로 제본돼 있었고, '약속'과 '할 일'을 적어 넣을 수 있는 난이 있었다. 교수와는 너무나 거리가 먼 사무적 느낌으로, 곧 등장하게 될 유럽의 파일로팩스 시스템 수첩, 그리고 10년 뒤 미국에서 등장한 팜파일럿의 선구자 격에 해당했다.

데이비드 쇼는 생각하는 통이 컸음이 분명하다. 내가 만났던 무렵 그는 다수의 작은 중앙 처리장치와 메모리 유닛으로 구성된 병렬 처리 컴퓨터를 계획하고 있었는데 그는 이를 "논본"이라 불렀다. 1940년대 요한 폰 노이만과 에니악 이후로 커다란 중앙 처리장치 하나로 만들어진 컴퓨터가 대세를 이루고 있었으나, 쇼의 논본은 정반대 구조였다. 그의 자신감은 두려움과 부러움의 대상이었다. 존 켄더는 내게 그에 대한 불만을 농담 반 진담 반으로 들려 주었는데, 컬럼비아에서 종신직을 놓고 경쟁하던 그와 여타 조교수들이 연구를 위해 약간의 정부 보조를 얻어 내려 애쓰고 있을 때 데이비드 쇼는 늘 훨씬 규모가 큰 야심 찬 제안을 내놓곤 했다는 것이다. 논본 계획의 경우에는 궁극적으로 수십 내지 수백 명의 인원을 필요로 했다. 존은 데이비드 쇼의 넓은 시각과 허풍에 가까운 무조건적 자신감과 비교해 볼 때 자신과 동료는 종신 재직권을 얻어 낼 가망이 없다고 생각했다.

데이비드의 넓은 세계관에 대해서는 존이 옳았지만, 그의 성공만큼은 존의 생각과는 달랐다. 데이비드는 그 얼마 뒤 컬럼비아를 그만두고 모건 스탠리에 들어갔고, 거기서 눈지오 타르탈리아가 이끄는 전설적 부서에서 쌍거래[*5]를 했다. 그런 노력이 결국 종국에 다다르자 그는 디이쇼 회사를 차렸다. 그가 새로 설립한 회사는 스스로를 첨단 기술과 금융의 상호 작용을 전문으로 하는 회사라고 선전했다. 그리고 거래 기회를 탐지하는 고성능 컴퓨터 시스템을 남몰래 구축하고 있다는 평판을 쌓았다. 1996년 〈포춘〉지는 이 회사를 "오늘날 월스트리트에서 가장 호기심을 많이 자아내는 신비한 세력"으로 묘사했다. 나는 디이쇼에서 일한 사람이라면 누구를 막론하고 면접에 부른 월스트리트의 간부를 여럿 알고 있었는데, 혹시라도 디이쇼의 은밀한 곳에서 무슨 일이 어떻게 돌아가고 있는지를 알아낼 수 있을까 하는 마음에서였다. 그러나 면접에 나온 직원은 대부분 그곳 사정이 어떻게 돌아가는지 그리 잘 알지 못했다. 1997년, 나는 어느 협의회에서 데이비드를 오찬회 강연자로 소개해 달라는 부탁을 받았다. 오찬에서 나는 이렇게 말했다. "…… 아마도 디이쇼 회사는 박쥐굴로, 데이비드는 세상을 지켜보고 있는 배트맨으로 보아도 될 것입니다. 데이비드 자신은 유리를 통해서만 어렴풋이 보일 뿐입니다." 그러나 위험이 없는 거래 장치를 구축하는 일은 그리 간단하지 않으며, 대규모로 구축하기는 더더욱 어렵다. 세상에는 위험 없이 거둘 수 있는 이익이 그리 많지 않다. 점점 더 많은 자산을 가지고 자산이 적을 때와 같은 수준의 수익률을 얻으려 애쓰다 보면 궁극적으로 점점 더 위험한 전략에 매력을 느끼게 마련이다. 1998년 디이쇼 회사는 파트너 관계이던 아메리카 은행과 함께

[*5] 쌍거래는 쌍을 이루는 비슷한 주식이 있을 때 두 주식의 차이가 통계적으로 의미 있는 변동 패턴을 띠는지 추적하여 거래에 이용하는 방법이다. 그런 패턴을 발견하면 둘의 차이가 클 때에는 비싼 주식을 공매도하여 싼 주식을 사고, 차이가 좁아지면 그 반대로 거래한다. 타르탈리아는 이 방법으로 모건스탠리에서 반짝 성공을 거두었다. 그의 성공이 알려지자 거래 회사와 헤지펀드 및 그들에게 고용된 과학자들이 혹시 하는 마음에서 정기적으로 이런 유형의 소위 "통계적 차익거래" 모델을 구축하려 애써왔다.

10억 달러 가까운 손실을 입은 것으로 알려졌고, 비슷한 전략을 구사하던 헤지펀드인 롱텀 캐피털매니지먼트는 파산했으며, 그밖에 수많은 헤지펀드와 투자은행이 상당히 심각한 출혈을 겪었다.

한편 1981년에 나는 연구소가 제공하는 컴퓨터 과학 과정에 등록하여 프로그래밍의 실제 기법을 배웠다. 특히 컴퓨터 언어 디자인과 컴파일러 작성에 완전히 매료돼, 전문화된 문제를 사용자가 직접 풀어낼 수 있게 해주는 구체적인 작은 언어를 실제로 개발하느라 대부분의 시간을 보냈다.

자바나 C, 심지어 고릿적 것으로 천대받는 포트란 같은 고급언어를 이용하면 정교하고 간략하게 작성한 명령으로 컴퓨터가 복잡한 연산을 수행하게 할 수 있다. 교양 있는 사람이 수학에 대해 생각하거나 말하는 방식과 상당히 가까운 스타일로 프로그램을 짤 수 있는 것이다. 그러나 컴퓨터의 중앙 처리장치, 즉 논리 및 수학 연산을 실제로 실행하는 저 원시적 두뇌는 특수 재능을 지닌 정신박약자에 비할 수 있다. 아기에게 쓰는 수준의 간단한 말만 "이해"하고 반응하도록 설계돼 있는 것이다. 아기 말만 알아들을 수 있는 (그러나 일련의 기다란 말을 아주 잘 기억하는) 어린 아이에게 개를 산책시키게 하는 것과 비슷하다. "개를 데리고 산책하고 와!" 하고만 말해서는 안 된다. 이렇게 말하는 것은 아이가 이미 세계에 대해 아주 많이 알고 있다고 간주하는 것과 같다. 그래서 고급 언어로 이루어진 커다란 명령을 그에 해당하는 아주 초보적인 일련의 행동 목록으로 아기 말만 사용하여 번역해 주어야 하는 것이다. 다음과 같은 식이 되어야 한다.

개를 데려온다;

개 줄을 찾는다;

줄을 개의 목걸이에 묶는다;

개 줄을 꼭 쥔다;

현관 문을 연다;

5분 동안 개를 따라 간다;

개가 보도 밖으로 나가면 줄을 당겨 안으로 돌아오게 한다;

……

현관 문으로 돌아온다;

현관 문 안으로 들어온다;

개 줄을 푼다.

사용자가 "개를 산책시켜라" 같이 복잡한 명령을 내릴 수 있게 해 주는 고급 언어를 디자인하려면 이런 명령을 중앙 처리장치가 알아들을 수 있는 아기 말인 기계어로 번역해 주는 '컴파일러'라는 것을 제공해 주어야 한다. 번역 과정에서 한 가지라도 실수가 있거나, 조금이라도 세밀한 부분을 빠트렸거나 하면 개와 아이는 영영 돌아오지 않을 것이다!

1950년대 말 아이비엠에서 존 배커스가 이끄는 팀이 "공식 변환 FORmula TRANslation"을 위한 언어로 포트란을 개발했을 때 이들은 포트란으로 프로그래머가 복잡한 수학 공식을 조작할 수 있게 하고자 했다. 이들이 만든 컴파일러는 모든 포트란 명령을 자동적으로 컴퓨터의 단순한 논리 회로가 이해할 수 있는 아기 말 수준의 기계어로 번역해 주어야 했다.

컴파일러는 적절한 명령을 아기 말로 번역할 뿐 아니라, 부적절하거나 잘못된 명령의 번역을 거부할 수 있어야만 했다. "산책 개! 시켜라" 하는 명령의 컴파일을 시키면 "틀렸어!" 하고 소리칠 수 있어야 했다. 즉, 컴파일러는 문법을 이해할 수 있어야 하는 것이다.

문법은 정당한 문장을 만들기 위해 충족시켜야 하는 규칙의 집합체다. 어른은 본능적이고 무의식적으로 문법을 인식한다. 그러나 컴퓨터는 규칙을 따라야만 한다. 언어 번역 작업을 쉽게 수행할 수 있도록 배커스는 문법을 묘사하고 분석하기 위한 수학적 형식론을 개발했다. 이 형식론은 자연 언어를 표현하는 문법에 비해 간단하고 덜 복잡미묘한 프로그래밍 문법에 잘 맞았다. '배커스 표준형식Backus Normal Form'의 머리글자를 따 비엔에프라 불린 배커스의 형식론은 문법적으로 일관된 컴퓨터 언어를 만들어 낼 수 있는 방법론을 제공해 주었는데, 생성문법과 관련하여 노엄 촘스키가 발견한 내용과 유사했다. 나는 이 형식론을 연구하면서 문법적으로 일관된 소규모의 컴퓨터 언어를 디자인하는 방법을 익혔다.

배커스 표준형식을 이용하면 나만의 컴퓨터 언어를 위한 문법을 정의하는 일이 가능했다. 내가 만든 언어로 구성한 문장을 분석하여 문법적으로 올바른 문장만을 받아들이는 컴파일러를 만들 수 있었다. 이는 해야 할 작업의 절반에 지나지 않는다. 나머지 절반은 문법적으로 올바른 문장 하나하나를 아기 말로 번역해 주는 컴파일러를 작성하는 작업이다. 이 작업은 많은 수고를 필요로 하며, 지루하고도 어려웠다. 번역에 하나라도 실수가 있으면 수학 문제를 풀이용 프로그램을 만들든 우주선 통제용 프로그램을 만들든 치명적인 결과를 낳을 수도 있었다.

프로그램 작성자에게 유닉스 운영체제는 놀라운 수준의 해방감을 느끼게 해 주는 환경이었다. 거기에는 내가 본 것 중 가장 아름다운 도구 두 가지가 포함돼 있었다. lex와 yacc였는데, 이 두 가지를 이용하면 거의 아무런 힘도 들이지 않고 컴파일러를 만들어낼 수 있었다. lex는 "어휘 분석기lexical analyzer"의 약자다. yacc는 "또 다른 컴파일러 컴파일러yet another compiler-compiler"의 머리글자로, 유닉스에서 제공하는 도구 중에는 이렇게 맛깔스런 약자로 붙인 이름이 많았다. lex를 이용하면 내가 만든 언어가 보유하는 모든 낱말을 인식할 수 있는 하위 프로그램을 만들 수 있었다. yacc를 이용하면 문장이 문법에 맞는지 분석하고 인식하는 또 하나의 하위 프로그램을 만들 수 있었으며, 그런 다음 내가 지정하는 행동을 취하게 할 수 있었다. lex와 yacc는 "절차에 의존하지 않는" 프로그램이었다. 그래서 어휘 분석과 해석에 관한 모든 사항을 시시콜콜 작성할 필요가 없었다. 그저 어느 문법을 인식할 것인지를 설정해 주기만 하면 이 두 가지 프로그램이 그 작업을 위한 프로그램을 작성해 주었다. 이들 두 프로그램이 패턴과 부합되는 부분을 찾아내기 위해 사용한 알고리듬은 컴퓨터의 개척자 앨런 튜링과 스티븐 클린으로 거슬러 올라간다. 나는 lex와 yacc의 도움으로 직접 컴퓨터 언어를 만드는 방법을 익혔다.

예전에는 슈윙거나 파인만 같은 천재만이 양자역학적 확률을 세밀하게 계산해 낼 수 있었지만, 파인만 도해를 이용하면 보통의 물리학자라도 별로 머리를 쓰지 않고도 연산해 낼 수 있다. 마찬가지로 예전에는 언어를 만드는 데에 어마어마한 노력이 필요했지만, 이러한 분석 도구를 이용하면 평범한 프로그래머라도 그런 작업을 아무렇지도 않게 해낼 수 있게 됐다.

그 이전까지 나는 늘 컴퓨터 조작을 수치 평가와 동일시해왔다. 이제 컴퓨터 작업의 언어적 측면을 경험하고 보니 왜 진작 몰랐을까 하는 아쉬움이 들었다. 나는 업무 분석 시스템 센터를 탈출하여 제10구역에서 컴퓨터 과학을 연구하는 진짜 과학자가 되면 어떨까 상상했고, 그러다가 그곳으로 자리를 옮기려 해 보았다. 그러나 나에게는 그만한 자격도 경력도 없었기 때문에 전혀 불가능했다.

그럼에도 불구하고 나는 벨 연구소에서 지낸 5년의 거의 대부분을 컴파일러 작성에 대해 연구하며 보냈다. 여러 해 동안 언어 한 가지를 디자인하고 적용하는 작업을 했는데, 이 언어를 나는 "헥스 HEQS"라 이름 붙였다. "계층적 방정식 풀이 도구 Hierarchical EQuation Solver"의 머리글자로, 풀고자 하는 문제를 방정식으로 나타낼 능력은 있지만 그것을 풀어낼 수학적 능력이나 풀 시간이 없는 직장인을 위해 만든 방정식 풀이용 언어이다. 이 이름에는 유닉스에서 필수적인 맛깔스러움도 있었지만, "헥스 hex"*6라는 낱말과 발음이 같아 제5관 건물 생활을 바라보는 나만의 우울한 관점을 잘 보여주고 있기도 했다.

lex나 yacc와 마찬가지로 헥스도 비절차적 언어였다. 그래서 사용자는 처리를 원하는 과제를 지정하면서도 ("이 방정식을 풀어라!") 그 과제를 실행하기 위한 절차는 구체적으로 지정해줄 필요가 없었다. (이와는 대조적으로 포트란이나 C는 절차에 의존하는 언어여서 과제를 실행하는 방법을 프로그래머가 시시콜콜 아주 자세하게 지정해 주어야 한다.) 최종적으로 완성됐을 때, 헥스에

---

*6 영어에서 hex라는 낱말은 동사로 '무엇을 홀리다', 명사로 (주로 사악한) '마법' 또는 '마녀' 라는 뜻이 있다 (옮긴이).

수천 개의 대수학 방정식(선형, 비선형, 또는 연립방정식) 묶음을 입력하면 그 묶음을 풀어내거나, 아니면 사용자가 지정한 방정식 묶음 중 어떤 부분의 어떤 오류 때문에 풀어낼 수 없었음을 알려줄 수 있었다. 헥스에는 또 방정식 묶음을 분석하는 도구도 포함됐다. 사용자는 입력과 출력 간의 관계를 살펴보고, 한 가지 변수의 값을 바꿨을 때 다른 변수가 어떤 영향을 받는지를 보는 방법으로 상관관계를 이해할 수 있었다. 요약하면 헥스는 에이티앤티의 직원이 자신의 업무 또는 회계 모델이 지니고 있는 상관관계를 조건으로 지정하는 데에 시간을 들이기만 하면 됐다. 그것을 어떻게 풀어낼 것인가에 대해서는 염려하지 않아도 되게 해 주었다.

예닐곱 해가 지난 뒤, 개인용 컴퓨터가 널리 퍼졌을 때 비지칼크나 로터스 같은 스프레드시트 프로그램에서 헥스와 동일한 작업을 할 수 있는 도구를 제공해 주었다. 그전까지 에이티앤티 본부에 있는 여러 방면의 직원은 헥스를 모델 풀이에 사용했고 또 우리 센터의 프로그래머는 우리가 만드는 수많은 프로그램에서 방정식을 푸는 수단으로 활용했다. 나는 〈에이티앤티 기술 저널〉에 헥스에 대한 설명글을 실었고, 이처럼 연구 세계에 한 발을 들여놓을 수 있어서 기뻤다.[*7]

나는 lex와 yacc를 파고들어가 언어를 디자인하고 컴파일러를 만드는 등 헥스를 혼자 개발했다. 일단 사용자가 풀어내고자 하는 방정식 입력을

[*7] 그때 나는 또 컴퓨터 과학 연구에 관한 여러 가지 세미나와 협의회에 참석하기 시작했다. 그런 자리에 나가면 컴퓨터 과학 연구와 물리학 연구가 서로 상당한 질적 차이를 보여주고 있다는 사실에 늘 놀라웠다. 물리학에서는 세미나 발표자가 완성된 연구에 대해 설명했다. 그러나 컴퓨터 과학에서는 화제의 대부분이 시스템에 대한 계획, 새로운 언어의 개요, 아직 실행되지 않은 아이디어 등에 대한 내용이었다. 컴퓨터 과학에서는 공로를 주장할 수 있는 기준이 훨씬 낮아 보였다.

마치고 나면 내 프로그램은 방정식을 일련의 작은 연립방정식 묶음으로 재구성했다. 한 묶음의 연립방정식에서 얻은 답을 다음 방정식을 푸는 데에 필요한 조건으로 입력할 수 있도록 순서를 구성했다. 연구소에서 수강한 컴퓨터 과학 강좌 덕분에, 방정식 묶음 속에 있는 각 변수를 방향성이 있는 그래프 상에서 하나의 마디로 나타낼 수 있으며, 방정식의 순서를 재구성하는 것은 그 그래프를 연관성이 강한 구성요소끼리의 묶음으로 분해하는 것과 같다는 사실을 깨달았다. 나는 본격적으로 수학을 하고 있다는 생각에 마음 뿌듯해 했다.

 도움이 될 만한 자료는 사방에서 찾을 수 있었다. 제10구역의 컴퓨터 과학 부서 소속의 기술요원인 크리스 반 웍이 연립방정식을 풀기 위한 유닉스 도구를 만들어 두었다는 사실을 알게 됐다. 그는 스탠퍼드에서 박사 논문 작업을 하는 동안 이 프로젝트를 시작했다. 그의 지도교수는 『컴퓨터 프로그래밍의 예술』 전 4권의 저자로 유명한 도널드 커누스였다. 커누스는 또 '테크$_{TeX}$'*8를 개발한 사람으로도 유명한데, 이는 과학자 사이에서 표준으로 자리 잡은 언어의 일종으로 수식 출판과 문서 작성용으로 널리 쓰인다. 연구소 내에서 친구로 지낸 사람 중 입자 물리학자 출신인 스티브 블라는 대학 시절에 커누스와 같은 방에서 지냈다고 했다. 나는 크리스와 함께 일하면서 그의 전문적 프로그래밍 기술에 감명을 받았다. 나는 잔재주로 끼워 맞추는 아마추어였던 반면 크리스는 자기 전문분야를 연구하는 진짜 전문가였다. 나는 단순한 아마추어 애호가 수준에서 머

---

*8 흔히 '텍스'라 발음하는데 사실은 '테크'라 발음하는 것이 옳다. '術'이라는 뜻의 그리스어 τέχνη(technē)를 줄인 이름이다. (옮긴이)

물 운명이겠구나 하는 생각이 들었다.

헥스는 괜찮은 아이디어였다. 얼마 지나지 않아 센터 내의 사람들은 헥스를 더욱 커다란 묶음의 방정식을 푸는 데에 사용하기 시작했다. 이제 내가 혼자 만들 수 있는 것보다 더 뛰어나고 효율적인 방법을 찾아내야 했다. 내가 만든 헥스에서는 금융 시계열을 나타내기 위해 단일 값(스칼라)과 1차원 벡터만 사용할 수 있었다. 동료인 에드 셰퍼드가 나와 함께 이 작업을 맡게 됐고, 우리는 좀 더 일반적인 금융 시계열을 나타내기 위해 여러 차원의 변수 배열을 반영할 수 있도록 시스템을 재구성할 계획을 세웠다. 에드는 내가 가족과 함께 두 주 동안 파이어 섬 해변으로 휴가를 떠난 사이에 갑자기 — 나에게 한 마디 귀띔도 없이 — 시스템 전체를 깡그리 새로 디자인하고 새로 작성하는 작업에 뛰어들었다. 돌아와 보니 내가 개발한 언어에 에이피엘[*9] 언어가 가미된, 더 나은 프로그램이 완전히 새로운 모습으로 이미 완성돼 있었다. 원래 모습을 거의 알아볼 수 없을 정도였다. 에드가 만든 헥스는 이제 동적으로 연결된 대단히 복잡한 데이터 구조를 갖추고 있었는데, 그 세밀한 부분까지 내가 파악하자면 아마 평생이 걸려도 부족할 거라는 사실을 알 수 있었다. 에드는 또 헥스를 교묘하게 개조하여, 사용자가 대화형 화면을 통해 금융 모델을 개발하여 풀어낸 다음에는 그것을 토대로 C 프로그램을 생성해 낼 수 있게 했다. 새로 생성된 C 프로그램은 사용자가 방금 만든 방정식을 헥스보다 몇 배나 빨리 풀어낼 수 있었다.

[*9] 에이피엘APL, A Programming Language은 회화형 프로그램 언어의 한 가지이다.

에드는 나와는 전혀 다르게 프로그래밍에 타고난 재능이 있었다. 나는 능숙한 그의 솜씨에 기가 죽었다. 그는 1984년 말쯤 벨 연구소를 그만두고 폴 앨런이 시애틀에서 설립한 회사인 애시메트릭스에 들어갔고, 그 때부터 나는 연구소를 그만둘 때까지 성공의 희생자가 됐다. 알고리듬 속에 남아 있다가 발견되는 오류를 바로잡기 위해 씨름해야 하는 때가 많았던 것이다. 내가 작성하지도 않았을 뿐 아니라 나로서는 제대로 이해하지도 못하는 알고리듬이다 보니, 바로잡기까지 한 번에 며칠씩 걸리는 것도 예사였다.

에드가 프로그램을 작성하고 디자인하는 모습을 보면서, 학문 세계 바깥의 일과 직업을 잘못 인식하고 있는 물리학자가 얼마나 많은지를 내가 깨달은 것은 바로 이 무렵이었다. 물리학자는 스스로 아주 똑똑하다고 생각하는 경향이 있는데, 그 때문에 "바깥세상"의 일자리로 영락하여 아홉 시에서 다섯 시까지 다른 사람들과 똑같이 일한다 해도 자기는 재능이 있기 때문에 직장 내 다른 동료보다 더 나은 실적을 보여주겠거니 한다. 그러나 학문 세계 바깥의 어떤 직업에서도 타협이 아니라 열정과 헌신을 다해 그 일에 전력하는 사람이 있는 법이다. 바로 그런 사람이 — 영리하지만 타성에 젖은 물리학자가 아니라 — 탁월함의 본보기가 되는 것이다.

헥스는 내 경우 좋게 결말이 났다. 그 뒤 1984년에 크리스 반 윅과 나는 〈프로그래밍: 실무와 경험〉이라는 소프트웨어 잡지에 헥스에 대한 글을 발표했다. 나는 자리를 내놓기보다는 논문을 내놓을 수 있게 되어, 다시 "과학을 하게" 되어 너무나 기뻤다. 지금도 인터넷에서 가끔씩 그 논문을 언급하는 글을 보게 되는데, 대체로 크리스가 비절차적 언어 분야에서 계속 활동하고 있기 때문에 언급된 게 분명하지만 그래도 나는 약간의 희열을 느낀다. 최근 벨 연구소의 후예인 루슨트가 웹사이트 https://www.lucentssg.com/heqs.html에서 89달러라는 가격에 헥스를 여전히 판매하고 있다는 사실을 발견하고 기분이 좋았다. 그렇지만 매스매티카와 엑셀이 있는 이 시대에 누가 그것을 살지 상상이 가지 않는다.

나는 1980년부터 1985년까지 업무 분석 시스템 센터에서 일하는 동안 업무나 금융에 대해 거의 아무 것도 배우지 못했다. 그와는 대조적으로 그곳에서 익힌 소프트웨어 공학 기술은 내게 크게 도움이 됐고, 그뒤 1987년에 내가 골드만삭스에서 구축한 고정수익형 금융 모델링 기초 구조의 커다란 밑거름이 됐다.

일류 교육을 받았음에도 불구하고 나는 연구소에서 늘 보조적이고 비천한 역할만 하고 있다는 느낌에서 벗어나지 못했다. 거기서 일하기 시작한 지 한 달밖에 지나지 않았을 때의 일이다. 어느 날 겨우 세 살밖에 되지 않은 조수아를 데리고 록펠러 대학교 잔디밭에 가서 놀았다. 우리는 그때까지도 거기서 살고 있었다. 조수아는 신을 벗어던지고 맨발로 풀밭을 달리며 좋아했다. 그러는 동안 나는 가만히 앉아 내가 하고 있는 일을 곰곰 생각했다. 문득 조수아가 다가와 나를 쳐다보더니 이렇게 묻는 것이었다. "아빠, 왜 슬퍼?" 그 때 이미 나는 날마다 연구소를 향해 달려가는 반대방향의 출근길이 일시적인 일에 지나지 않으리라는 사실을 알고 있었던 것이다. 그것을 끝낼 방법을 어떻게 찾아내야 할지를 몰랐을 뿐이다.

Chapter 8

멈출 때

■ 월스트리트의 손짓 ■ 투자은행 취업 면접 ■ 연구소를 떠나다 ■

연구소를 어떻게 벗어날 것인가? 나는 5년 동안 날마다 이 문제에 집착했다. 그러는 한편, 언제나 불만이 가득했던 나는 집으로 돌아오면 분개한 마음으로 비참한 신세에 대해 매일같이 늘어놓았다. 누구든 귀를 기울여주는 사람이 있으면 나만의 유배 생활에 대해, 젖과 꿀이 흐르는 학문의 땅을 떠나 업무 분석 시스템 센터에서 파라오의 지배를 받으며 살게 된 사연을 성가시도록 들려주었다. 내게 주어지는 중노동을 하나하나 열거하며 탈출할 방법을 궁리했다. 하루하루가 『실낙원』이자 『잃어버린 시간을 찾아서』였다. 나 때문에 아내의 스트레스가 이만저만이 아니었다는 사실을 모르는 바 아니었다.

센터에서 있었던 크리스마스 파티에 세 살 된 조수아를 데리고 간 적이 있었는데, 나는 아이가 내 비밀을 말해버릴까 걱정됐다. 퇴근하여 집에

도착했을 때 아이 귀에 들릴 만한 자리에서 성난 목소리로 상사와 동료에 대한 불만을 털어놓은 날이 너무나 많았기 때문이다. 그래서 센터 사람들과 만난 자리에서 누군가 귀에 익은 이름이 들리면 그 사람에 대해 내가 한 말을 아이가 말할까 두려웠다. 파티가 있던 날 아침, 머리힐로 출발하기 전에 아이에게 내가 다른 사람에 대해 한 말을 딴 사람에게 절대로 말해서는 안 된다고 주의를 주었다. 물론 조수아는 아무에게도 말하지 않았다.

파티에서 마크 쾨닉스버그가 최근 있었던 데이트에 대해 말해 주었는데, 그가 너무나 싫어하는 영화를 데이트 상대가 보자고 해서 봤다고 했다. 우리는 영화에 대한 취향이 정반대라는 사실을 알고 있었고, 그래서 그가 들려주는 줄거리를 들으면 들을수록 나는 그 영화가 마음에 들 거라는 확신이 들었다. 나는 파티가 끝나자마자 뉴욕으로 돌아가 그 영화를 보러 갔다. 앙드레 그레고리와 월리스 숀이 주연한 루이 말 감독의 『앙드레와의 식사』였다. 식사 동안 나누는 대화가 내 가슴 속 깊이 와 닿았다. 성취를 향한 정신적 탐구와 일상에서 겪는 세속적 쾌락과 실망 사이의 대비가 감동적이었다. 내가 처음 물리학자가 되고자 했을 때 품었던 미래의 포부가 떠올랐다. 또 볼더의 불교 센터에서 명상하는 동안 느꼈던 행복의 가능성도 생각났다. 그 12월의 오후 『앙드레와의 식사』에서 너무나 커다란 희망과 해방을 느낀 나머지 고양된 느낌마저 들었다. 이 영화의 효력은 놀라울 정도로 천천히 빠져나갔다. 한 방울 한 방울씩 나에게서 완전히 빠져나가기까지 한 주가 걸렸다. 그로부터 두 달 뒤 혹시 그 때의 유익한 효과가 어쩌다 보니 우연히 생겨난 걸까 궁금한 마음에 그 영화를 다시 한 번 보았다. 비록 이번에는 며칠밖에 지속되지 않았지만 여전히 기분이 좋아지는 효과가 있었다. 말과 그레고리, 숀은 희망과 실망 사이의 회색지대를 너무나 잘 묘사했다. 몇 년 전 이들의 영화 『42번가의 반야』를 보았는데 그 때에도 비슷한 감동을 받았다. 처음 보았을 때도 그랬고 두 번째 봤을 때도 그랬다.

순진하게도 나는 우리가 연구소에서 연구하도록 되어 있던 모든 것에는 밑바닥에 "돈과의 연관성"이 깔려 있기 때문에 품위가 떨어진다고 느꼈다. 물리학 세계의 생활은 부침의 연속이었지만, 그럼에도 불구하고 나는 물리학을 사랑하는 마음에 일했다. 그런데 지금은 돈을 위해 일하고 있었다. 1985년에 벨 연구소는 미국 내 최고의 직장 1백 곳 가운데 하나로 꼽혔지만, 나 자신의 이기적 관점에서 보면 내가 일한 최악의 직장으로 자리매김하고 있었다. 인생과 일에 대해 품고 있던 허황된 환상이 세상이라는 거친 사포에 아프게 쓸리며 서서히 벗겨져나가는 게 나의 인연이 아니었나 싶다. 그 뒤 내가 골드만삭스 회사에 갔을 때에는 이렇게 벗겨지는 과정이 끝나고 난 뒤였기 때문에 인생을 즐길 수 있었을 것이다. 만일 내가 대학원을 마치고 곧장 골드만에 입사했다면 아마도 극명하게 돈에 초점을 맞추고 있었기 때문에 벨 연구소를 싫어한 만큼이나 그 곳을 싫어했을 것이다.

어떻든 나는 인생을 바꾸기에 골몰하고 있었다. 업무분석 시스템 센터 내의 소프트웨어 연구 부서에서 일하는 프로그래머 중에는 대단히 뛰어난 사람이 많았다. 데이비드 콘은 내가 일한 사무실로부터 몇 칸 건너에 있는 사무실에서 일했는데, 이제는 너도 나도 쓰고 있는 유닉스 콘 셸[1]을 열심히 개발하고 있었다. 엠던 갠스너와 조나단 쇼피로는 모두 객체지향 프로그래밍 전반에 걸쳐, 특히 스트로스트룹의 C++ 환경 개발에 열성적으로 기여했다. 나는 그 부서로 자리를 옮기려 해 보았지만 다운스는 거기에 대해 부정적이었다. 그들과 함께 있지 않으면 흥미로운 작업을 할 수 없다는 생각은 편협하다는 입장이었다. 어쩌면 도리어 잘됐는지도 모른다. 나는 엠던의 차분하고 흔들림 없는 행동방식이 부러웠지만 그의 기질을 본받기는 전혀 불가능했다. 그는 프로그램의 오류를 잡아내는 작업을 하면서 한 번도 다른 사람에게 도움을 청하지 않았다. 설명서 같은 걸 읽을 필요가 있으면 모조리 읽은 다음, 문제를 해결하기까지 얼마나 오랜 시간이 걸리든 아랑곳없이 끈기 있게 파고 들어갔다. 나는 '어이쿠' 하는 생각이 들면 바로 도움을 청하러 달려가곤 했다.

내 상사는 매주 하루씩 재택근무를 할 수 있도록 아량을 베풀어 주었지만, 나는 내게 채워진 차꼬를 쓸어내지 못해 안달이었다. 학문 생활이 그리워 예전으로 돌아가면 어떨까 생각하며, 장기 계약직 물리학 박사 후 연구원 생활로 되돌아가 록펠러의 바키 벡이나 컬럼비아의 노먼 크라이스트와 함께 연구에 몰두할 방법을 모색했다.

그러다가 1983년 말 월스트리트가 내게 손짓하기 시작했다.

내가 앞으로 어떤 삶을 살아가게 될지에 대한 암시는 이따금 뉴욕 시의 헤드헌터로부터 걸려오는 전화에서 시작됐다. 얼마 가지 않아 우리는 모

[*1] 셸shell은 영어로 '껍데기'라는 뜻인데, 운영체제가 제공하는 다양한 기능과 서비스를 하나로 묶어 사용하기 편하게 만든 프로그램이다. 다양한 기능을 감싸는 껍데기라는 뜻으로 그런 이름이 붙었다. 콘 셸은 개발자 데이비드 콘의 이름을 따 붙인 이름이다 (옮긴이).

두 벨 연구소를 사냥터로 삼은 전설적 헤드헌터의 이름을 — 그 중 몇 명만 예를 들면 조리 마리노, 스미스핸리의 릭 워스트롬, 애널리틱스의 리타 라즈, 펜컴의 스티브 마크맨 등 — 알게 됐다. 이들 대다수가 지금도 계속 활동하면서 〈뉴욕타임스〉 일요판이나 인터넷에 광고를 내고 있다. 생전 이름도 들어보지 못한 사람이 뚱딴지같이 사무실로 전화를 걸어, 다짜고짜 연봉 15만 달러짜리 일자리를 얻고 싶은가 묻곤 했다. 당시 연봉이 5만 달러가 되지 않던 물리학자 출신에게는 엄청난 액수였다. 그러면서 바로 자기 사무실로 찾아오라고 시키는 것이었다. 바로 오지 않으면 늦어버릴지도 모른다는 경고와 함께. 우리에게 전화를 거는 이런 헤드헌터는 소문을 듣고 연락했다는 식으로 우리를 추어주기도 했지만, 실은 연구소 내의 아는 사람이 우리 이름을 알려 주었거나 아니면 회사에 불만을 품은 직원을 꼬드겨 입수한 벨 연구소 사내용 주소록에서 찾아냈을 뿐이었다. 나는 이들의 간곡한 요구를 거절하지 못하고 일찍 퇴근하여 맨해튼의 이들 사무실을 찾아가본 적이 몇 번 있었다. 그럴 때에는 어설프나마 사무적 느낌의 차림새를 하기 위해 1960년대의 니트 넥타이를 매고 잘 입지도 않는 검푸른 블레이저를 걸치고 나갔다. 나는 정장이 없었다. 그 무렵 피에스비 방송에서 브루스 제이 프리드먼의 『증기탕』을 보았는데, 헤드헌터는 극중의 푸에르토리코 인 증기탕 관리자로 나온 하느님처럼 나를 몇 시간이고 기다리게 하기 일쑤였다. 헤드헌터 중에는 오만하고 고압적이고 불손한 사람이 많았다. 그들은 천국으로 들어가는 열쇠를 쥐고 있다고 은연중 자처했지만, 우리 중에는 그들의 태도를 의심할 만큼 세상 물정에 밝은 사람은 아무도 없었다.

1983년 말에 나는 월스트리트에 있는 이런 회사에서 정말 불쾌한 면접을 여러 번 보았다. 나는 옵션 이론에 대해 아는 게 없었고 나 스스로를 소프트웨어 쪽 사람이라 생각했다. 당시 월스트리트의 정보산업은 코볼이나 포트란, 엠아이에스 교육을 받고 대형컴퓨터를 다루는 사람이 독차지하고 있었고, 그 중 한 가지만 알아도 제왕으로 군림할 수 있었다. 내가 연구소에서 익힌 프로그램 디자인 및 관리 능력은 과학을 그만두고 월스트리트로 진출한 대부분의 소프트웨어 담당자 수준을 능가했다. 나는 헥스라는 경력이 있었으므로 면접 때 나 자신을 월스트리트의 모델 개발에서 필요로 하는 컴퓨터 언어를 디자인할 수 있는 사람으로 내세웠다.

처음으로 나를 면접 본 사람 중에 자크 코브리닉이라는 아주 앳되어 보인 인물이 있었다. 골드만삭스에서 파트너로 일했던 사람으로, 당시에는 골드만삭스의 정량전략 그룹 소속이었다. 그로부터 7년 뒤 나는 그 팀의 책임자가 됐지만 당시에는 데이비드 와인버그가 책임을 맡고 있었다. 데이비드는 그 직후 시카고의 오코너 회사로 자리를 옮겼다. 자크의 주요 관심사는 회사에서 운영하고 있던 백스 컴퓨터의 시스템 관리자 물색이었던 것 같았는데, 나로서는 그다지 흥미가 없었기 때문에 더 이상의 취업 절차를 정중히 거절했다.

몇 달 뒤 다른 헤드헌터가 어떤 성격의 일을 하게 될지 전혀 아무런 설명도 없이 나를 잘로몬브라더즈로 보냈다. 나는 아무 것도 모른 채 면접관에게 헥스를 사용하여 금융 모델을 연립 대수방정식으로 풀어냄으로써 회사가 얻을 수 있는 장점을 설명하고 있었다. 그런데 채 10분이 지나지 않아 그의 동료가 끼어들면서 우리의 대화는 중단됐다. 그는 갑자기 일어서서 뭔가 급한 일이 생겨 가봐야 한다고 짤막하게 사과하더니, 면접은 다음에 계속하겠다고 약속하고는 사라졌다. 면접관도 그 헤드헌터도 다시 연락하지 않았다. 여러 번 전화를 걸어 보았지만 면접을 주선한 인사 담당자와 통화할 수 없었다. 그는 언제나 자리에 없었다. 아주 오랫동안 나는 그저 아주 바쁜 사람들이구나 하고만 생각하다가, 드디어는 그게 그 사람들이 나를 떨쳐내는 방법이라는 사실을 깨달았다. 아무리 생각해도 이해할 수 없었다. 간단하게 관심이 없다는 한 마디를 나에게 들려주는 게 훨씬 쉽지 않았을까.

그러다가 1983년 말, 에바가 둘째 아이 소냐를 임신하고 있을 때 어느 아는 헤드헌터가 골드만삭스의 고정수익 사업부 소속으로 스탠리 딜러가 책임지고 있던 금융전략 그룹에 면접을 보도록 주선했다. 그 자리에서 나는 라비 다타트레야를 만났는데, 공학박사 출신으로 벨 연구소에 있다가 나보다 약간 먼저 월스트리트로 자리를 옮긴 사람이었다.

스탠리의 그룹은 골드만삭스에서 새로 필요로 하게 된 정량 모델 작업 문제를 해결하고 있었다. 전통적으로 골드만은 대형 기관 투자가 고객을 위한 점잖은 거래 회사로 주식공개 및 주식거래를 중심으로 하고 있었으나, 당시 잘로몬의 전문분야이던 채권 및 모기지라는 좀 더 왁자지껄하고 서민적인 세계에 발을 들여놓기 시작했다. 주식거래는 위험을 감수하는 배짱을 필요로 하는 단순한 사업이어서 지적 및 기술 자본을 거의 필요로 하지 않았다. 그러나 채권은 더 복잡했다. 숫자, 산수, 대수, 나아가 미적분까지 동원됐다. 내 거래사 친구의 말을 빌리면, 보통주 방면에서는 똑똑해 봐야 경쟁력에는 아무 도움도 되지 않는다는 것이다.

주식시장에서 필요한 요령은 수천 가지의 기업 주식 중 한 종목의 정당한 가격을 어림잡는 것이었다. 채권시장에서는 증권 종류는 그보다 적었지만 각각의 증권이 복잡했는데, 때로는 당황스러울 정도였다. 채권시장에서 가장 몸집이 큰 고릴라는 미국 정부로, 정부에서 필요로 하는 차입을 조달하기 위해 발행하는 재무부 증서와 채권, 증권이 끝없이 샘솟는 원천이었다. 이러한 채권은 유동성이 높았다. 국채는 만기와 표지 이자가 대단히 다양하다는 특징이 있었고, 또 미국의 신용과 명예로 보증하고 있기 때문에 채무가 이행되지 않는 법이 없었다. 외국 정부 또한 채권을 발행했는데, 그 중 어떤 채권은 이행되지 않을 가능성이 비교적 높았다. 기업에서 발행하는 회사채는 그보다 더 위험했다. 현금이 바닥나 약속된 대로 지불하지 못하게 될 수도 있기 때문이다. 일부 채권은 "환수"될 수도 있었다. 이는 기업이 높은 이율에 채권을 발행했다가 금리가 떨어지면 차입금을 조기에 상환할 수 있는 권리를 말한다. 기업이 이런 선택권을 행사하면 원래의 높은 이율을 계속 유지하지 않아도 된다. 주택 소유자가 판매하는 모기지는 채권 중에서도 끔찍할 정도로 복잡한 축에 속했다. 모기지 역시 주택 소유자가 집을 팔거나, 애초에 빌렸던 원금이 더 이상 필요치 않거나, 아니면 금리가 떨어지면서 더 값싸게 대출금을 이용할 수 있게 됐다는 사실을 알게 될 경우 어느 날 갑자기 환수될 (즉 조기 상환될) 수 있었다.

채권은 이러한 갖가지 복잡한 특성 때문에 가치가 어느 정도인지 결정하기가 어려웠고, 그래서 월스트리트에서 수학에 능한 모델 개발자들이 필요하게 된 것이다. 잘로몬의 고정수익 사업부는 자사의 채권 포트폴리오 분석 그룹에 수학적 분석을 맡기고 있었는데, 마티 리보위츠가 이끄는 이 유명한 그룹은 규모도 컸지만 부러울 정도로 노련하기도 했다. 골드만 역시 그와 비슷한 조직이 필요하다는 사실을 점차 깨달아가고 있었다. 금융전략 그룹 및 그 그룹을 이끄는 스탠리 딜러가 그들의 해법이었다. 스탠리는 컬럼비아 대학교 출신 경제학 박사로, 가장 먼저 월스트리트로 자리를 옮긴 학자 중 한 사람이다.

누구나 골몰하고 있던 문제는 금리의 변동성이 갑자기 증가하는 사태였다. 1980년대 이전의 투자자는 자신의 투자를 상당히 일정한 방식으로 주식과 채권으로 배분하여 유지하곤 했다. 전통적으로 채권 부분은 안전한 것으로, 또 주식 부분은 위험한 부분으로 보았다. 그러다가 1970년대 말, 즉 내가 볼더에서 물리학을 가르치고 있던 무렵에 미국의 금리가 급등했고 금과 원유 값이 치솟았다. 예전까지는 변동성이 없다고 보았던 채권이 이제는 위험한 것으로 변했다. 주식 투자자는 약세 동안 가격이 40%까지 떨어진다 해도 버텨내는 배짱이 있어야 한다는 점을 알고 있었지만, 재무부 채권에도 그와 비슷한 일이 있으리라 상상한 투자자는 거의 없었다. 고객에게 공급하기 위해 많은 양의 채권을 보유하고 있던 투자은행 거래장은 자신이 보유한 포트폴리오의 가치가 갑자기 떨어지는 경우를 당했다. 고정수익형 증권에도 위험성이 내재해 있다는 사실이 드러나자 금리 위험을 관리하기 위한 새로운 방법이 업계에 확산되기 시작했다. 거래사는 값싼 채권 선물로 대규모의 상쇄거래를 함으로써 자신이 보유한 복잡다단한 채권 포트폴리오에 울타리를 치고자 했다. 헤지와 위험관리가 새로 등장하여 골드만삭스 같은 도매상과 기관 투자가 모두에게 결정적으로 중요한 도구가 됐다.

보통주 세계에서는 산수만 할 줄 알아도 충분히 거래할 수 있었다. 옵션이 개입되지 않으면 최소한의 대수학도 걱정할 필요가 없었다. 이와는 대조적으로 고정수익형 세계의 경우 투자자는 수익, 즉 현재 시장가에 사들이고 앞으로 지불될 모든 이자와 원금을 받는다고 할 때 채권이 만료될 때까지 벌어들일 평균 수익률로 채권의 가치를 측정했다. 채권의 가격과 수익 간의 상관관계를 생각하려는 그 순간, 교재 뒷부분에 수록된 부록에서 대수학, 수열, 급수, 그리고 드디어는 미적분까지 삽시간에 암운을 드리웠다. 주식은 주식일 뿐이지만, 채권은 아무리 간단한 것이라 해도 금리에 의해 가치가 결정되는 파생 증권인 것이다.

따라서 1980년대 초 어느 날 갑자기, 채권 거래사는 분석 능력과 수학적 능력을 갖추어야만 수백 내지 수천 종의 채권으로 이루어진 포트폴리오와 그 성격을 이해할 수 있는 상황에 직면했다. 또 컴퓨터를 다룰 줄 알아야 했다. 종이와 연필, 두툼한 수익률 대조표, 심지어는 휴대용 계산기라 해도 모든 각도를 다 고려하기에는 너무 느렸고 유연성이 떨어졌다. 수많은 증권의 가치, 민감도 및 위험을 실시간으로 산정할 수 있는 유일한 방법은 컴퓨터뿐이었다.

1970년대 말에는 상용 위험관리 프로그램이라는 게 없었다. 스프레드시트 같이 자체적으로 사용할 수 있는 프로그램이 아직 널리 퍼지기 전이었다. 정보산업에 종사하는 프로그래머는 대부분 채권 관련 수학을 다룰 수 없었고, 영업장의 거래사는 대부분 프로그램을 작성할 줄 몰랐다. 거래 영업장에서는 데이터베이스에서부터 금융 평가 모델, 나아가 사용이 편리한 메뉴와 화면 구성에 이르기까지 그들이 쓸 위험관리 도구를 만들어 줄 수 있는 팔방미인을 찾을 수밖에 없었다.

그 시대의 팔방미인은 경영학 석사나 금융 전공 박사일 가능성이 낮았다. 정량적 금융에 대해 충분히 잘 알고 있다손 치더라도 이들은 대부분 프로그래밍과 수학을 깔보았다. 돈을 주고 다른 사람에게 시키면 되는, 괴짜들이 지닌 값싼 재주로 생각했다. 수학자 역시 컴퓨터 조작보다는 분석을 선호하며 프로그래밍을 회피하는 경향이 있었다. 컴퓨터 과학자는 이산수학과 불 대수에 대해서는 알고 있었지만 연속시간 수학을 불편하게 생각하는 경우가 많았다.

물리학이나 공학을 전공한 박사가 이러한 요구조건에 상당히 잘 들어맞는 팔방미인이었다. 우선 금융에서 필요로 하는 수학은 물리학에서 사용하는 수학과 아주 비슷하다. 나아가 물리학자는 하얀 장갑을 끼고 자라난 사람이 아니다. 이들은 소위 '품위'가 떨어지는 일이라 해도 거의 아무런 거리낌도 없이 뛰어든다. 자신에게 필요한 수학과 프로그래밍을 직접 해낸다. 기꺼이 그렇게 하는 태도는 대학원생과 박사 후 연구원에게 필수적으로 요구되는 문화에 속한다.

스탠리의 금융전략 그룹이 대부분 전직 물리학자, 응용 수학자, 공학자로 구성된 것은 아마 이런 이유에서였을 것이다. 그 중에는 박사 학위 소지자도 많았다. 스탠리가 채용한 사람은 모두 골치 아픈 일을 스스로 해결하는 문화 속에서 자라난 사람이었다. 이들은 자신의 이론을 스스로 개발하고, 수학을 스스로 해결하고, 프로그램도 직접 작성했다. 몇 년 뒤 내가 다른 사람을 채용하게 됐을 때 나도 그의 기준을 어느 정도 따르게 됐다. 내가 맡은 그룹 구성원을 뽑을 때 원칙보다는 그런 스타일의 지적 능력에 대한 친화력을 중시했다.

내가 월스트리트에서 처음 면접을 보기 시작했을 때 스탠리 딜러는 일선에서 가장 유명한 퀀트였다. 1980년대 초에 〈포브스〉지에 〈딜러의 정예요원들〉이라는 제목으로 그에 대한 기사가 실렸는데, 기자가 만난 촌스럽고 어줍은 외국인 퀀트들을 한껏 추어주는 제목이다. 스탠리는 외국인을 즐겨 채용하는 사람으로 잘 알려져 있었다. 그가 자기주장이 강하지 않은 전문가를 좋아하는데 그 이유는 그들을 부려 그 결과물을 내보여줄 수 있기 때문이라는 식으로 말하는 사람들을 본 적이 있지만, 내가 보기에는 부당한 평가인 것 같다. 퀀트가 대체로 외국인 출신인 것은 그때나 지금이나 마찬가지인데, 그것은 성공으로 이르는 지름길은 일선에서 뛰는 것이라 생각하는 이민자가 많기 때문이다. 관리직과 경영대학원을 선호하는 사람은 그 다음 세대이다.

스탠리는 자기 그룹이 하는 일에 대해 간간이 기다란 연구 보고서를 썼다. 비정통적이고도 독특한 느낌이 물씬 나는 스타일로 쓴, 독창적이고 창의적인 글이었다.[*2] 깊은 통찰과 직관이 가득한 내용이었지만, 언제나 핵심으로부터 약간 벗어나 있어 분류하기 애매했다. 1980년대 초 월스트리트 수준으로는 너무 전문적이었고, 진정한 금융학계에 내놓기에는 엄

[*2] 후일 나는 그의 보고서에는 거의 언제나 자기 혼자만 저자로 표시돼 있었다는 사실을 알아차렸다. 감사의 말 속에 그를 위해 일해 준 사람에게 고마움을 표시하기는 했지만, 그들을 저자로 함께 표시한 적이 없었다. 나는 물리학계에서 있었던 경험 이후로, 다시는 협력 연구자와 공을 나누는 부분에 대해 지나치게 신경 쓴 적이 없다. 그 때문에 손해를 보는 경우는 거의 없었다.

밀도가 조금 떨어졌다. 그리고 영업에 활용하기에는 적극적 측면이 부족했다. 그 결과 스탠리는 정당한 정도의 영향력을 얻지 못했다. 그렇지만 모기지 포트폴리오에 첨부된 옵션에 대한 그의 연구는 선견지명이었다. 당시에는 이 분야에 발을 들여놓는 금융학자가 점점 더 많아지기 시작한 때였는데, 그의 연구는 그런 학자들이 다룬 좀 더 엄정하고 형식을 갖춘 연구의 전조가 됐다.

내가 처음 만났을 때 스탠리 딜러와 그의 그룹은 이미 금융과 수학 및 프로그래밍에 숙달된 팀을 구성하고 있던 중이었고, 거기에 내가 가세하기를 원했다. 아마 내가 지닌 소프트웨어 기술이 물리학에 대한 재능만큼이나 그들에게 쓸모가 있어 보였기 때문인 것 같다. 스탠리는 포트폴리오 거래 시스템에 금융 모델을 첨부시키는 분야의 진정한 개척자였으며, 그렇게 하기 위해서는 전문적 소프트웨어 공학이 중요하다는 사실을 남보다 10년 일찍 이해한 사람이다. 그는 그 뒤인 1985년에 골드만삭스를 그만두고 베어스턴스에 들어가 모기지 포트폴리오 평가 시스템의 초기 모델인 오토본드를 만들었다. 지금은 고정수익 포트폴리오 분석 소프트웨어를 만드는 회사인 폴리패스를 경영하고 있다.

오늘날 거래 시스템 세계는 매우 달라졌다. 개인용 컴퓨터가 없는 곳이 없고, 스프레드시트는 사용하기 쉬우며, 위험관리 소프트웨어 또한 단품 소프트웨어에서부터 소프트웨어와 하드웨어를 일괄 취급하는 곳까지 수십 개의 회사로부터 점차 다양하게 공급되는 추세이다. 그럼에도 불구하고 대규모의 은행에서는 최신 상품이 시장에 나오면 즉각 기록하고 평가하고 헤지하기 위해 소프트웨어를 여전히 직접 개발한다. 그렇지만 오늘날에도 위험관리 시스템은 갖가지 소프트웨어가 난립해 있는 상태이다. 제각기 기껏해야 한두 가지 상품군에 초점을 맞추고 있기 때문이다. 모기지, 스왑션, 외환, 보통주, 금속, 에너지 파생 증권 등 커다란 회사에서 거래하는 온갖 종류의 증권을 모두 처리할 수 있는 시스템이나 언어가 등장할 여지는 아직도 남아 있다.

나는 무엇을 살펴보아야 할지 전혀 짐작하지 못한 상태에서 다시 한번 골드만삭스에 면접을 갔다. 〈뉴욕타임스〉에서 읽은 이직에 관한 기사에는 새 직장에서 앞으로 10년 뒤 무슨 일을 하게 될지 물어보라는 내용이 있었다. 두 번째 면접이 끝날 무렵 나는 다시 스탠리와 마주 앉게 됐다. 그는 나에게 월스트리트는 회계사나 의사처럼 소규모 업체를 직접 운영하지 않고서도 장차 매년 15만 달러를 벌 수 있는 몇 군데 되지 않는 곳 중 하나라고 설명했다.

나는 물었다. "제가 여기 다니면, 앞으로 10년 뒤에는 뭘 하고 있겠습니까?"

그 말이 떨어지기가 무섭게 스탠리는 노기에 휩싸였다.

그는 딱 부러지게 말했다. "지금 하고 있는 일이 뭐든 간에 앞으로 10년 뒤에도 똑같은 일을 하고 있을 걸세. 돈을 더 많이 벌고 있을 거라는 점만 다르겠지! 뭔가 다른 일을 할 생각으로 여기 들어오는 사람한테 휘둘리고 싶은 생각은 없어!"

그때는 그가 무엇 때문에 그렇게 화가 났는지 이해할 수 없었다. 그로부터 10년이 지난 뒤에야 그의 불만을 이해하게 됐다. 퀀트는 투자은행에서 몇 년 동안 일하다 보면 거래사와 판매사가 부러워지기도 한다. 업무에서 주도권을 쥐고 있는 데다가 급료도 더 많이 받기 때문이다. 스탠리는 내가 거래 쪽으로 방향을 바꾸려는 속셈으로 금융전략 그룹에 지원하고 있는 걸로 생각한 게 분명하다. 근무를 시작하기도 전에 정량 그룹으로부터 빠져나가 거래 부문으로 옮겨 갈 궁리부터 하는 사람은 절대로 뽑고 싶지 않았을 것이다.

10년이 지나니 나 역시 스탠리와 같은 입장이 됐음을 알 수 있었다. 스탠리보다는 좀 더 절제된 형태로 표현했지만, 나 역시 내가 책임지고 있는 정량전략 그룹을 거래 분야로 옮겨가기 위한 경로로 이용하려는 야심찬 계략을 가지고 지원하는 사람들이 개탄스러웠다. 그런 사람들은 일률적으로 이런 식으로 말했다. "한동안 프로그램을 작성하면서 경력을 쌓아가고 싶습니다." 그런 말을 들으면 그 사람에 대한 관심이 싹 사라졌다. 그들의 열망은 이해하지만 나는 나름대로 맡은 책임이 있었다. 그래서 꼼꼼한 분석 작업을 기꺼운 마음으로 열심히 해 줄 사람이 필요했다. 프로그래밍에서도 마찬가지였다.

오늘날에는 이직도 쉽고 박사 학위 소지자 중에는 곧장 "영업 쪽"에 자리를 얻는 데에 성공하는 사람도 많다. 특히 소규모의 은행과 헤지펀드에 지원할 경우 가능성이 높다. 그러나 지금도 마찬가지이지만, 당시 영업 쪽으로 자리를 옮기기를 열망하는 퀀트는 자신이 예전에 익힌 학문적 기술을 깔보게 되는 경우가 많다. 스탠리는 이런 자기혐오를, 다른 사람이 되고자 하는 욕구를 잘 이해하고 있었음이 분명하다. 물론 그 자신은 거래사가 되고 싶은 생각이 전혀 없어 보였다. 〈포브스〉의 기자는 그에게 어떤 학위를 가지고 있는가 물었다. 그러자 그는 이렇게 대꾸했다. "박사 학위입니다. 그렇지만 내 윗사람들한테는 비밀로 해주세요. 내 연봉에서 50만 달러를 깎아버릴 테니까요!"

1983년 말에 딸 소냐를 임신한 에바와 조수아와 함께 추운 뉴햄프셔 주에서 스키 여행을 즐기는 동안 스탠리의 채용 제의를 두고 고민에 고민을 거듭했다. 언제나 있을 수 있는 모든 대안을 다 저울질해 봐야 하는 강박적 성격이다 보니, 온 세상 모든 사람에게 전화를 걸어 아는 사람 중 골드만에서 일한 적이 있는 사람이 있는지 물었다. 나는 생각에 생각을 되풀이했다. 그래도 마음을 정할 수 없었다.

나는 아이비엠에서 일하던 친구 돈 와인가턴을 통해 윗슨연구소의 어느 과학자를 찾아냈는데, 그는 스탠리 밑에서 1년 동안 일하며 금융 시계열 조작을 위한 사내용 컴퓨터 언어 개발 작업을 했다고 했다. 내가 골드만에서 만난 사람들은 연구원 생활을 하던 그 사람에 대해 월스트리트를 못 견뎌 했다고 말했다.

"거긴 어땠던가요?" 나는 그에게 물었다.

"가지 마세요." 그는 그곳 분위기를 내게 전달하려는 듯 시큰둥하게 대답했다. "당신이 하지 않은 일로 하루 종일 큰 소리로 꾸지람을 들어도 상관없다면 몰라도요."

나는 그 몇 마디에서 결론을 얻었다. 채용 제의를 받아들이지 않으리라는 사실을 나 스스로 알 수 있었다. 이직할 수 있게 되자면 고통을 조금 더 겪을 필요가 있었던 것이다.

그로부터 다시 1년 동안 업무분석 시스템 센터에서 더 진보된 형태의 헥스 개발 작업에 협력하면서 힘든 나날을 보냈다. 그렇게 1년이 지난 뒤 몇 군데 더 면접을 보는 것으로 다시 이직 자리를 찾기 시작했다. 한번은 퍼스트보스턴에서 제프 보로가 이끌고 있던 정보공학 그룹을 찾아갔는데, 1985년 뉴욕이 허리케인 공포에 휩싸였던 바로 그날 연락이 왔다. 그곳에서는 내가 벨 연구소에서 받고 있던 연봉과 비슷한 액수를 제시했고 나는 거절했다. 또 한 번은 어느 헤드헌터가 나를 주택가 가까이에 있던 어느 자그마한 의료 소프트웨어 회사로 보냈다. 에이티앤티 근무복 — 검푸른 블레이저, 회색 플란넬 바지, 흰색 셔츠, 니트 넥타이 — 차림으로 그 회사에 찾아갔더니, 맨발에 반바지와 티셔츠 차림을 한 20대 후반으로 보이는 청년이 우르르 몰려나와 사무실로 통하는 문을 열어주었다. 그들은 내게 C 프로그래밍 필답시험을 치르게 했다. 파일 두 개를 합치는 루틴을 작성하라는 문제를 내줬던 게 기억난다. 그리고 C 언어에 포함된 #define 매크로를 일부러 뒤엉키게 작성해 놓고는 나에게 그걸 바로잡으라고 했다. 나는 그곳에서 일하고 싶은 흥미가 없었다.

1985년 중반에 들었을 무렵 나는 마음의 준비가 돼 있었다. 나는 처음에 나를 라비 다타트레야와 골드만에 소개해 주었던 헤드헌터 회사에 전화를 걸어, 18개월 전에 거절했던 회사에서 일할 마음이 있다고 말했다. 반응은 거의 오지 않았다. 그 헤드헌터는 골드만과의 인맥이 끊어진 듯 면접 자리를 마련하지 못하고 있었다. 시간이 흘렀다. 나는 점점 조바심이 나기 시작했고, 어느 날 금융-전략 그룹의 라비에게 직접 전화를 걸었다. 그는 나를 기억하고 한번 나오라고 했다. 그래서 그곳에서 꼬박 하루를 보낸 끝에 나는 다시 소프트웨어 개발 담당으로 채용 제의를 받았다. 1년 반이 지난 뒤이고 보니 스탠리는 아쉽게도 베어스턴스로 이직한 뒤였다. 이번에는 그리 고민하지 않고 제의를 받아들였다.

나는 연구소를 그만두고 골드만에 입사했다. 1985년 9월이었다. 그곳에서 가장 가까웠던 두 친구 래리와 마크가 환송파티에서 우정 어린 환송사를 해주었다. 그들 역시 은밀하게 이직을 추진하고 있었다. 나처럼 마흔 가까이 된 래리는 물리학자로 또 에이티앤티의 업무분석사로 일했음에도 의사가 되려고 결심하고, 저녁 때 생물학 과정을 들으며 의과대학 입학시험MCAT을 준비하고 있었다. 나는 그런 용기가 부러웠다. 그로부터 한두 해 뒤 그는 마운트시나이 의과대학원에 들어갔고, 이제는 정신의학자가 되어 컬럼비아에서 물리학과 의학을 완벽하게 접목한 양전자 방출 단층촬영술을 이용하여 뇌 연구를 하고 있다. 마크는 그로부터 1년이 지나지 않아 잘로몬브라더즈의 채권 포트폴리오 분석 그룹 내 옵션 연구 팀 책임자인 밥 코프라시의 채용 제의를 받아들였다.

파티 동안 나의 직속상관이자 더없이 이해심이 넓었던 론이 나를 한쪽으로 데려가 잠시 동안 이야기를 나누었다. 그는 컴퓨터에 대해 내가 이미 월스트리트에서 필요로 하는 이상으로 잘 알고 있다고 했다. 당시에는 자명한 듯했지만 세상은 빨리 변하고 있었다. 월스트리트에 가 보니 그곳은 정말로 낙후돼 있었다. 대형 컴퓨터 위주로 돌아가는 데다 분산 시스템도 없었다. 하지만 연구소에서 유닉스 소프트웨어 개발을 익힌 경력이 월스트리트에서 평범한 일용직 정보공학 노동자들보다 약간 유리하게 작용한 것도 네댓 해밖에 가지 않았다.

Chapter 9

개조

■ 골드만삭스 회사의 금융전략 그룹 ■ 옵션 이론을 배우다 ■ 퀀트가 되다
■ 거래사와 함께 일하기 ■ 새로운 등장인물 ■

"처음 나왔을 때 걸렸던 감기가 아직 안 나은 거예요?" 1986년 1월 어느 날 비좁은 엘리베이터 안에서 어느 여자가 콧물 흐르는 내 코를 흘끔 내려다보며 무뚝뚝하게 물었다.

골드만에서 새로 입사한 사람은 언제나 월요일에 첫 출근을 한다. 그 첫 월요일이 내 경우에는 1985년 12월 2일이었다. 그날 아침 나는 신입사원 교육에 나가 회사에 대한 간략한 설명을 듣고, 의료보험과 생명보험에 가입하고, 신분증을 만들고 지문을 찍고, 그리고 무료 식권으로 카페테리아에서 점심을 먹었다. 당시 골드만은 5천 명밖에 고용하고 있지 않던 시절이라 여전히 친숙한 분위기를 풍기고 있었다.

내가 벨 연구소를 그만둔 게 11월 말이었으니 새 직장에 나가기까지 느긋하게 지낼 기간은 겨우 며칠뿐이었다. 그 다음날 날씨가 갑자기 추워졌

다. 11월 29일 금요일에는 리버사이드드라이브를 따라 달리며, 앞으로 점심시간에 운동을 하지 못하면 어떻게 건강을 유지할까 생각했다. 일요일 아침이 되자 기침과 열이 났다. 출근 첫날을 미루기가 너무 계면쩍어 월요일에 신입사원 교육에 나갔다.

그때부터 몇 달 동안 제대로 쉬지 못해 감기가 떨어지지 않았다. 우리 가족은 줄곧 2년 동안 스트레스를 받아왔다. 1984년 초에는 장인이 갑자기 세상을 떠났고, 1985년에는 내 아버지가, 그리고 그로부터 겨우 몇 달 밖에 지나지 않은 지금은 장모가 췌장암 말기에 접어들어 있었다. 에바가 어머니를 보살피며 연구소에서 연구를 얼마간 진행하려 애쓰는 동안, 나는 저녁과 주말 동안 소냐를 돌보며 두 살배기의 만만찮은 공격을 고스란히 받아냈다. 밤에는 여러 차례 젖병을 채우고 기저귀를 갈고 하느라 토막잠만 잘 수 있을 뿐이었다. 우린 모두 지치고 힘든 상태였다.

두려워하던 전화는 여섯 주 뒤 이른 아침에 예기치 않게 다른 곳으로부터 왔다. 남아프리카에서 자형이 갑자기 세상을 떠난 것이다. 장모의 임종 전화는 그로부터 여러 주 뒤에 왔다.

몇 주가 지나는 동안 내 "독감"은 반영구적 기침과 콧물로 자리를 잡았다. 그 때문에 잠을 제대로 잘 수 없었다. 어느 추운 겨울 금요일 밤 조수아와 소냐를 이스트햄프턴에서 사는 친구 집에 데리고 가서 주말 동안 맡겼다. 에바가 어머니와 시간을 보내는 데에 방해가 되지 않게 하기 위해서였다. 일요일 저녁 10시 쯤 됐을 때 한계에 다다라 있었다. 내게 가장 필요한 것은 약간의 휴식과 수면이었다. 나는 한밤중에 우리 아파트를 나와, 사무실에는 아프다는 메모를 남기고 링컨센터에 있는 엠파이어호텔에 투숙했다. 그러고는 잠들기 위해 신경안정제를 한 알 먹은 다음 하루 반 동안 잠을 잤다. 그렇게 최소한의 휴식을 취했더니 기적처럼 회복됐다. 콧물이 멈추고 절대로 떨어지지 않던 기침도 잦아들었다. 덕분에 수요일 아침에는 육체적 건강에 관한 한 비교적 정상 상태를 회복한 채 사무실로 출근했다.

독감으로 고생하고 있으면서도 나는 빠른 속도로 엄청난 양을 익히고 있었다. 내 상사인 라비 다타트레야는 서슬 퍼런 전투적 성격이어서, 사람들이 어떻게 반응하는지 보는 척하며 약간의 가시가 돋친 말을 찔러 보기를 즐겼다. 그렇지만 그는 뛰어난 스승이었다. 금융 이론을 깊이 꿰뚫고 있었고 거래와 영업이 어떻게 돌아가는지 잘 이해하고 있었다.

나는 골드만의 금융전략 그룹에 입사할 때 채권 거래의 소프트웨어 공학 쪽에서 일하게 될 것으로 생각했다. 그렇지만 1985년은 채권 옵션의 장외 거래 사업이 급성장하기 시작한 때였고 라비는 그에 따라 필요한 부분을 관리하고 있었다. 그는 내가 입사한 지 며칠 만에 채권 옵션 영업장에 나를 소개하면서 평가 모델 작업을 맡겼다. 어느 금요일에는 나에게 이항 옵션 모델에 관한 콕스–로스–루빈스타인의 유명한 논문을 한 부 주면서 주말 동안 읽으라고 했다. 흥미로우면서도 실무와 연관된 대단히 의미 있는 — 나중에 내가 명성까지 얻게 된 — 미해결 문제를 연구하게 됐을 뿐 아니라, 이론과 모델에 실무적으로 깊은 관심을 지닌 거래사들과 인간관계를 맺을 수 있는 더없이 좋은 기회였다.

채권 옵션 영업장은 변호사 출신으로 옵션 거래사가 된 삼십 대 나이의 피터 프로인드가 총책임자였다. 피터는 옵션 이론의 세밀한 부분까지 실용적인 수준으로 깊이 이해하고 있었지만, 대부분의 시간을 로버트 루빈을 위해 업무 메모를 작성하느라 바빴다. 로버트 루빈은 당시 고정수익 사업부의 최고 책임자로, 얼마 지나지 않아 골드만 전체의 공동 회장이 됐다가 훗날 클린턴 대통령의 재무부 장관이 되어 워싱턴으로 떠난 사람이다. 나는 피터와 대화를 나누는 게 좋았다. 이따금 그는 대화하는 동안 팔을 뻗어 한손을 내 어깨에 얹기도 했는데, 그렇게 팔 하나의 무게를 내 어깨에 걸친 채 몇 분씩 대화를 계속했다. 피고용인이 됐음을 피부로 느낀 최초의 경험이었다. 벨 연구소에서는 상사가 부하의 몸에 손을 대는 일이 별로 없었다. 그러나 골드만에서는 상사가 나보다 훨씬 어린 경우에도 아버지처럼, 혹은 어딘가 모르게 아이를 대하는 어른처럼 팔이나 어깨를 꽉 쥐는 경향이 있었다.

피터 휘하에서 가장 눈에 띈 달변가는 데이비드 가바즈로, 대학원에서 지질학을 공부하고 채권 옵션 거래사가 됐다. 그해 12월 사우스스트리트 시포트에서 고정수익 사업부가 연중행사의 하나로 연 크리스마스 파티에서 그는 나와 친구가 됐다. 당시는 월스트리트에서 과시가 한창이던 시기였던 만큼 믿을 수 없으리만치 요란한 파티였다. 식탁에는 거대한 새우와 한입 크기의 스테이크가 쌓여 있었고, 우리는 거래사로 구성된 록 밴드의 음악에 맞춰 춤췄다. 그때까지 벨 연구소에서 종이 접시에 초콜릿 과자를 놓고 아이들과 함께 보내는 파티에 익숙해져 있던 나에게는 완전히 새로운 경험이었다. 데이비드는 나를 어깨동무하더니, 12월의 꽁꽁 어는 그 밤에 아직 독감이 떨어지지 않은 나를 끌고 집까지 걸어갔다. 우리는 입김도 보이는 한밤중에 시포트에서 로어이스트사이드를 따라 북쪽으로 수

킬로미터를 걸었다. 결국 나는 택시를 발견하고 집에까지 타고 돌아왔다. 데이비드는 격하고 활발한 성격이었고, 충동적이었지만 매력적으로 충동적이었으며, 열정적으로 독설과 냉소를 쏟아 냈다. 그리고 로버트 루빈에게 이러저러한 불만 때문에 더 나은 직장으로 이직하겠다는 '협박' 편지를 늘 보냈다고 한다. 그는 신참인 나를 챙겨 주며 이런저런 요령을 일러 주었다. 우리는 자주 사우스스트리트의 플레더마우스에서 점심을 같이 먹었다. 당시 거래사들이 즐겨 찾던 명소였다.

피터 휘하에는 또 제이컵 골드필드라는 젊은 거래사가 있었는데, 수염도 깎지 않아 추레하고 키는 멀대 같이 컸다. 하버드 법과대학 출신이었지만 법과대학원 입학시험을 치르지도 않고 졸업하자마자 곧장 골드만에 들어와 거래사가 됐다. 데이비드는 제이컵도 챙겨 주었고, 우리는 사이좋게 지냈다. 제이컵은 학부 때 물리학을 공부했고, 거래에 필요한 여러 가지 프로그램을 직접 작성할 정도로 프로그래머의 재능이 있었다. 대단히 영리했던 그는 이내 신비한 매력을 은은히 풍기기 시작했고, 동료는 그의 의견을 존중하기 시작했다. 그는 자신의 패를 잘 내보이지 않았다. 모든 사람으로부터 정보를 흡수하면서도 자신은 아무 정보도 흘리지 않았다. 거래사로 완벽한 기질을 갖추고 있었던 것이다. 우주의 제왕처럼 행세하던 1980년대의 거래사와는 달리 제이컵은 상스러운 말을 전혀 쓰지 않았다.

다들 제이컵이 로버트 루빈의 총애를 받고 있다는 사실을 알고 있었다. 그의 승승장구는 불을 보듯 뻔했다.

골드만에 출근하기 시작한 첫 주에 라비가 내게 던져준 문제는 1980년대 초의 경제학에 뿌리를 두고 있었다. 골드만은 "팔자" 쪽이었다. 우리는 "사자" 측인 자산관리사, 보험회사, 연금, 뮤추얼펀드 등에게 증권을 팔았다. 이런 사자 측 회사 중에는 기업이나 지방자치단체 또는 정부가 발행한 채권을 사들인 회사가 많았는데, 금리가 높던 1970년대와 1980년대 초에는 상당히 높은 수익률을 남길 수 있었다. 카터 시절 정점에 올랐던 금리가 1980년대 중반에 지속적으로 떨어지자 채권이 지불하는 이자가 낮아졌고, 그래서 이런 펀드는 그전 몇 년 동안 벌어들이던 고수익을 더 이상 얻을 수 없었다. 떨어져 가는 수익률을 다시 끌어올리기 위해 많은 펀드가 자사가 보유하고 있는 채권에 대한 단기 콜 옵션을 정기적으로 판매하는 방법으로 매출을 올리기 시작했다. 이런 콜 옵션을 공급함으로써 벌어들일 수 있는 액수는 상당한 규모에 이르렀고, 따라서 1986년 초에 골드만의 재무부 채권 옵션 사업은 활기를 더해갔다.

대략적으로 말하면, 채권에 대한 콜 옵션이란 사고파는 양자 간에 하나의 내기를 거는 것으로, 해당 채권이 미래의 확정된 만기일에 사전 지정된 권리 행사 가격을 넘어설 것으로 보는 것이다. 옵션의 구매자는 판매자에게 웃돈, 즉 콜 옵션의 가격을 지불한다. 만기일이 됐을 때 채권 가격이 권리 행사 가격을 초과하면, 즉 구매자가 내기에서 이기면 그는 옵션을 행사하여 그 차액을 받는다. 콜 옵션의 차액은 만기일에 해당 채권의 권리 행사 가격과 시장가격 간 차액이다. 그때 콜 옵션의 판매자는 해당 채권의 가치가 권리 행사 가격보다 높다 해도 행사 가격만큼의 액수만 받고 콜 옵션 소유자에게 넘겨주어야 한다. 여기서 중요한 부분은 콜 옵션의 소유자는 채권이 권리 행사 가격을 초과할 경우 초과하는 만큼을 이익으로 거둬들이지만, 권리 행사 가격을 밑돌 경우에는 아무 손해도 보지 않는다는 점이다.

사자 측 펀드는 골드만에게 콜 옵션을 팔아 추가로 매출을 올렸다. 그 뮤추얼펀드가 100달러짜리 재무부 채권 한 장을 소유하고 있다면, 그 채권에 대해 권리 행사 가격을 100달러로 지정한 1년 만기 콜 옵션을 2달러 정도에 팔아 수익을 늘릴 수 있다. 100달러 채권 자체가 값이 더 오르지만 않는다면 2달러는 고스란히 남는 것이다. 그러나 옵션의 경우 모든 보상에는 그만한 형벌이 따른다. 만일 1년 뒤 금리가 떨어지고 채권 가격이 106달러로 오른다고 해 보자. 이 경우 골드만은 콜 옵션을 행사하여 그 뮤추얼펀드에게 106달러짜리 채권을 100달러에 팔게 할 수 있다. 그러면 그 펀드는 옵션 가격으로 얻은 2달러의 수익에 채권으로 인한 6달러 손실이 빠지면서 4달러의 순손실을 입게 된다. 본질적으로 그 뮤추얼펀드는 금리가 떨어지지 않으리라는 쪽에 내기를 거는 것이다.

골드만의 역할은 맞춤으로 옷을 만드는 재단사와 같았다. 펀드는 시카고 거래소에 상장된 금리 옵션과 채권 선물 계약을 파는 방법으로 내기를 걸 수도 있었을 것이다. 그러나 이렇게 상장된 것들은 권리 행사 가격과 만기일이 표준화되어 있어서 다양하지 않았고, 따라서 펀드가 실제로 소유하고 있는 채권의 구체적 권리 행사 가격과 만기일에 맞추기에는 너무나 많은 제약이 따랐다. 그런 문제점을 수용하기 위해 골드만은 각각의 펀드로부터 장외 콜 옵션을 사들였다. 각각의 옵션은 개별적으로 협상한 계약으로, 해당 펀드가 소유하고 있는 구체적 채권을 바탕으로 하고 있었다. 옵션 계약의 만기일은 해당 펀드가 분기별 소득을 보고해야 하는 날짜에 근접하도록 정했다. 만일 금리가 떨어지지 않아서 펀드가 내기에서 이기면 그 펀드는 옵션 가격을 챙김으로써 분기보고 때 그만큼 높은 수익률을 발표할 수 있었다.

초기 단계에 있는 사업이 종종 그러하듯 채권 옵션을 파는 사업은 특히 이익이 많이 남았다. 거래 영업장에서는 개별 펀드의 필요에 꼭 맞춘 옵션을 판매하면 수수료를 추가로 더 매길 수 있었다. 맞춤형 옵션을 팔면서 떠안게 되는 위험을 상쇄하기 위해, 골드만의 채권 옵션 영업장은 상장된 값싼 옵션과 선물을 위험액과 비슷한 만큼 사들였다. 상장된 옵션으로 맞춤 옵션의 위험을 헤지하는 데에는 약간의 위험이 뒤따랐다. 권리행사 가격과 만기일이 정확히 일치하지 않아, 헤지가 정확하지 않고 근접한 수준에 머문다는 점이었다. 옵션에 대한 수수료는 이러한 위험을 기꺼이 받아들여 관리하는 데에 대한 보상으로 볼 수 있었다.

골드만 같은 회사에서는 한 가지 옵션을 다른 옵션으로 헤지하기 위해 각 옵션의 가치 및 금리 변동에 대한 민감도를 알아낼 수 있는 모델을 필요로 했다. 라비가 나에게 익히라고 한 유명한 블랙-숄스 모델은 주식 옵션을 위한 것으로 채권 옵션과는 딱 들어맞지 않았다. 주식은 비교적 간단했다. 미래에 이자를 지불한다는 보장도 없었고 만기일도 없었고, 따라서 미래의 가격에 제약이 없었다. 재무부 채권은 그보다 훨씬 더 복잡했다. 만기일에 원금을 갚는다고 약속돼 있기 때문에 만기일의 가격은 액면가에 묶여 있다. 나아가 모든 재무부 채권은 모두 서로 연관돼 있다. 다양한 만기일을 지닌 좀 더 원초적인 제로쿠폰채의 총합으로 분해할 수 있기 때문이다.

내 상사 라비는 블랙-숄스 주식 옵션 모델을 변형하여, 만기가 짧은 재무부 채권 옵션일 경우 대충 맞게 돌아가게끔 만들었다. 시행착오를 통한 성과였다. 그는 그 모델을 적용한 컴퓨터 프로그램을 작성했고, 이제 채권 옵션 영업장에서는 보유 옵션에 가격을 매기고 헤지하는 데에 그 프로그램을 이용하고 있었다. 피터 프로인드의 영업장은 프로그램 사용법에 점점 더 익숙해지면서 라비의 모델에서 한 가지 문제점을 발견했다. 단기 옵션에서는 문제가 없었지만 장기 옵션에서는 의심스러운 결과를 내놓는다는 문제였다. 채권 가격의 장기적 변동을 불충분하게 반영했기 때문에 오는 여러 가지 이론적 모순이 작용한 것이다. 옵션 영업장이 업무를 볼 수 있도록 급조하긴 했지만, 최초 시도 치고는 기발한 작품이었다. 그러나 이제는 모델 자체에도 컴퓨터 화면 구성에도 개선이 필요했다. 입사한 뒤 며칠도 되지 않았을 때 라비는 그 모델과 프로그램의 확장 작업을 내게 맡겼다. 그래서 아무 준비 없이 거래사와 함께 작업을 시작하게 됐다. 퀀트로서 실제적이면서 업무 중심으로 움직일 필요가 있다는 사실을 그 첫 몇 달 동안 라비와 또 영업장 사람들과 함께 일하면서 배웠다.

영업장의 눈으로 보면 업무 모델을 최대한 활용하는 데에 방해가 되는 가장 커다란 걸림돌은 이론이 아니라, 프로그램에 그림을 이용한 화면 구성이 없다는 사실이었다. 고객과 거래를 하기 위해 어떤 옵션의 가치를 평가할 필요가 있을 때마다 판매사는 그 옵션의 만기일과 권리 행사 가격뿐 아니라 해당 채권의 현재 가격, 만기일, 이율까지 한 줄 한 줄 일일이 입력해야 했다. 그런 다음 또 현재의 단기 금리, 해당 채권이 미래에 띠게 될 것으로 추정되는 수익 변동률 등을 입력했다. 이런 다음 리턴 키를 누르면 프로그램은 해당 모델의 이론적 가격을 계산해 내는 한편, 그 옵션의 기초가 되는 재무부 채권을 사용하여 헤지하는 방법을 알려주었다. 변동률, 만기일, 권리 가격 등을 여러 가지로 바꿔 가며 옵션의 가치를 계산하고 싶을 때에는 처음부터 리턴 키를 누르는 것까지 똑같은 과정을 매번 반복해야 했다.

하나의 거래가 성사되기까지 며칠씩 걸리는 경우도 있었다. 일반적으로 고객은 골드만에 전화를 걸어 어떤 옵션 가격을 알아본 다음, 전화를 끊고 다른 곳에 전화를 걸어 그쪽에서 제시하는 가격을 알아본다. 그런 다음 한동안 생각해 보고 그 다음날 다시 우리에게 전화를 걸어 어제에 이어 거래에 대한 논의를 계속한다. 이렇게 다시 연락이 오면 우리 영업장에서 그 전화를 받은 사람은 거래를 위한 모든 수치를 모조리 다시 입력하여 우리의 모델을 다시 가동해야 했다. 이 때문에 고객과의 상담 과정이 지연되기 일쑤였다. 이처럼 움직임이 원활하지 못하고 지나치게 뻑뻑한 것은 성장하는 회사로서 커다란 문제점이었다.

소프트웨어 공학 역시 충분하지 않았다. 라비의 프로그램은 포트란으로 작성됐는데, 과학계와 금융계는 소프트웨어의 협력 개발 차원에서 훨씬 나은 도구를 제공하는 C 언어 쪽으로 급속히 기울고 있었다. 라비는 나에게 옵션 이론을 익히고, 그 모델을 C로 다시 작성하고, 좀 더 사용이 편리한 프로그램을 구성하라고 지시했다. 나에게는 완벽한 임무였다. 이론 및 실제와 업무 연락 부분을 곧장 접하게 됐기 때문이었다. 나는 며칠 동안 콕스-로스-루빈스타인이 쓴 원래의 논문에 있는 주식 옵션 이론을 빠른 속도로 검토했다. 그리고는 라비가 만든 채권 옵션 모델의 포트란 프로그램을 연구한 다음, 금융전략 그룹의 백스 컴퓨터에서 C로 다시 작성하는 작업에 착수했다.

몇 주 만에 나는 다방면에 걸쳐 여러 가지를 배우면서 새로운 인간관계와 컴퓨터 환경에 적응했다. 내가 장애물에 부딪히면 라비는 조바심을 내며 애태웠다. 내가 입사한 지 3주 정도밖에 되지 않은 어느 날, 그는 내게 생각보다 시간이 많이 걸리고 있다며 다른 사람에게 맡기는 게 낫지 않을까 싶다는 식으로 말했다. 그날 저녁 퇴근하고 집으로 돌아온 나는 처음으로 맛본 월스트리트의 쓴맛을 에바에게 털어놓으며 약간의 외틀어진 쾌감을 얻었고, 충격 받은 에바는 함께 분개했다. 물리학이라는 세련된 숲에서 빠져나와 자본주의의 혹독한 기관실에 들어감으로써, 나보다 열 살 이상 어린 사람이 걸음이 느리다며 나에게 채찍질을 가할 필요를 느끼는 세계에 발을 들여놓았다는 사실을 에바에게 보여주고 싶은 마음이었다. 그러나 사실은 그렇게까지 나쁘지는 않았다. 월스트리트는 언제나 능력 위주로 무례하게 행동했다. 나에게는 그렇게까지 모욕적으로 느껴지지 않았다. 그 이후 19년이라는 세월이 흘러가는 동안 나보다 젊은 거래사의 지시도 받았고, 새로 파트너 자리에 오른 사람들이 엘리베이터 안에서 등도 토닥거려주고 격려하는 뜻으로 내 팔을 꼭 쥐기도 했으며, 또 한번은 모두가 똑똑히 보는 앞에서 거래장 이쪽 끝에서 저쪽 끝까지 입 거친 여자 판매사에게 떠밀리며 욕을 먹기도 했다. 이런 모든 면에서 전반적으로 나이에 대한 존중심이 없었는데, 그 덕분에 나 역시 자신의 나이를 잊게 됐다. 그게 마음에 들었다.

  나는 오래지 않아 그 모델의 프로그램 작성을 마치고 사용하기 쉬운 화면 구성을 생각하기 시작했다. 윈도우도 매킨토시도 없던 시절이라 창을 띄우는 프로그램은 아주 드물었다. 유닉스 철학을 바탕으로 프로그래밍 지식을 익힌 나는 데이터 입력과 화면 표시를 위한 범용 도구 세트를 나 스스로 만들기 시작했다. 가로 80자 세로 24줄의 텍스트를 자유자재로 읽고 쓸 수 있게 해 주는 유닉스의 "커시스" 라이브러리에 대한 설명서를 급히 훑어보고 화면을 디자인했다. 그렇게 한 달 정도 만에 계산기 프로그램 보스코를 만들었다. 내 아들 조수아의 애칭에서 따온 이름이다.

  새 모델이 더 낫기도 했지만, 가장 커다란 영향을 끼친 것은 내가 새로 디자인한 화면 구성이었다. 덕분에 고객과의 흥정이 더 쉬워진 것이다. 모델의 입·출력이 모두 화면에 나타나 있었고, 데이터 항목마다 하나씩 칸이 있었으며 (채권의 이자, 만기 등), 모델에서 제시하는 결과물마다 하나씩 칸이 있었다 (옵션 가격, 헤지 비율 등). 또 고객 및 해당 거래에 대한 정보를 기입하는 칸도 있었다. 이 모델을 실행하여 옵션 가격을 얻어내려면 그냥 "계산!" 키만 누르면 됐다. 입력 값을 바꾸려면 커서를 해당 칸으로 옮겨가 값을 입력한 다음 "계산!" 키를 다시 누르면 됐다. 이제까지 포트란으로 만들어진 명령줄 형식의 화면에서는 데이터를 입력하기 위해 키보드를 수없이 많이 두들겨야 했는데, 내가 만든 새 프로그램에서는 그 수고를 덜 수 있었다. 무엇보다도 좋은 점은 언제고 입력된 자료를 파일로 저장했다가 나중에 다시 읽어들이는 기능이었다. 만일 거래에 앞서 어느 고객과 대화하면서 이 계산기 프로그램을 이용하여 어떤 옵션을 평가했다면, 그에 관한 모든 정보를 파일로 저장해 두었다가 그 다음날 정확히 어제 그 상태 그대로 흥정을 계속할 수 있었다.

오늘날의 기준으로 보면 원시적이지만, 영업장에서 그때까지 사용한 것에 비하면 놀라우리만치 발전된 것이어서 거래사와 판매사가 너무나 기뻐했다. 하루 일과를 시작하면서 가장 일반적인 유형의 여러 가지 옵션 거래를 입력하여 양식으로 저장해 두면 고객에게 빠른 속도로 답해 줄 수 있었고, 따라서 훨씬 더 많은 문의를 훨씬 더 효과적으로 처리할 수 있었다. 그일 이후로 나는 단순하면서도 잘 디자인된 소프트웨어가 업무에 미치는 영향을 소홀히 넘어갈 수 없게 됐다. 정량 모델 작성 작업은 진정으로 뿌듯했지만, 퀀트 그룹이 끼치는 효과가 가장 극적으로 나타나는 것은 거래와 판매에 개입된 인간공학을 향상시켰을 때일 경우가 많다.

몇 년 뒤에 나는 보통주 사업부의 정량전략 그룹 책임자가 됐는데, 누가 새로 그룹에 들어오면 내가 거래 영업장 사람들과 일하면서 겪었던 예기치 않은 경험을 그대로 겪게 해 주려 노력했다. 해결될 경우 거래사에게 도움이 될 문제 가운데 이론 분석과 소프트웨어적 적용 모두를 필요로 하는 것을 골라 맡겼다. 그렇게 함으로써 프로그램을 최종적으로 사용하는 거래 영업장 사람들과 인간관계를 만들고, 업무 용어와 방식을 익히며, 그와 동시에 이론과 실제 모두를 결합할 수 있기를 바란 것이다.

수많은 다른 조직과 마찬가지로, 그 해 12월 라비가 나를 채용한 골드만의 금융전략 그룹 역시 회사 내의 정치관계에 얽혀 있었다. 내가 입사하기 직전에 골드만을 그만둔 스탠리 딜러는 월스트리트에서 2류의 두뇌를 지닌 사람은 자기뿐이라는 농담을 종종 했다고 한다. 고정수익 사업부를 책임진 파트너는 그의 빈자리를 메우고 사업을 키우기 위해 중서부 지방으로부터 금융학 교수 두 사람을 채용했다. 한 사람은 훤칠한 키에 마른 몸매로, 말이 빠르고 자신만만해 보였다. 또 한 사람은 그보다 훨씬 키가 작고 말이 느렸다. 이들이 입사했어도 두뇌 등급에서 차지하고 있던 스탠리의 위치에는 변함이 없었다.

이들이 새로 세운 지배구조는 스탠리 딜러가 유지하던 것과는 판이하게 달랐다. 스탠리는 금융전략 그룹을 독재적으로 운영한 것 같다. 그러면서도 거래를 학문 차원에서 바라보았다. 그는 금융 연구에 대한 정량적 접근을 중시했고, 소프트웨어 개발과 거래 시스템을 강조했다. 그는 공학자, 물리학자, 컴퓨터 과학자, 수학자 등 박사를 찾아내 채용했는데, 이들은 대부분 금융에 대해 무지한 상태에서 입사하여 실무를 보며 이론을 익혔다. 그는 금융, 수학, 컴퓨터 과학을 동시에 다룰 능력이 있으면서 분야를 초월하는 세계관을 지닌 사람을 찾았는데, 지금 나 역시 스탠리와 같은 방향으로 기울어져 있다.

새로운 지배자들은 관리에 더 중점을 두었다. 이들은 성장을 위한 백지위임장을 받고 활발하게 채용에 나섰다. 그 결과 15 내지 20명 정도의 과학자 출신으로 구성됐던 전략 그룹은 백 명 정도로 늘어났다. 그 중에는 "거래사를 다루는 방법"을 알고 있다고 자신하는 전문 관리자가 많았다. 이들은 좋은 기회를 잡았다는 사실을 알 만큼의 머리는 됐고, 그래서 그 기회가 지속되는 동안 최대한 우려먹는 지혜를 발휘했다. 시간이 가면서 모델링 및 프로그래밍 그룹은 역삼각형 구조가 됐다. 제일 밑에는 기술적으로 숙달된 사람 한두 명이 자리 잡고 있었는데, 프로그램을 작성하거나 모델을 만들 능력이 있는 이런 사람들이 위쪽에 얹혀 있는 더 많은 사람을 떠받쳤다. 위쪽에 얹힌 사람들은 인간으로 이루어진 통로나 다름이 없었다. 아래에서 내놓는 결과를 영업장으로 넘긴 다음 그에 대한 영업장의 반응을 다시 아래로 넘기는 일을 할 뿐이었다. 이런 구조에서는 박사 학위가 있고 연구에 소질이 있고 프로그램 작성 능력이 뛰어나도 소용이 없었다.

보는 눈이 정확하고 입바른 소리를 잘 하는 데이비드 가바즈는 금융전략 그룹을 새로 맡은 두 책임자를 머트와 제프로 부르기 시작했고, 그들이 책임 맡고 있는 조직을 "금융비극 그룹"이라 부르며 신랄하게 비꼬았다. 1986년의 골드만은 여전히 퀀트를 관리하는 방법에 적응해 가고 있었다.

회사 내의 정치관계에도 불구하고 나는 골드만과 금융전략 그룹이 좋았고, 프로그래머와 퀀트 친구도 새로 많이 사귀었다. 이들은 대부분 나보다 많이 어렸다. 나는 이것이 두 번째 직업이었지만 그들에게는 첫 직업이었던 것이다. 첫 해에는 내 사무실이 따로 없었는데, 다른 사람과 똑같은 칸막이 안에서 일을 하면서 간혹 어색하다는 느낌이 든 것도 사실이다. 어느 날 내 자리에서 채권 옵션 모델 프로그램을 작성하면서 혼자 무심코 비틀즈 노래를 휘파람으로 부르고 있었는데, 옆 칸에서 일하던 23살짜리 청년이 놀란 듯 나를 보며 이렇게 소리쳤다. "그 노래는 어떻게 아세요?" 사실 능력이 있으면 나이는 그리 문제되지 않았고, 그 뒤 1987년과 1989년의 증시 붕괴, 1998년 롱텀 캐피털매니지먼트의 몰락과 러시아의 채무 불이행 선언 등 금융시장이 몇 차례 소용돌이를 겪고 나자 원숙한 외모는 오히려 유리하게 작용했다.

새로 알게 된 동료 중 로스코라는 사람이 있었는데, 붙임성 좋은 성격인 그는 환멸을 느끼면서도 밝은 모습을 잃지 않았다. 그는 스스로 '야당석'이라 이름 붙인 칸에서 일하는 프로그래머 무리의 우두머리였는데, 이들은 유머 감각이 뛰어난 반체제 인사였다. 야당석 사람들은 모두 점심을 일찍 먹고 건강을 위해 브루클린브리지까지 산책을 다녀왔다. 로스코의 진짜 이름은 윌리엄 뒤마였는데, 대 알렉상드르 뒤마와 혈연관계가 있다는 소문이 있었다. 그는 금융전략 그룹의 새로운 지배체제에 대한 존중심이 거의 없었다. 새로 들어온 엠아이에스 관리자 중 한 명이 이전에 있던 직장에서 받은 좋은 프로그래밍 스타일에 대한 케케묵은 메모를 그룹 내에서 돌리자, 로스코는 그를 빈정거리며 "반복구문 Do-Loop의 달인"이라 불렀다. 로스코는 금융전략 그룹에 새로 들어온 사람들을 빗대는 기발한 별명을 지어내는 비상한 재주가 있었다. 그는 운율을 활용하는 런던식 속어와 같은 방식을 사용하여 별명을 지어냈다. 예를 들면 다섯five이라는 숫자를 "레이디"라 불렀는데, 레이디는 '레이디 고다이바'를 줄인 것이고 고다이바는 옛날 영국의 5파운드 지폐를 가리키는 구어체 이름인 "파이버fiver"와 운율이 맞았다 ("파이버 하나만 꿔줄래?" 하는 식으로). 새로 파키스탄 인 프로그래머가 채용되자 로스코는 이런 식으로 "맨더"라는 별명을 붙였는데, 원래 이름인 '샐러'가 '샐러맨더'를 연상시키기 때문이었다. 나에게는 "이-맨"이라는 별명을 지어 주었다. 나는 이 별명이 마음에 들었는데, 남아프리카에서 내가 어릴 때부터 내 가족과 친구가 나를 부를 때 쓴 "이매뉴얼"을 줄인 이름과 거의 같았기 때문이다. 로스코가 붙인 별명이 늘 그렇듯, 나에게 붙인 별명도 내가 골드만을 떠날 때까지 줄곧 따라 다녔다. 1994년에 고정수익 시장이 침체되자 로스코는 골드만을 그만두고 샌프란시스코에 있는 아이리스에 들어갔다. 아이리스는 웰스파고의 퀀트 출신인 나의 옛 친구 제레미 이브닌이 운영하는 금융 소프트웨어 회사이다.

골드만에 새로 들어온 직원 중에는 나처럼 남아프리카 출신으로 조나단 버크라는 사람이 있었다. 학사 학위를 가지고 골드만에 분석사로 취직한 그는 금융과 시장에 대해 잔뜩 고무돼 있었다. 나는 그가 입사한 지 얼마 되지 않아 자본주의적 사고방식을 처음으로 엿볼 수 있었다. 입사한 직후 우주왕복선 챌린저 호 폭발 사고가 있었는데, 어리고 순진하고 혈기 왕성한 조나단은 자신이 거래하던 골드만의 주식 중개사에게 급히 전화를 걸어 모턴티오콜의 풋 옵션을 매입하게 했다. 연료 누출이 있었던 추진 로켓의 기밀장치를 디자인한 회사였으니, 주가가 떨어지면 이익을 볼 거라는 생각에서였다. 나는 왕복선의 참사에 그렇게 발 빠르게 움직이는 것을 보고 조나단은 사업 세계가 체질이라 생각했지만 그것은 판단 착오였다. 금융 이론에 자극을 받은 그는 몇 년 뒤 골드만을 그만두고 금융학 박사 학위를 땄고, 지금은 버클리에서 교수로 활동하고 있다. 15년 뒤인 2000년 11월에 그를 다시 만났다. 새로 만들어진 금융공학 학위의 후원자 모임에서였는데 나는 골드만삭스를 대표하여 나갔다. 그는 변함없이 열심이었다. 그리고 내게 1986년 당시에는 21세기에는 금융이 이론 물리학의 자리를 차지하게 될 줄 알았다고 했다. 우리는 환상과 현실 사이의 괴리에 웃지 않을 수 없었다.

조나단은 산업에서 학문 세계로 옮겨갔다. 골드만에는 그 반대의 길을 걸은 사람도 많았다. 금융전략 그룹에는 론 뎀보라는 남아프리카 출신 동료가 또 한 명 있었다. 그는 학자에다 최적화 전문가였는데, 채권 포트폴리오의 틀을 잡는 작업을 도와줄 자문사로 제프와 머트가 채용했다. 론은 토론토에서 뉴욕으로 비행기를 타고 와, 골드만이 제공하는 아파트에서 매주 사흘 씩 지내고 돌아갔다. 그는 또 다른 학자 여럿을 채용했다. 얼핏이나마 우리는 활동비 계좌가 따로 있는 생활의 특권을 처음으로 목격하고 찬탄을 금치 못했다. 기업가 기질이 있던 론은 포트폴리오 위험관리에서 시스템과 소프트웨어가 지니는 진가를 이해하고 있었다. 그는 1987년에 골드만을 그만두고 그 직후 알고리드믹스를 차렸다. 이제는 위험관리 소프트웨어를 만드는 회사로 유명해진 바로 그 회사이다.

나는 또 윌리엄 토이와 오랜 인맥관계를 맺게 됐다. 내가 입사했을 때 그는 이미 보통주 사업부 소속으로 피셔 블랙 밑에서 일하고 있었다. 윌리엄과 나는 모두 벨 연구소를 경유하여 골드만으로 온 물리학자 출신이어서, 둘 모두 벨의 환경과 관료주의를 경멸했다. 나는 골드만에 입사한 지 얼마 되지 않았을 때 피셔와 잠깐 만난 적이 있었는데, 그는 보통주 사업부에서 보통주 영업을 위해 모델을 만들고 거래 소프트웨어를 개발하는 자그마한 정량전략 그룹의 책임을 맡고 있었다.

금융전략 그룹에서 재능이 대단히 뛰어난 프로그래머로는 또 데이브 그리스월드가 있었다. 그는 내가 입사하기 겨우 몇 달 전에 채용됐는데, 그전에는 롱아일랜드에 있는 그러먼 항공에 다녔다. 렌슬러 공과대학에서 받은 컴퓨터 과학 학사 학위로 무장하고 있던 그는 20대 말의 나이로 소프트웨어 전반을 좋아했으며, 당시 특히 상업 세계에 침투하기 시작한 소프트웨어 개발 방법인 객체지향 프로그래밍을 좋아했다. 어쩌면 컴퓨터 과학이라는 학문 세계에 그리스월드라는 이름으로 유명한 사람이 여럿 있었기 때문인지, 또 체비 체이스가 『휴가 대소동』 시리즈에서 연기한 극중 인물 이름 때문이었는지 몰라도 데이브는 스스로를 "그리스월드"라 부르기를 좋아했다. 당돌한 행동이었지만 점점 마음에 끌렸다.

데이브는 천성적으로 월스트리트보다는 진정한 컴퓨터 과학 애호가 쪽에 좀 더 가까웠다. 그는 고전적 유닉스 스타일대로, 새로운 작업을 시작할 때마다 거기에서 필요로 하는 도구를 먼저 만드는 작업을 즐겼다. 그는 늘 크게 생각했다. 새로운 프로그램 작성을 부탁하면 어떠한 하드웨어에서도 어떠한 운영체제에서도 돌아갈 수 있어야 한다는 거창한 목표를 세우곤 했다. 그런 목표를 달성하자면 각 기계가 지니는 특성과 무관하도록 해야 했고, 그러자면 그 프로그램에서 필요로 하는 모든 하부구조를 스스로 만들어야 했다. 따라서 그는 도스나 유닉스에서 제공하는 대부분의 기능(창, 메뉴, 파일, 데이터베이스 등)을 자신의 목표에 알맞게 스스로 만들었다.

나는 모든 것을 고스란히 처음부터 만들어 내야 직성이 풀리는 영리한 프로그래머를 많이 보아왔다. 그런 시도에 매달리는 프로그래머는 대개 끝 모를 구렁텅이에 빠져 헤어나지 못한다. 당연하게 거저 얻을 수 있는 것을 모든 기계에서 돌아가도록 새로 만들다 보면 안으로 안으로 자꾸자꾸 파고 들어가게 되는 것이다. 집을 짓기에 앞서 망치, 톱, 대패를 스스로 만들어야 직성이 풀리는 고집스런 다른 사람과 데이브의 차이는 그는 어디까지 파고 들어가야 할지를 안다는 점이었다. 그는 꼭 필요한 도구만 완성되면 그것만 가지고 시스템 자체를 만들어 내곤 했다.

데이브는 정연하고 일관성 있는 컴퓨터 언어를 사랑한 팬이었다. 그는 리스프를 사랑했고 스몰토크에 감탄했다. 스몰토크는 제록스의 팰러앨토 연구 센터가 만든 수많은 개발품 중 하나로, 매킨토시 환경에 커다란 영향을 준 컴퓨터 언어이다. 그는 오브젝티브 C에 열을 올렸다. 이는 스티브 잡스가 애플로 복귀하기 전에 만들었던 넥스트 컴퓨터를 위한 운영체제의 핵심부를 이룬 것으로, C에 스몰토크를 가미한 언어였다. 몇 년 뒤 데이브는 스스로 객체지향 언어를 만들었다. 골드만 내부용으로 만든 그 언어에 그는 골드C라는 이름을 붙였다. 먼 후일 그는 그 같은 관심으로 인해 다시 소프트웨어 세계로 돌아갔다.

라비는 내가 입사한 지 겨우 석 달 만에 골드만을 그만두고, 같은 월스트리트 내에서 몇 블록 떨어진 곳에 있는 프루덴셜-배치의 고정수익 전략 그룹 책임자 자리로 옮겨갔다. 금융전략 그룹에서 딜러 밑에 있던 선참자 중 여러 명이 이미 이직한 뒤였고 이제 더욱 많은 사람이 골드만을 그만두고 있었다. 데니스 애들러는 딜런리드로 이직했다가 결국 잘로몬 브라더즈에 자리를 잡았는데, 지난 15년 동안에 걸쳐 금융업계에서 이루어진 대규모의 정리통합 결과 두 회사 모두 지금은 독립된 회사로 존재하지 않는다. 한번은 딜러가 나에게 전화를 걸어 베어스턴스에 와서 함께 일하자고 했다. 라비가 갑자기 회사를 그만두어 불안한 마음이 들기는 했지만, 입사한 지 얼마 되지도 않았는데 벌써 그만둔다는 게 내키지 않았다. 그래서 나는 책상에 코를 파묻고 일에만 열중했다.

보스코를 사용하던 채권 옵션 거래사들이 기능개선을 부탁하기 시작했고, 그래서 1986년 중반 무렵 데이브 그리스월드와 내가 좀 더 나은 거래 시스템을 구축하기 위한 작업을 정식으로 맡게 됐다. 내가 분석 및 연산을 위한 하부 프로그램을 만들어 주면 데이브는 그것을 자신의 하부구조 안에 짜 넣었다. 몇 달 동안 우리는 어떤 연산 플랫폼을 사용할지를 두고 격렬하게 논의했다. 나는 가장 풍부한 개발 환경인 데다가 내가 가장 잘 아는 유닉스를 열심히 밀었다. 윌리엄 토이는 벨 연구소에서 유닉스 파일 시스템과 관련하여 기막힌 경험을 했다고 주장하며 유닉스는 불안하다고 했다. 특이하고도 탈회사적 취향답게 데이브는 당시 인공지능을 위한 첨단 컴퓨터였던 심볼릭스 리스프 기계를 이용하고 싶어 했다. 그는 그 기계가 장착하고 있는 어마어마한 양의 램이면 거래 시스템 전체를 디스크가 아니라 메모리에 저장할 수 있을 것으로 내다보았다. (어마어마하다는 말은 대단히 상대적이다. 당시 공용이던 심볼릭스 기계에 달린 64메가바이트 램은 현재의 내 개인용 애플 노트북 컴퓨터에 달린 그리 많지 않은 640메가바이트에 비하면 보잘 것 없다.) 결국 우리는 유닉스를 돌리는 선 워크스테이션에서 거래 시스템을 개발했다.

금융 산업에 들어와 보낸 첫 몇 달이 이렇게 행복하게 지나갔다. 벨 연구소에서는 들어간 첫날부터 황금기를 넘겨버린 사람이 된 기분이었다. 이제 골드만에서는 마흔 살이 됐음에도 젊음을 되찾은 느낌이었다. 저녁

이면 브로드웨이를 따라 지하철을 타고 어퍼웨스트사이드로 가면서, 콕스·루빈스타인 공저나 재로·러드 공저의 교재를 열심히 읽으며 확률미적분을 배웠다. 다시 머리를 쓰고 있다는 사실에 신이 났다. 어느 날 저녁 옛날 승합차를 함께 타고 벨 연구소로 출퇴근하던 사람이 14번가에서 같은 전철 칸에 탔다. 흔들리는 전철 칸에서 수식에 몰두하고 손가락으로 무릎에다 증명을 휘갈기는 내 모습을 보고 그는 흐뭇하게 웃었지만, 한편으로는 전철 안에 앉아서 수학을 하고 있는 내 모습이 믿기지 않아 했다. 실업 세계에 뛰어드는 순간 접어 두어야 하는 것이 아니던가!

그러나 나는 그 정반대로 생각하던 게 기억난다. 실제로 내가 좋아하는 일에 내 시간을 쓰도록 채용된 곳에서 일하고 있다는 게 얼마나 다행스런 일인가! 나는 그 친구에게 앞으로 10년이나 15년 동안 이런 일을 하고 있는 나 자신의 모습을 아주 쉽게 상상할 수 있다고 말했다.

Chapter 10

다른 행성으로 가는
쉬운 여행길

■ 옵션 이론의 역사 ■ 피셔 블랙을 만나 함께 일하다 ■ 블랙-더만-토이 모델 ■

전통적으로 월스트리트는 학자에게 어울리는 곳이 아니었다. 그럼에도 나는 1985년 말 골드만에 들어간 날부터 사람들이 옵션 가격 결정을 위한 블랙-숄스 방정식의 공동 발견자이자 골드만의 정량전략 그룹 책임자인 피셔 블랙에 대해 경탄의 목소리로 말하는 것을 계속 듣게 됐다. 입사한 뒤 몇 달 되지 않아 어느 회의에서 피셔를 본 적은 있지만, 채권 옵션 영업장의 거래사들이 자리를 주선하기 전에는 그와 이야기를 나눠본 적이 없었다.

일부 거래사는 모델을 비웃고, 또 어떤 거래사는 맹목적으로 모델에 의존한다. 우리 채권 옵션 거래사들은 모순이 없는 옵션 가격 결정 모델보다도 본능적 거래 감각을 더 우위에 둘 필요가 있다는 사실을 알고 있었다. 그들은 라비가 원래 개발한 모델보다 더 나은 게 필요하다는 점을 이해하고 있었고, 그래서 다음 단계로 나아가기 위한 방안을 논의하기 위해 피셔를 찾아갔다. 나는 입사한 직후 라비의 모델이 지니고 있던 작지만 아주 눈에 띄는 모순을 분석하고 제거한 공로를 얼마간 인정받은 터라, 그들은 내가 피셔와 힘을 합쳐 좀 더 나은 모델을 만들어 보는 게 어떨까 하고 운을 뗐다.

피셔의 사무실은 29층에 있었다. 그의 사무실로 올라가 그때까지 내가 한 걸 보여 주고 또 그와 함께 일하게 허락해 줄지를 은연중 살펴보기에 앞서, 나는 옵션 이론의 역사에 대해 약간 더 살펴보았다.

1970년대 초에 이르기까지는 옵션의 가치를 딱 부러지게 산정하는 방법을 아무도 알지 못했다. 주가가 올라갈 때 이익을 보는 콜 옵션은 경마와 비슷해 보였다. 해당 주식의 전망에 대해 낙관적이 되면 될수록 옵션 가격을 많이 지불하게 될 것이다. 공정가격은 생각하는 사람에 따라 달랐다.

그러다가 1973년에 피셔 블랙과 마이런 숄스가 옵션 가치 평가를 위해 그들 자신의 이름을 딴 블랙-숄스 방정식을 발표했다. 같은 해에 로버트 머턴은 두 사람이 발표한 방정식 이면에서 작용하는 논리를 이해할 수 있는 좀 더 엄정하고 통찰력 있는 방법을 내놓았다. 최종적으로는 그가 내놓은 형식론이 두 사람의 공식을 밀어내고 표준으로 자리 잡게 됐다. 머턴과 숄스는 1997년에 노벨 경제학상을 받았지만, 똑같은 공로가 있음이 확실한 피셔는 1995년에 세상을 떠나고 말았다. 2년만 더 살았어도 그는 분명 노벨상을 공동수상했을 것이다.

노벨상 위원회가 피셔 생전에 옵션 이론에 대해 상을 주지 않은 까닭을 아무리 생각해도 나로서는 도저히 이해할 수 없었다. 금융계에 종사하는 사람이면 누구나 블랙, 숄스, 머턴이 노벨 경제학상을 받는 것은 시간문제일 뿐이라는 사실을 알고 있었고, 블랙이 인후암 때문에 오래 살지 못하리라는 사실은 그가 죽기 몇 년 전부터 이미 세간의 상식이 되어 있었다. 노벨상 위원회가 산업 세계 사람에게, 특히나 이윤을 추구하는 비이론 사업인 투자은행에서 일하는 사람에게 상을 주기가 싫었던 게 아니냐는 추측도 나돌았다.

하버드에서 응용 수학 박사 학위를 받았던 피셔는 아서디리틀 회사에서 경영 자문으로 있는 동안 블랙-숄스 모델을 개발했다. 경영 자문이라는 일이 획기적 이론을 개발해 낼 최적의 환경으로 보기는 어려웠지만, 피셔는 언제나 자신의 배경이 실질적이면서 비정통적이라는 점을 자랑스레 여겼다. 공로가 인정되자 그는 시카고 대학교에서 또 매사추세츠 공과대학에서 금융 담당 교수가 됐고, 마침내 1984년에는 학계를 떠나 골드만삭스에 들어갔다. 비록 머턴과 숄스는 한쪽 발은 학계에 담고 있었지만, 두 사람 역시 모두 잘로몬브라더즈에서 자문사로 또는 직원으로 일했고, 그러다가 1994년에는 롱텀 캐피털매니지먼트의 파트너가 돼 자본을 끌어들이는 일을 했다. 롱텀은 존 메리웨더가 잘로몬의 "차익거래 그룹" 출신 사람들로 구성하여 차입금으로 운영한 헤지펀드였다. 1997년 노벨상 문구에는 머턴과 숄스가 대학교에 몸담고 있었다는 사실만을 언급할 뿐 기업에서 활동했다는 사실은 언급하지 않았음이 눈에 띄었는데, 그것을 보면 노벨상 위원회가 정말로 실업 세계에 대한 반감이 있었던 건 아닐까 하는 생각도 든다. 노벨상이 마치 신이 주는 상 같이 들리기는 하지만, 위원회는 나름의 호불호가 있는 사람으로 구성돼 있을 뿐이니까.

피셔는 일생 동안 평형이라는 개념에 진정으로 심취해 있었고, 1960년대 말에는 평형 조건을 시장 자체에 적용함으로써 블랙-숄스 방정식을 만들어 냈다. 물리학에서 평형은 평범하면서도 대단히 강력한 개념이다. 평형에서, 안정을 이룬 계 안에서 우리가 관측하여 얻으려는 양적 수치는 두 가지 힘이 서로 반대로 작용하여 서로 정확히 상쇄되게 하는 수치이다. 예를 들면 한 물체의 온도는 평형 온도에 다다르면 더 이상 올라가지 않는데, 이때 그 물체로 흘러들어 가는 열은 그 물체에서 빠져나오는 열과 상쇄된다. 피셔는 시장 가격이 이와 비슷한 상쇄 작용에 의해 결정된다고 믿었다.

피셔는 먼저 주식에 대한 옵션과 해당 주식 자체는 서로 평형을 이루어야 한다는 — 각기 안고 있는 단위 위험당 똑같은 기대 수익률이 각각의 가격을 통해 투자자에게 제공되어야 한다는 뜻에서 — 조건을 제시함으로써 블랙-숄스 방정식을 얻었다. 그러면 투자자는 주식을 사느냐 옵션을 사느냐 하는 문제를 공평하게 바라볼 수 있다. 이 조건을 수식으로 적은 것이 블랙-숄스 방정식이었으며, 이 방정식을 통해 옵션의 가치가 결정됐다. 블랙과 숄스가 이 방정식의 해법을 제공하기까지는 몇 년이 더 걸렸다.

이들과는 따로 연구 중이던 머턴은 더 깊이 파고들어 갔다. 그는 주식과 현금을 혼합함으로써 주식 옵션을 합성하는 방법이 있음을 증명했는데, 이 혼합물은 주식을 현금으로 또는 그 역으로 교환하는 방법으로 구성비를 지속적으로 재조정해 주어야 했다. 투자자가 처음에 하나의 혼합물을 매입한 후 거기에 이 재조정 비법을 적용시키면 주식 옵션과 똑같은 결과를 얻게 될 것이며, 따라서 이 옵션의 가치는 최초의 혼합물을 매입하는 비용과 정확히 일치해야 한다.

옵션을 합성하는 비법은 동적 복제라 불렀다. '복제'인 것은 옵션을 재생산하기 때문이고, '동적'인 것은 복제하기 위해 혼합물을 계속해서 바꿔 주어야 하기 때문이다. 옵션의 복제는 봅슬레이를 타고 구불구불한 트랙을 따라 눈을 감은 채 내려가는 것과 같다. 모퉁이를 돌 때마다 어느 쪽으로 몸을 기울일지를 알자면 비법이 필요한 것이다. 블랙–숄스 방정식이 그 비법을 알려 주었다. 머턴이 그 근거를 제시했다.

옵션을 동적으로 복제할 수 있다는 사실은 거의 당혹스러운 결론이었다. 블랙, 숄스, 머턴이 나타나기 전에는 단순한 증권을 가지고 옵션을 만들어 낼 수 있으리라고는 아무도 상상하지 못했다. 이제 옵션은 단순한 증권, 주식, 현금을 잘 혼합한 것으로 간주된다. 지속적으로 바뀌기는 하지만 비례는 알려져 있다.

머턴은 확률미적분이라는 수학 형식론을 동원했다. 이는 주식 가격이나 방 안을 떠도는 먼지 입자 한 개의 위치 등 임의로 변화하는 양의 변동률을 연구 대상으로 삼는다. 1960년대와 1970년대에 대학원에서 또 그 이후 박사 후 연구원으로 생활하는 동안 나는 한 번도 확률미적분에 대해 들어 본 적이 없었다. 오늘날 확률미적분 방법은 퀀트와 금융 대학원생 누구나 일상적으로 사용하고 있다. 월스트리트에서 일자리를 얻으려는 전직 물리학자는 누구나 확률미적분을 배우는 것으로 첫걸음을 뗀다. 블랙과 숄스가 1973년에 내놓은 논문에는 그들 자신과 머턴의 공식 유도 과정이 모두 수록돼 있었는데, 난해한 나머지 출판되기까지 몇 년이나 걸렸다. 실제로 몇 번이나 거절당한 끝에 시카고 대학교의 머턴 밀러가 그들을 대신하여 중재에 나선 덕분에 겨우 출판됐다.

1970년대 초에 블랙·숄스와 머턴이 동시에 또 상호보완적으로 옵션 가격 결정 이론을 유도했는데, 이를 보니 1940년대 말 파인만과 슈윙거에 의해 상호보완적으로 유도된 재규격화 가능한 양자 전기역학 이론이 생각났다. 파인만과 슈윙거는 서로 판이하게 다른 접근방법을 사용했음에도 비슷한 결론에 다다랐다. 두 사람이 사용한 형식론이 얼마나 달랐던지, 프리먼 다이슨이 증명해 보여 주기 전에는 둘이 같다는 사실을 아무도 이해하지 못했다. 그 이후 파인만이 사용한 좀 더 직관적 접근방법이 표준이 됐다. 블랙과 숄스, 머턴 역시 서로 다른 방법을 사용했다. 오랜 시일이 지나면서 머턴이 내놓은 더 형식적이고 강력한 방법이 표준으로 자리 잡았고, 나중에는 피셔 스스로도 그 방법을 사용했다.

블랙-숄스-머턴의 이론은 활자로 인쇄된 그 순간 학자뿐 아니라 옵션 거래자까지 그 이론을 받아들였다. 고객에게 콜 옵션을 판매하는 거래자는 거래의 상대역을 맡아야 한다. 이 모델이 생기기 전에는 콜 옵션을 파는 거래자는 주가가 올라갈 경우 자기 주머니를 털어 그 고객에게 지불해야 하는 위험을 떠안았다. 이 모델이 등장하자 거래자는 모델의 비법을 사용하여 주식과 현금으로 자기만의 옵션을 만들 수 있게 됐고 거기에 따른 비용을 산정할 수 있게 됐다. 그런 다음 거래자는 직접 만든 옵션을 고객에게 파는 한편 이상적으로는 전혀 아무런 위험도 떠안지 않을 수 있었다.

얼마 가지 않아 옵션 거래자는 블랙-숄스 모델을 사용하여 주식을 재료로 옵션을 만들어 팔기 시작했다. 가치를 부가하여 되파는 여느 업종과 마찬가지로, 거래자는 이러한 제조 과정에 대해 수수료를 붙였다.

월스트리트의 퀀트와 거래사, 판매사는 이 주식 옵션 모델 또는 이 모델의 확장된 형태를 날마다 이용한다. 지난 30년 동안 경영대학원의 학자, 수학과의 수학자, 투자은행과 헤지펀드에서 일하는 퀀트는 이와 비슷한 방법을 적용하여 채권에 대한 옵션, 금리에 대한 옵션, 신용 등급에 대한 옵션, 에너지에 대한 옵션, 그리고 심지어는 변동성 자체에 대한 옵션까지 만들어 냈다. 블랙, 숄스, 머턴의 간단하면서도 심오한 개념은 변치 않고 그대로 유지됐지만, 관련된 수학은 더 정교하고 복잡하고 어마어마해졌다.

블랙과 숄스의 원래 모델은 거의 비현실적일 정도로 단순한 시장을 전제로 삼았다. 장차 주가가 불확실하게 움직일 여지는 허용하였지만 좀 더 복잡한 여타 조건은 무시했다. 그렇지만 이들의 모델은 확장이 가능하고 탄탄하다는 사실이 증명됐다. 실제 거래에 수반되는 불완전한 부분을 고려할 수 있도록 보강할 수도 있었다. 모델의 기본 전략은 사실상 그대로 둔 채 여러 가지 부분을 정교하게 변화시킬 수 있었다. 옵션 이론은 경제학에서 이룬 쾌거 가운데 하나로, 복잡한 수학을 동원하고 있음에도 불구하고 개념적으로 단순하고 실용적으로 활용할 수 있다. 경제학의 나머지 부분도 이만큼만 효력을 지닌다면 얼마나 좋을까!

나는 피셔의 사무실 문을 두드리고 안으로 들어갔다. 안으로 들어서니 어둑하게 조명된 조용한 공간이 나타났다. 회의보다는 작업을 위한 분위기였다. 골드만에서 사무실은 선참자에게만 주어지는 특권으로, 작지만 대단히 값비싼 개인의 부동산과 마찬가지였다. 보통주 층에 있는 화려한 사무실에는 대체로 사람은 없고, 대신 책상머리에 앉아 시간을 보낼 틈이 없는 거래사나 판매사가 과거에 해낸 거래의 묘비석만 가득 채워져 있었다. 피셔의 사무실은 그에 비해 훨씬 덜 매력적이었다. 눈에 띄는 것은 커다란 나이키 포스터였는데, 아득히 사라지는 길 아래에 이런 글귀가 적혀 있었다. "반드시 빠른 자만이 경주에서 이기는 건 아니다. 멈춤 없이 달리는 자가 이기는 것이다."

1984년에 로버트 루빈이 매사추세츠 공과대학으로부터 골드만삭스로 모셔 온 피셔는 금융학자 중 처음으로 월스트리트로 옮겨 온 축에 속한다. 그리고 1986년에 골드만의 파트너가 됐다. 학계라는 안전한 피난처와 이어지는 탯줄을 유지하고 있던 다른 교수들과는 달리 피셔는 산업 세계를 전심으로 받아들였다. 그런 그를 이제 내가 만나게 된 것이다.

나는 간단한 소개를 한 다음 그에게 채권 옵션 모델과 옵션 영업장을 위해 내가 만든 그래픽 화면 구성을 합친 프로그램인 보스코를 보여 주기 시작했다. 수학과는 약간 더 거리가 있는 보통주 사업부의 여느 사람과 마찬가지로, 피셔 역시 도스 기반의 개인용 컴퓨터를 쓰고 있었다. 그러나 내 소프트웨어는 고정수익 사업부에서 다들 쓰고 있던 더 우수한 성능의 백스 컴퓨터에서 개발된 것이었다. 나는 피셔의 컴퓨터에서 브이티-100 터미널 프로그램을 이용하여 백스 컴퓨터에 접속했다. 내 계산기 프로그램이 돌아가기 시작한 거의 직후 백스 컴퓨터 자체가 먹통이 됐고, 우리는 멈춰 버린 계산기 프로그램 화면만을 들여다보고 있는 신세가 됐다. 프로그램을 돌릴 수도, 칸에서 칸으로 이동할 수도, 칸에 입력된 값을 수정할 수도 없었다. 그저 모니터 상에서 찬찬히 살펴볼 수 있을 뿐이었다. 나는 백스가 다시 돌아가면 그때 다시 찾아오겠다고 했지만 피셔는 조금도 냉정을 잃지 않았다. 그 뒤 한 시간에 걸쳐 그는 내가 만든 화면을 뜯어보며, 화면 구성에 대해 자신의 의견을 말했다.

당시는 컴퓨터 화면 크기에 제약이 있던 시대였다. 내가 쓸 수 있던 공간은 영문자로 가로 80글자에 세로 24줄이었는데, 보스코에서 사용하는 25개 정도 되는 입출력 칸을 그 안에서 모두 나타내 보여야 했다. 피셔는 각 칸을 꼼꼼히 살펴보고, 거기 표시된 몇 가지 칸 이름에 대해 타당하기는 하나 거의 불필요한 의견을 말했다. 공간이 부족했기 때문에 나는 대부분의 칸에 약자로 이름을 붙여야 했다. 그중 '채권 듀레이션 bond duration'이라는 변수를 반쯤은 우스개 삼아 무미건조하게 '던 durn'으로 줄였는데, 그는 특히 그 부분을 거슬려 했다. 그리고 나는 대화할 때 ― 금융에 대해 학교에서 배운 적도 없는 데다가 이 분야에 들어온 지 몇 달밖에 되지 않은지라 ― "미래 future 계약에 대한 옵션"이라는 말을 자꾸 하게 됐는데, 그럴 때마다 피셔는 그 자리에서 불쑥 "선물 futures 계약"이라 말하며 바로잡아 주었다.

그 계산기가 동작하는 걸 보지도 못했고 내가 어떻게 변경했는지 설명을 듣지도 않은 상태에서, 라비의 모델에 얹혀 있을 뿐인 단순한 화면에 그가 그렇게나 오랜 시간을 보낼 수 있다는 데에 놀랐다. 그런 다음 그의 비판에 약간 기분이 상한 상태로 동료들이 있는 고정수익 사업부로 돌아온 나는 그의 태도를 비웃었다. 그러나 이내 피셔는 언제나 정확성을 고수하는 데다가 명확한 표현을 대단히 중시한다는 사실을 알게 됐다. 세월이 지나면서 나 또한 그의 신조를 받아들여, 내가 쓰는 글에서는 무슨 내용이든 될 수 있는 대로 명확하고 알기 쉽게 쓰도록 최대한 노력하게 됐다.

먹통이 된 보스코를 그가 살펴본 뒤로 몇 주가 지나는 동안, 컴퓨터에 대해 피셔가 품고 있는 선입관에 대해 훨씬 더 많이 알게 됐다. 그중에는 아주 보수적인 부분도 있었다. 그는 마우스 등 화면 지시용 장치를 못마땅하게 여겼다. 데이터 입력에는 키보드가 이상적이라 생각했다. 마우스로 할 수 있는 모든 행동은 키보드의 특정 키를 조합하여 단축키를 정의해 줌으로써 더 잘 할 수 있다는 입장을 고수했다. 무엇보다도 그는 그래픽을 싫어했다. 그러면서 아무런 장식이 없이 숫자만 기입된 표가 그림보다 더 많은 것을 더 직접적으로 알려 준다고 했다. 아무리 설득하려 해도 요지부동이었다. 결과물을 표시하는 양식에 대해 그가 지니는 대단한 수준의 집착이었다.

그 밖에도 무해하지만 성가신 기벽이 있었다. 그는 숫자를 나타낼 때 엄격한 기준을 요구했다. 소수점 이하 숫자를 표시할 때, 계산의 정밀도에 따라 표시해야만 하는 것 이상의 자릿수 표시를 극도로 싫어했다. 방 안의 기온이 섭씨 22.8587°라고 말한다면 바람직하지 않다는 데에 다들 동의하겠지만 — 정밀한 척하고 있기에 — 피셔는 소수점 이후의 숫자 끝에 가외의 0을 붙이는 것을 싫어하는 데에 대한 논리체계를 갖추고 있었다. 이런 0을 그는 "꼬리의 0 trailing zeros"이라 불렀다. 만일 어느 채권의 수익률이 12%라면 그는 그것을 떳떳한 "12%"로 표시하기를 원했다. 머뭇거리듯 "12.00%"로 표시하면 소수점 아래로 두 자리까지만 정확하다는 이야기가 되기 때문이다. 화면 표시가 피셔의 마음에 들지 않으면 표시 방식에 대해 너무 오랫동안 논의를 하게 되고, 그러다 보면 내용 이야기는 꺼내지도 못하게 될 수도 있었다.

그러다 보니 결국 피셔와 잠시라도 같이 일하는 사람은 다들 화면에 숫자를 나타내기 전에 꼬리의 0을 모두 제거하는 기능을 나름대로 만들어 사용하게 됐다. 윌리엄 토이와 나는 피셔와 협력하는 사람이 누구인지 알아보려면 사람들의 컴퓨터에 내장된 하드디스크 안에 꼬리의 0을 제거하는 기능removeTrailingZeros()이 저장돼 있는지 찾아보면 된다는 농담을 주고받곤 했다.

간혹 이런 태도가 약간 지나칠 때도 있었다. 그로부터 몇 달이 지난 어느 날 나는 그의 그룹 사람이 만든 옵션 계산기 프로그램을 사용하게 됐다. 그 프로그램에서는 주식의 배당 수익을 입력하게 되어 있었고, 그래서 나는 그 칸에 "0"을 입력했다. 내가 입력한 숫자 0이 화면에서 짤막한 한 순간 빛을 발하는가 싶더니, 그 다음 순간 사라지고 칸에는 아무것도 남지 않았다. 타자를 잘못 했거니 하며 다시 0을 입력했다. 이번에도 0은 신기루처럼 깜박 하더니 사라졌다. 그제야 나는 어떻게 된 것인지 알 수 있었다. 꼬리의 0을 제거한다는 피셔의 견해를 그 프로그램 작성자가 맹목적으로 따랐고, 숫자 "0"은 모두 0으로만 이루어져 있으니 숫자 자체를 완전히 없애 버린 것이다. 그래서 아무것도 입력되지 않은 듯한 인상을 받은 것이다. 그 프로그램은 없음과 0의 철학적 차이를 조금도 고려하지 않았다.

내가 그의 사무실에 찾아갔던 그날과 마찬가지로 피셔는 언제나 조용하고 차분했다. 항상 눈에 띄게 평형 상태를 유지하고 있었다. 투자은행에서 일하는 사람은 보통 진이 빠질 정도의 동시진행 작업이 계속되는 생활에 (그리고 거기에 그럭저럭 익숙해지는 데에서 오는 공연한 자부심에) 금세 빠져 들기 마련인데, 그는 자신의 직장 생활이 절대로 그렇게 되도록 버려 두지 않는 것 같았다. 사무실로 그를 찾아가면 그는 대부분 뭔가를 읽고 있거나, 통화 중이거나, 무릎에 키보드를 얹어 놓고 회전의자를 180도 돌려 의자 뒤쪽 창가 탁자 위에 놓인 컴퓨터를 들여다보며 메모를 입력하고 있었다. 그는 늘 싱크탱크라는 프로그램을 썼는데, 1980년대 말의 일정 관리 프로그램이었다.

피셔는 메모와 단상을 모두 싱크탱크에다 저장해 놓았다. 골드만에서 그의 자료 편집을 맡았던 베벌리 벨은 주소, 전화번호, 단상, 아이디어에 이르기까지 피셔가 그러모은 텍스트 자료가 2천만 바이트를 넘는다고 말했다. 그의 그룹 소속으로 나와 알고 지내던 사람들은 그가 싱크탱크의 개발자와 지속적으로 열심히 연락을 주고받으며, 원하는 기능을 추가하기도 하고 기능을 개선하기도 했다고 한다.

피셔는 정확하고 규칙적인 사람으로 아주 꼼꼼했다. 그는 날마다 똑같은 메뉴를 자기 책상으로 배달시켰는데, 금욕주의자 같은 건강식이었다. 그리고 정보를 저장할 수 있는 카시오 시계를 즐겨 찼다. 그러자 그를 흠모하는 부하 직원 몇 사람이 이를 보고 똑같은 시계를 차고 다니기 시작했다. 그의 사무실을 찾아간 사람이 뭔가 쓸모 있겠다 싶은 말을 하면 그는 그 말을 줄쳐진 새 백지에다 가느다란 샤프 연필로 적은 다음, 그 종이를 떼어 내 새 마닐라 봉투에 넣고 꼬리표를 달아 그의 서류함에 보관했다. 베벌리는 그의 사후에 실린 어느 기사에서 그가 남긴 6천 개의 파일에 대해 설명했는데, 이제는 매사추세츠 공과대학의 기록보관소에서 소장하고 있다.

피셔는 첨단 기술에 열중하고 있는 자신의 모습을 부끄러워하지 않았다. 1980년대 당시의 월스트리트에서 요직에 앉아 있는 관리자는 대부분 컴퓨터를 모른다는 사실을 자랑으로 여겼는데 이런 풍조와는 대조적이었다. 내가 아는 어떤 관리자들은 컴퓨터만 멀리 한 게 아니라 사무실에 책상도 두지 않았다. 책상 없이 커다란 회의용 탁자만 놓아둠으로써 결정권자라는 위치를 과시한 것이다.

피셔와 함께 일하기 시작했을 때 나는 그의 취향이 좀 특이하다고 생각했다. 그에게 질문하면 언제나 사려 깊고 현명한 대답을 했지만, 어떤 것에 대한 그의 의견을 알고 있다고 해서 다른 것에 대한 의견까지 짐작하기는 쉽지 않았다. 그러나 그 뒤 몇 년 동안 그를 겪으면서 그가 보기 드문 부류의 인물임을 알게 됐다. 각 부분을 보면 앞뒤가 맞지 않는 것 같아도 전체적으로 보면 일관성이 있는 사람이었다. 궁극적으로 보면 그는 그저 모든 것을 스스로 생각해 보기를 좋아했을 뿐이다. 그렇다고 해서 특별한 반골 기질이라는 뜻은 아니며, 내부자 세계에 지대한 영향을 끼친 업적을 남긴 국외자가 됐다. 인상적인 인물이었다.

피셔를 만난 뒤 금융전략 그룹으로 돌아온 나는 주식 옵션을 위한 고전적인 블랙–숄스 모델과 또 채권 옵션 영업장에서 쓸 수 있도록 라비가 변경한 부분에 대한 연구를 계속했다.

옵션이 가치를 지니는 것은 주식의 미래 가격이 불확실하기 때문이다. 주가는 미래로 멀어질수록 점점 더 불확실해진다. 옵션 이론의 많은 부분은 미래의 불확실성을 모델로 만드는 데에 초점을 맞추고 있다. 〈그림 10.1〉은 한 주식의 미래 가격이 지니는 불확실성을 블랙과 숄스가 어떻게 바라보았는지를 단순하게 나타내고 있다. 시간이 지나면서 장차 예상되는 주식의 가격 영역이 점점 더 넓어진다. 오늘 100달러 가치가 있는 주식은 앞으로 30년이 지나면 0에서부터 아주 큰 숫자 사이의 어느 액수라도 될 수 있다. (1990년대에 인터넷 주식을 산 사람이라면 이에 대해 너무나 잘 이해할 것이다.)

채권은 다르다. 주식의 미래 가격은 아무도 모르지만, 30년 만기 재무부 채권에 100달러를 투자하면 채권이 만기가 될 때 정확히 100달러를 지불받는다는 보장이 있다. 〈그림 10.2〉에서 음영으로 표시된 부분이 이 채권의 미래 가격을 대략적으로 나타낸다. 현재로부터 멀어지면서 현재 알고 있는 100달러라는 가격보다 넓은 가격대를 형성하며, 앞으로 30년 뒤인 만기일로 갈수록 확정된 100달러라는 가격으로 모여든다.

1985년에 채권 옵션 가치를 결정하기 위해 사용한 직선적이고 단순화한 방법은 블랙-숄스 모델을 있는 그대로 사용한 것이고, 그런 만큼 암묵적으로 채권 가격이 〈그림 10.2〉가 아니라 〈그림 10.1〉과 같은 분포를 따를 것으로 간주하고 있었다. 만기가 짧아 1~2년 만에 돌아오는 단기 옵션일 경우에는 그리 문제되지 않았다. 그림에서 알 수 있듯 첫해의 채권 가격 분포는 주가 분포와 아주 비슷하다. 따라서 블랙-숄스 모델은 단기(1년) 채권 옵션일 경우 잘못된 근사법이 아니었다. 그러나 장기 옵션이 되면 채권과 주식의 분포가 서로 판이하게 달라진다. 장기 채권 옵션에서는 새로운 모델이 필요한 것이다.

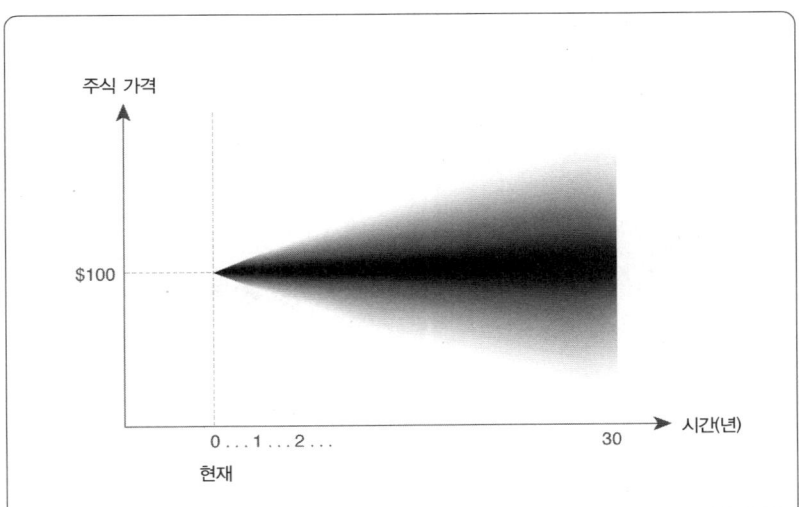

〈그림 10.1〉 현재 가격이 100달러인 주식이 앞으로 30년 동안 지닐 수 있는 가격 분포. 시간이 갈수록 미래 가격이 불확실해진다. 음영이 진할수록 주가가 그 자리에서 형성될 가능성이 높다.

블랙-숄스 모델에서 미래의 주가 평가에 관해 상정한 몇 가지 조건을 바꾸어, 〈그림 10.2〉에서 나타낸 채권 가격 분포에 더 가까운 모양을 띠게 만들기를 시도한 학자가 많이 있었다. 라비 역시 이와 비슷한 방향에서 접근했지만, 실무자이니만큼 훨씬 더 실용적이었다. 그는 영리하게도 채권의 미래 가격 변화가 아니라 수익률 변화를 모델로 구성하는 방법을 통해 당시 골드만에서 사용하고 있던 채권 옵션 모델을 만들어 냈다. 채권의 수익률은 한 가지 채권을 시세에 구입하여 만기일까지 보유할 경우 벌어들이게 될 수익률의 연평균 퍼센트를 말하는데, 여기에는 그 동안 받게 될 모든 이자와 최종적으로 되받는 원금이 포함된다. 라비는 채권의 가격이 아니라 수익률이 〈그림 10.1〉에 나타난 것과 같이 점점 넓어지는 블랙-숄스 분포를 따를 것으로 가정했다. 그럴 경우 시간이 지나 만기일

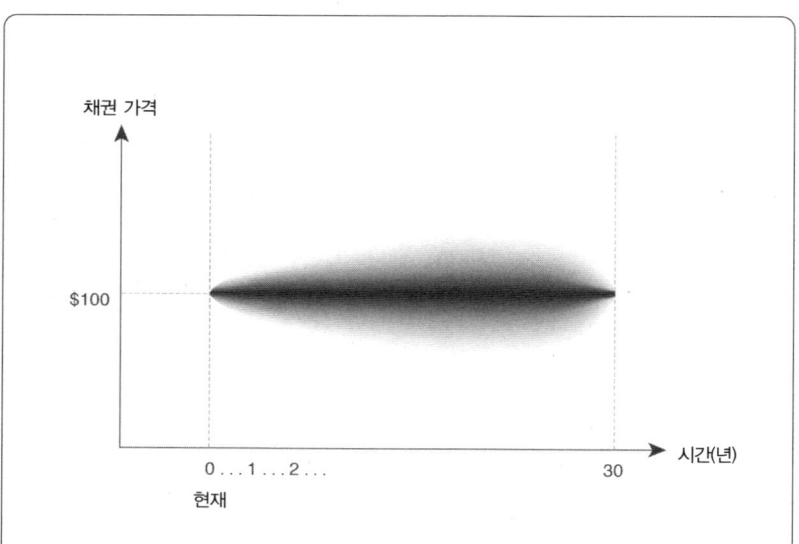

〈그림 10.2〉 현재 가격이 100달러인 채권이 앞으로 지닐 수 있는 가격 분포. 30년 뒤 이 채권은 정확히 100달러 가치로 되돌아와야 한다. 음영이 진할수록 채권가가 그 자리에서 형성될 가능성이 높다.

에 아주 근접할 때, 해당 채권 수익률의 미래 값은 범위가 넓든 좁든 채권 가격과는 무관하게 된다. 수익률이 영향을 줄 수 있을 만큼의 충분한 기간이 남아 있지 않기 때문이다. 따라서 라비의 옵션 모델에서 시간이 가면서 채권 수익률의 분포가 무한히 높고 낮은 〈그림 10.1〉의 모양과 닮아간다 해도, 이러한 수익률을 바탕으로 계산한 채권 가격은 〈그림 10.2〉의 모양과 아주 비슷해지는 것이다.

라비의 모델은 채권 가격의 미래 변동을 상당히 잘 잡아냈다. 또한 이미 채권을 수익률 측면에서 생각하는 데에 익숙해 있던 거래사의 직관과도 잘 맞았고, 따라서 수익률의 범위 내지 변동성을 중심으로 생각한다는 아이디어를 자연스레 받아들였다. 좋은 아이디어는 여러 사람에게 동시에 떠오르는 경우가 종종 있는 법, 이내 이와 비슷하지만 독자적인 모델이 월스트리트에 있는 여러 회사 사이에서 생겨났다. 내가 몇 년 뒤 잘로몬 브라더즈로 일자리를 옮겼을 때 보니 거기에서도 비슷한 모델을 사용하고 있었다.

그러나 이 모델에는 블랙-숄스의 틀이라는 기반에서 기인하는 더 깊고 미묘한 문제가 있었다. 블랙-숄스 모델에서는 각 주식을 독자적 변수로 취급했는데, 이와 마찬가지로 라비의 모델 역시 각 채권을 독립된 것으로 다루었다. 그 때문에 수많은 개념적 모순이 파생됐다. 아이비엠 주식과 에이티앤티 주식의 미래 가격이 독자적으로 변동하리라고 상상하는 데에는 이렇다 할 문제가 없지만, 5년 만기 채권과 3년 만기 채권의 미래 가격이 독자적으로 움직인다고 보고 모델을 만들면 모순이 생긴다. 그렇게 하면 여러 가지 문제가 발생하기 시작한다.

채권은 서로 연관되어 있다. 5년 만기 채권과 3년 만기 채권은 서로 독립된 게 아니라 중첩되어 있다. 5년 만기 채권은 앞으로 2년이 지나면 3년 만기 채권이 되며, 그래서 한 채권의 미래를 모델로 만드는 작업은 암시적으로 다른 채권의 모델을 만드는 작업일 수밖에 없다. 실제로 한 채권의 모델을 만드는 것은 모든 채권의 모델을 만드는 것과 마찬가지이다.

5년 만기 채권과 3년 만기 채권은 이 외에도 여러 가지 공통분모가 있다. 여섯 달마다 이자를 지급하는 5년 만기 재무부 채권 한 장은 앞으로 5년 동안 여섯 달 간격으로 만기일이 다가오는 제로쿠폰채 열 장 묶음으로 생각할 수 있다. 마찬가지로, 3년 만기 재무부 채권은 앞으로 3년 동안 6개월 간격으로 만기되는 제로쿠폰채 여섯 장 묶음과 같다. 이런 식으로 분해해 놓으면 채권의 내용물은 공유된다. 즉 5년 만기와 3년 만기 채권이 모두 제로쿠폰채 첫 여섯 장을 포함하고 있는 것이다. 따라서 3년 채권을 모델로 만드는 작업은 5년 채권의 일부분을 모델로 만드는 작업을 함축하는 것이다.

이론적 금융 모델 작업은 모두 일물일가의 법칙을 밑바탕에 깔고 있지만, 라비의 모델은 본질적으로 이의 위배를 허용하고 있었다. 일물일가의 법칙에서는 최종 지불액이 동일한 두 가지 증권은 동일한 현재 가치를 지닐 것을 요구한다. 이제, 장기 채권에 대한 단기 옵션 조합이 있을 때 이 조합의 지불액이 단기 채권과 정확히 동일하다면, 이 옵션 조합은 형식적으로 이름이 다름에도 불구하고 이론적 가치는 단기 채권과 동일해야 옳다. 그러나 라비는 장기 채권을 단기 채권과는 별개인 것으로 모델을 만들었고, 그래서 이 모델에서는 이와 같은 법칙을 반영할 길이 없었다.

라비의 모델을 어떤 면에서 뜯어보아도 결론은 한 가지뿐이었다. 즉 채권을 한 번에 하나씩 따로 떨어진 조각으로 간주하여 모델을 만들기란 불가능하다는 것이다. 모든 채권이 장차 띠게 될 전개 상태, 즉 수익률 곡선을 아우르는 모델을 만들어야 했다. 이것이 우리의 목표였다.

피셔의 사무실을 나올 때 내 계산기 프로그램의 칸 이름에 대한 그의 날카로운 지적 때문에 약간 소침해져 있었지만, 며칠이 지난 뒤 그는 그 자신과 윌리엄 토이와 함께 새로운 채권 옵션 모델을 만들기 위한 작업에 참여해도 좋다는 사실을 알려 왔다. 그것은 내 인생에 지대하고도 유익한 영향을 끼친 특별한 기회였다.

1986년의 봄에 나는 처음으로 옵션 협의회에 참석했는데, 아메리카 증권거래소에서 하워드 베이커와 메너켐 브레너, 댄 갈라이가 매년 개최한 연중 행사였다. 이 분야에서 활발하게 활동하고 있던 퀀트, 거래사, 학자 약 백 명이 참석했다. 당시는 옵션 관련 모임이 아직 드물던 시절이었다. 그러다 나중에 상업적으로 협의회 사업을 벌인 〈리스크〉지 같은 기관이 시장을 주도하기 시작하자 결국 아메리카 증권거래소 옵션 협의회는 막을 내리고 말았다. 그해 협의회에서는 채권 옵션 가치 결정을 위한 새로운 모델 몇 가지가 발표됐는데, 당시 모건스탠리에 있던 릭 북스테이버의 모델이 특히 기억에 남는다. 문제를 해결하기 위한 긴급한 분위기가 점점 고조되고 있음을 피부로 느낄 수 있었다. 거의 경주와 같았다. 피셔는 로버트 머턴이 다른 투자은행에서 자문사로 일하면서 같은 문제를 연구하고 있다는 사실을 윌리엄과 나에게 말해 주었다.

협의회에서 골드만 대표단의 관심사는 학문적인 것만은 아니었다. 우리 거래사는 매일 장기 채권에 대한 만기일이 먼 옵션 시장을 조성하고 있었는데, 이 분야는 바로 라비의 모델이 가장 커다란 모순을 보여 주고 있는 분야였다. 거래사는 더 나은 모델이 필요하다는 사실을 의식하고 있었고, 그런 만큼 새로운 모델을 찾으려는 움직임에 의욕적으로 힘을 싣고 있었다.

우리는 모든 재무부 채권의 미래 변동, 즉 수익률 곡선 전체의 변화를 모델로 만들어야 한다는 사실을 알고 있었다. 그 같은 작업에 착수하는 방법은 뚜렷하지도 쉽지도 않았다. 한 종목의 주식 가격은 하나의 숫자이며, 그에 대한 변화 모델을 만들 때 한 가지의 숫자만을 미지의 미래 속으로 투영한다. 그와는 대조적으로 수익률 곡선은 하나의 연속체로, 모든 순간 모든 점이 한 채권의 만기와 그에 따른 수익률을 나타내는 끈 내지 고무 밴드와 같다. 시간이 지나 채권 가격이 바뀌면 수익률 곡선은 〈그림 10.3〉에 나타난 것과 같이 움직인다. 시간축을 따라 전체 수익률 곡선을 진행시키는 일은 훨씬 더 어렵다. 한 개의 끈 위에 있는 점을 끈이 연결된 상태에서는 다른 점과 완전히 무관하게 옮길 수 없는 것과 마찬가지로, 서로 가까이 있는 채권 역시 연결된 상태를 유지해야 한다.

그러면 채권 가격을 어떤 방법으로 미래로 투영할 것인가? 피셔와 윌리엄과 나는 실용주의자였다. 우리는 거래사를 위한 모델을 만들고 있었고,

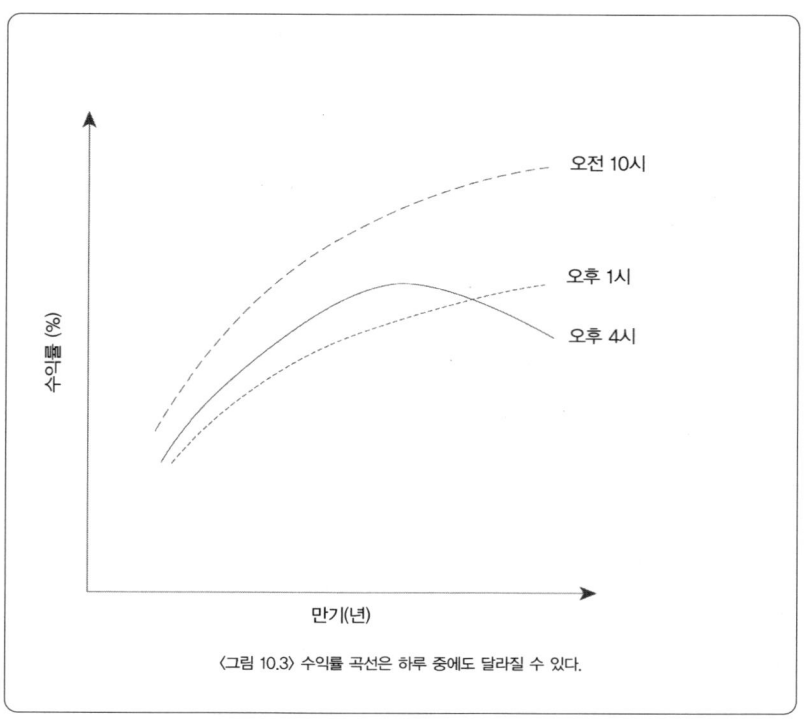

〈그림 10.3〉 수익률 곡선은 하루 중에도 달라질 수 있다.

그래서 그것이 단순하고 일관성이 있으며 어느 정도 현실적이기를 바랐다. 단순하다는 것은 임의의 인자 한 개만이 모든 변화를 좌우한다는 뜻이었다. 일관성이란 모든 채권의 가치를 현재 시장 가격과 일치하게 평가해 주어야 한다는 뜻이었다. 엉뚱한 채권 가격을 산출한다면 그 채권에 대한 옵션 가치를 평가하는 일은 무의미했다. 끝으로, 현실적이란 이 모델의 미래 수익률 곡선은 실제 수익률 곡선이 보여 주는 것과 비슷한 범위 내에서 움직여야 한다는 뜻이었다.

물리학자는 모델을 만들 때 일단 시간과 공간이 불연속적으로 격자의 교차점에서만 존재하는 축약된 세계를 가정해 보는 방법을 종종 쓴다. 관련된 수학을 그려내기가 훨씬 쉬워지기 때문이다. 우리 역시 비슷한 방법으로 모델을 만들었다. 가장 짧은 투자 기간이 정확히 1년인 세계를 가정하고, 이를 1년 만기 재무부 증권 이율로 나타냈다. 더 기간이 긴 이율은 단기(즉 연간) 이율이 미래에 움직일 가능성이 높은 범위를 시장이 어떻게 인식하느냐에 따라 달라질 것이다.

이런 식으로 우리는 향후 1년 단위 이율로 움직이는 단순한 모델을 만들었다. 〈그림 10.1〉의 주가 분포와 비슷하지만 불연속적인 형태를 띤다. 〈그림 10.4〉에 나타낸 것처럼 최초의 연간 이율은 현행 수익률 곡선으로부터 알 수 있다. 미래로 갈수록 이율은 점점 더 넓은 범위에서 움직이게 된다.

우리의 모델을 완성하기 위해 이제 1년 간격으로 미래의 연간 이율 변동 범위를 결정해야 했다. 우리 모델에서 핵심이 되는 원리는 장기 채권

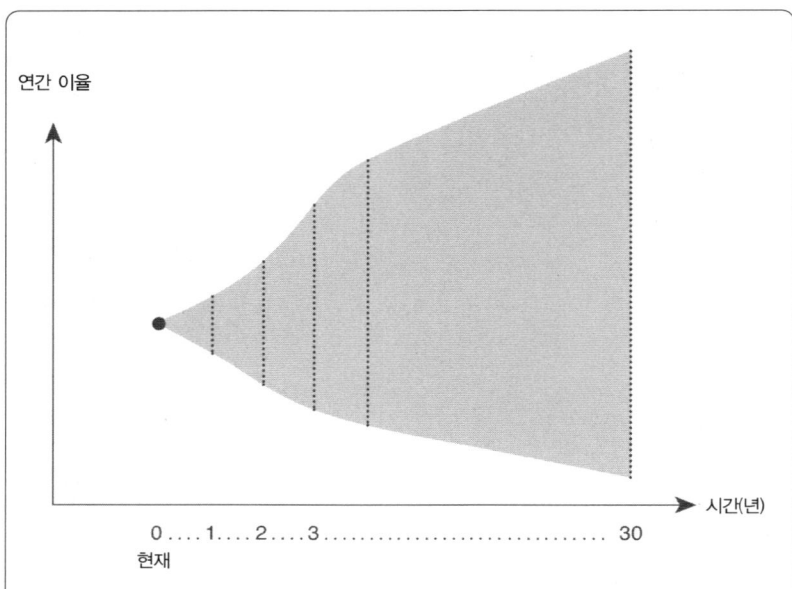

〈그림 10.4〉 블랙-더만-토이 모델은 미래의 단기 이율 분포에 초점을 맞추고 있다. 여기서 각 점은 미래의 연간 이율 값을 나타낸다. 시간이 갈수록 미래 이율이 띠는 불확실성은 커진다.

을 단기 채권을 연속적으로 투자한 것으로 생각하는 것이었다. 이런 관점에서 보면 2년의 이율은 1년씩 연속으로 2년간 투자하여 얻게 된다. 첫 1년의 이율은 알려져 있고 두 번째 1년은 불확실하다. 2년 채권의 현재 시장가는 미래의 연간 이율 분포를 시장이 어떻게 바라보느냐에 따라 달라진다. 2년 채권의 현행 수익률 값은 1년 채권의 현행 수익률과 앞으로 1년 뒤의 이율 분포를 바탕으로 논리적으로 계산해 낼 수 있다. 마찬가지로, 2년 채권의 현행 수익률이 지니는 변동성 내지 불확실성은 앞으로 1년 뒤의 연간 이율 분포의 변동성을 바탕으로 계산해 낼 수 있다. 또는 그 역으로, 2년 채권의 현행 수익률과 변동성을 시장에서 알아냈으므로 〈그

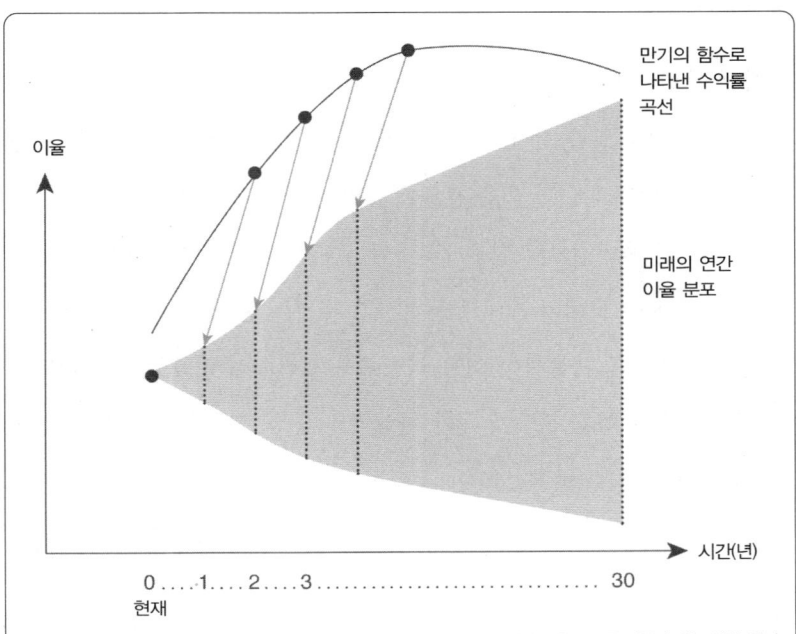

〈그림 10.5〉 블랙-더만-토이 모델에서 현행 수익률 곡선으로부터 미래의 연간 이율 분포를 이끌어 내는 방법. 만기까지 2년 수익률이 1년 뒤의 연간 이율 분포를 결정하고, 만기까지 3년 수익률이 2년 뒤의 연간 이율 분포를 결정하는 식으로 되풀이된다.

림 10.5〉에 나타낸 것과 같이 이를 바탕으로 앞으로 1년 뒤의 이율 분포를 이끌어 낼 수 있다.

마찬가지 방식으로 3년 채권의 현행 수익률 값은 현재의 연간 이율, 앞으로 1년 뒤의 연간 이율 분포 (이미 현행 2년 수익률을 바탕으로 이끌어 낸), 그리고 앞으로 2년 뒤의 연간 이율 분포를 바탕으로 계산해 낼 수 있다. 그런데 현행 3년 수익률 값은 알려져 있으므로 이를 이용하여 앞으로 2년 뒤의 연간 이율 분포를 이끌어 낼 수 있다. 이런 식으로 계속하면 어떠한 시점에서도 현행 수익률 곡선을 이용하여 〈그림 10.5〉에 나타낸 것과 같이 미래의 모든 연간 이율 범위를 결정할 수 있다.

이것이 우리 모델의 핵심이었다. 윌리엄과 내가 모델을 프로그램으로 작성했는데 제대로 동작하는 것 같았다. 우리는 현행 수익률 곡선과 변동성으로부터 미래의 연간 이율 분포에 대한 시장의 기대감을 도출할 수 있었다. 우리가 출발점으로 삼은 1년이라는 시간 간격에는 대단할 게 전혀 없었다. 일단 이 모델이 제대로 동작하자 우리는 한 달, 한 주, 때로는 하루 간격의 격자를 사용하여 어느 시점에서도 현행 수익률 곡선을 바탕으로 미래의 단기 이율 분포에 대한 시장의 관점을 판단할 수 있었다. 전형적 격자(우리는 '나무'라 불렀는데, 처음의 이율이 시간축을 따라 나아갈수록 점점 가지를 많이 치기 때문이다)는 〈그림 10.6〉처럼 수백 내지 수천 개의 동일한 간격

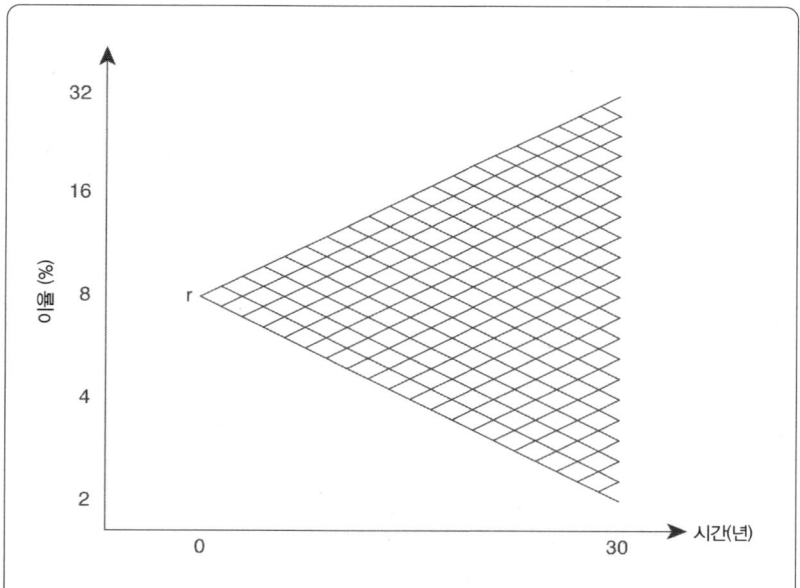

〈그림 10.6〉 블랙-더만-토이 모델에서 장기간에 걸친 단기 이율 나무를 나타낸 도식으로, 같은 길이의 기간을 여러 해에 걸쳐 확장시켰다.

으로 진행되면서 점점 더 가지가 넓게 퍼지는 형태가 됐다.

모델이 단순하면서도 일관성을 띠게 만드는 게 우리의 목표였는데 이러한 목표는 달성됐다. 우리는 현재의 모든 채권 가격을 하나의 나무에 대응시킬 수 있었다. 그런 다음 이렇게 눈금을 맞춘 나무를 이용하여, 금리에 따라 미래의 지불금이 달라지는 어떠한 증권도 그 지불금의 분포 평균을 계산하는 방법으로 가치를 결정할 수 있었다. 특히, 어떤 옵션이 있을 때 만기일에 무관하게 또 기반으로 삼고 있는 채권의 만기에 무관하게 그 옵션의 지불금을 평가할 수 있었다.

우리의 새 모델은 일물일가의 법칙을 만족시킨다는 점에서 더욱 매력이 있었다. 우리가 만든 나무는 한 증권의 미래 지불액을 평균하는 방법을 통해 그 증권의 현재 가치를 산출하는 연산 장치로 작용했다. 나무의 한쪽 끝에 미래의 지불액을 넣고, 지불액의 평균을 계산하여 금리 분포에 따라 할인하는 손잡이를 돌려 주면 현재 가격을 얻을 수 있었다. 이 연산 장치는 지불액을 지급하는 증권에 붙은 이름이 무엇인지는 상관하지 않았다. 채권이든 옵션이든 마음대로였다. 미래의 지불액이 동일하기만 하면 같은 가격을 산출해 주었다.

내가 골드만에 들어온 지 1년이 채 지나지 않은 1986년 말에 이르러 우리의 모델은 거의 모든 부분이 실제 프로그램에 적용돼 어느 정도 쓸 만한 속도로 돌아가는 수준이 됐다. 이제 우리는 영업장에서 실제로 옵션 거래에 사용해 보면서, 가격이 라비의 모델과 어떻게 달라지는지 추적했다. 우리 거래사의 직관은 옛 모델에 익숙해져 있었고, 그런 만큼 그들은 새 모델로 바꾸는 문제를 조심스레 받아들였다. 이제까지 사용해 오던 것과 얼마나 잘 맞아떨어지는지 제대로 이해하지 못하는 상태에서 새로운 걸 사용한다는 건 현명하지 못한 법인 만큼 그들의 신중한 태도는 당연했다. 어떤 모델을 신뢰하기 시작하려면 그 모델에 대한 느낌이 와야 하는 것이다. 그래서 금융전략 그룹 소속의 몇몇 판매 보조원이 새 모델을 시험하기 시작했고, 시간이 가면서 그들은 그 모델이 일물일가의 법칙—우리에게는 이론적으로 당연해 보였지만 그들에게는 아직 실제적으로 아직 명확하게 다가오지 않는—을 만족한다는 사실을 천천히 확신하게 됐다.

나는 우리의 성과에 너무나 신이 나 있었다. 여전히 천성으로는 물리학자였고 또 여전히 금융 모델 작업에 대한 철학적 소견이 좁았던 나는 우리가 만든 모델이 금리의 통일장 이론과 마찬가지라 생각했고 금리에 민감한 온 세상 모든 증권의 가치 평가에 사용할 수 있을 것으로 상상했다.

그러나 피셔는 우리 모델을 이런 관점으로 보려 하지 않았다. 훨씬 더 실용주의적이고 경험이 많은 그는 금융에 영향을 미치는 요소 중 우리의 모델이 다루지 못하고 있는 것도 많이 있다는 사실을 알고 있었다. 그는 우리의 모델이 한 가지 분야에 대해서는— 예를 들면 재무부 채권에 대한 단순한 옵션에 대해서는— 쓸 만하고 (정말 쓸 만한지조차 불확실하지만) 중도상환채나 금리상한 계약 등 옵션 형태의 수많은 고정수익형 증권에 대해서는 적절하지 않다 해도 전혀 뜻밖이 아니라는 식으로 생각하는 것 같았다. 그는 우리가 만든 것을 "마치 모델"이라 불렀는데, 채권 시장 투자 세계가 '마치' 단기 이율만을 중심으로 움직일 거라는 식으로 간주하고 있다는 뜻이었다.

뭔가 거창한 걸 해냈다고 생각하고 싶던 내 눈에도 우리 모델의 본모습이 제대로 보이기 시작했다. 사실 우리의 모델은 물리학에서 말하는 것과 같은 의미의 간단한 현상학적 모델에 지나지 않았다. 쓸모는 있지만 한계가 있는 장난감으로, 어디까지 확대해 나갈 수 있을지 살펴보는 한편, 잠정적으로 받아들이되 신중하게 받아들여야 하는 대상이었다. 우리는 시장이 단기간의 이율이라는 단 하나의 요소에만 관심을 둘 것으로, 그리고 그보다 더 긴 기간의 이율은 미래의 단기 이율과 그 변동성을 바라보는 시장의 의견을 단순 반영할 것으로 가정했다. 이런 가정은 정확한 것일까? 물론 그렇지 않다. 세계는 말할 수 없이 복잡하다. 그럼에도 불구하고 우리의 모델은 장·단기 이율 간의 합리적 연결 고리를 찾아내기 위한 좋은 출발점이었다. 우리의 모델이 실제 세계의 유일한 모습을 보여 주지는 못하더라도 수많은 모습 중 있을 수 있는 한 가지를 보여 주었고, 있을 수 있는 수많은 모습 때문에 가격이 흥미로워지는 것이다.

피셔는 우리가 쓰는 논문이 분명하고 정확하며, 그러면서도 지나치게 수학적이지 않기를 원했다. 내가 논문의 초안을 잡으면 그것을 그가 읽고 평을 적어 내게 돌려보내는 식의 작업이 그 뒤 1년 동안 계속됐다. 그의 자료 편집 담당 베벌리의 도움으로 논문은 점점 더 짧아졌다. 물리학자 생활을 하던 시절의 나는 글을 쓸 때 그다지 정성을 많이 기울여 손질하는 사람이 아니었다. 피셔의 지도로 논문을 쓴 그 1년 동안 나는 개념을 질적으로 또 정확하게 구성하는 일의 중요성과 즐거움을 배웠고, 그 이후로 작은 일도 분명하게 전달하는 일에 기꺼이 노력을 기울이게 됐다.

우리의 논문 〈금리 단일 인자 모델과 재무부 채권 옵션에 대한 모델의 적용〉은 모델이 개발된 지 거의 4년 뒤인 1990년에 〈금융 분석사 저널〉에 게재됐다. 뜻밖에도 우리 모델은 널리 받아들여졌고, 금세 우리 이름의 머리글자를 따 비디티라는 이름으로 알려지게 돼 마음 뿌듯했다. 더 일찍 출판되지 않아 애석했다. 그렇지만 피셔는 완벽주의자여서 완전히 마음에 들기 전에는 발표하기를 꺼렸다.

일관성 있는 수익률 곡선 모델을 만들고 있던 사람은 우리뿐이 아니었다. 우리 모델처럼 일반적인 경우를 아우르지는 않았지만, 잘로몬브라더즈에서는 내 친구 마크 쾨닉스버그와 그의 상사 밥 코프라시가 금리에 대한 상당히 간단한 모델을 만들었다. 코프라시는 나중에 금융전략 그룹 책임자로 골드만에 왔다. 올드리치 바시체크는 선구자답게 그보다 10년이나 앞서 금리에 대한 블랙-숄스 형식의 모델을 처음으로 발표했다. 콕스, 잉거솔, 로스 세 사람은 그보다 좀 더 복잡하지만 연관된 모델을 1985년에 발표했다. 이 외에도 더 있었다. 그런데 우리 모델이 그토록 널리 받아들여진 까닭은 무엇일까?

세 가지 이유를 생각해 볼 수 있겠다. 첫째, 우리는 실무자였고 따라서 거래 영업장에서 무엇이 필요한지 알고 있었다. 바시체크나 콕스-잉거솔-로스는 수익률 곡선의 모델 작업에 따르는 일반적 문제에 초점을 맞추고 있었던 반면, 우리는 채권 옵션 시장이 확대되고 있던 바로 그 시기에 정통으로 채권 옵션을 목표로 삼고 있었다.

둘째로, 우리 모델은 실무자가 쉽게 접근할 수 있었다. 이항식으로 표현되는 나무 구조를 동원한 실질적 용어를 사용하여 표현됐는데, 이는 변동성을 설명하는 실용적 방법이어서 월스트리트의 누구라도 이해할 수 있었다. 우리의 설명은 알고리듬에 너무나 가까웠기 때문에 누구든 약간의 노력으로도 우리의 모델을 컴퓨터 프로그램으로 바꿀 수 있었다. 기존의 다른 모델은 대부분 확률미적분을 더 잘 알고 있어야만 이해할 수 있었고, 그것으로 실용 가능한 컴퓨터 프로그램을 만들어 내자면 따로 수치해석에 대해 잘 알고 있어야 했다. 우리 모델에서는 내용을 전달하는 수단이 내용이었다. 설명과 그것의 활용이 거의 동일했던 것이다.

끝으로, 그 이전의 모델에서 도출한 해석식은 대부분 실제 수익률 곡선의 모양과 일치하지 않았지만 우리 모델은 거의 어떠한 곡선에도 맞게끔 눈금을 맞출 수 있었다. 따라서 실제 거래 영업장에서 바로 활용할 수 있었다. 실제로 이와 같은 눈금 맞추기 방법에 대한 설명은 우리 논문에서 결정적 위치를 차지하고 있었다.

그 뒤로 저마다 만든 사람의 이름이 붙은 수익률 곡선 모델이 쏟아져 나왔고, 영리한 학자와 퀀트가 좀 더 현실에 가까울 것 같은 모델을 새로 찾아내고 있다. 이제는 비케이(블랙과 카라진스키), 에이치더블유(헐과 화이트), 에이치제이엠(히스, 재로, 모턴), 또는 이를 확장시킨 비지엠(브레이스, 가타레크, 무지엘라) 등에서 고를 수 있다. 어느 모델을 사용하느냐 하는 문제는 여전히 무엇을 희생하느냐와 취향 문제로 귀결되지만, 모델 개발은 지금도 계속되고 있다. 사용할 모델을 고르는 일은 자신이 다루는 상품이 처하고 있는 위험의 대부분을 기술해 줄 수 있을 만큼 넉넉하고, 컴퓨터에서 참아 줄 수 있을 정도의 시간 내에 돌아갈 수 있을 정도로 효율적이며,

프로그램으로 작성하는 작업이 너무 복잡하여 부담이 되지 않을 정도로 단순한 것을 찾아내는 작업으로 요약된다.

비디티는 단순하고 모순이 없었지만, 모델이 다들 그렇듯 현실을 있는 그대로 반영하지는 못했다. 그래서 시간이 지나면서 우리 모델의 한계점이 점점 더 드러나게 됐다. 결론적으로 말해 우리 모델에서는 불확실한 요소가 단기 이율의 미래 분포라는 단 하나뿐이었고, 그래서 단기와 장기 모두 곡선의 원래 모양을 너무 잘 보존하면서 함께 움직이는 경향이 있었다. 따라서 우리 비디티는 채권에 대한 옵션 평가에는 유용했지만, 수익률 곡선의 기울기라든가 곡률 같은 좀 더 난해한 부분에 대한 옵션 가치 평가에는 그리 적합하지 않았다.

그럼에도 비디티는 단순하다는 장점 덕분에 실무자와 학자 모두가 수익률 곡선 모델 작업 세계로 쉽사리 입문할 수 있게 해 주었고, 그것으로 충분히 흔적을 남겼다. 더 뛰어나기는 하나 더 복잡한 모델이 등장한 뒤에도 여전히 이용되고 있다.

비디티 모델 작성 작업은 옛날 물리학을 하던 시절과 마찬가지로 대단히 몰두하게 되는 작업이었다. 나는 매일 거의 하루 종일 똑같은 문제를 놓고 머리를 부딪었다. 나무에 대해 생각하고, 그것을 나타내는 컴퓨터 프로그램을 작성하고, 동작 속도를 높일 방법을 찾고, 피셔와 윌리엄과 의논하고, 컴퓨터의 결과를 살펴보고, 다시 수정하는 작업을 되풀이했다. 어떤 때에는 잠도 제대로 자지 못했다. 한밤중에 저절로 잠에서 깨어나면 새로운 방법을 시도해 보기 전에는 다시 잠자리에 들 수 없었다.

나와는 달리 피셔는 참을성이 많았다. 그는 모델 작성 작업 자체를 시장 효율적 태도로 바라보았다. 즉, 자신이 알고 있는 것을 날마다 들여다보고 다음 단계로 넘어가는 최선이 무엇인지 결정하는 것이다. 적어도 두 차례 그는 우리가 모든 걸 중단하고 완전히 처음부터 새로 시작하는 게 좋겠다고 생각한 적이 있었다. 나는 그런 기질이 부러웠지만 그럴 배짱이 없었다. 윌리엄과 나는 이 분야가 처음이었고, 우리의 첫 번째 논문을 완성하여 배포하고 싶은 마음뿐이었다.

피셔가 백지에서 다시 시작하고 싶어 한 첫 번째는 우리가 금리의 평균회귀를 우리 모델에 적용할 방법을 알게 됐을 때였는데, 흔히 그렇듯 우연한 관찰의 결과 깨닫게 된 방법이었다. 그때까지 우리는 언제나 나무에 시간 간격을 동일하게 준 상태로 모델을 구동했다. 프로그램의 실행 속도를 높이기 위해 나는 나무에 적용된 시간 간격이 변화하도록 하면서 실험해 보았다. 현재에는 간격이 좁다가 미래로 갈수록 간격이 벌어지게 한 것이다. 우리의 평가 장치가 현재의 분포는 자세하게 살펴보고 멀고 불확실한 미래의 분포에 대해서는 대략 살펴보는 수준에서 그치게 하려는 의도에서 이런 방법을 시도한 것이다.

이처럼 시간 간격이 일정하지 않게 만든 나무를 현행 수익률 곡선에 따라 눈금을 맞추려 하자 문제가 발생했다. 어인 일인지 수익률 곡선과 일치하는 미래 단기 이율 분포를 전혀 찾아낼 수 없는 때가 많았던 것이다. 수수께끼는 나무를 그려 놓은 다음 생김새를 조사했더니 모습을 드러냈다. 〈그림 10.7a〉는 시간 간격이 일정한 나무를 보여 주고 있다. 이제 〈그

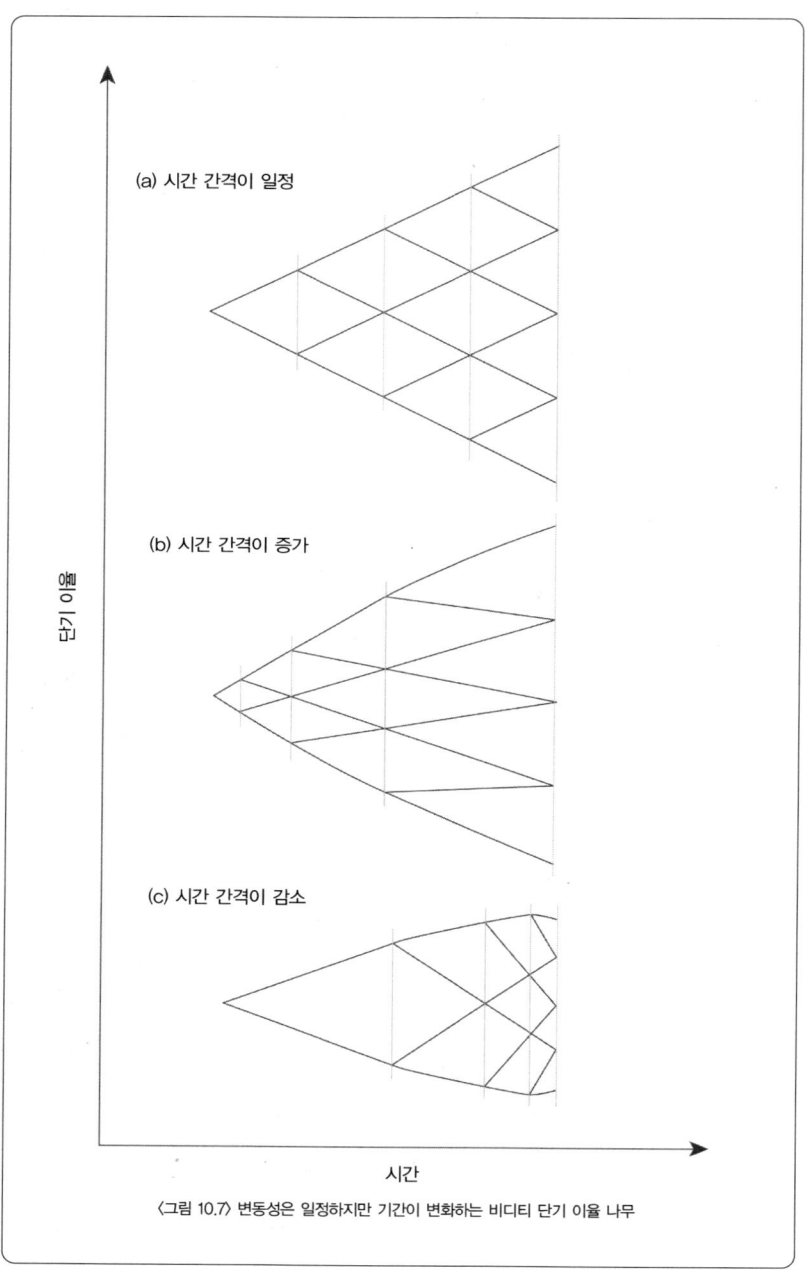

〈그림 10.7〉 변동성은 일정하지만 기간이 변화하는 비디티 단기 이율 나무

림 10.7b〉에서는 시간 간격이 증가하면서 나무가 점점 더 넓어짐을 볼 수 있는데, 금리가 평균으로부터 멀어지려는 경향을 반영하고 있다. 그러나 이러한 폭주 현상은 현실과는 잘 들어맞지 않는다.

눈금 맞추기 과정에서 나타난 어려움은 이 때문에 생겨난 것이었다. 이와 비슷하게, 〈그림 10.7c〉에서 보는 것처럼 시간 간격을 감소했더니 단기 이율이 평균으로 되돌아오고 나무는 시간이 갈수록 점점 더 좁아지는 경향을 보였다. 이와 같이 좁아지는 나무에는 금리를 안정시키는 복원력이 내재돼 있는데, 경제를 안정화하기 위해 정부와 중앙은행이 개입할 때 실제 시장에서 벌어지는 상황과 비슷하다.

시간 간격이 짧아지는 나무가 평균회귀를 반영할 수 있다는 사실을 알았을 때 피셔는 시간 간격이 일정한 모델을 중단하고 처음부터 다시 시작하기를 원했다. 윌리엄 토이와 나는 시작한 것을 마무리 짓고 싶은 마음이 간절했고, 우리 의견이 결국 우세했다. 기간이 변하는 나무는 나중에 블랙-카라진스키 모델에 포함됐다.

나무의 생김새를 조사함으로써 시간 간격과 평균회귀가 연관돼 있음을 처음으로 알아차린 사람은 피셔였다. 그때 나는 그의 직관력이 대단하다는 사실을 의식하게 됐다. 그는 나무를 들여다보면서 나무의 형태가 암시하는 역학관계를 알아볼 수 있었다. 훨씬 나중인 논문을 완성한 다음에야 우리는 모델에 확률미적분이라는 정연한 언어로 된 설명을 붙였다. 현재 교재에서 설명돼 있는 그대로이다.

두 번째로 피셔가 처음부터 새로 시작하고 싶어 했던 것은 1987년 초의 일인데, 그때 그는 우리 모델에 확률론적 인자를 하나 더 추가하려는 생

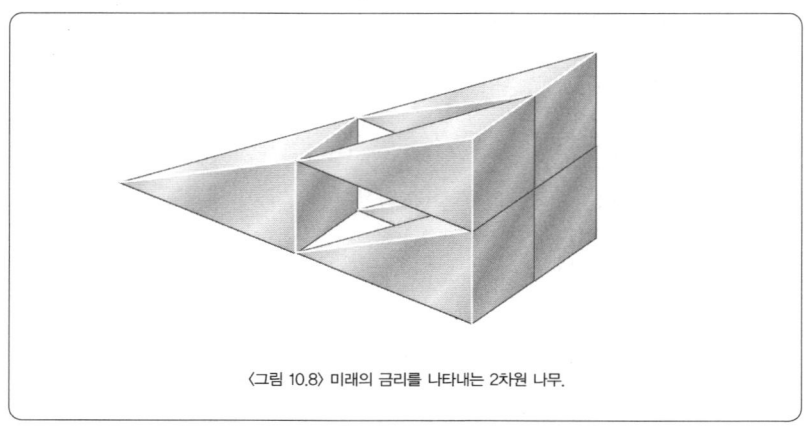

〈그림 10.8〉 미래의 금리를 나타내는 2차원 나무.

각에 사로잡혔다. 그것은 이치에 닿는 생각이었다. 우리의 원래 모델은 단순하게 수익률 곡선 전체가 단기 이율에 의해 움직인다고 가정했는데, 우리는 장기 이율이 단기 이율과는 별도로 변화할 수 있게 함으로써 현실에 더욱 가까운 모델을 만들고 싶은 욕구가 있었다. 우리의 논리 구조에 또 하나의 인자를 추가한다는 것은 나무가 2차원 구조를 띠게 된다는 뜻이었다. 우리는 그런 나무를 수익률 곡선에 따라 눈금을 맞추는 방법을 이리저리 궁리해 보았다. 그러나 2차원 이상의 나무는 〈그림 10.8〉에서 보는 것처럼 그림으로 나타내기도 더 어려울 뿐 아니라, 컴퓨터 프로그램으로 다루기에도 상당히 더 까다로웠다. 그래서 모델을 더 정교하게 만드는 것보다는 우선 우리가 원래 작업 중인 더 간단한 모델을 완성하여 거래 영업장에 보급하는 게 더 낫겠다는 결론이 났을 때 나는 다시금 마음이 놓였다.

몇 년 뒤 피셔와 이라즈 카니와 내가 비디티의 2차원 모델을 탐구하기 시작했지만, 시작만 했을 뿐 연구를 마무리 짓지는 못했다.

하나의 모델을 개발하는 데에는 좋은 아이디어와 몇 사람만 있으면 되지만, 그 모델을 쓸 만한 도구로 만들기 위해서는 훨씬 더 많은 사람이 필요하다. 그러자면 좋은 화면 구성, 자신이 소유하고 있는 거래 상품에 대한 자세한 사항을 담고 있는 데이터베이스, 눈금을 맞추기 위한 현행 시장 자료를 필요로 한다.

그러나 자료 수집조차도 그리 간단한 일이 아니다. 모델이 도처에 있기 때문이다. "시장 자료"라 생각하는 게 사실은 다른 모델이나 계산을 통해 걸러 낸 가격일 때가 많다. 수익률은 누적된 채권 가격으로부터 추출된다. 변동성은 과거의 수익을 바탕으로 계산된다. 매년 시장의 만기가 다가오면 상품은 유동성이 더 커지고 거래사는 더욱 많은 수의 관련 증권에 따라 자신의 상품 가격을 조정하는데, 때로는 그 수가 너무 많아 전자 시세 표시 장치를 통해 가격을 얻어 내야 한다. 이런 모든 것에 소프트웨어가 관여하고 있다. 쓸 만한 모델을 개발하는 사람은 누구나 조만간 한 가지 진실에 부딪히게 된다. 그 모델을 중심으로 거래 및 위험관리 시스템을 구축하는 작업이 어마어마한 소프트웨어 프로젝트라는 사실이다. 퀀트보다도 훨씬 더 많은 수의 프로그래머를 필요로 하며, 너무나 큰 프로젝트라 기가 질리는 일도 많다. 모델이 결정적으로 중요하기는 하지만, 모델은 자그마한 일부분에 지나지 않는 것이다.

우리가 수익률 곡선 모델을 개발한 1986년 당시의 거래사는 시스템에 수익률 곡선을 일일이 입력하는 작업을 마다하지 않았다. 그리고 나 역시 그 모델을 중심으로 시스템과 사용자 화면 구성의 대부분을 직접 만들어

낼 수 있었다. 그렇게 만든 시스템을 채권 옵션 영업장의 거래사에게 가져다주면 그들은 즉시 시험 가동을 시작했다.

거래사가 우리의 모델을 사용하기 시작하면서 처음으로 나는 "중계역"과의 전쟁을 맛보게 됐다. 중계역이란 모델 개발자와 사용자 사이를 연결하는 역할을 하도록 지명된 사람이다. 중계역은 대개 영업장마다 한 명씩이었는데, 거래사와 나란히 앉아 있기 때문에 그들의 업무를 잘 알았다.

중계역이 맡는 일은 유용하다. 퀀트가 금융을 이해하고 모델을 만들고 수학 계산을 하고 프로그램을 작성하는 등의 일을 다 처리하다 보면 거래 영업장과 긴밀히 작업할 시간을 내기가 어렵다. 거래사는 언제나 시간에 쫓기기 때문에, 여러 거래사가 필요로 하는 사항을 조정하여 가장 긴급한 게 무엇인지 합의를 도출하는 역할을 할 중계역이 필요하다. 거래사나 퀀트는 사용하는 언어가 약간 다르기 때문에 양쪽 사람들의 말을 이해하는 누군가가 중계해 주면 일이 잘 돌아가게 된다.

애석하게도 당시 기업 및 재무부 채권 영업장의 중계역은 모델을 만드는 사람이 전면에 드러나지 않는 쪽이 바람직하다고 보았다. 중계역 중 한 사람은 우리가 만든 모델을 이용하여 거래사에게 옵션 가격을 산출해 주면서도 우리 모델을 사용하고 있다는 사실을 인정하려 하지 않았다. 직원은 회사에 대해 드러나는 기여도에 따라 보수를 받기 때문에 그런 현상은 바람직하지 않았다.

거기에 대해 내가 할 수 있는 일은 별로 없었지만, 적어도 그들이 우리의 모델을 사용하고 있는지는 확인해 보기로 마음먹었다. 며칠 뒤 나는 내 프로그램에 임시로 몇 줄을 추가해 두었다. 그 프로그램을 사용하려

하면 창이 하나 뜨면서 "모델을 수정하는 중"이라는 안내가 나가게 해 둔 것이다. 몇 시간이 지나지 않아, 이제까지 사용하고 있지 않다고 잡아떼던 중계역들로부터 모델이 어떻게 된 거냐는 전화가 오기 시작했다.

그때부터 나는 모델을 만드는 측과 사용하는 측 사이에 있는 사람들을 경계하게 됐다. 퀀트라면 누구나 겪는 일이 여러 가지 있지만, 그중 하나는 기술적으로 비교적 밝지 못한 사람이 나에게서 정보를 얻어 낸 다음 나를 빼놓은 자리에서 다른 사람에게 그 정보를 전달하는 식으로 나를 따돌리는 일이다. 그 일이 있은 뒤 나는 오랫동안 거래사를 위해 프로그램을 작성할 때마다 누가 언제 내 프로그램을 사용하는지를 기록하게 하는 기능을 내장시켰다. 내 그룹의 다른 사람에게도 같은 조처를 취하도록 권했다. 직접적으로는 우리에게 한 푼의 가치도 만들어 주지 못했지만, 그런 식으로 나는 우리의 쓸모를 기록하는 증거를 남겼다. 1994년, 투자은행 산업이 직원을 해고해야만 하는 상황에 처하고 골드만이 어려움을 겪던 시기에 나는 우리 프로그램의 사용 기록 한 부를 상사에게 보내 우리 정량전략 그룹의 프로그램이 몇 십만 번이나 사용됐는지 보여 주었다. 그 해 우리 그룹에서는 아무도 해고되지 않았는데, 그 정보가 도움이 됐는지도 모른다.

그 뒤 8년 동안 나는 비디티를 개발하던 때처럼 피셔와 긴밀하게 일하지는 않았지만 정기적으로 만났다. 그는 내가 골드만에서 만난 사람 중 가장 주목할 만한 인물이었다.

가장 두드러지는 성격은 고집스럽고도 꼼꼼하게 명확함과 단순함을 추구한다는 점이었다. 글이나 말 양쪽에서 내용과 양식 모두에 무게를 두었다. 우리가 금리에 대한 단일 인자 모델을 설명하는 논문을 위해 처음으로 초안을 잡았을 때 그는 논문에 방정식이 전혀 들어가지 않기를 원했다. 그래서 나는 그의 요구수준에 맞추기 위해 오랫동안 힘들여 작업해야 했다. 그는 기술적 부분을 자세하게 다루지 않으면서 정확하고 정직한 표현이 되기를 원했는데, 그러자면 우리 모델에 대해 몸으로 이해하고 그것을 바탕으로 설명해야 했다. 우리 모델이 그토록 널리 많은 사람에게서 인기를 끈 것은 모델의 동작 원리를 분명하게 설명했기 때문이라 생각한다.

어쩌면 그가 경제학을 전공하지 않은 때문도 있겠지만, 그는 명확성을 좋아한 탓에 지나치게 형식을 갖추는 쪽은 피했다. 금융경제학 전문지에 실리는 연구 논문에는 불필요하게 엄밀한 명제가 가득했지만, 그의 논문은 그런 논문의 안티테제였다. 그는 글을 쓸 때 분명하면서도 꾸밈없이 평이한 영어를 사용하여, 말을 하듯 간결하면서도 친절한 말투로 쓰려 했다. 그의 산문에서는 거친 느낌이 약간 나는데, 과학을 다루는 글에서 문장을 매끄럽게 연결하기 위해 사람들이 흔히 쓰는, 엄밀히 말해 불필요한 접속사—그리고, 그러나, 그리하여, 따라서 등—가 없기 때문이다.

피셔는 다른 사람에게도 명확하고 직선적일 것을 기대했다. 그는 시간을 내는 일에 인색하지 않고 직위 고하를 따지지 않았지만, 그를 면담하려면 준비를 해야 했다. 그에게 묻고자 하는 내용에 대해 충분히 생각하지 않고 갔다는 게 드러나면, 우리는 그가 우리를 대신해 생각해 주지는 않으리라는 사실을 금방 알아차릴 수 있었다. 그리고 우리가 그의 대답을 이해하지 못하고 다시 물으면 그는 그냥 똑같은 대답을 되풀이했다.

대단히 직선적인 사람인 그는 소소한 이야기를 편안하게 받아들이지 못했다. 할 말이 없으면 아무 말도 하지 않았다. 이런 성격은 전화로 대화할 때 특히 당황스러웠는데, 대화가 끝나지 않은 상태에서 1~2분 동안 아무 말도 없이 있는 때가 많았기 때문이다. 이럴 때 때로는 침묵을 메우기 위해 내 쪽에서 쓸 데 없는 말을 두서없이 지껄이게 되는데, 그러다 보면 어느 순간 피셔가 불쑥 잘 있으라 말하고는 전화를 끊었다.

한번은 그가 내게 자신의 영향력에 한계가 있었던 이유 중에는 남이 듣고 싶어 하지 않는다 해도 항상 진실을 말했기 때문이라는 점도 있다고 말했다. 그의 그런 성격은 나도 인정한다. 1990년대 초에 그는 골드만에서 자기 사업부 내의 일부 정보기술 관리자에 대해 회의적인 태도가 됐는데, 그때 그들을 모두 일일이 만나 본 다음 누구는 괜찮고 누구는 문제가 있다는 노골적인 내용의 목록을 만들어 상사에게 넘겼다. 그는 그것으로 뭔가를 얻을 수 있을 것으로 생각한 자신이 순진했다고 털어놓으며 수줍어하면서도 반쯤은 자랑스럽게 웃었다.

내가 보기에 그는 골드만삭스의 파트너 중 항상 약간의 국외인처럼 비쳤다. 골드만이 공개 기업이 되기 이전이던 그 시대에는 2년에 한 번씩 새로 한 "기"의 파트너가 임명됐는데, 파트너가 되면 각기 회사의 지분을 점점 더 많이 매입할 권한을 얻음으로써 진급했다. 한번은 피셔가 내게 1986년에 파트너가 된 동기 중 자신이 지분을 가장 적게 소유하고 있다는 점을 자랑스레 여긴다고 말했다.

이처럼 직선적이고 비형식적 성격은 그의 연구에도 반영됐다. 그가 연구에 쓰는 방법은 두려움 없는 집중적 사고, 직관, 그리고 고등 수학에 크게 의존하지 않는다는 점 등으로 볼 수 있겠다. 이런 점이 군소 인간에게는 영감으로 다가왔다. 그는 자신이 활용할 수 있는 기술이 무엇이든 그걸로 문제점을 직접 파고드는 정공법을 썼는데 그게 통하는 때가 많았다. 그를 보노라면 우리도 집중적으로 생각할 자세만 되어 있으면 우리 또한 뭐든 우리가 활용할 수 있는 기술을 가지고 심오한 진리를 발견해 낼 수 있다는 느낌이 (어쩌면 착각이) 들었다. 그는 경제를 바라보는 탁월한 직관에 의존했다. 수학 실력이 그리 뛰어나지는 않았지만 직관이 강했고, 수학에 들어가기 전에 문제의 전체를 꿰뚫어 보기 위해 끈질기게 노력했다.

모델 작업에서는 구체적인 면에 대한 취향이 있었다. 그는 숨겨진 통계적 내지 계량 경제학적 인자보다는 관측 가능한 현상을 나타내는 변수로 금융 세계를 묘사하는 쪽을 좋아했다. 그가 기초를 세운 블랙–숄스–머턴 모델이 나무랄 데 없이 정연한 모습을 갖춘 덕분에 그토록 매력적으로 받아들여지고 있음에도 불구하고, 그는 유용하고 정확한 쪽이 정연한 쪽보다 더 중요하다고 생각했다. 그는 강한 실용주의 기질을 지니고 있었다. 그는 학자 기질이 있었지만 적어도 그만큼 실무자이기도 해서, 소프트웨어와 거래 시스템, 사용자 화면 구성 등에 기꺼이 시간과 관심을 기울였다. 이런 부분이 모델 자체만큼이나 중요하다고 생각했다.

피셔는 모델 작업에서 정연함보다도 현실성을 더 중요하게 다루었다. 그는 마지막으로 펴낸 논문 중 한 편인 〈평형 거래〉에서 서론 끝머리에 자신의 태도를 다음과 같이 간결하게 적어 놓았다. "결국 이 글 전체는 평형의 성격에 대한 일련의 추측과 다름이 없다. 평형이라는 게 존재한다면 말이다. 나는 내 가정이 함축하고 있는 내용에 대한 철저하고 정확한 분석을 내놓을 수는 없었지만, 타당성이 떨어지는 가정으로부터 정확한 결론을 이끌어 내느니보다는 타당성이 높은 가정에서 무엇이 도출될지를 추측하는 편을 택하겠다."

양식이 중요하기는 했어도 그는 내용을 무엇보다도 중시했음이 분명하다. 1990년부터 1995년까지 그는 처음에는 골드만삭스 애셋매니지먼트에서, 나중에는 고정수익 연구 부서에서 일했다. 그때 나는 내가 책임지고 있던 정량전략 그룹에서 가끔씩 개최한 초청 세미나에 그를 초대하여 함께 듣게 했다. 해결이 가능하다는 사실이 이미 알려진 문제에 대한 새로운 해법이나 더 나은 수치해법에 대한 세미나일 경우 그는 참석하지 않았다. 수치해법에 관심이 없어서가 아니라 금융경제학에 더 관심이 많기 때문이었다. 마찬가지로, 그는 방정식에 대한 이론해석을 찾아내야 할 필요 때문에 원래 목적을 잊어버리거나 하는 일이 없었다. 속도 빠른 컴퓨터를 사용할 수 있게 되자 수치해법을 이용하는 것으로도 만족해 했다.

피셔는 또 모델을 효율적으로 사용하자면 컴퓨터 프로그래밍이 말할 수 없이 중요하다는 사실을 잘 이해하고 있었다. 1990년에 비디티 모델에 대한 연구를 발표하자, 우리가 이윤을 추구하는 투자은행에서 일하고 있으면서 왜 그런 내용을 발표하는가 묻는 사람이 많았다. 사실 그 연구를 발표했을 때 골드만의 거래사는 이미 몇 년 동안 그 모델을 사용해 오고 있었다. 그러나 그보다 중요하게, 모델을 공개하는 것과 그 모델을 적용한 컴퓨터 프로그램이나 거래 시스템을 내놓는 것을 피셔가 구분했다는 사실이다. 전자는 정당하다고 생각했고, 후자는 판매해야 한다고 생각한 것이다.

사실 모델 자체가 명백하게 이윤을 남겨 주는 경우는 드물다. 그보다 훨씬 더 중요한 것은 그 모델을 적용한 거래 시스템과 그것이 부과하는 규범, 그것이 허용하지 않는 조작상의 오류, 그리고 하나의 모델을 가지고 실험할 수 있음으로써 거래사가 얻게 되는 직관이다.

피셔는 시장에 대한 나름의 독특한 생각이 있었다. 그는 자본 자산 가격 결정 모델의 소위 "일반균형" 접근방법에 깊이 영감을 받았는데, 모든 증권에 있어 단위 위험 당 기대 수익률이 동일한 경우 가격과 시장이 균형을 이룬다는 생각을 말한다. 그의 직관에서 많은 부분이 이러한 믿음을 바탕으로 하고 있고, 블랙-숄스 미분 방정식을 유도해 낼 때 그가 가장 먼저 사용한 방법이기도 하다. 1995년 7월 말, 그가 죽기 얼마 전 이런 부분에 대해 내가 그에게 보낸 질문에 대해 그는 이메일로 이렇게 답했다. "나는 고정수익 모델에 대한 우리의 모든 작업이 자본 자산 가격 결정 모델을 고정수익 시장에 적용한 결과에서 비롯됐다고 봅니다."

나는 그가 죽기 몇 년 전 그가 이런 접근법을 얼마나 사랑하는지 엿보고 적잖이 감동을 받았다. 나는 동료 몇 명과 함께 거래 비용과 헤지 빈도가 우리 영업장의 옵션 가격에 미치는 영향을 평가해 보고자 했다. 우리는 주가가 변할 때 각 옵션을 동적으로 복제하는 동시에 헤지 포트폴리오의 내용이 바뀔 때마다 거래 비용을 더해 주는 몬테카를로 시뮬레이션 프로그램을 만들었다. 장기적으로는 이 프로그램을 사용하여 헤지 때문에 옵션 가격이 이상적인 블랙-숄스 값으로부터 얼마나 벗어나는지를 볼 생각이었다. 이렇게 하면 우리의 헤지 전략에 들어가는 실제 비용을 산출할 수 있으므로 블랙-숄스 모델에서 나타난 이상화된 값을 받아들이지 않아도 될 것이었다.

뭔가 새로운 일을 하기 위한 프로그램을 작성할 때마다 우선 옛날에 하던 일을 제대로 하는지를 확인해 두어야 한다. 내 동료 한 사람이 작성한 프로그램을 우리는 그런 방법으로 시험했다. 일단 거래 비용이 들지 않아 지속적으로 헤지할 수 있다고 가정한 상태에서 동작시켜 보았다. 정확하게 블랙-숄스의 복제 가격이 나오는지 보기 위해서였다. 물론 컴퓨터 시뮬레이션에서는 지속적으로 헤지할 수가 없기 때문에 하루에 여러 번씩 자주 반복하여 헤지해 주었다. 놀랍게도 1년 옵션에 대해 1만 회 헤지해 주었을 뿐인데도 — 즉 포트폴리오의 내용이 하루 30차례 이상 바뀐다는 의미 — 블랙-숄스와 정확하게 일치하는 값을 얻어 낼 수 없었다. 설명이 안 되는 오차가 늘 나타났다. 뭔가 잘못된 것 같아 내가 직접 따로 프로그램을 작성해 돌려 보았는데 여전히 무시할 수 없는 수준의 똑같은 오차가 나타났다. 정말 영문을 알 수 없었다. 그것은 블랙-숄스 공식이 우리가 기대한 것보다 실제 시장 조건에 덜 맞아떨어진다는 것을 의미했다.

나는 혼란한 나머지 이 문제에 대해 피셔와 의논하고 싶어졌고, 당시 점점 커지고 있던 골드만 사옥 단지 내 다른 건물에 있던 그의 사무실을 찾아갔다. 내가 발견한 사실을 설명했더니 그는 머턴의 방법이 블랙-숄스의 값을 정확하게 복제해 내지 못하는 것 같아 보인다는 사실에 잠시 동안 크게 흥분한 모습을 보였다. 그러면서 이런 식으로 말했다. "알아? 난 복제 기법에 뭔가 이상한 데가 있을 거라 생각했단 말씀이야."

애석한 일이지만, 그 얼마 뒤 내가 작성한 프로그램과 동료가 짠 것이 모두 서로 다른 부분에서 자그마한 오류를 포함하고 있음을 알게 됐다. 오류를 바로잡고 나자 복제 기법이 금세 블랙–숄스의 값으로 정확하게 수렴하는 것이었다! 그렇지만 피셔는 마음속 깊이에서 머턴이 유도한 공식에 대한 불신이 있어 자신이 원래 만든 검증법을 더 좋아했다.

피셔는 독자적 사고로 인해 이단적이기는 하나 주도면밀한 아이디어를 많이 얻어 냈다. 그의 설명을 일단 듣고 나면 자명해 보이는 것도 많았다. 그는 그런 생각을 일부는 연설을 통해, 또 일부는 1990년대 초에 그가 골드만에서 비공식적으로 배포한 짤막한 메모를 통해 사람들에게 알렸다.

어느 짤막한 글에서 그는 다음과 같이 적음으로써 금융경제학의 기초에 대해 일격을 가했다. "경제학에서 다루는 특정 양은 산정하기가 지나치게 어려운데, 나는 그런 것들을 '관측 불가량'이라 부른다." 관측 불가량 중 하나로 그는 기대수익률을 꼽았다. 증권을 살 때 그 증권으로 얻을 수 있으리라 기대하는 이익의 양을 가리키는 말이다. 마코위치 이후 금융의 많은 부분에서 이 양을 무조건적으로 다루고 있다. 그렇지만 "기대수익률에 대한 우리의 추정은 너무나 형편없어 웃음이 나올 지경"이라는 것이다.

또 〈거래사 관리〉라는 글에서는 거래사를 평가할 때 거래사가 직전 분기에 이익을 보았는지와는 무관하게 그 거래사가 사용하는 방법 이면의 이론적 근거를 기준으로 삼아야 하며, 그 근거가 건전할 때에만 보상해야 한다고 주장했다. 그는 거래사에 대해 이렇게 썼다. "거래사가 거래에 임하는 밑그림을 판단하는 일은 결정적으로 중요하다. 밑그림은 잘못됐을 수도 있지만, 그게 없이 거래한다면 마음이 편치 않다……. 거래사의 손익계산서 하나만 또는 그 위주로 살펴보는 것은 재난으로 이어질 수밖에 없다." 그는 시장의 단기적 변덕보다는 지성을 바탕으로 한 장기적 사고를 권장하고자 한 것이다.

 1994년에 국제 금융공학자 협회에서 올해의 금융공학자로 선정됐을 때 피셔는 학문 쪽보다 응용 연구 쪽을 늘 더 좋아했다고 말했다. 그리고 대학 교수는 연구를 위해서가 아니라 교육을 위해서 채용되고 보수를 받아야 한다고 주장했다. 잘 가르치고자 하는 욕구가 있으면 좋은 연구를 하게 될 것으로 믿었다.

 자신의 병세가 가망이 없다는 사실을 알았을 때 그는 숨기지도 발표하지도 않고, 그저 필요한 사람에게만 알렸다. 그것도 초연하고 객관적인 태도로 말했는데, 그런 점이 존경스러웠다. 나는 그가 불평하는 것을 한 번도 보지 못했다.

 그는 한 차례 대수술을 거쳤고, 집도한 의사에게 진심으로 감사한 마음이 가득했다. 피셔는 그를 두고 '천재'라 했는데, 나는 그 말을 듣고 이론 연구를 하는 사람보다 남을 돕는 사람을 잠시 동안 부러워했다. 수술 뒤 일시적으로 회복하자 다시 열심히 일했다. 한동안 우리는 때때로 전화로 기초 지수의 급등 상황을 반영하는 옵션 평가 모델 작성에 대하여 의논했다.

 그는 건강에 대해 물으면 언제나 솔직하게 대답했지만, 묻지 않는 정보에 대해서는 절대로 먼저 말하는 법이 없었다. 나중에, 간간이 말과 소문을 통해 그의 건강이 나빠졌다는 사실을 느낄 수 있었을 때 나는 용기를 내 건강 상태는 어떤지 물었다. 그는 짤막하게 "당장은 상당히 불확실해" 보인다고 대답했다.

나중에 결국 사무실에 나오지 않게 됐을 때 그는 누구든 자신에게 이메일을 보내는 사람과 연락을 주고받았다. 나는 계속 연락을 취하고 싶었고, 그래서 메모라든가 사무실에 관한 소식을 짤막하게 적어 보내곤 했다. 내 이메일이 잡담이나 불평 등 중요하지 않은 내용일 때에는 그는 자신의 성격에 걸맞게 거의 답장을 보내지 않았다. 그러나 진짜 금융에 관한 문제로 이메일을 보내면 즉각 답장을 받을 수 있었다. 한번은 내가 보내는 이메일이 성가신지 물었는데, 그는 그렇지 않다는 답을 곧장 보내왔다. 그리고 내가 질문을 보내면 반갑게 받아 본다는 말을 추신으로 적었다.

그의 장례식은 케임브리지에서 열렸는데, 거기서 〈금융 분석사 저널〉의 편집장을 지낸 잭 트레이너가 한 연설에 감동을 받았다. 여러 측면에서 피셔의 스승이라 할 수 있었던 그는 죽음에 대한 피셔의 태도에 대해 "전혀 두려워하지 않았다"는 말로 끝맺었다. 내가 보기에도 그랬다. 피셔는 세상이 실제로 돌아가는 이치에 대해 자신을 속이는 일이 거의 없어 보였다.

나는 피셔에 대해 생각할 때마다 그가 더할 나위 없이 비감상적인 현실주의자였다는 생각이 든다. 한번은 내가 빈에서 열리는 협의회에서 연설을 하게 됐는데, 거기에는 로버트 머턴도 참석하기로 되어 있었다. 그래서 나는 피셔에게 전화를 걸어 (이미 병중이었지만 죽기 1년 이상 전이었다), 그의 "모델"을 "블랙–숄스"라 부르는 게 좋을지 "블랙–숄스–머턴"이라 불러야 할지 묻는 음성메시지를 남겼다. 그에 대해 피셔가 내게 남긴 답신은, 옵션의 가치를 결정하기 위한 복제 논법을 생각한 사람은 머턴이기 때문에 그것을 블랙-숄스-머턴 모델이라 불러도 좋다는 내용이었다. 그리고 조금치의 흔들림도 없이 이렇게 덧붙였다. "바로 그 부분이 수많은 사람들이 가장 중요하게 생각하는 부분이라네."

전문적, 또 개인적 수준에서 피셔는 늘 내가 아는 누구보다도 책략과는 거리가 멀어 보인 사람이었다. 때로는 바로 그런 점 때문에 대하기가 더 어려웠다. 그는 내가 한 일이나 행동에 대한 자신의 의견을 말할 때 표현의 강도를 부드럽게 완화시키지 않고 자신이 생각하는 그대로 말했다. 그는 무엇이 중요한지를 직감하는 능력이 뛰어났고, 회사 내의 정치관계와 연구를 모두 늘 장기적 관점으로 바라보았다. 바로 그 이유로, 어떤 쟁점에 대한 또렷한 관점이 필요할 때 의논을 청하기 가장 좋은 사람 또한 바로 피셔였다. 그는 회사 내에 얽혀 있는 온갖 정치관계 속에서도, 우리 주위에 있는 사람들이 알아주지 않는다 해도 높은 품질에 집중하라고 말했다. 그는 우리의 눈을 목표에 집중시켜 주었다. 그 목표란 회사의 업무를 자신의 능력이 닿는 최대한 돕는 것, 계속해서 새로운 시도를 해 나가는 것이었다. 그는 한자리에 안주하는 태도를 달갑게 바라보지 않았고, 언제나 새로운 기회를 찾아보도록 격려해 주었다.

〈금융 분석사 저널〉에 수록된 피셔의 마지막 논문은 그가 죽음이 임박한 때 쓴 것이어서 완전히 마무리되지는 않은 상태였다. 그는 그 논문에 〈옵션으로 본 금리〉라는 제목을 붙였는데, 단기 금리 자체가 콜 옵션과 닮았다는 점을 예리하게 지적하면서 상세하게 설명을 시작한다.

〈저널〉의 편집장은 이 논문의 게재에 딸린 상황을 글의 각주에서 다음과 같이 설명했다.

피셔 블랙은 이 논문을 1995년 5월 1일에 제출했습니다. 함께 보낸 편지에서 그는 이렇게 썼습니다. "이 글을 싣고 싶습니다만, 혹시 심사위원이 내용의 수정을 조언한다 해도 그때쯤에는 제가 없을지도 모릅니다. 그럴 경우, 그리고 이 원고가 대충 받아들여질 만할 경우, 이 글을 상황 설명과 함께 이 상태 그대로 게재해 주실 수 있겠습니까?" 피셔는 수정하여 다시 보내 달라는 편지를 5월 22일에 받았습니다. 편지에는 심사위원의 자세한 보고가 첨부돼 있었습니다. 그는 여름 동안 논문 작업을 하면서 심사위원의 평을 어떻게 반영할지를 생각하기 시작했습니다. 그리고 수정본을 완성하지 못한 채 8월 31일에 사망했습니다.

Chapter 11
불가항력

■ 월스트리트의 군상 ■ 몇몇 아는 사람의 변신 ■ 변동성은 전염성이 강해 ■

월스트리트에서는 아무도 오랫동안 만족한 채 지내지 못한다. 그곳에서 일하는 사람은 대개 그곳의 일을 물리학이나 의학 같은 본업으로 여기지 않는다. 투자은행에서 일하는 사람은 대부분 될 수 있는 대로 빨리 부자가 돼 은퇴하고 싶어한다. 그래서 헤라클레이토스가 쓴 대로 모든 일은 투쟁과 필요에 의해 일어난다.

주식을 공개하기 이전 시기의 골드만에서 정말로 큰 부자가 되는 길은 파트너가 되어 회사의 지분을 획득하는 방법이었다. 파트너 지위를 얻는 데에 성공한 사람은 대개 10년 남짓 더 일하다가 퇴직했다. 일부는 자발적으로, 또 일부는 강제로 그만두었다. 그러다 보니 30대 후반에 그만두는 파트너가 많았다.

파트너 지위를 얻으려면, 또는 파트너로 승진하기 위한 고려 대상이라도 되려면 회사의 이익에 분명하게 기여해야 했다. 그 결과 파트너의 거의 대부분은 회사를 위해 벌어들인 돈이 얼마인지 확실하게 셈할 수 있는 판매, 거래, 투자 부서 출신이었다. 정보공학이나 연구 부서에서는 거의 파트너로 승진하는 사람이 없었다. 회사에 대한 기여는 컸지만 그것을 정확하게 돈으로 환산하기가 어려웠기 때문이다. 피셔는 이런 법칙의 예외같아 보였지만, 그조차도 일부 선물 계약의 정의에 수반되는 수학적으로 미묘한 문제점을 신중히 풀어냄으로써 수백만 달러를 회사에 벌어 주었는데, 대부분의 거래사는 그런 문제가 있는 줄도 몰랐다고 한다.

혼란한 금융전략 그룹에서는 누구든 우리를 제대로 관리하는 사람이 골드만 최고의 보상, 즉 파트너 지위와 그에 따른 갖가지 보장을 받을지도 모른다는 사실을 모르는 사람이 없는 것 같았다. 내 옆 칸에서 일하던 자신감 넘치는 젊은 친구는 머트와 제프가 그 보상을 따낼 거라 확신했다. 이렇게 목소리를 높였다. "골드만에는 7천 명 정도가 일하고 있어요. 파트너는 70명이고요. 100명당 파트너가 한 명이라는 얘기죠. 금융전략 그룹에는 100명이 넘게 있는데 그 두 사람이 책임자잖아요. 그러니 그중 한 사람이 파트너가 되겠죠."

사정은 그렇게 돌아가지 않았다. 그 이후 금융전략 그룹에는 새로운 지배자와 공동지배자가 마치 프랑스의 익살극에 나오는 연인들처럼 연이어 나타났다 사라졌다. 제대로 자리를 잡기까지 몇 차례나 사람이 바뀌었지만 궁극적으로는 제대로 자리가 잡혔다.

첫 번째로 잘로몬브라더즈의 채권 포트폴리오 분석 그룹에 있던 코프라시가 들어왔다. 그는 거기서 옵션 연구 팀을 맡고 있었는데, 당시 내 친구 마크 쾨닉스버그가 그 팀에서 일하고 있었다. 코프라시의 팀은 1980년대에 고정수익형 파생 상품에 대한 최고 수준의 연구 보고서를 몇 편 내놓았는데, 학문과 실무 간의 경계에 서서 그 경계를 거의 녹여 버릴 정도로 잘 쓴 뛰어난 보고서였다. 스왑과 스왑션의 가치 평가 방법을 이해하고자 한 사람은 관련 교재가 등장하기 전이어서 누구나 그들의 보고서를 보고 배웠다. 잘로몬의 존 메리웨더는 자신의 차익거래 그룹 내 최정예 인원 중 몇 명을 코프라시의 팀으로부터 쏙 빼내 갔다. 빅터 해거니와 그렉 호킨스 같은 인물이 거기 포함됐는데, 나중에 메리웨더와 함께 롱텀캐피털매니지먼트로 이직했다. 몇 년 뒤 내가 골드만의 정량전략 그룹을 맡게 됐을 때 나는 늘 코프라시의 그룹이 해낸 일을 모델로 삼아 그와 같은 업적을 이루려 애썼다. 오늘날 월스트리트의 퀀트 그룹이 이러한 종류의 연구 보고를 발표하는 데에 기울이는 노력은 그때에 비해 훨씬 못 미친다.

한동안 코프라시는 머트 · 제프와 함께 어정쩡한 삼두정치 체제로 우리를 관리하려 했다. 쉽지 않았을 게 분명하다. 오래지 않아 머트는 정량적 성격이 덜한 자산관리 세계로 품위를 유지하며 빠져나갔다. 그런 다음 제프는 대형 저축대부 조합으로 자리를 옮겼는데, 수많은 다른 저축대부 조합과 마찬가지로 그 조합 역시 증권화한 모기지에 투기적으로 투자하기 위해 조합의 저축에 대한 연방 저축대부 조합 보험공사의 보증을 이용했다. 그리고 코프라시는 권좌에 오른 지 겨우 몇 달 만에 정치관계에 지쳐 버린 듯 위층으로 올라가 선물 판매사와 함께 일하기 시작했다. 나중에는 골드만을 떠나 류 라니에리가 차린 투자회사에 들어갔다. 라니에리는 잘로몬브라더즈에서 모기지 부문 책임자로 있었고 또 담보부 증권을 위한 시장을 만들어 낸 인물 중 한 사람이다.

그러다가 사정이 정반대로 바뀌었다. 1987년 로버트 루빈이 에드 마키에빅츠를 금융전략 그룹 책임자로 임명했다. 에드는 마흔 정도 나이에 현실적 성격으로, 오랫동안 골드만의 회계사로 일해 온 사람이었다. 그는 로버트의 콘시글리에리, 즉 어려운 상황의 문제 해결사로 알려져 있었다. 에드는 모델이나 소프트웨어, 옵션 거래에 대해 아는 게 거의 없었지만, 보기 드물게 뭐가 엉터리고 뭐가 진짜인지를 구별할 수 있었다. 그는 첫 몇 달 동안 금융전략 그룹의 우두머리로서 모든 사람에게 질문을 던졌다. "이러저러한 데에 대해 어떻게 생각하세요?" 그의 사무실에 가면 그런 질문을 던지곤 했다. 차츰 그는 누가 쓸모 있는 기술을 지니고 있는지 또 누가 남의 등에 업혀 지내고 있는지 알아냈다. 이윽고 그룹 내에 일종의 질서 비슷한 게 되살아났다. 지나치게 급료를 많이 받고 있던 자문사가 하나둘 떠나가고 전문 관리자 수가 삭감됐다. 나를 그중 괜찮은 쪽에 속하는 사람으로 본 그는 다른 직원과 나란히 칸막이 안에서 일하던 나에게 사무실을 한 칸 내주고 고정수익 소프트웨어 그룹을 새로 구성하는 책임을 맡겼다. 우리의 임무는 낡은 포트란 금융 라이브러리를 골드만삭스의 고정수익형 증권 거래 시스템 구축을 위한 통합 객체지향 기반구조로 교체하는 것으로, 나중에 우리는 이 새로운 것에 지에스-원이라는 이름을 붙였다.

1988년 초까지 에드는 그룹의 본모습을 되찾아 놓았다. 지나침에도 한계가 있음을 보게 돼 마음이 놓였고, 또 금융전략 그룹 사람들이 실제로 무슨 일을 하는지 거의 이해하지 못하는 그가 그룹의 본모습을 그렇게나 효율적으로 되찾아 냈다는 사실에 감명을 받았다. 그렇지만 그는 사람들이 말만 번드르르하게 하는지 그렇지 않은지를 본능적으로 이해했다. 일시적 승리를 거둔 그는 우리 눈에 파트너가 되어 금융전략 그룹을 지배하게 될 가능성이 높아 보였다. 그 뒤 1년 동안 그는 화려한 개화기에 접어든 것 같았다. 이따금 점심시간에 헬스-라켓 클럽에서 운동하고, 영향력이 점점 커지고 있던 제이컵 골드필드와 거래장에서 시간을 보내는 등 더욱 자신감이 넘쳐 보였다.

골드만에서는 격년으로 11월에 새 파트너를 뽑았는데, 후보자는 자신이 파트너가 될 가능성을 어느 정도 알 수 있었다. 최종 심사가 있은 뒤 새 파트너 명단이 발표되는 날 아침, 발표 직전에 골드만의 대표자가 새 파트너를 한 사람씩 자기 사무실로 불러 축하했다. 후보자는 아침 일찍부터 자기 책상 근처에서 서성이며 전화가 오는지 안 오는지 기다렸다. 1988년 파트너를 발표한 날 나는 이미 골드만에서 일하고 있지 않았지만, 에드는 전화가 오지 않자 하루 종일 사무실을 비웠다는 이야기를 친구들로부터 전해 들었다. 몇 달 뒤 그는 금융전략 그룹을 떠나 회사 내의 다른 곳에서 다른 문제의 해결을 맡게 됐다.

내가 처음 골드만에 들어갔을 때 나를 챙겨 주었던 데이비드 가바즈 또한 나름의 투쟁을 거쳐야만 했다.

과학자로 교육받은 뒤 이제 골드만의 거래사가 된 그는 옵션 시장과 관련 이론에 대한 토론에 언제나 기꺼이 응했다. 위층에 있는 채권 옵션 영업장으로 계단을 따라 걸어 올라가, 데이비드 주위의 거래사와 어울리며 그들이 즐기는 공격적 유머를 들으면 자극을 받았다. 어느 날 우리는 영업장에서 잡담을 나누며, 화장실이나 다락방에서 스스로 목매 죽은 듯한 십대 소년의 잇따른 자살 사건을 두고 농담을 하고 있었다. 신문에서는 이렇게 죽은 아이들은 자애적 질식의 희생자인 것으로 보도했다. 즉 오르가슴에 다다랐을 때 뇌에 공급되는 산소량을 줄이면 얻게 된다는 극도의 쾌감을 추구하다 그랬다는 것이다. 우리 중 누군가가 그런 현상이 실제로 일어날까 의심스럽다고 말하자 데이비드는 영업장에 들어온 신참 중 가장 키가 큰 사람을 아무렇지도 않게 가리키며 이렇게 말했다. "당연히 사실이지. 저 친구가 저렇게 키가 큰 이유가 뭐겠어?"

월스트리트의 수많은 사람들이 그렇듯 데이비드 역시 **빠른 승진**과 더 커다란 권한을 원했다. 소문에 따르면 그는 몇 주마다 한 번씩 루빈을 면담했다고 한다. 내가 골드만에 들어온 지 1년이 되지 않아 그는 회사에 사직서를 내고, 대단히 뛰어나고 유명한 시카고의 옵션 거래 회사인 오코너에 들어가 수석 옵션 거래사로 일했다.

데이비드는 야심이 많고 격한 성격이었지만 월스트리트 기준으로 보면 지나칠 정도는 아니었다. 오코너에 들어간 지 1~2년이 지났을 때 거기서 만난 소프트웨어 공학자 두 명과 함께 회사를 그만두고 고정수익 위험관리 소프트웨어를 만드는 회사를 차렸다. 이들은 시카고에 회사를 차리고 회사 이름을 아르엠에스라 지었는데, 여러 가지를 생각나게 하는 함축적 이름에 경탄하지 않을 수 없었다.[*1]

위험관리 시스템을 제품으로 개발하여 판매하겠다는 데이비드의 계획은 기발한 것으로, 시대를 몇 년이나 앞지른 것이었다. 골드만을 비롯하여 많은 투자은행과 거래 회사가 위험관리 소프트웨어를 자체 개발하여 사용하고 있었지만, 당시에는 아무도 아직 그런 유형의 제품을 상용으로 판매하지 않았다. 베어스턴스에서 스탠리 딜러가 그쪽 방향으로 일을 진행시키고 있었다. 스탠리는 베어스턴스의 고정수익 연구 그룹인 패스트의 책임자로 있으면서 오토본드라는 시스템을 만들고 있었는데, 먼저 거래 영업장에서 사용하면서 기능을 개선하고 문제점을 해결한 다음 고객에게 판매할 계획이었다. 그는 퀀트라면 누구나 꿈꾸는 이상, 즉 영업장을 뒷받침하기 위해 하는 자신의 작업을 회사를 위해 직접 벌어들이는 구체적 달러와 센트로 변환함으로써 공상가 박사들과 수익을 올리는 "진짜" 사업가 사이의 간극을 없애는 일에 매진하고 있었다.

데이비드와 그의 파트너는 뉴욕에 비해 급료와 사무실 임대료가 낮은 시카고에서 프로그래머를 고용했다. 그들은 객체지향적이며, 선 유닉스 워크스테이션에서 돌리기 위해 C++로 작성된 정교한 채권-옵션-위험 시스템을 만드는 작업에 착수했다. 투자은행이 사용하는 금융 소프트웨어는 대부분 시대에 뒤떨어져 있었지만 아르엠에스는 놀라우리만치 현대적이었다. 최신 그래픽 유저 인터페이스에다 드레깅, 그래프, 아이콘까지

[*1] 아르엠에스RMS는 위험관리 시스템의 약자이기도 하거니와 제곱 평균 제곱근의 약자이기도 하다. 위험을 측정하는 중요한 수단 중 하나인 변동성은 해당 주식이 나타내는 일일 수익률의 제곱 평균의 제곱근으로 정의되는데, 이를 일반적 통계학 용어로 "제곱 평균 제곱근"이라 부른다. 제곱 평균 제곱근은 또 주가의 브라운 운동을 연상시키는데, 이는 임의로 움직이는 주가가 원래 값으로부터 확산할 때 평균 주가가 시간의 제곱근에 비례하여 변화하는 현상을 가리킨다.

갖추었다. 그로부터 몇 년이나 지난 뒤에야 르네상스, 시-에이티에스, 인피니티, 알고리드믹스 등과 같은 군소 회사가 그와 비슷한 세련된 시스템을 만들기 시작했다. 이 업종에서도 정리 통합은 신속하게 이루어졌고, 지금은 알고리드믹스만이 독립된 회사로 살아남았다.

그 뒤 일이 더 빠른 속도로 전개되기 시작했다. 데이비드는 뉴욕으로 돌아와 이에프허턴에 거래사로 입사했는데, 듣기로는 거기서 협상을 통해 회사의 소유주가 바뀔 경우 많은 액수의 퇴직금을 받는다는 '황금 낙하산' 조건을 따냈다고 한다. 내 생각에 그는 아르엠에스를 허턴에서 그가 사용할 거래 소프트웨어 공급자로 활용하려 한 것 같다. 그것은 완벽한 조합이었다. 그는 거래 대가로 급료를 받을 것이고, 또 아르엠에스는 소프트웨어를 시험하고 개선해 줄 일차적 사용자를 확보하는 셈이었다.

1년이 지나지 않아 이에프허턴은 공수표 사태로 손실을 입고 시어슨에 인수됐다. (시어슨 역시 결국 레먼브라더즈와 아메리칸익스프레스에 인수된 뒤 이름이 사라진 유명한 회사이다.) 이와 같은 구조조정에 따라 데이비드는 낙하산 줄을 당겼다. 그는 그렇게 받아 든 현금으로 시카고에서 1988년 내내 아르엠에스의 개발 자금을 댔다. 그는 내게 아르엠에스가 개발한 시스템을 시어슨의 거래 영업장에 상당량 납품하기 직전이었다고 말했다.

데이비드는 이러한 갖가지 가능성에 신이 나 있었고, 고객을 찾아다니느라 뉴욕에서 시간을 많이 보내고 있었다. 나는 그를 유대인의 새해인 로시 하샤나 식사에 초대했다. 그는 완전히 흥분해 있었다. 식사를 마친 뒤 클럽의 코미디언처럼 좌중의 모든 사람을 흥겹게 만들어 주었고, 이 자리에서 저 자리로 옮겨 앉으며 계속해서 새로운 사람과 어울리며 사업이 얼마나 잘 돌아가고 있는지 말했다.

증권산업 협회는 해마다 뉴욕에서 금융 소프트웨어와 하드웨어만을 출품하는 수많은 전시회와 함께 연차총회를 갖는다. 1988년에 아르엠에스는 거기에 부스를 하나 얻어 위험관리 시스템을 선보였다. 멋진 제품이었다. 수익률 곡선을 마우스로 끄는 것만으로도 곡선을 변화시킬 수 있었고, 그렇게 달라진 금리 때문에 채권이나 옵션 포트폴리오가 어떤 영향을 받는지 볼 수 있었다.

그 뒤 에우리피데스적 재난이 닥쳤다. 1989년 말 무렵 우리는 오코너 회사가 데이비드의 아르엠에스 시스템 판매 중지 가처분 명령을 받아냈다는 말을 들었다. 오코너의 주장에 따르면 아르엠에스가 오코너의 업무상 비밀을 이용했다는 것이었다. 데이비드는 내게 법정에서 그들과 싸우고 있다고 말했다. 그는 자신이 아르엠에스에 제공한 기간 헤지 기법은 월스트리트뿐 아니라 나아가 실제로 업계 전체에 걸쳐 널리 이용될 정도로 잘 알려져 있는데도 불구하고 오코너가 그것을 자사 소유라 생각하고 있다고 말했다.

그해 여름 어느 주말에 우리 가족이 주말 동안 파이어 섬에서 집을 빌려 지내고 있을 때 그는 해양학자 출신으로 골드만의 옵션 거래사가 된 그의 친구 테드 뎅글러와 함께 우리를 찾아왔다. 우리는 한적한 바닷가 모래밭에서 딸 소냐가 노는 모습을 지켜보는 한편 원반을 던지며 이야기를 나누었다. 그때 그는 내게 프랜시스 포드 코폴라 감독의 영화 『터커』를 보았다고 했다. 실화를 바탕으로 한 영화로, 1940년대 말에 한 발명가가 디트로이트에 도전했을 때 디트로이트가 그를 모방하는 동시에 파멸시킨 과정을 담고 있다.

값비싼 법정 투쟁과 가처분으로 인해 아르엠에스는 끝장나고 말았다. 1995년, 어느 협의회에서 연설을 마치고 자리로 돌아오자 어떤 아는 사람이 내게 다가왔는데, 아르엠에스 사건 동안 오코너에서 일한 사람이었다. 데이비드를 알고 있었는지 물었더니 그는 오코너는 데이비드의 회사를 완전히 문 닫게 하려는 의도를 지니고 있었다고 했다. 깊은 호주머니를 이용해 사람들을 고용하여, 아르엠에스 관련 파일과 오코너의 프로그램을 비교하기 위해 하루 종일 diff만 돌리게 했다고 한다. (diff는 프로그래머의 두통거리를 줄여 주는 유닉스의 도구 중 하나로, 두 개의 문서 파일을 비교하여 공통되는 어구가 나오는지를 살피는 기능을 지니고 있다. 쥐와 인간의 게놈 중 동일한 유전자가 있는지를 검색하는 오늘날의 생물정보학 프로그램과 비슷하지만 더 간단한 형태이다.) 실제로 공통되는 부분이 있었는지 없었는지는 알 수 없지만, 잘 알려진 알고리듬을 가지고 프로그램을 만들 경우 전혀 다른 사람이라도 비슷한 부분이 생겨날 가능성이 있는 법이다.

오코너 역시 결국에는 스위스은행에 흡수돼 사라졌고, 이 은행은 다시 유비에스와 합병했다. 1990년에 데이비드는 뉴욕 내의 금융과 무관한 분야로 사라졌다. 그의 옛 친구 중 누구도 더 이상 그를 보지 못했다. 고급 요리사가 됐다는 풍문도 있었다. 나도 그에게 한 차례 전화를 걸어 메시지를 남겼지만 결국 연락이 닿지 않았다. 나는 거기에 대해 한 번도 원망한 적이 없다. 한 분야를 떠나는 데에 따르는 당혹감을 직접 겪어 보았기 때문에 이해할 수 있었다. 테드는 1990년대 중반 어느 날 오후 센트럴파크에서 우연히 데이비드와 마주쳐 몇 마디를 주고받은 적이 있다고 했다.

1998년 초여름 어느 일요일 아침 나는 리버사이드드라이브를 따라 달리고 있었다. 해마다 열리는 에이즈 시위자로 도로가 넘쳐나고 있었다. 우리 아파트로 돌아오는 길에 83번가 모퉁이에서 시위대를 구경하며 그들 곁으로 걸어 지나갔다. 갑자기 내 뒤에서 어렴풋이 익숙한 목소리가 들려 뒤돌아보았다. 길모퉁이에 한 남자와 여자가 서 있었고, 나는 그들과 잠시 눈길을 주고받았다. 너댓 살 되어 보이는 아이도 있었다. 다음 순간 나는 그 사람이 데이비드라는 사실을 깨달았다. 내가 보고 있는데 그는 모퉁이를 돌아 브로드웨이를 향해 다시 83번가로 들어섰다. 곁의 여자와 아이는 그의 부인과 아이일 것으로 생각했다.

그런 뒤 2000년 10월에 나는 선가드 국제 금융공학자 협회에서 올해의 금융공학자로 선정돼, 연차총회 만찬장에서 여러 사람을 거명하며 감사를 표했다. 나의 감사 대상 중에는 데이비드도 있었다. 그날 내가 한 연설이 금융공학자 협회의 웹사이트에 올랐고, 데이비드의 어느 친구가 2002년 초에 그를 찾아 구글을 뒤지다가 내 연설을 찾아냈다. 20년이 넘도록 연락이 없던 데이비드가 어느 날 갑자기 나에게 전화를 했다. 이제 기업가와 투자자로 성공한 그는 수학 교육에 열정을 지니게 됐고, 그래서 그가 태어난 나라인 이스라엘을 설득하여 더 엄격한 수학 교과를 받아들이도록 하는 노력을 기울이는 중이었다. 그는 나에게도 참여를 권했다. 그 뒤 우리는 한두 번 만났다. 그는 자신만만하고 혈기왕성한 예전의 데이비드 그대로였다. 부인과 두 아이와 함께 뉴욕에서 살고 있으면서 주말이면 뉴욕 주 북부의 시골에 가지고 있는 농장에서 지낸다고 했다. 그는 즐거운 인생에 대해 누구나 품고 있는 이상적인 모습대로 살아가고 있는 것 같아 보였다.

피터 프로인드는 급성장 중이던 채권 옵션 사업부의 책임자였음에도 골드만에서 그리 오래 버티지 못했다. 내가 입사한 지 18개월 정도 지났을 때 뱅커즈트러스트로 옮겨 가 그곳에서 새로 신용 파생 상품 사업을 시작했는데, 이제는 대체로 그를 그 분야의 개척자 중 한 사람으로 꼽는다.

골드만에서 나의 모델을 바탕으로 피터의 그룹을 위한 옵션 거래 시스템을 새로 만들어 준 데이브 그리스월드는 피터를 따라 뱅커즈트러스트로 이직하여 소프트웨어 자문으로 일했다. 그는 거기서 또 한 가지 객체 지향 언어를 개발하여 시모어라는 이름을 붙였는데, C++와 같은 발음이 나도록 붙인 이름이다. 나중에 연이어 여러 개의 작은 회사를 차렸다. 대부분 컴퓨터 언어, 특히 스몰토크에 대한 그의 사랑에 초점을 맞춘 회사였다. 그중 마지막 회사인 애니모픽은 스몰토크에 대해 축적된 지식으로 대단히 빠른 자바 해석기를 만들었다. 1997년에 썬마이크로시스템즈에 인수됐는데, 추측컨대 데이브는 자신의 진정한 관심사를 계속 추구할 수 있도록 충분한 독립권을 얻었을 것이다.

내가 금융계에 발을 들여놓았던 1980년대 중반 월스트리트에 있던 수많은 회사와 마찬가지로 뱅커즈트러스트 역시 이제는 독립된 회사로 존재하지 않는다. 1990년대 중반에 오렌지카운티와 프록터앤갬블의 파생 상품 추문에 관련된 뒤 자생 능력이 없어져 도이체방크에 인수됐다.

피터 휘하의 거래사 중 골드만의 파트너가 된 사람은 내가 입사했을 때 채권 옵션 영업장의 '귀재'였던 제이컵 골드필드뿐이었는데, 그것도 아주 빨리 파트너가 됐다.

　제이컵에게서는 일찍 꽃피운 거래의 천재라는 기운이 풍겼는데, 눈에 띄게 독특한 성격 덕분에 더욱 그런 분위기가 강했다. 당시 월스트리트에 새로 발을 들여놓는 사람은 거의 모두 정장을 입고 서류 가방을 들고 다녔지만, 그는 날마다 잰스포트 배낭에 소지품을 넣어 메고 출근했다. 창백한 얼굴에는 짧고 뻣뻣한 수염이 나 있었고, 양말만 신은 채 무표정한 얼굴로 거래장 안을 오가고 브로드스트리트 85번지의 엘리베이터를 타고 오르내렸다. 뭉크 그림에 나오는 소리 없는 얼굴과 같았다. 지금도 1980년대 말에 골드만에 들렀다는 사람을 우연히 만나곤 하는데, 그들은 이름은 기억하지 못하지만 신을 신지 않고 양말 바람으로 돌아다니던 거래사에 대해 물어보곤 한다.

　제이컵은 말을 거의 하지 않는 재주가 대단했는데, 이는 거래사에게 단연 유리한 특징이다. 그의 이메일은 너무나 간결하여 위협적이라는 느낌마저 들 정도였다. 글머리에 "안녕하세요"도 없고 끝에 "감사합니다"도 없었으며, 구두점도 문법도 대문자도 불필요한 접속사도 대화를 매끄럽게 하기 위한 허두도 마무리도 없이, 영문 모를 문장이나 질문 하나를 이메일 제목에 적을 뿐 본문에는 아무 것도 적지 않았다. 아마도 시대를 앞서 이메일을 메신저 프로그램처럼 쓴 게 아닐까 싶다. 이메일 제목은 이런 식이었다. "○○○에 대해 어떻게 생각하세요?" 그러면 나는 신중히 앞뒤를 따져 작문한 답을 보냈고, 거기에 대한 답장으로 제목에 "감사"를 줄여 "ㄱㅅ"이라고만 적은 이메일이 왔다. 그의 이메일을 받으면 나는 늘 끝도 없는 수다쟁이가 된 기분이 들었다.

1986년인지 1987년인지 모르지만, 어느 날 제이컵이 위층에 있는 거래장 층에서 금융전략 그룹에 있는 내 사무실로 전화를 했다. 로버트 루빈의 부인의 친구 소개로 골드만에 찾아온 청년이 있는데 한번 살펴봐 달라는 부탁이었다. 나는 골드만의 중역 층에 있는 루빈의 사무실로 올라갔다. 면접에 나온 사람은 이스라엘 출신 청년으로 열아홉이나 스무 살 정도 돼 보였다. 그는 나에게 열네 살에 고등학교를 마치고 곧장 의과대학에 진학했다고 했다. 그리고 몇 년 뒤 의학을 그만두고 소르본 대학교에서 물리학을 공부했다고 했다. 이제는 뉴욕에 온 것이다. 로버트 루빈은 제이컵에게 이 청년을 만나 보라고 부탁했고, 제이컵은 다시 나에게 넘겼다.

골드만에 관심을 갖게 된 까닭을 묻자 그는 사람들이 그에게 영리하기 때문에 "옵션에 뛰어들어야" 한다고 말했기 때문이라 대답했다. 나로서는 그다지 인상적인 대답이 아니었다. 나는 어려운 문제를 골라 찾아다니는 영리한 사람들에 대해 늘 회의적인 태도를 견지해 왔으니까. 우리는 반 시간 남짓 이야기를 했는데, 그러는 동안 그의 이야기에서 이상할 정도로 논리에 맞지 않는 부분이 몇 군데 눈에 띄었다. 열네 살에 고등학교를 마친 사람이 의학을 선택할 것 같지 않아 보였다. 열다섯 소년이 사체를 해부하고 부인과 검진을 할 정도로 마음의 평정을 유지한다는 게 쉽사리 상상이 가지 않았다. 게다가 물리학을 공부하려고 이스라엘에서 굳이 소르본까지 간 이유는 뭘까?

나는 그에게 물리학에 대해 간단하게 이것저것 묻기 시작했고, 그 결과 그의 물리학 지식은 반쯤 일반적 수준이라는 사실을 알아냈다. 무슨 책을 읽었는지 물었더니 카프라가 쓴 『현대 물리학과 동양 사상』을 들먹였다.

양자역학과 불교를 신비와 물리학이라는 관점으로 쓴 재미난 책으로 당시 인기가 있었다. 그는 옵션의 정의에 대해 약간 알고 있기는 했지만 가치 결정 이론에 대해서는 아무것도 몰랐다. 나는 이러한 모순점을 제이컵에게 지적해 주면서 나라면 채용하지 않겠다고 했다.

몇 달 뒤 내 책상머리에 앉아 있는데 전화가 왔다. 제이컵의 전화였다. 이번에도 로버트 루빈의 사무실에서 걸었다. 아무 정보도 주지 않는 평소의 그답게 그는 내게 물었다. "전에 면접봤던 이스라엘 청년 기억해요? 그때 뭐라고 결론을 내렸더랬죠?" 그의 목소리가 울리는 걸 보니 저쪽에서는 내 목소리가 스피커로 나오게 해 놓았음을 알 수 있었다.

나는 조심스레 대답했다.

"어딘가 냄새가 난다고 생각했지. 잘 알고 있다는 분야에 대해 아는 게 너무 없는 것 같았으니까. 물리학을 공부했다는 사람치고는 그다지 깊이가 없었거든. 그건 왜?"

"며칠 전에 베어스턴스에 있는 에이스 그린버그의 사무실에서 체포됐어요. 거짓 신분으로 들어갔다가요." 제이컵의 대답이었다. 보통 때보다 아주 약간 더 큰 소리로 말했는데, 일전에 그와 내가 얼마나 잘 결정을 내렸는지를 로버트 루빈이 알아주기를 바랐던 것 같다.

피터 프로인드가 골드만을 떠난 뒤 얼마 지나지 않아 제이컵이 채권 옵션 영업장의 책임자가 됐고, 그로부터 몇 년 뒤 골드만삭스 사상 최연소 파트너의 한 사람으로서 스왑 영업장 전체를 총괄하는 책임자가 됐다. 그는 2000년에 회사를 그만두고 직접 투자에 뛰어들었고, 최근에 소로스 펀드매니지먼트에서 최고 투자 책임자가 됐다.

이런 갖가지 이직을 보면서 나도 영향을 받았다. 금융전략 그룹에서 일한 지 2년 반밖에 지나지 않은 1988년에 이르렀을 때 나는 끝나지 않는 불안정한 생활에 지쳐 있었다. 2년이 채 되지 않는 기간에 금융전략 그룹의 책임자가 네 명이나 바뀌었고, 다섯 번째 책임자인 마키에빅츠가 다른 사람으로 바뀌는 날도 머지않았음이 뻔히 보였다.

나는 또 경제학을 정식으로 공부하지 않았다는 사실이 나에게 불리한 조건으로 작용하겠구나 하는 느낌이 들기 시작했다. 비디티와 지에스-원 작업을 마무리 지은 뒤 나는 새로운 프로젝트를 생각하기 시작했다. 에드 마키에빅츠에게 재무부 채권 선물 계약에 첨부된 인도 옵션의 가치 결정을 위한 더 나은 모델을 연구하고 싶다고 했더니, 그는 그게 적당할지 "두뇌집단"에게 물어보는 게 좋겠다고 했다.

두뇌집단이란 제이컵이 밥 리터먼, 호세 셰잉크먼, 래리 웨이스 등 금융전략 그룹에서 일하는 세 명의 아주 영리한 경제학 박사에게 붙인 이름이다. 어울리는 이름이기도 하다. 당시 회사를 위해 많은 돈을 벌어들이고 있던 제이컵은 그 세 사람을 그렇게 부르기 시작했는데, 그러자 제이컵에 대해 감탄하는 에드 또한 그 이름을 사용했다. 밥과 래리와 호세는 그런 이름으로 불릴 자격이 있지만, 지적 압박이 더욱 가중돼 나로서는 마음이 편치 않았다.

끝으로 누구에게나 항상 최고의 관심사인 보수 문제가 있었다. 당시 골드만에서는 매년 추수감사절 직전에 상여금 액수를 통보받고 12월 중순에 지급받았다. 낡은 지불 시스템이라 10만 달러가 넘는 액수의 수표는 발행할 수 없었다. 그래서 12월 그날 골드만이 상여금을 실제로 지불할 때 만일 연말 상여금이 100만 달러라면 수표 열 장을 받았다. 수표는 한 장씩 따로 봉투에 넣어 밀봉돼 있었고, 수표가 든 봉투를 가지런히 모아 고무 밴드로 깔끔하게 묶어 주었다. 상여금은 모두 같은 날 지급됐는데, 상사 중 누군가가 자기 층을 돌며 각 직원에게 수표 뭉치를 나눠 주었다. 회사에서는 상여금 액수를 공개하지 않고 또 경영진도 직원에게 액수를 공개하지 말도록 권장하고 있었지만, 다른 사람에게 지급되는 수표의 두께를 보면 상여금이 어느 정도인지 가늠할 수 있었다. 수표 두 장만 묶어도 한 장과는 금방 구별이 가능했다. 거래사 중에는 두툼한 뭉치를 받는 사람도 있었고, 그중에는 그걸 과시하는 사람도 있었다. 상여금을 두둑이 받는 어느 거래사는 자기가 받은 수표 뭉치를 동료가 뻔히 보는 가운데 한 장씩 소리 없이 넘겨 가며 천천히 세어 보는 버릇이 있었다. 오늘날에는 지불 시스템에서 발행할 수 있는 수표 액수에 한도가 없다. 더 솔직하게 말하자면, 내게 지급되는 상여금이 어떤 한도를 넘어갈 가능성이 없다는 얘기다.

골드만의 보상 정책은 신중해서 급료는 조금씩 늘어났다. 같은 회사에서 일하는 한 미래의 상여금은 자신의 과거 실적에 따라 결정됐다. 좋은 해에 인상되는 액수와 나쁜 해에 삭감되는 액수는 자신이 전년도에 벌어들인 액수를 기준으로 하는 백분율로 표시됐는데, 이 때문에 보수가 늘면 제동 효과가, 줄면 충격이 흡수되는 효과가 있었다. 새로운 수준으로 옮겨 가기가 쉽지 않았다. 내 부하 중 몇몇은 이런 평활효과를 몹시 싫어했는데, 매년 "자신의 가치"에 따라 보상받아야 한다며 목청을 높였다. 개인적으로 나는 그것을 그리 싫어하지 않았다. 연구 부서에서 내가 얼마만큼 기여했는지 정확하게 아는 사람이 누가 있겠는가?

나에게는 보수보다도 뭔가 흥미로운 것을 한다는 점이 더 중요했다. 만일 누가 내게 후선의 지원업무를 위한 정보공학 총괄 담당 파트너 자리를 주겠다고 했다면 나는 거절했을 것이다. 그럼에도 불구하고 나는 1988년 초부터 금융전략 그룹 내에서는 나에 대한 보상이 그다지 나아질 게 없겠다는 불만이 들기 시작했다.

나는 물리학자 출신으로 비디티 모델 작업에서 함께 협력했던 윌리엄 토이와 이따금씩 동병상련이 담긴 대화를 주고받았다. 나보다 한 해 정도 먼저 월스트리트에 발을 들여놓은 윌리엄은 이미 "불만의 제국" 속 깊숙이 들어가 있었다. 어찌된 일인지 그는 거래사와 영업사의 시각을 본받아 퀀트를 속세를 떠난 공상가로 바라보게 됐는데, 이제는 자신의 박사 학위를 낙인처럼 경멸하기까지 했다. 거의 자기혐오 수준이었다. 그는 "그쪽 사람들", 즉 일선의 진짜 "영업가들" 무리에 들고 싶었지만, 그쪽 사람들이 보기에 그는 여전히 퀀트에 지나지 않았다.

매주 한 번 우리는 라마인 루하니와 함께 점심을 먹었다. 그는 피셔와 함께 포트폴리오 보험 이론을 연구하고 있었는데, 나중에 1987년 증시 붕괴에 일조한 거래 전략이다. 우리는 지금은 문을 닫은 지 오래된 윌리엄 스트리트의 이탈리안 알프스에서 값싼 점심을 먹곤 했다. 나는 거기서 두 사람이 각기 자기 역할에 대한 불만을 끝없이 열띠게 토로하는 것을 듣곤 했는데, 그러다 보니 조금씩 우울해졌을 뿐 아니라 그들의 불만에 영향을 받기에 이르렀다. 라마인과 윌리엄은 "영업"의 일원이 될 생각을 품고 있었고, 그래서 늘 "영업"에 더 근접한 부서로 탈출할 계획을 세우고 있었다. "여기서 빠져나가야 돼." 윌리엄은 고개를 천천히 가로젓고 손등으로 눈썹을 훔치며 되풀이 해 말하곤 했다. 세월이 지나면서 윌리엄과 나는 계속 동병상련을 나누었고, 가끔씩 유독 힘든 날에는 나도 그들의 진언을 따라 말하곤 했다. "여기서 빠져나가야 돼." 내가 그렇게 말하면 윌리엄은 언제나 내게 이렇게 비아냥거렸다. "자넨 절대로 그럴 배짱을 부리지 못할걸!"

라마인은 1년이 되지 않아 골드만을 떠났고, 지금은 프랑스 은행 시디시 익시스의 뉴욕 지점에서 고정수익 거래 부서를 맡고 있다. 윌리엄은 골드만에서 계속 버텼다. 그는 구조화된 보통주 파생 상품의 법규 및 금융공학적 측면에 대한 진정한 전문가가 됐고, 그에 관한 책을 공동 편집했다. 그리고 드디어 1999년에 라마인의 뒤를 이어 시디시에 합류했다. 예전과 비슷한 점심을 그 뒤에도 수없이 많이 나누었던 만큼 뜻밖이라 할 수도 없었다.

물론 나도 한편으로는 야당 노릇을 즐겼다. 최근에는 빈 태생의 생물학자 에르빈 샤르가프의 자서전을 읽다가 울컥 하는 공감을 느꼈다. 그는 자신의 이름을 딴 샤르가프의 염기 짝짓기 법칙을 발견했는데, 이 발견은 나중에 왓슨과 크릭이 DNA의 이중나선 구조를 발견하는 밑거름이 됐다. 왓슨과 크릭은 모델을 만들 때 주로 상상력에 의존하는 이론 물리학 같은 방식의 암중모색식 접근방법을 사용했지만 샤르가프는 그런 방식을 싫어했다. 자신이 발견한 법칙에서 암시하고 있는데도 DNA의 직접 구조를 발견하지 못한 이유가 무엇인지 사람들이 자꾸자꾸 묻는 데에 짜증이 난

그는 자서전에서 이렇게 썼다. "대다수 사람들은 지혜로운지라 당연지사에 갈채를 보낸다. 그렇지만 나는 어떤 이유에선지 몰라도 지는 쪽 편에 서기를 좋아한다."

이러한 사연을 통해 나는 1988년에 다른 투자은행에서 면접을 보기 시작하는 지경에 이르렀다. 낮 동안 골드만에서 눈에 띄지 않게 사무실을 빠져나오는 일은 어렵지 않았다. 자기 책상에 저고리를 벗어 두면 내가 자리에 없어도 아무도 눈치조차 채지 못할 거라는 말을 들은 적이 있었는데 사실이었다. 얼마 가지 않아 어느 헤드헌터가 한두 블록 거리밖에 되지 않는 곳에 있던 제이피모건(현재의 제이피모건체이스)의 고정수익 그룹에 소개했고, 그래서 그곳의 은행가들과 오랜 기간에 걸쳐 면접을 보느라 주기적으로 그들의 사무실을 찾아갔다. 그들은 글래스–스티걸 법[*2] 시대가 끝나고 투자은행업에 본격적으로 뛰어들 수 있게 될 때를 기다리고 있었다. 나의 면접 담당자는 대부분 나의 자격을 평가하는 일보다는 골드만에서 일하기가 어땠는지를 더 관심 있게 물어보았다. 어떻게 보면 참으로 맥 빠지는 일이었다. 결국 아무 결과도 생기지 않았다.

또 다른 헤드헌터는 나를 시어슨으로 보냈다. 거기 갔더니 스탠 조나스가 이끌고 있는 채권 선물 거래 부서를 지원하기 위한 소규모의 그룹 책임자 자리를 제의했다. 당시 골드만은 여전히 분석사, 공동경영자, 부대

[*2] 미국에서 1929년의 증시붕괴에 따른 경제 문제에 대처하기 위해 1933년에 만든 법률로, 발의자인 카터 글래스와 헨리 스티걸의 이름을 따 글래스–스티걸 법이라 부른다. 신용 회복과 은행 투기 방지가 목적이었으며, 이 법에 의해 시중의 상업은행과 투자은행이 완전히 분리됐다. 제이피모건 역시 이 법에 따라 투자은행인 모건스탠리와 시중은행인 제이피모건으로 나뉘었다. 그 뒤 몇 차례의 금융입법에 따라 사실상 서로의 업무 영역으로 넘어갈 수 있게 됐고, 1999년에 제정된 금융 서비스 현대화 법에 따라 상당 부분이 폐지됐다 (옮긴이).

표, 파트너 등의 호칭으로 이루어진 단순한 직위체제를 유지하고 있었다. 시어슨이 제의한 부대표 직함이 어느 정도의 위치인지 나로서는 거의 가늠할 수 없었다. 그들의 관료체제는 훨씬 더 복잡하여 벨 연구소 수준에 가까웠다. 거기서 일하고 있던 어느 친구의 설명에 따르면 사업부 부대표와 회사 전체의 부대표가 있는데, 사업부 부대표보다는 회사 전체의 부대표가 더 낫다고 했다.[*3] 나는 스탠이 아주 마음에 들었고, 그가 이론과 실제를 잘 이해하고 있다는 사실에 깊은 인상을 받았다. 그렇지만 나는 아직 골드만을 떠날 준비가 되어 있지 않았다.

그러다가 1988년 초가 됐을 때, 골드만을 그만두고 아르엠에스를 운영하고 있던 데이비드 가바즈가 나를 잘로몬브라더즈의 채권 포트폴리오 분석 그룹 책임자인 톰 클래프키에게 소개해 주었다. 잘로몬은 거칠고 잔인한 문화가 자리 잡고 있는 무시무시한 곳이라는 평이 있었지만, 세계 최고의 고정수익 거래 회사임에는 의심의 여지가 없었고 또 그 회사의 채권 포트폴리오 분석 그룹은 월스트리트 최고의 퀀트 집단이었다. 나는 거기서 일하고 싶은 마음이 분명히 있었다.

데이비드의 제안을 받아들여 나는 클래프키에게 내 이력서를 보냈다. 그리고 며칠 뒤, 브로드스트리트 85번지로부터 뉴욕플라자 1번지까지 백 미터가 채 되지 않는 거리를 걸어 그를 만나러 갔다. 그가 잘로몬에서 유명해진 것은 재무부 채권으로부터 제로쿠폰 재무부 스트립을 만들어 내

[*3] 몇 년 뒤 이발을 하고 있는데 이발사가 내게 직함이 어떻게 되는지 물었다. 골드만삭스에서 부대표 자리에 있다고 했더니 내 위로 한 사람밖에 없지 않느냐며 축하한다고 했다. 3천 명은 족히 될 부대표 중 한 명이라는 사실을 몰랐던 것이다.

는 과정에 참여했기 때문이었다. 이제 마티 리보위츠 휘하에서 채권 포트폴리오 분석 그룹을 책임지고 있던 클래프키의 제국은 다수의 하부 그룹으로 이루어져 있었다. 그중에는 예전에 밥 코프라시가 관리했으나 이제는 재닛 샤워즈가 우두머리를 맡은 옵션 연구 그룹과, 마이크 월드만이 관리하는 모기지 연구 그룹도 포함돼 있었다.

그때부터 1988년 중반 동안 클래프키와 여러 차례 만났다. 그렇지만 매번 나를 잘로몬에 채용하고자 하는 관심을 반짝 보이다가도 별다른 진전이 없는 일이 되풀이됐다. 일이 지지부진해질 때마다 데이비드 가바즈는 나에게 밀어붙이기를 권했다. 그러면 나는 클래프키 앞으로 내가 잘로몬 브라더즈에 어떤 식으로 기여하게 될 거라는 내용을 대략 적은 편지를 썼다. 그런 다음 편지를 가지고 은밀히 뉴욕플라자 1번지로 길을 건너가 편지를 그의 우편함에 넣고 오곤 했다.

거기까지 직접 갔다 오는 일은 까다로웠다. 내 친구 마크 쾨닉스버그가 재닛 샤워즈 밑에서 일하고 있었기 때문에, 뉴욕플라자 1번지의 로비에서 그와 마주치게 될까 늘 조심스러웠다. 그곳에서 면접을 보고 있다는 사실을 알리고 싶지 않았던 것이다. 어느 날 점심시간에 뉴욕플라자 1번지의 43층에 있는 클래프키의 사무실에 전할 메모를 가지고 가는 중, 1층에서 엘리베이터를 타려는데 거기서 내리는 마크와 마주쳤다. 당황한 나는 지하층의 이발소에 머리를 깎으러 가는 길이라고 둘러댔다. 그러자 그는 즉시 이발소까지 나를 안내해 주었다. 나는 원치 않는 이발을 피하기 위해 얼른 임기응변을 해야 했다.

나는 천성과는 달리 낯설고 비학문적이며 돈을 중심으로 하는 세계를 조금씩 더 용감하게 대해 가고 있었다. 그래서 클래프키에게 내가 이직할 수 있는 보수 수준을 말해 주었다. (직접 만나서가 아니라 글로 알렸다. 직접 만나서 그런 말을 하려면 내 속에 있는 것보다 더 큰 뻔뻔스러움이 필요했을 것이다.) 내가 그렇게 할 수 있다는 사실에 스스로 감명을 받았다. 속으로는 여전히 사람은 애정과 관심을 위해 일해야 마땅하며 보수 이야기를 꺼내는 것은 어리석다는 어머니의 목소리가 들렸기 때문이었다. 꼭 집어 그렇게 표현하지는 않았지만 그와 같은 어머니의 정서는 나에게 분명히 전달돼 있었다.

클래프키가 내게 골드만에서 보수를 얼마나 받고 있는지 물었을 때 나는 약간 부풀려 대답했다. 그 결과 몇 달 뒤 잘로몬으로 자리를 옮겼을 때 내 연봉은 그때까지 내가 받던 액수의 두 배 정도가 됐다. 유감이지만 당시에는 급료와 상여금에 대해 거짓말하는 일이 흔했다. 어떤 면에서 우리는 과거의 보수에 대한 질문을 사생활 침범으로 생각했고, 그래서 정직한 대답을 할 필요가 없다고 보고 있었다. 내가 알던 사람 다수는 실제로 그런 질문을 다음 직장에서 얼마를 받고 싶은가 하는 질문과 같은 것으로 해석했다. 오늘날 기업은 새로 채용된 직원이 일을 시작하기 전에 별도 회사를 고용하여 그의 뒷조사를 한다. 그래서 확인 가능한 사실과 이력서에 적힌 내용이 조금이라도 다르면 그 누구도 채용할 수가 없다.

클래프키는 나를 잘로몬의 어디에 배속해야 할지 판단을 내리지 못하는 것 같았다. 결국에는 나를 존 메리웨더의 팀과 함께 점심을 먹도록 자리를 마련해 주었다. 나중에 롱텀 캐피털매니지먼트 회사의 핵심이 된 저 유명한 차익거래 그룹이었다. 그들이 나를 만나겠다고 한 것은 내가 피셔와 협력 연구를 한 경력이 있기 때문임이 분명했다. 그래서 나는 그들의 생각보다 내가 아는 게 훨씬 적다는 사실이 걱정됐다. 거래사 중 많은 수가 그렇듯 허장성세에 능했던 가바즈는 차익거래 그룹의 관심사라며 잠시 동안 내게 승마투표[*4]에 대해 가르쳐 주었다. 그날 드디어 뉴욕플라자 1번지 높다란 곳에 자리 잡은 연회실에서 그들과 함께 점심을 먹던 일을 생각하면 지금도 몸서리가 난다.

그 자리에 정확히 누가 있었는지는 잘 기억나지 않는다. 여덟 명 정도가 있었던 것으로 기억하는데, 래리 힐리브랜드, 존 메리웨더, 빅터 해거니, 빌 크래스커, 그렉 호킨스 중 몇 사람과 팀 중 좀 더 젊은 몇몇 사람이 그 자리에 있었던 것 같다. 그들에 비하면 나는 초보자였다. 내가 월스트리트에 몸담고 있었던 것은 통틀어 2년 남짓할 뿐이었다. 내가 피셔와 윌리엄 토이와 함께 한 연구는 창의적이고 쓸모가 있었고, 나중에 시장 표준으로 자리 잡았다. 그럼에도 불구하고 나의 지식은 대부분 이론적이었다. 그에 비해 메리웨더의 그룹 소속 사람은 내가 만난 누구보다도 더 정통했다. 그들은 이론과 실제 모두를 꿰고 있었다.

점심 동안 나를 면접한 사람들은 한없이 정중했다. 피셔와 함께 진행한 연구에 대한 전반적 질문을 받았다는 게 기억난다. 당연히 그들은 내가 피셔의 지적 협력자로서 정말로 어느 수준까지 깊이 관여했는지 판단하고 싶어했다. 대답하기 쉽지 않았다. 금융 세계에서 내가 아는 사람 중 피셔만큼 어떤 문제에 대해 선입관 없이 접근하면서 끝까지 스스로 생각하

[*4] 승마투표(勝馬投票, pari-mutuel betting)는 경마에서 이긴 말에 돈을 건 사람들이 수수료를 뺀 나머지를 액수 비례로 나눠 갖는 방식을 말한다 (옮긴이).

려는 사람은 본 적이 없었다. 그들은 내게 아시아 옵션과 유럽 옵션의 상대적 가치에 대한 기술적 질문을 던졌는데, 그때 내가 정반대로 틀린 대답을 했다는 사실을 나중에야 알았다. 내가 대답하자 그들은 고개를 끄덕였지만 잘못을 바로잡아 주지는 않았다. 며칠 뒤 클래프키는 그들이 나를 자기네 그룹에 채용하고 싶어하지는 않았지만 다른 데에서는 쓸 만한 재목이 될 것으로 생각하더라는 이야기를 해 주었다.

그로부터 10년 이상이 지난 1999년 어느 날 아침, 그때 연회실에서 점심을 먹으며 나를 면접했던 동일인물 몇몇과 함께 전화 회의에 참석했다. 나는 골드만삭스에 있었고 그들은 이제 와해돼 구제자금을 지원하는 투자은행 컨소시엄의 감독을 받고 있던 롱텀 캐피털매니지먼트 소속이었다. 나는 골드만의 금융전략 그룹 소속 동료인 크레시미르 드미테르피, 마이크 카말, 조 저우와 함께 변동성 스왑에 대한 해설 논문을 쓴 적이 있었는데, 그것은 구매 고객이 변동성 그 자체를 하나의 자산으로 거래할 수 있게 해 주는 새로운 장외 거래 수단이었다. 롱텀은 변동성 스왑 구매에 흥미를 지니고 있었는데, 회사의 파멸에 일조했으나 아직도 보유 중인 일부 포지션에서 안고 있는 변동성 위험을 상쇄하기 위해서였다.

롱텀에 파견된 골드만 측 감독관이 그날 아침 롱텀의 파트너 몇몇을 시켜 스왑 가치 평가의 세밀한 부분을 우리에게 전화로 논의하게 한 것이었다. 전화로 짧막하게 대화를 나누는 동안 그들이 우리에게 물었던 질문으로 미루어, 그들이 이론적으로 난해한 부분을 직접 잘 알고 있다는 사실을 알 수 있었다. 골드만의 거래사가 우리에게 물었던 어떠한 질문보다도 훨씬 더 통찰력 있고 정교했다. 퀀트의 세계와 거래 세계 양쪽 모두를 아우르는 뛰어난 경험과 지식을 갖춘 사람들이 분명했다. 그런 실력에도 불구하고 스스로를 그런 참담한 파국에 빠트렸다고 생각하니 충격적이었다.

차익거래 그룹에 내가 들어갈 자리가 없자 클래프키는 자신의 영역인 채권 포트폴리오 분석 그룹으로 눈을 돌려, 나를 마이크 월드만에게 소개했다. 그는 클래프키 휘하 모기지 연구 팀 책임자로, 그가 새로 구성 중인 변동이율 모기지 그룹을 맡을 사람을 필요로 하고 있었다. 몇 주 지나지 않아 나는 마이크 밑으로 들어오라는 채용 제의를 받았다.

나는 클래프키와 만나 나의 채용 제의를 논의하는 동안 얼핏 불길한 예감이 들었는데, 그가 내게 묻고 싶은 게 있으면 뭐든 물어보라고 했다.

"사람들 얘기로는 잘로몬 사람들이 골드만 사람들보다 훨씬 더 강인하고 고집이 세다고 들었는데, 그게 사실입니까?" 내가 물었다.

"그건 그다지 맞는 말이 아닙니다." 그가 대답했다. "내 생각에 잘로몬은 약간 상어 같은 데가 있어요. 알다시피 상어는 계속 헤엄치면서 계속 움직이고 있어야지, 안 그러면 죽지 않습니까. 잘로몬이 어느 정도 그렇습니다."

나는 자기 회사를 상어와 비교하여 나의 두려움을 가라앉히려 하다니 특이하구나 하는 정도로만 생각했다. 나는 그의 비유뿐 아니라 수많은 친지, 헤드헌터, 그리고 잘로몬에서 일한 적이 있던 사람들이 내게 마이크는 까다로운 상사가 될 수도 있다며 해 준 충고를 무시했다. 나를 채용하려 하는 동안 그는 인상이 좋았다. 늘 조심성이 많은 나는 1988년 여름 동안 고심을 거듭한 끝에 그의 제의를 받아들이기로 결심했다.

나는 초가을에 에드 마키에빅츠에게 골드만을 그만두고 잘로몬으로 가게 됐다고 말했다. 그는 나의 사직 문제를 피셔와 제이컵과 의논했다. 그리고 내가 제시받은 보수가 얼마인지를 말해 주자 그에 상응하는 제의를 하지 않았다. 곧 더 많은 보수를 받게 돼 기분은 좋았지만, 그들이 나를 눌러 앉히려 하지 않았다는 사실에 아주 약간의 실망을 느꼈다.

골드만에서의 마지막 날, 퇴직 면접을 마치고 출입증을 반납하고 이제 브로드스트리트 85번지의 정문을 나서면 그것으로 끝인 시점에 골드만의 모기지 연구 책임자인 스코트 핑커스의 전화를 받았다. 스코트는 나를 설득하며 골드만에 있으면서 비디티 모델을 자산부채 관리에 적용하는 방법을 연구해 보자고 했다. 그러나 그는 그 연구의 소프트웨어 쪽을 부각시켰다. 그리고 그 역시 나를 금융 모델 연구자가 아닌 물리학자 출신의 프로그래머로 보고 있다는 느낌이 들었다. 어떻든 도로 주저앉기에는 너무 늦은 시점이었다. 나는 카리브 해에서 잠시 휴가를 보내고, 몇 주 뒤부터 잘로몬브라더스에서 일하기 시작했다.

Chapter 12
잘려 나간 머리

■ 잘로몬브라더즈에서 보낸 고통의 한 해 ■ 모기지 모델 작업
■ 잘로몬의 정량적 마케팅 기술 ■ 고맙게도 감원되어 ■

한 해 내내 나는 어둠의 나락으로 떨어졌다. 날마다 지면이 나를 맞이하러 달려오는 것을 느낄 수 있었다. 마치 추락하는 비행기에 타고 있는 꿈을 꾸다가 화들짝 깨어나는 것 같았다. 1988년 10월부터 1989년 추수감사절까지 잘로몬에서 보낸 1년은 내가 보낸 최악의 기간이었다. 나에게 일어난 일의 대부분은 나의 잘못만큼이나 그들의 잘못도 있었다. 거기서 지낸 대부분 나 자신이 무능하다는 느낌만 들었다. 있다 보면 적응이 되겠거니 하고만 생각했다. 그러나 그곳에서 많이 배우기는 했어도 적응하지는 못했다.

모기지 연구 팀 책임자로 내 상사가 된 마이크 월드만은 1970년대에 대학원을 그만두고 월스트리트에 들어온 사람으로, 퀀트 놀음에 아주 일찍 발을 들여놓았다. 나는 얼마 지나지 않아 그가 예리하고 민첩한 사업가

기질을 갖추었지만, 그와 함께 무뚝뚝한 성격에다 몇 가지 이상한 습관도 지니고 있음을 알게 됐다. 월요일 아침마다 일찌감치 소냐를 놀이방에 데려다준 직후, 아침 일찍 시작되는 모기지 그룹 모임에 바삐 나가곤 했다. 모임에서 마이크는 우리가 추진하고 있는 모든 모델 프로젝트의 현황에 대한 논의를 진행했다. 우리는 각자 아침 식사를 싸왔다. 모임이 시작될 때 마이크는 몇 분이라는 시간을 할애하여, 자신이 가져온 두 조각의 베이글에 해자 모양으로 둥그렇게 홈을 파내는 일에 온전히 몰두했다. 반으로 자른 각 조각에서 파낸 하얀 빵부스러기는 버리고, 남아 있는 껍질 안에 버터나 잼을 넣는 것이었다. 정말 당혹스런 광경이었다. 어느 날 아침 그룹 내의 누군가가 가상하게도 용기를 내 이렇게 물었다. "그렇게 하면 더 맛이 있나요?"

나는 마이크의 차석자로 변동이율 모기지에 대한 연구를 맡고 있었는데, 입사 당시에는 그 분야에 대해 거의 아는 게 없었다. 나는 모기지 시장에 대해 정규 교육을 받은 적이 없었다. 그 와중으로 불쑥 던져진 데다 거기에 대해 나보다 더 많이 아는 사람들을 감독하기로 되어 있었다. 그래서 그 분야에 대해 잘로몬브라더즈에서 펴낸 연구 논문을 읽기 시작했다.

알고 보니 미국의 모기지 시장은 거대했다. 재무부 채권 시장에 비길 만했다. 전국의 저축은행이 주택을 구입할 때 금융 서비스를 필요로 하는 주택 소유주 개개인에게 돈을 빌려주고 있다. 그에 대해 주택 소유주는 대출금의 원리금을 15년 내지 30년 동안 매월 균등 상환하겠노라는 약정서를 쓴다. 변동이율 모기지는 이율이 조정되는 상품으로, 이율이 예를 들면 6개월마다 사전에 정해진 공식에 따라 단기 재무부 채권 이율에 대략 맞춰

오르내린다. 그에 따라 주택 소유주의 월별 모기지 상환액도 달라진다.

변동이율 모기지에는 그 외에도 온갖 묘안이 첨부돼 있다. 첫해 동안에는 대단히 낮은 "맛보기" 이율로 유혹한다. 그 뒤 시간이 가고 이율이 조정되는데, 올라갈 수 있는 상한선과 내려갈 수 있는 하한선이 있다. 끝으로, 모기지에 명목상 15년 또는 30년이라는 기간이 정해져 있다 해도 주택 소유주는 대출금 잔액을 선납함으로써 완불할 수도 있다. 이율이 너무 떨어져 더 낮은 이율로 완전히 새로 대출을 받는 게 더 나을 경우에는 이 편이 유리하다.

주택 소유주에게 돈을 대출해 주는 은행은 모기지, 즉 장차 주택 소유주에게 매달 원리금을 청구할 권리를 소유한다. 역으로 은행은 정기적으로 그동안 인수한 모기지를 정부 저당금고, 연방 저당공사, 연방 주택금융 저당공사 등과 같은 정부 기관에 파는데, 이들 기관은 비슷하면서도 동일하지는 않은 방대한 양의 모기지를 한데 모아 좀 더 표준화된 증권으로 전환하는 금융 중개자 역할을 한다. 이들은 그렇게 모인 방대한 양의 모기지를 다시 이자 수익을 원하는 뮤추얼펀드, 연금 펀드, 보험회사, 헤지펀드 등의 대형 투자가에게 판다. 자산을 인수하고, 한데 모으고, 표준화하여 판매하는 일련의 과정을 통해 유동성이 확보되면 저축은행은 더 많은 대출을 해 줄 수 있게 된다. 그 결과 미국에서는 자기 주택을 보유하고 있는 주민 비율이 세계의 어느 나라보다도 높다.

모기지는 번잡하지만, 고등학교 수준의 수학을 약간만 할 줄 알면 대출을 15년에 걸쳐 완납할 경우의 매월 상환액을 계산해 낼 수 있다. 그러나 이는 시작에 지나지 않는다. 이자 지불, 원금 상환액 등 변동이율 모기지 묶음과 관련된 모든 것은 미래의 금리 수준에 따라 달라지며, 따라서 변동이율 모기지는 사실 금리 변동에 따라 지불액이 달라지는 복잡한 하나의 옵션과 같다.

하나의 모기지 묶음이 지니는 가치를 산정하려면 실제로 내가 연구한 비디티 모델처럼 미래의 금리를 다루는 모델을 이용해야 한다. 그런 모델을 통해 생성된 수천 가지의 금리 시나리오를 평균하여 해당 집합체의 미래 현금흐름을 이끌어 낸다. 미래의 장·단기 이율 전개를 최대한 현실과 가깝게 묘사하는 게 바람직하며, 그것을 바탕으로 각각의 미래 시나리오에 대해 주택 소유주가 매달 지불하게 될 변동이율 모기지의 이율 변동 조정치를 계산해 낸다. 또 과거의 경험을 바탕으로 각 시나리오에서 금리 변화에 따라 주택 소유주의 몇 퍼센트가 모기지를 조기 상환할지를 산정하는 게 좋다. 모기지를 선납하게 되면 현금흐름이 바뀌기 때문이다. 이와 같은 몬테카를로 시뮬레이션 모델의 결과물이 해당 모기지 묶음의 현행 가치이다.

모기지 평가 모델은 수익률 곡선의 움직임과 그에 따른 주택 소유주의 반응에 대해 갖가지 가정을 뒤죽박죽 섞는 작업이 동반되는데, 충분한 검증을 거친 모델은 하나도 없다. 하나의 묶음에서는 모기지 융자로 집을 구입한 주택 소유주의 우편번호까지도 중요한데, 사회경제 계층에 따라 일부 지역의 경우 조기 상환하는 경향이 다른 지역에 비해 높기 때문이다. 그리고 대상 주택이 있는 지역이 어떤 동네인지 직접 가서 확인하는 투자자도 있다는 말을 들은 적이 있다. 엄정하고 예측 가능한 물리학이나 단순하고 엄정한 블랙-숄스 공식에 견주면 모기지 가치 평가는 지저분하다. 한번은 모기지를 전문으로 하는 투자회사 롤앤로스 애셋매니지먼트의 스티븐 로스에게 이런 점을 언급한 적이 있다. 그랬더니 그는 이렇게 대꾸했다. "이 분야의 투자에서 뭔가 복잡하고 혼란스러운 게 눈에 띌 때마다, 영리한 덕택에 약간의 이익을 더 볼 수 있겠구나 하는 생각을 합니다."

좋은 대답이다. 맞는 말일 것이다. 그렇지만 여전히 나는 모기지에 매력을 느낄 수 없다. 블랙–숄스는 수소 원자에 대한 이론과 마찬가지로 깔끔하고 단순하다. 모기지 모델 작업은 복잡하고 어림잡기여서, 우라늄 동위원소인 우라늄238의 에너지 준위 구조를 설명하는 일에 더 가깝다. 나는 깔끔한 문제를 더 좋아한다. 그럼에도 내가 맡아 다루기로 되어 있는 것은 모기지였다.

잘로몬은 힘든 곳이었다. 내가 일을 시작했을 때 가장 먼저 눈에 띈 것은 모두 모임에 지각한다는 사실이다. 직위가 높을수록 더 늦게 나타났다. 각기 문 안으로 고개를 빠끔 들이밀고 나머지 사람이 다 왔는지 살펴보고 다 모이지 않았으면 얼른 돌아갔다. 하위직은 하위직대로 이런 고질적 지각을 이용하여 늦게 나타났다. 다들 자기 시간은 허비하지 않겠다는 일념으로 다른 모든 사람의 시간을 허비하고 있었다. 골드만에서는 이런 일이 일어나지 않았을 것이다.

잘로몬에 스며들어 있는 두려움 역시 좀 더 눈에 띄는 수준이었다. 회사를 그만두고 싶어 한 내 친구들은 다른 데에서 면접을 보다가 상사에게 발각되어 그만두기도 전에 해고당하지 않을까 전전긍긍했다. 골드만에서는 아무도 이런 식으로 말하는 사람을 보지 못했다. 고용주와 근로자 사이에는 긴장이 있을 수밖에 없지만, 그럼에도 불구하고 골드만의 근로자는 대부분 다른 직장을 찾아볼 권리를 행사하다가 해고될 수도 있다고는 상상조차 하지 못했다.

칼날처럼 단호한 잘로몬의 문화를 단적으로 알 수 있는 여러 가지 사례가 있었다. 채권 포트폴리오 분석 그룹은 1980년대에 고객을 위해 스왑 및 최근에 만들어진 파생 계약의 가치 평가에 대한 보고서 몇 편을 연이어 내놓았다. 유명한 보고서이다. 각 보고서의 독특한 연갈색 표지에는 저자 이름이 더 진한 갈색으로 인쇄돼 있었다. 그러다 세월이 지나며 원래의 저자가 하나 둘 회사를 그만두고 다른 은행이나 거래 회사로 자리를 옮기게 됐다. 그러는 동안 채권 그룹은 보고서의 재판을 찍으면서 그만둔 저자 이름을 빼버렸다. 결국 옛날에 나온 유명한 보고서가 아직도 배포되고는 있었지만 그 보고서를 쓴 사람은 아무도 없는 것처럼 됐다. 이처럼 역사를 비인간적으로 고쳐 쓰는 행위는 내 눈에 너무나 쩨쩨하고 비효율적으로 비쳤다. 연구라는 행위에 대한 모욕 같이 느껴졌다.

골드만에서는 경쟁하는 회사가 적이었으나, 잘로몬에서는 경쟁하는 동료가 적이었다. 잘로몬이 시티그룹에 인수되기 직전에 아직도 그 회사에서 일하고 있던 옛 친구를 만났다. 우리 두 사람이 잘 알고 지내던 어떤 사람이 무엇 때문에 회사에서 해고됐는지 물었더니 그는 이렇게 대답했다. "아, 그 친구? 알고 봤더니 블랙-숄스 모델조차도 컴퓨터 프로그램으로 작성할 능력이 없었다는 거야!" 이제 블랙-숄스 모델은 너무나도 기초적이고 너무나도 널리 퍼져 있었으므로 그 사람의 해고 사유는 의심의 여지가 없었다. 그러나 그보다 더 흥미로운 부분으로, 나는 우리의 그 친구가 블랙-숄스 모델을 프로그램으로 옮길 능력이 없다는 사실을 실제로 누가 알게 됐는지 궁금했다. 누가 그를 시험해 보았을까?

내가 듣기로 잘로몬의 퀀트 그룹에서는 아무리 작은 프로그램이라 해도 스스로 직접 짜야 한다고 했다. 다른 사람이 이미 쓰고 있는 프로그램이라 해도, 뭔가를 독자적으로 만든 사람이 공개를 꺼리기 때문이라는 것이다. 이는 골드만과는 정반대의 문화였다. 골드만에서는 이런 식으로 동료의 등 뒤를 찌르는 행위에 다들 눈살을 찌푸렸기 때문에 누구라도 소프트웨어를 짜면 그것을 공개했다. 골드만에서는 간단한 모델을 프로그램으로 작성하는 것과 같은 단순 작업을 할 수 없는 사람이 있다 해도 그 사실을 알아차리기까지 시간이 더 걸렸을 것이다.

가장 난공불락의 장애물은 메리웨더의 그룹과 그 나머지 그룹 간의 장벽이었다. 이따금 차익거래 그룹이 멀리서 얼핏 보이곤 했다. 메리웨더, 해거니, 호킨스, 크래스커 및 그들의 동료는 다른 모든 사람과는 완전히 동떨어져 거래장 한가운데에 둘러앉아 있었다. 자그마한 페르시아 카펫이 그들의 특권 구역을 나타내는 표식처럼 한가운데에 깔려 있었다. 모두의 경외심을 자아내는 동시에 경외감을 받고 있다는 사실을 스스로도 알고 있는 행복한 사람들의 고귀한 무리였다. 그들에게는 누구도 엿볼 수 없는 그들만의 모델과 아무에게도 공개되지 않는 그들만의 자료, 그들만의 컴퓨터 시스템, 그들만을 전담하는 시스템 관리자가 따로 있었다. 그들은 또 원하기만 하면 채권 포트폴리오 그룹 내 최고의 모델과 머리를 끌어 쓸 수 있었다. 그들 쪽으로 통하는 일방통행 도로였다. 정예부대인 그들은 뭐든 하고 싶은 대로 할 수 있는 공화국 친위대였으며, 그 때문에 모두가 그들을 부러움 반 혐오 반으로 바라보았다. 그들은 지식, 독립, 특권, 많은 양의 돈까지 모든 것을 다 지니고 있었다.

잘로몬과 골드만이 보인 이러한 문화적 차이의 많은 부분은 공개 회사와 비공개 파트너십 회사의 구조적 차이에 기인한 것이라는 생각이 들었다. 당시 아직 비공개 회사였던 골드만은 회사 전체에 고루 퍼져 있는 파트너에 의해 운영되기 때문에 더 매끄럽게 움직였다. 일상적 업무를 감독한 그들은 아무 때고 팔 수 있는 주식을 소유하지 않았고, 그래서 장기적으로 그들의 이익은 회사가 건전한 상태를 유지하느냐에 달려 있었다. 그 결과 지나친 자기중심주의가 개입된다 해도 언젠가는 사그라졌다. 그것도 비교적 일찍 사그라졌는데, 관리자 중 누군가가 이번 싸움에서만큼은 이기고 싶은 마음이 있다 해도 그게 회사에 해가 된다는 사실을 깨닫기 때문이다. 골드만 사람은 늘 골드만 사람이 더 좋고 일을 함께 더 잘하고 덜 정치적이라고 말했다. 이게 전적으로 사실은 아니지만, 이런 말을 계속하다 보니 그것이 하나의 자성예언처럼 자리 잡는 데에 도움이 됐다. 파트너가 아무리 자기중심적이라 해도, 장기적으로 볼 때 그들의 이익은 자기가 가지고 있는 회사의 작은 조각이 아니라 회사 전체에 묶여 있었다.

골드만에서 파트너로 일했던 유명한 거스 레비의 말을 빌면 골드만은 단기적 탐욕이 아닌 장기적 탐욕을 품고 있었다. 내가 보기에 잘로몬에서는 각자가 혼자였고 하느님이 그들 모두의 적이었던 것 같다.

내 연구 그룹이 맡은 책임의 핵심은 변동이율 모기지 판매사를 지원하는 일이었는데, 그들은 차익거래 그룹과는 달리 보유 증권을 거래하는 일보다는 고객에게 서비스를 판매하고 원가와의 차액을 벌어들이는 일에 더 관심이 있었다. 우리는 판매사가 활용할 수 있도록 사실에 근거한 일반 정보를 수록한 짤막한 정량 마케팅 보고서를 작성함으로써 그들의 업무를 지원했다. 영업장에서 새로운 모기지 묶음을 인수하면 우리는 그것을 상대로 모델을 돌려 어디에 가치가 있는지를 설명해 주려 노력했다.

하나의 모기지 묶음이 지니는 가치를 평가하기 위해 적용할 수 있는 모델과 그에 따른 측정 기준은 다양했다. 가장 간단한 측정 수단은 향후 금리가 변하지 않는다고 가정했을 때 그 묶음이 만료될 때까지 매입자에게 벌어 주게 될 총이익이었다. 가장 복잡한 측정법에서는 내가 골드만에서 개발에 참여한 비디티 유형의 금리 시뮬레이션 모델을 사용했다. 그것은 잘로몬의 옵션 조정 스프레드 모델로, 미래의 모든 금리 시나리오에 걸쳐 해당 묶음이 이끌어 내게 될 재무부 채권과의 스프레드 평균치를 알아낼 수 있었다.

우리는 매일 영업장이 보유한 모기지 묶음을 대상으로 이러한 모델을 돌려 보고서를 작성했다. 고객이 선호하는 측정 기준은 그들의 이해도에 따라 또 적용받는 회계 상의 법규에 따라 달랐다. 우리는 또 고객에 초점을 맞춘 장기적 관점의 연구도 하면서, 주택 소유주의 조기 상환에 대한 향상된 통계 모델이라든가 점점 더 인기를 모으고 있던 좀 더 이색적인 변동이율 모기지 기반의 구조화된 증권 가치 평가를 위한 프로그램을 개발했다.

영업장의 거래사는 옵션 조정 스프레드 모델을 이용하여, 새로 나온 변동이율 모기지 묶음을 얼마에 입찰해야 할지를 결정했다. 힘든 계산이었다. 각 묶음은 다양한 범위의 이표에 다양한 액수의 수수료가 첨부된 다양한 모지기로 이루어져 있었는데, 수천 가지에 이르는 미래의 시나리오를 평균 냄으로써 옵션 조정 스프레드를 계산해 냈다. 그런데 각 시나리오 역시 수백 개월에 걸친 월별 금리 시뮬레이션을 필요로 했다. 모기지 묶음으로부터 받는 월별 분납금의 개수와 규모가 금리 변화에 따라 경로 의존적인 복잡한 방식으로 변화하기 때문에, 1989년 당시의 가장 빠른 컴퓨터에서도 모델이 추천하는 입찰액 산출을 위한 계산이 완료되기까지는 어마어마한 시간이 걸렸다.

영업장에서 오는 극도의 시간 압박에다 우리가 사용한 컴퓨터가 낡은 모델이다 보니 이와 같은 온갖 복잡한 일이 너무나도 불쾌하게 다가왔다. 하나의 모기지 묶음에 대한 입찰을 준비할 시간이 30분도 안 되는 때가 많았다. 옵션 조정 스프레드 계산에 쓰인 프로그램은 구식에다 까다로운 포트란으로 작성돼 있었는데, 작성된 지 몇 년이나 된 것이었다. 모기지 묶음의 가치를 평가하려면 프로그램에다 묶음의 구성원소를 묘사하는 변수를 입력해야 했다. 얼마나 많은 세부 모기지 그룹을 포함하고 있는지, 세부 그룹의 이표는 각기 얼마고 만기는 언제인지, 이율의 상·하한은 얼마인지 등이 변수에 포함됐다. 이러한 수치를 키보드로 입력하여 파일에 저장해야 했는데, 일정한 순서에 따라 입력하되 각 수치는 일정한 개수의 공백으로 정확히 띄워 구분했다. 입력이 끝나면 컴퓨터에서 프로그램을 돌렸다. 오로지 이 목적으로 구입한 강력한 슈퍼컴퓨터였다.

대개 저축대출 조합으로부터 영업장으로 팩스가 들어오는 것으로 우리의 경주가 시작됐다. 팩스에는 모기지 묶음의 변수가 한 장 가득 채워져 있었다. 그러면 우리는 반 시간 만에 그 변수를 입력하여 파일로 만든 다음 슈퍼컴퓨터에 입력해야 했다. 이상적인 상황이라면 슈퍼컴퓨터는 10분 정도 만에 계산을 끝냈다. 그래서 영업장의 거래사는 조급한 마음에 10분마다 한 번씩 우리에게 전화를 걸어 답이 나왔는지 묻곤 했다.

불행하게도 그 프로그램은 입력에 대해 조금의 착오도 허용하지 않았다. 공백이 한 개만 부족하거나 넘쳐도 프로그램은 소리 없는 발작을 일으켜 끝없는 반복상태로 들어가, 계산 결과를 내놓기는커녕 읽기 오류가 발생한 자료를 하릴없이 뒤적거리기만 할 뿐이었다. 그 때문에 우리는 첫 10분이나 15분 동안 그저 초조한 마음으로 앉아, 프로그램이 계산을 끝내고 답이 화면에 나타나기만을 기다렸다. 기다리는 내내 우리의 슈퍼컴퓨터가 그냥 그날따라 느리게 돌아가고 있을 뿐인지, 아니면 숫자나 공백을 잘못 입력하여 이승의 저편에서 맴돌고 있는 건지 궁금한 마음을 금할 수 없었다. 15분이라는 시간이 지났는데도 답이 나타나지 않으면 변수가 잘못 입력된 것으로 볼 수 있었다. 그러면 프로그램의 실행을 중지하고 다시 시작했다. 괴로운 과정이었다.

우리의 삶은 모기지 묶음의 가치 평가라는 일과에 의해 지배됐다. 항상 누군가는 자리를 지켜야 했다. 타자가 빠른 사람일수록 좋았다. 입찰할 시간은 촉박한데 우리 그룹에서 타자가 느린 사람이 키보드 앞에서 소위 '독수리 타법'으로 떠듬떠듬 입력하는 모습을 곁에서 지켜보노라면 속에서 열불이 났다. 자리를 잠시 비우려면 비서에게 연락처를 남겨야만 했다. 한 주 이상 휴가를 얻을 생각은 아무도 하지 못했다. 내가 1989년 여름에 정말로 2주 동안 휴가를 냈을 때 마이크가 못마땅해 하는 것을 느낄 수 있었다. 내게서 프로 기질이 보이지 않는다는 이유에서였다.

매주 한 번씩 아침 일찍 에스, 티, 아르의 회의가 있었는데, 속없이 명랑한 영업부장이 연구 부서에 동등한 지위를 부여하려는 뜻에서 영업, 거래, 연구 부서를 연결하여 붙인 이름이다. 이따금 나는 영업사를 모아 놓은 자리에서 우리가 새로 인수한 변동이율 모기지 묶음의 어떤 부분이 매력이 있는지를 2분에 걸쳐 짤막하게 발표하는 일을 맡기도 했다. 처음으로 이런 발표를 했을 때 나는 아직 모기지의 특수성에 대해 제대로 확실하게 파악하고 있지 못했다. 그래서 부서에서 모셔 온 어느 자문사가 원고를 보지 않는 척하면서 발표하는 방법을 내게 알려주며 연습하게 했다. 그가 가르쳐 준 방법은 아주 큰 글자로 원고를 작성하는 것이었다. 그래서 눈에 띄지 않게 원고를 슬쩍 보면서 한 번에 한 구절씩 미리 보고 외우라는 것이었다. 물론 그러는 내내 청중과 눈을 마주치는 척 해야 했다. 이런 사전 연습과 비디오 녹화는 자존심이 상하는 일이었지만, 그만큼 그들이 프로 의식을 가지고 일을 대한다는 사실을 보여 주는 사례이기도 했다.

잘로몬에서 가장 인상 깊었던 것은 바로 매출을 올리기 위해 정량적 연구를 본격적으로 활용한다는 부분이었다. 나는 금융 연구를 과학적 노력의 하나로 생각했고, 그것을 아마추어의 열정으로 사랑했다. 잘로몬에서는 모두가 사업가였다. 그들은 금융 모델 작업을 마케팅 도구의 하나로 활용했고 상품기획자처럼 모델 작업에 임했다. 그들은 모델을 서로 다른 증권의 측정 수단으로 활용하여, 가치에 따라 순위를 매기는 일에 숙달된 전문가였다. 그리고 순위에 의거하여 고객을 상대로 능숙하게 증권을 권했다.

나는 마케팅을 잘하지 못하고 또 좋아하지도 않았지만 한 해 동안 많이 배웠다. 또 모델을 판매 도구로 활용하는 이면의 논리를 점점 더 알아볼 수 있게 됐다. 사실 세상에는 증권의 가짓수가 너무나도 많고 주식, 채권, 옵션, 거기다 선택권이 첨부된 채권까지 너무나도 다양한 종류가 있기 때문에, 누구라도 어떤 종류의 증권 중 어느 것이 최상의 가치를 제공해 주는지 알기가 어렵다. 모델은 가치에 대해 생각할 개념적 근거를 제공해 줄 수 있다. 모델은 여기 저기 흩어져 있는 채권 가격이라는 우주를 가치에 따라 일렬로 늘어세워 보여 줄 수 있기 때문이다.

나는 성공적 금융 모델을 만드는 일은 진리를 찾아내기 위한 싸움일 뿐 아니라 그 모델 사용자의 가슴과 머리를 위한 싸움이기도 하다는 사실을 깨닫게 됐다. 적절한 모델과 적절한 개념이 만들어짐으로써 가치에 대해 생각하는 작업이 더 쉬워진다면 그것으로 세상을 손에 넣을 수 있다. 한 회사의 고객이 그 회사의 모델이 만들어 내는 결과물에 의존하기 시작한다면 그 회사는 시장을 지배할 수 있다. 잘로몬의 옵션 조정 스프레드 개념이 바로 이랬다. 잘로몬이 이 개념을 고안해 낸 얼마 뒤 월스트리트의 모든 회사가 동일한 분석을 해내기 위해 나름대로 모델을 개발하기 시작했다. 고객이 요구했기 때문이다.

잘로몬 사람은 골드만보다 훨씬 더 오래 전에 정량 사업에 발을 들여놓았으므로 연구를 본능적으로 이런 방식으로 생각했다. 나는 입사하자마자 잘로몬의 판매사와 퀀트가 간단하고 **빠른** 계산법을 이용하여 만기수익률이나 옵션 조정 스프레드를 기준으로 채권을 비교하는 데에 비범할 정도로 영민하다는 사실을 알아차렸다. 새로 채용된 사람은 모두 — 거래 사와 판매사뿐 아니라 퀀트까지도 — 몇 달 동안 이어지는 훈련 프로그램을 거쳤다. 내가 "퀀트까지도"라 한 말에는 정말 깊은 감탄이 들어있는데, 당시 골드만에서는 퀀트를 훈련 프로그램에 보내는 일을 자원의 사치스런 낭비로 보았기 때문이다. 잘로몬의 고정수익 교육 프로그램은 아주 뛰어났다. 거래사와 판매사, 퀀트가 돌아가며 가르쳤는데, 시장의 관례에서부터 정량적 개념, 정량적 도구의 사용법에 이르기까지 모든 것을 망라했다. 그리고 정기적으로 시험을 쳤다. 그 과정을 거치고 나면 채권 수학의 전문가가 됐다. 모두 호머·리보위츠 공저의 고전서 『수익률 곡선의 내부』를 공부한 사람들이어서 수익률, 선도금리 및 평균 상환기간을 피부로 느끼며 프로그램을 수료했다.

내가 탄복하는 부분은 회사 내의 모든 모델이 통일된 화면 구성을 따르고 있었다는 사실이다. 그것이 유리하다는 사실을 잘로몬에 있던 누군가가 이해했음이 분명하다. 1989년에 잘로몬의 모든 사람이 사용한 판매 도구와 모델은 구식의 투박한 쿼트론 단말기에서 돌아갔는데, 마이클 블룸버그의 선견지명에 의해 1970년대에 구축된 기반시설이었다. 어색하기는 했지만 잘로몬에 있던 모든 사람은 쿼트론을 사용하여 내·외부 정보에 접근하는 방법을 잘 익혀 두고 있었다. 10년 이상이 지난 뒤 사람들이 웹 브라우저를 사용한 것과 비슷했다. 1989년이 됐을 때 블룸버그는 이미 잘로몬을 떠나고 없었다. 급성장하기 시작한 정보 및 모델 작성 도구의 제국을 이끌고 있었고, 또 그 무렵 고객에게 제공된 그의 블룸버그 터미널은 쿼트론보다 훨씬 더 진보돼 있었다. 몇 년 뒤 비디티 모델 역시 블룸버그 터미널을 통해 사용할 수 있도록 해 둔 것을 보았다. 기분이 좋았다.

1989년 내내 나 자신의 문제는 점점 깊어졌다. 사실 나는 여전히 약간 아마추어 수준에 머무르고 있었고, 비교적 연륜이 많은 내 주위 대다수 사람만큼 영업 세계에 대해 잘 알지 못했다. 한번은 채권 포트폴리오 분석 모임에서 마이크가 내게 변동성의 기간 구조에 관한 질문에 대해 억지로 대답하게 했는데, 내 친구 마크 쾨닉스버그와 아먼드 태이트보시언은 그때 내가 한 멍청한 대답을 두고 지금도 나를 놀린다. 어쩔 도리가 없다. 내 죄를 시인하는 수밖에. 마크는 내가 채권 그룹에 들어오면서 얼마만한 액수를 보장받았을지 상상하며 여러 사람 앞에서 농담을 하곤 했는데 그 역시 나로서는 난처했다.

나는 한 달 한 달 이를 악물고 버텨보려 노력했다. 가끔씩은 시간이 충분히 지나면 나도 어떻게든 그들과 같은 수준에 이를 거라는 상상도 했다. 그렇지만 거의 언제나 떠나고 싶은 마음만 간절했다. 그러나 내 고용계약에서 1988년 상여금과 1989년 전체에 대한 보수가 보장돼 있었으므로 그것을 포기하기가 내키지 않았다. 그래서 나는 분투를 계속했다.

하지만 나보다 흠이 더 적은 사람이라 해도 마이크 밑에서 일하기는 유쾌하지 않았다. 그는 모든 것을 좌지우지하지 않고서는 배길 수 없는 사람 같았다. 1990년 초 어느 때에 캐나다의 워털루 대학교 교수이자 정량 금융의 개척자로 잘 알려진 펠림 보일이 당시 막 출간된 비디티 모델을 다룬 어느 학회에 나를 초청하며 강연을 부탁했다. 마이크는 나의 개인 시간에 거기 가서 내가 예전에 발표한 연구에 대해 논하는 것조차 허락하려 하지 않았다. 그 이유를 물었더니 그는 빙긋 웃으며 경쟁자를 도와서는 안 된다고 했다. 월스트리트의 상사 중 많은 사람이 그렇듯 그는 자기 휘하 사람들을 소유하고 있다고 생각했다. 나도 그렇게 믿었던 것 같다. 초청에 응하지 않았으니까.

모기지 그룹에서 불행하게 지낸 사람은 나뿐이 아니었다. 결국 한 가지 사실을 알아차리게 됐다. 산업 세계에서건 학교에서건 독립된 생활 비슷한 것을 예전에 누려 본 적이 있는 사람이라면, 부하 직원을 짓눌러야만 직성이 풀리는 마이크의 압박을 그다지 오래 견딜 수 없다는 사실이었다. 그해에 입사한 경력직 대부분은 1년이 지나지 않아 그만두고 없었다. 몇몇은 나와 같이 마이크와 너무나 다르기 때문에 그만두었다. 그밖에 시티뱅크에 있다가 온 라비 마투 같은 사람은 전문분야가 마이크와 너무 비슷하여 질식할 것 같은 느낌 때문에 그만두어야 했다. 다른 방식의 삶을 맛보기 전에 신참으로 들어온 젊은 사람만이 조금씩 노예 상태에 빠져들면서 그의 끊임없는 지배를 참아낼 수 있었다. 결국 몇 년 뒤 마이크 자신도 그만두어야 했다는 소문을 들었다.

나의 최후는 재빠르게 다가왔다. 1989년 말, 시장이 저조해지자 잘로몬은 임원을 감원하기 시작했다. 회사 입장에서는 해고보다 감원이 언제나 편리하다. 모종의 능력 부족을 이유로 해고할 경우 소송을 당할 수도 있지만, 경제 사정이 나빠졌다는 이유로 내보내는 쪽은 그보다 쉽다. 회사에서는 감원 대상의 이름을 발표하지 않는다. 대신 다음과 같은 식으로 처리된다. 먼저 곧 감원이 있을 거라는 소문이 돈다. 다음에는 한두 사람이 회사에서 갑자기 사라지고 보이지 않는다는 이야기가 들린다. 끝으로,

보통 때에는 서로 이야기를 주고받던 사람들 몇몇이 나를 피하기 시작한다는 사실을 알게 된다. 그들은 사전에 알고 있었다는 사실을 나중에야 알게 된다. 슬픈 사실은, 친구나 동료가 감원 대상이 됐다는 걸 알게 됐지만 거기에 대해 내가 할 수 있는 일이 아무 것도 없을 때 나 역시 그들을 피하게 된다는 것이다.

어느 날, 마이크와 함께 층과 층 사이의 계단을 내려가고 있었는데, 그는 내게 내 밑에서 일하고 있는 청년에게 변동이율 모기지의 조기 상환 비율 회귀 모델 작업이 정확히 어느 정도 진행됐는지를 아주 자세히 설명해 주는 게 좋겠다고 했다. "젊은 세대가 보조를 맞출 수 있도록 해줘야지!" 그는 설득력이 떨어지는 표정으로 씩 웃으며 말했다. 내가 나감으로 해서 곤란을 겪는 부분이 없도록 만전을 기하려는 모습이었다. 나는 의식 깊은 곳에서 내가 감원되리라는 것을 알아차렸다. 하지만 그것을 그대로 받아들이기가 힘들었다. 더 나은 일자리를 찾을 때까지 계속 버텨야지 생각은 하면서도 실제로 일자리를 찾지는 않았다.

그러다가 1989년 추수감사절 주 초 어느 날 오후에 마이크로부터 걸려 온 전화를 받았다. 그는 몇 층 아래에 있는 어느 사무실로 내려오라고 했다. 가슴이 철렁 내려앉는 느낌이 들었다. 나는 얼른 에바에게 전화를 걸어 "올 것"이 온 것 같다고 말했다. 에바는 더없이 상냥한 방식으로 나에게 걱정하지 말라고 했다. 수화기를 내려놓은 나는 사무실을 나가 아래층으로 내려갔다.

내가 불려간 사무실은 낯설었다. 문을 두들기자 마이크가 열어 주었다. 안에는 나를 채용한 클래프키와, 채권 포트폴리오 분석 그룹 전체를 총괄

하는 마티 리보위츠, 그리고 모든 게 적절히 처리되게끔 하기 위해 인사부서나 법률부서에서 나온 사람이 있었다. 내가 자리에 앉자, 정확히 어떻게 말했는지는 이제 기억나지 않지만 그들은 내게 감원되게 됐다는 말을 했다. 그리고 보수는 몇 달 동안 더 (상여금 없이 더 낮은 액수가) 지급될 거리고 했다. 그들은 내가 맡은 프로젝트의 진행 상황에 대해 내 아랫사람들에게 설명해 준 다음 건물 밖으로 나가라고 했다.

건물 밖으로 나가라는 말을 들으면 뭔가 수치스러운 일을 한 것 같은 느낌이 들어 살그머니 빠져나가게 된다. 나는 내 밑에 있던 청년과 짤막하게 대화했다. 그는 어떤 일이 벌어질지 미리 전달받았음이 분명했다. 그런 다음 아무에게도 작별 인사도 없이 나왔다. 마침 소아과에 가기로 된 날이라 그길로 아내와 소냐를 만났다. 기분전환 거리가 있어 다행이었다. 드디어 종지부를 찍을 순간이 다가온 것이다.

며칠 뒤 우리는 뉴욕 주 북부 시골에 있는 친구들과 추수감사절을 보냈다. 그리고 추수감사절 주간이 끝나는 마지막 날 일요일에 차를 몰고 뉴욕 시내로 들어가, 사무실이 아무도 없이 비어 있을 것이 확실한 아침 일곱 시를 택해 잘로몬의 내 사무실에 올라가 책을 상자에 담아 옮겼다. 며칠이 지난 뒤 내가 사무실에서 보이지 않게 된 까닭을 전혀 몰랐던 마크와 아먼드가 어리둥절하여 전화를 걸었다.

따지고 보면 그리 나쁘지 않았다. 나는 일종의 운 같은 게 나와 함께 작용하고 있다고 상상하는 편이다. 내가 금융전략 그룹을 그만두고 잘로몬에 가지 않았더라면, 그 해에 내가 잘로몬에서 능력부족으로 인한 굴욕을 겪지 않았더라면, 나의 기술과 성격에 훨씬 더 잘 맞는 골드만으로 결국 돌아오지 않았을지도 모른다.

약 한 해 동안 길에서 마이크 월드만과 마주치면 무슨 말을 해줄까 하는 상상은 종종 했지만, 그 뒤로 다시는 그를 보지 못했다. 그로부터 6년 뒤 피셔 블랙이 죽고 나서 그를 고정수익 분석사 협회 명예의 전당에 올리기 위한 행사가 열렸는데, 협회에서는 나에게 피셔에 대한 연설을 부탁했다. 오찬회에 참석하고 보니 주빈석에 마련된 내 자리는 마티 리보위츠 가까이에 지정돼 있었다. 그 무렵 그는 미국 교직원 연금보험의 최고 투자 책임자가 되어 있었다. 1989년 11월 그 날 잘로몬에서는 월드만의 상사의 상사로서 그가 나에게 선고를 전했다. 이번에는 나를 친절과 존중으로 대했다. 우리 두 사람 모두 지난 번 만났을 때의 상황에 대해서는 언급하지 않았다.

Chapter 13

문명과 그 속의 불만

■ 골드만이 내 집 ■ 정량전략 그룹을 맡다 ■ 보통주 파생 상품 ■ 닛케이 풋과 이색 옵션 ■
거래사와 긴밀히 작업하는 게 최고 ■ 금융공학이 진짜 학문 분야가 되다 ■

1989년 12월, 다시 길거리로 나선 나는 약간씩 불안해지기 시작했다. 헤드헌터를 찾아가고 면접을 보고, 그리고 아는 사람 대부분에게 전화를 걸었다. 몇 가지 가능성이 떠오르기는 했지만 딱히 강하게 끌리는 것은 없었다. 엉뚱한 직책을 맡을 욕심은 전혀 없었다. 1년에 한 번씩 직장을 옮기는 사람을 너무 많이 보아왔다. 돈은 벌지만 평판은 망가지는 것이다.

나는 이런 모든 정신적 편력을 거치는 동안에도 피셔가 나의 최후의 보루가 되어 줄 것으로 생각했다. 내가 골드만을 떠났다는 사실에 대해 나쁜 감정을 전혀 품고 있지 않았던 그는 나를 불러들여 그가 맡고 있던 보통주 사업부 내 정량전략 그룹에서 면접을 보게 했다. 거기서 나는 윌리엄 토이와 또 그룹 내에서 만드는 중인 거래 시스템을 책임지고 있던 제프 웨커와 다시 아는 사이로 돌아갔다. 또 턱수염이 노란 밥 그래노프스키를 만났다. 다들 그를 "그래니"라 불렀는데, 어리둥절해 하는 듯한 표정이 얼굴에서 언제나 사라지지 않는 옵션 거래사였다. 그리고 그가 없었던 시절을 기억하는 사람이 없을 정도로 오래 전부터 거기서 옵션을 거래해 왔다. 면접이 있은 뒤 피셔가 내게 일자리를 제의했다.

나는 잘로몬의 금융전략 그룹 책임자로 있어 보았지만, 정량전략 그룹은 소규모에다 수평적 조직이어서 내가 들어갈 만한 관리직 자리는 없었다. 그럼에도 불구하고 나는 그 자리가 내 능력에 잘 어울릴 것으로 생각했다. 근본적으로 나는 연구를 좋아했다. 보수가 걱정되기는 했다. 이제 영업 쪽으로 옮겨가겠다는 꿈을 이루기 위해 퀀트의 세계를 떠나기로 한 윌리엄 토이가 내게 보통주 쪽의 보수는 고정수익 쪽보다 박하다고 경고했던 것이다. 이에 대해 피셔에게 물었지만 그는 대수롭지 않게 받아넘겼다. 12월 중순, 나는 더 이상 걱정하지 않고 내 운명을 받아들이기로 결심했다. 골드만으로 돌아가 1990년 1월 22일부터 피셔 밑에서 일하기로 합의했다.

그런데 일이 계획대로 돌아가지 않았다. 출근 며칠 전에 뜻밖에 피셔가 우리 집으로 전화를 했다. 자기는 보통주 사업부를 떠나 골드만삭스 애셋 매니지먼트로 가게 됐다는 것이다. 그리고 제프 웨커와 나를 정량전략 그룹의 공동 책임자로 추천했다고 했다. 그 직후 보통주 사업부의 운영진이 공지사항을 돌려, 피셔가 나가고 우리 두 사람이 그의 자리를 맡게 됐다는 사실을 발표했다. 공지사항 내용 어디에도 내가 현재 골드만의 직원이 아니라는 말은 없었다. 회사는 변화가 매끄럽게 이루어지는 듯 보이게 하는 일을 무엇보다도 더 좋아한다는 사실을 세월이 지나고 나중에야 알게 됐다.

피셔에게는 골드만 애셋매니지먼트가 최적의 자리가 아니었는지도 모른다. 그리고 아마 그의 팔을 비틀어 그곳에다 앉힌 게 아닐까 한다. 세계에서 가장 유용하고 유명한 금융 모델을 공동 개발한 그는 골드만 애셋매니지먼트에서 필요로 한 관리자나 판매사라기보다는 사색가였다. 피셔는 언제나 긍정적 태도로 변화를 받아들이고 또 회사에 대해서는 항상 칭찬하는 마음뿐이긴 했지만, 그를 회사에 가장 유리하게 최대한 활용할 방법을 경영진이 제대로 알고 있지 못하다는 느낌이 들었다.

그렇지만 이 일은 나에게는 행운이었고 또 내가 연구에 가장 열중한 수년간의 시작이었다. 저 먼 맨해튼 시내의 창칼 부딪는 소리 울려 퍼지는 벌판에서 경쟁자와 (또 윗사람과) 벌인 전투로 인해 빛이 바래기는 했지만, 도취에 가까운 기쁨에 취해 있던 기간이었다. 나는 골드만으로 돌아가게 돼 이루 말할 수 없이 행복했다. 운이 좋기도 했다. 월스트리트의 기준으로 보면 골드만은 교양이 지배하는 곳이었다. 어려운 조직에 있던 어려운 시기 동안에는 이따금 아이처럼 앙갚음을 해 주고 싶은 마음이 들기도 했다. 고용인에게 상처를 입힐 수만 있다는 내가 상처를 입는다 해도 기꺼이 감내하겠다는 마음이 들기도 했다. 그렇지만 골드만에 대해서는 그런 마음이 한 번도 들지 않았다. 불에 타 무너져 버렸으면 하는 생각을 남몰래 품지 않았던 유일한 곳이다.

제프는 우리 두 사람이 피셔의 입장에 서볼 수 있게 된 것을 대단히 좋은 기회라 생각했고, 몇 년 가지 않아 우리도 골드만삭스의 파트너 대열에 끼게 될 것으로 내다보았다. 둘 중 나이도 더 많고 덜 낙관적인 데다 산전수전을 더 겪은 나는 우리의 장래를 미심쩍은 눈으로 바라보았다. 그럼에도 불구하고 나는 그토록 오랫동안 고정수익형 인간으로 지낸 나에게 맡겨진 새로운 보금자리에 적응하는 노력을 시작했다.

1990년에 보통주는 골드만에서 가장 구식인 사업부였다. 소속 직원은 점잖은 화이트칼라에다 아이비리그 혈통 분위기를 풍겼고, 또 고정수익형 채권 거래사의 좌충우돌식 졸부 세계를 깔보았다. 한편 고정수익 거래사는 다시 골드만이 1970년대에 인수한 상품 및 외환 사업체인 제이에런보다는 더 품위가 있다고 생각했다. 그해에 나는 제이에런 출신으로 골드만에 들어온 어떤 여자를 만났다. 골드만의 수많은 직원은 대부분 하버드 대학교와 훠턴 경영대학원이라는 귀족 혈통 출신이었지만 그녀는 그런 혈통이 아니었다. 그녀는 제이에런이 인수될 때 그 회사에 다니고 있지 않았더라면 골드만에 들어오지 못했을 거라는 말을 아무렇지도 않게 했다. 제이에런에는 되는 대로 임시변통하는 문화가 있었고, 2004년에 이르러 그쪽 사람들이 보통주 사업부를 비롯해 골드만 내 거래 사업부의 대부분을 운영하게 됐다.

제프와 내가 물려받은 정량전략 그룹에는 직원 네 명 정도와 다섯 명의 장기 자문사가 뒤섞여 있었는데, 이들은 브로드스트리트 85번지 29층에 자리 잡은 보통주 사업부의 한쪽 구석에 있는 지저분하고 복작거리는 사무실과 칸을 다른 부서 사람들과 나눠 쓰고 있었다. 나는 새로 받은 전화번호가 902-0129라 좋은 징조로 여겼다. 끝 네 자리가 29층의 제1인자라는 뜻이라 해석하며 좋아했다.

우리는 파생 상품 거래 영업장으로부터 12미터 정도 떨어진 곳에 자리 잡고 있었다. 필요할 때에는 조용히 집중할 수 있을 정도로 충분히 떨어진 동시에 같은 팀의 일원이라는 느낌을 가질 수 있을 만큼 충분히 가까운 이상적인 거리였다. 일과가 끝나는 시간에 거래사에게 어슬렁 다가가 시장에 대해 이야기를 해도 그다지 눈에 띄지 않았다. 거래 영업장과 이처럼 가까운 거리를 유지하는 것도 여섯 달밖에 가지 않았다. 그뒤 정량 전략 그룹과 파생 상품 사업이 모두 확장되면서 우리는 몇 층 떨어진 곳으로 옮겨갔고 그것으로 공동체 의식은 사라졌다. 거래사와 의사소통하는 기술을 익히는 일은 새로 들어오는 퀀트가 해결해야 하는 어려운 과제 중 하나였지만, 자리를 옮긴 다음부터는 전보다 훨씬 더 어려워졌다.

우리 사무실은 비좁고 어지러웠다. 수많은 서류 뭉치가 칸과 칸 사이의 복도를 가로막고 있었는데, 이처럼 어지러운 광경은 가끔씩 영업장과 거래장을 찾는 고객에게 나쁜 인상을 주었다. 주기적으로 보통주 사업부의 운영진 중 누가 지나가다, 정리를 하지 않으면 문책하겠다고 으름장을 놓곤 했다. 가장 심한 주범은 윌리엄 토이였다. 그는 읽거나 뭔가를 적은 종이를 다람쥐처럼 모조리 모아두었는데, 그러다 보니 그의 책상과 사무실 바닥은 한 뼘에서 세 뼘 높이로 종이가 쌓여 있었다. 그는 어느 것도 버릴 줄 몰랐다. 윌리엄이 돈을 더 벌고 싶다며 불평을 늘어놓을라치면, 제프가 그에게 연봉을 5만 달러 올려 받는 가장 쉬운 방법은 책상을 정리하는 거라고 말하곤 했다. 맞는 말이었을 것이다.

피셔가 이끌던 그룹에서 전통적 의미의 금융 모델 연구자는 피오트르 카라진스키뿐이었는데, 피셔는 떠났지만 그는 여전히 피셔-카라진스키

수익률 곡선 모델에 대한 논문을 작성하느라 바빴다. 그 나머지 구성원은 대부분 유능한 하드웨어 및 소프트웨어 자문사로, 전자 주식거래 소프트웨어에 초점을 맞추기 위해 제프가 채용하여 관리하고 있었다. 피셔는 정보 기술을 거래에 적용하게 되리라는 사실을 대다수의 사람들이 인식하기 훨씬 전에 내다보고 있었다. 그는 1971년에 〈완전 자동화된 거래를 향하여〉라는 제목의 논문을 써서 큰 영향을 끼쳤다. 이제 그는 제프와 함께 회사를 그쪽 방향으로 조금씩 밀어가고 있었다. 선견지명이긴 했지만 시기가 조금 일렀다. 그가 10년을 더 살았다면 거래 전산화의 발달 과정을 지켜보며 자신의 생각을 시험해 볼 수 있는 더 수준 높은 실험실을 운영할 수 있었을 것이다.

정량전략 그룹 자문사는 하드웨어에 대한 관심이 많았다. 그들의 관심사는 우리의 주위 환경 속에 고스란히 스며들어 있었다. 내가 살고 있던 좁고 길고 어두운 사무실 벽을 따라 선반이 길게 설치돼 있었는데, 이 선반 위에는 낡은 컴퓨터 부품이 높다랗게 쌓여 있었다. 『스타워즈』에서 시-스리피오가 자신을 수리할 때 사용한 부서진 로봇 부품 쓰레기장을 연상시켰다. 그 해에 존 헐이 나를 만나러 사무실에 왔을 때, 퀀트라고 생각한 사람들이 공학에 그렇게나 시간과 에너지를 많이 쏟고 있다는 사실을 알고 당혹감을 애써 감추던 그의 표정이 기억난다. 그렇지만 진실은 바로 그게 그 일을 해내는 데에 있어 필요한 부분이라는 사실이었다. 모델이 아무리 좋아도 쓸 만한 거래 시스템에 얹었을 때에만 능력을 발휘할 수 있다는 사실을 그전 몇 년 동안 보고 보고 또 보았다.

정량전략 그룹 자문사는 시간제로 급료를 받았다. 컴퓨터광의 하루가 대체로 그렇듯 그들 중에는 오전 느지막이 일과를 시작하는 사람이 많았다. 책상 위에는 시디플레이어를, 귀에는 헤드폰을 쓰고 있었는데, 1990년대에는 보기 드문 광경이기도 했고 전문가답지 않은 모습이기도 했다. 특히 우리 층에는 고객이 찾아오기도 했기 때문에, 우리는 겉으로나마 사무적인 분위기를 만들어보려고 애썼다. 쉽지 않았다. 어느 날 한 자문사가 시디플레이어를 책상 서랍 안에 두고 잠그지 않은 채 퇴근했다 아침에 와 보니 없어져버렸다. 그는 그 물건을 찾기 위해 그날 하루의 전반부를 경비와 이야기하느라 보냈고, 나머지 절반은 도둑맞은 시디플레이어를 우리가 배상해야 한다고 주장하느라 보냈다. 나는 그가 시디플레이어를 찾느라 여덟 시간을 허비했는데 그렇게 날아간 그의 급료가 이미 시디플레이어 값보다 많다는 사실을 지적하고 싶은 마음이 들었지만 억지로 참았다.

이제 내가 일하는 보통주 층은 내가 너무나도 익숙하게 알고 있던 고정 수익 층의 분위기와는 판이하게 다른 성격을 띠고 있었다. 1990년의 보통주 사업부는 소수에게만 출입이 허용되던 구세계의 배타적 클럽 분위기를 아직 잃어버리기 전이었다. 파트너는 날마다 점심을 가져오게 하여 먹었다. 흰 옷차림의 우아한 웨이터가 커다란 은쟁반에 담아 왔는데, 접시에는 제각기 보온을 위해 반구형의 세련된 덮개가 덮여 있었다. 그보다 덜 중요한 사람들에게도 사치 거리가 있었다. 거래 층의 직원은 하루 종일 공짜 음식을 받았다. 아침에 도착하면 신사 한 사람이 층을 한 바퀴 돌며 음식 주문을 받아갔다. 주위에 있는 여러 식당 메뉴를 취합한 목록에서 무엇이든 고를 수 있었다. 증권시장이 개장 중인 동안, 고객이 전화를 하는 동안에는 직원이 자리를 지키게 하겠다는 취지였다.

거의 모두가 어마어마한 양의 점심과 음료와 간식을 주문했다. 욕심을 뿌리치기가 어려웠다. 각기 신선한 당근, 셀러리, 딸기, 4등분한 키위, 복숭아 조각이 담긴 수많은 플라스틱 그릇에 에워싸인 가운데에 앉아 하루 종일 야금야금 먹다가, 다른 사람이 버찌를 주문해 먹는 것을 보면 이렇게 생각하는 것이었다. "아, 저렇게 좋은 게 있었네. 내일은 저걸 주문해야지." 오전 11시 반이 되면 더운 음식이 도착하기 시작했다. 황새치, 스테이크, 감자, 밥, 아스파라거스 등 원하는 건 뭐든지 먹을 수 있었다. 함께 마실 것을 위해 우리의 웨이터 닐은 에비앙이나 페리에 생수 최소 주문 단위인 여섯 병 묶음을 가지고 왔다. 몇몇 직원은 오후 느지막이 집에 가면서 음식과 생수를 봉지에 싸가지고 가기도 했다.

나는 공짜 음식이라는 특권이 싫었다. 점심때쯤 되면 하루치 음식을 단 몇 시간 만에 먹어치운 덕분에 배가 잔뜩 불러 있었다. 그래서 1990년 중반에 정량전략 그룹이 거래 층을 떠나 다른 층으로 옮겼을 때 그 특권을 잃게 되어 정말로 다행이라 생각했다. 돈을 내고 정말로 먹고 싶은 것만 사는 게 더 쉬웠다. 후일, 1994년 말 고정수익형 시장에서 손실을 입은 뒤 거래 층 사람들 모두가 음식 특권을 박탈당했고, 그때부터 거래사와 판매사, 그들의 조수 등은 카페테리아나 근처 테이크아웃에 가서 돈을 내고 자기 먹을 것을 사야 했다. 브로드스트리트 85번지 꼭대기 층에는 부대표를 위한 멋진 라운지가 있었다. 부대표는 하얀 보를 씌운 식탁에서 오찬을 예약할 수 있었다. 이유는 알 수 없지만 독일 억양을 지닌 제복 차림의 중년 여자들이 웨이트리스로 일했는데, 007 영화에 나온 로사 클레브 대령이 어렴풋이 연상됐다. 이 식당 역시 1994년에 문을 닫았다. 사실 그럴 때도 됐다. 부대표 자리가 귀하고 중요하던 시절에 어울리는 곳이기 때문이다. 10년 뒤 2000년에 닷컴 바람이 불었을 때, 간편한 복장이 대세이던 그 시절에 잠시 동안 공짜 간식이 반짝 되돌아왔다. 날마다 각 층에는 스내플, 생수, 그리고 선물용 전문점에서 만든 듯 아주 화려하게 자른 과일을 먹을 수 있었다. 이 역시 기술주 주식공개 시장이 무너지면서 함께 사라졌다. 음식이 어떻게 제공되는지를 보면 월스트리트의 행동을 ─ 조울증 환자마냥 채용했다가도 해고하고, 확장했다가도 축소하고, 급료를 대폭 올렸다가도 대폭 깎는 등 잔치 아니면 기근 식의 ─ 알 수 있었다.

내 상사는 골드만의 파트너이자 판매사인 덱스터 얼이었다. 이때부터 나는 내 윗사람을 아무런 자의식 없이 "내 상사"라 부르기 시작했다. 아내는 내가 그 용어를 사용하는 것을 좋아하지 않았다. 아내는 여전히 학계에 있었으므로 내가 '상사'라 말하면 불쾌감을 반어적으로 표현하고 있다고 생각했지만, 세월이 지나는 동안 나는 그것을 단순히 현실적인 것으로 받아들이게 됐다. 덱스터는 전문분야가 포트폴리오 재배분이었으므로 옵션이나 변동성에 대해 그리 많이 알지 못했다. 그렇지만 그는 자신의 무지를 두고 농담까지 할 수 있었다. 사람들이 이따금 『덱스터 얼의 파생 상품 강좌』라는 제목의 백지 책을 만들어 나누어주며 놀려도 환한 미소로 답할 정도였다. 그런 자신감과 너그러움, 세련미, 실크 타이, 거기 어울리는 바지 멜빵 등을 갖춘 그는 그를 보좌하여 보통주 파생 증권 사업 운영을 돕도록 회사에서 데려온 공동 책임자들 ─ 더 많이 알지만 까칠한 성격의 ─ 보다 몇 년씩이나 더 오래 눌러 앉아 있었다. 덱스터는 고객을 너무나 잘 대했다. 한번은 어느 고객이 덱스터에게 골드만은 에이아이(인공지능 소프트웨어)에 대해 어떤 태도로 접근하고 있는지 물었는데, 그는 전 세계적 관점에서 차근차근 접근하고 있다고 대답함으로써 받아넘겼다. 우리는 그 일을 두고 그를 놀리며 웃곤 했다. 그러나 그보다도 내게 인상적이었던 것은, 그가 잘 모르는 주제에 대해 누가 그를 오도하면 그것을 알아차리는 능력이 있었다는 사실이다. 이따금 사람들이 찾아와 자신만만한 목소리로 정보공학 관련 사실을 늘어놓기도 했는데, 우리가 들으면 절반은 허풍임을 알 수 있었다. 그러나 거래 부서 책임자는 대개 거기에 대해 문외한이었으므로 그런 이야기를 전문가의 의견으로 받아들였다. 하지만 판매사 덱스터는 그런 허울 속의 허점을 찾아낼 수 있었다.

덱스터의 비서는 쾌활하면서도 엄격한 여자였는데 이상야릇한 동종요법에 대한 취향이 있었다. 처음 찾아갔을 때 그녀는 마음이 바쁜 나를 5분인지 10분인지 세워 두고 갖가지 행정 양식을 느긋하게 작성했다. 기다리는 사이에 내가 아이들에게 읽어주던 옛 동요가 퍼뜩 나의 뇌리를 스쳤다. "나는 큐에 계시는 폐하마마의 개랍니다 / 말씀해 주세요, 당신은 누구 개지요?" 그 몇 년 전에 아무 생각도 없이 큰 소리로 아이들에게 읽어 줄 때에는 말하는 개를 주제로 억지로 운율을 맞춘 노래에 지나지 않는다고 생각했다. 이제 문득 그 뜻을 이해할 수 있었다. 나는 그녀에 비해 업무에 결정적으로 중요하지만 "위층"에 있었고, 그녀는 "아래층"의 더 고상한 조직에 있었던 것이다. 세월이 지나면서 퀀트가 작가 밀른의 시에 나오는 꼬마처럼 항상 반쯤 아래층으로 몸을 기울이고 있다는 사실을 알게 됐다.

1990년도의 파생 증권 세계에서 신상품 중의 신상품은 이색 옵션이었다. 나는 여기에 열중하게 됐는데, 그것은 골드만에서 사람들이 다들 "덴마크 왕국 풋"이라 불렀던 것에 대해 커다란 호기심을 품었기 때문이었다.

1989년 폐장일에 일본 증시의 닛케이 225 지수가 38,915.90이라는 정점에 이르렀다. 지나고 난 뒤에 일본의 보통주 거품이라는 이름이 붙었지만, 그 거품이 계속된 내내 많은 일본 회사가 자본 시장에 들어와 투자자들로부터 돈을 빌렸다. 이따금 이들 회사는 지불할 이율을 더욱 낮추기 위해 최종적으로 대출금 만기가 됐을 때 닛케이가 떨어지면 처음에 빌린 액수보다 더 많이 상환하겠다고 약속했다. 닛케이가 떨어질 가능성이 거의 없다고 보았던 이들은 닛케이가 떨어지면 떨어질수록 더 많은 액수를 갚겠다고 약속했다. 옵션 세계의 언어로 바꾸면 이들 회사는 채권 소유자에게 닛케이에 대한 풋 옵션을 건 것이었고, 그럼으로써 그들에게 닛케이의 하락에 대한 보험을 제공한 것이었다. 일부 채권 소유자는 채권은 보유하면서 거기 첨부된 풋은 관심을 보이는 측에 현금을 받고 팔았다.

1980년대 말 내내 닛케이가 점점 더 높은 수준으로 올라가자 그래니는 기민하고도 체계적으로 움직여 이러한 풋을 다량으로 매입해 두었는데, 그것이 이제는 닛케이의 하락에 대비한 하나의 거대한 보험 덩어리가 되어 있었다. 그는 싼 값에 그 풋을 사들였다. 도쿄의 부동산 값이 치솟고 일본의 증시가 승승장구하던 시절이라, 풋을 발행한 기업들이 닛케이가 지속적으로 떨어질 가능성이 있을 것으로는 믿지 않았기 때문일 것이다.

내가 그해 초에 정량전략 그룹에 들어갔을 때 파생 증권 쪽에서는 덴마크 왕국 닛케이 풋 보증이 모두의 관심사였다. 골드만에서 닛케이에 대한 풋을 발행하여 상장하자는 생각을 해낸 사람은 어리둥절한 표정의 그래니였다는 말을 들었다. 닛케이의 하락에 대비한 보험을 그래니가 값싸게 사들여 두었으므로 이제 우리는 그와 비슷한 방호 수단을 일반인에게 판매할 수 있었다. 그래서 1990년 1월에 골드만은 닛케이 37,516.77엔이라는 수준을 기준으로 하고 만기일을 1993년 초로 정한 덴마크 왕국 닛케이 풋 보증을 만들었다. 이 상품은 아메리카 증권거래소에 상장됐다. 머리에 덴마크 왕국이라는 말이 붙은 것은 이 보증의 발행자가 덴마크 왕국임을 나타냈는데, 우리는 골드만의 신용이 실패할 경우 그들이 이 풋 보증을 뒷받침한다는 보장을 얻어내고 수수료를 지불했던 것이다.

우리는 상장 시기를 절묘하게 맞추었다. 닛케이가 정점을 갓 지난 때였고, 수많은 매입자가 닛케이가 더 떨어지는 쪽으로 돈을 걸었다. 그래니는 닛케이가 떨어질 것으로 믿지 않은 일본 엔화 기반의 투자자로부터 닛케이의 변동성을 값싸게 사들였다가, 이제는 닛케이가 변동하리라고 판단한 미국 달러 기반의 투자자에게 팔 수 있게 된 것이다. 내가 본 옵션 가운데 이익이 나는 옵션 전략은 대부분 이와 동일한 양상을 띠고 있었다. 즉 단순하고 매력이 떨어지는 상품을 대규모로 사들인 다음, 금융공학을 동원하여 좀 더 매력적인 것으로 탈바꿈시키고, 그런 다음 그것을 소매로 파는 것이다. 이러한 변환을 위해서는 고객의 필요를 이해할 뿐 아니라 전문 기술도 갖추고 있어야 한다.

이 일을 해내기 위해 그래니는 덴마크 왕국 닛케이 풋 보증의 구조에다 특별히 맞춘 이색적인 세부사항을 첨부했는데, 이에 대해 지금부터 설명하기로 한다. 닛케이는 일본 주식 225종목으로 취합되는 지수인데 이들의 주가는 엔화로 표시된다. 닛케이 지수에 투자한 미국 달러 기반의 투자자는 사실상 엔화로 일본 주식을 소유하는 셈이며, 그 때문에 두 가지 위험에 노출된다. 즉 닛케이의 하락과 달러 대비 엔화의 가치 하락이다. 미국 투자자는 닛케이의 하락에 대비한 보험을 물론 기꺼이 사들이지만, 닛케이가 떨어지면서 엔화가 동시에 떨어지는, 불가능하지 않은 상황이 벌어질 경우 보험 급여액이 줄어드는 것도 원치 않았다. 그래서 덴마크 왕국 닛케이 풋 보증에는 또 엔화의 가치 하락에 대한 방어책도 포함됐다. 즉 달러-엔의 실제 환율이 어떻게 변하든 상관없이, 보증의 지불액을 사전에 보장된 환율에 따라 달러로 전환할 것을 보장하는 것이다.

예를 들면 닛케이가 37,500에서 25,000으로 떨어진다면 33%에 해당하는 12,500포인트가 빠지는 셈인데, 이때 액면가 1,000달러에 엔당 1달러의 환율을 보장하는 풋 보증을 투자자가 소유하고 있다면 엔화가 달러로는 전혀 아무 가치도 없어지는 극단적 상황이 온다 해도 총 333달러를 받게 되는 것이다. 이런 환율이 사전에 보장되지 않는다면 보증 소유자는 보증된 액수를 지급받는다 해도 현행 환율을 적용하면 한 푼도 받지 못하게 된다. 미국 투자자는 당연히 손익을 달러로 계산하므로 이런 조건은 아주 매력적이었다. 하락하는 일본의 증시로부터 이익을 챙기는 한편 그로 인해 엔화가 어떤 영향을 받을지에 대해서는 걱정하지 않아도 됐기 때문이다.

시장에서는 이런 조건을 "퀀토" 옵션이라 불렀는데, 내가 보기에는 "보장 환율"(지이아르) 옵션이라는 이름이 더 어울릴 것 같아 늘 그렇게 불렀다. 내가 기억하는 최초의 비표준 옵션 내지 소위 이색 옵션이었는데, 인기를 끈 구조화된 상품이 대부분 그렇듯 이 역시 투자자의 요구를 반영하고 있었다.

금융공학의 역할이 필요한 곳은 바로 이런 자리이다. 그래니가 엔화 기반의 풋을 싸게 사서 덴마크 왕국 풋을 본격 투자자와 투기자에게 더 비싸게 팔기는 했지만, 두 가지 사이에는 우리의 이익을 날려버릴 수도 있는 위험한 관계가 도사리고 있었다. 우리가 산 옵션은 닛케이가 하락할 경우 우리에게 엔화로 지불하지만, 우리가 판매한 덴마크 왕국 풋에는 우리가 달러화로 지불한다는 의무가 포함돼 있었다. 따라서 달러와 엔 사이의 환율이 바뀌면 우리의 이익이 줄어들거나 아예 없어질 수도 있었다. 이런 일이 일어나지 않도록 하려면 우리는 엔-달러 환율이 조금이라도 바뀔 경우 환율 변동이 우리가 산 옵션과 판 옵션 양측에 미치는 영향을 지속적으로 헤지해야 했을 것이다.

의상 디자이너가 노동력, 옷감, 재단 등의 비용을 고려하여 옷값에 반영되도록 하는 것과 마찬가지로, 우리 역시 우리의 지이아르 옵션에 부과하는 가격에 헤지 비용을 반영해야 했다. 이 헤지 전략은 매일매일의 닛케이와 엔화 거래를 위주로 하고 있었는데, 이 비용을 산정하여 우리가 덴마크 왕국 풋에 매기는 가격에 포함시켜야 했다.

1973년에 블랙과 숄스는 표준 주식 옵션의 공정 가치는 그 옵션의 일생에 걸쳐 그것을 헤지하는 비용과 같음을 보여주었다. 두 사람은 옵션의 가치를 계산하는 편미분 방정식을 유도해 냈고, 그 방정식을 푸는 방법을 보여주었다. 그 이후 학자와 실무자 모두 두 사람의 발견을 확장하여 다른 온갖 옵션에 적용하느라 바빴다. 그리고 1989년 말에 피오트르 카라진스키는 덴마크 왕국 지이아르 풋의 공정 가치를 위한 비슷한 편미분 방정식을 찾아냈다. 그런데 모두의 예상을 뒤엎는 결과가 나왔다. 영업장 사람 누구도 믿기지 않아했다. 그 풋의 가치가 엔-달러 환율 변화와 닛케이 지수 변화 간의 상관관계에 달려 있음을 그가 증명한 것이다. 지이아르 닛케이 풋은 엔화 가치와는 무관하도록 설계됐는데도, 직관과는 정반대로 닛케이 지수와 엔화 간의 상관관계에 영향을 받는다는 사실은 거의 모순처럼 보였다.

내가 1990년 1월에 골드만으로 돌아갔을 때 다들 닛케이 풋에, 그중에서도 그것의 가치 계산법과 헤지 방법에 관심을 쏟고 있었다. 나는 얼마 지나지 않아 그래니가 몇 달 전 새로 채용한 옵션 거래사로 닛케이 장부의 일상적 헤지를 맡고 있는 댄 오루크를 만났다. 댄과 나는 바라보는 세계가 비슷했다. 첫째로, 두 사람 모두 모델 자체로는 아무리 우수하다 해도 불충분하다는 사실을 이해하고 있었다. 거래사에게 필요한 것은 모델을 포함하는 표준 시스템, 절제된 방식에 따라 모델을 활용하지 않을 수 없게 하는 시스템이었다. 우리 거래사는 자기 장부를 로터스 스프레드시트로 관리하고 있었는데, 어느 거래사라도 마음 내키는 대로 변경할 수 있었으므로 부적합하고 신뢰할 수 없었다. 그것은 사업을 운영하는 올바른 방법이 아니었다. 우리는 닛케이 옵션에 맞춘 전용 위험관리 시스템을 만드는 게 결정적으로 중요하다고 느꼈다. 내가 금융전략 그룹에 있을 때 채권 옵션 영업장을 위해 만든 거래 시스템과 비슷한, 가바즈가 시카고에서 만들고자 한 것과 유사한 시스템이 필요했다. 우리 영업장의 닛케이 변동성 장부에 포함된 수백 가지 옵션, 선물, 통화 포지션에 대한 헤지를 관리하려면 전용 프로그램이 있어야 했다. 둘째로, 단기적으로는 시스템보다 더 중요한 부분인데, 댄과 윌리엄 토이는 직관과는 정반대 양상을 보여준 피오트르 카라진스키의 지이아르 풋 가치 결정 공식이 옳다는 사실을 거래사에게 증명해 보이는 일이 중요하다는 점을 나에게 주지시켰다.

나는 지이아르 옵션 가치 계산을 위한 피오트르의 공식이 지니는 핵심을 파악하는 것으로 작업을 시작했다. 옵션 공식을 거래사에게 설명할 때에는 확률미적분이나 편미분 방정식을 동원할 수가 없다. 거래사가 수학 교육을 받았을 가능성이 높은 오늘날에도, 하나의 공식이 맞다는 사실을 보여주려면 직관적인 방법을 찾아내야 한다. 나는 방정식을 고차원의 수학을 통해서가 아니라 나 스스로 몸으로 이해하기 전에는 절대로 만족하지 못한다. 따라서 덴마크 왕국 지이아르 옵션을 위한 편미분 방정식을 유도하는 방법을 사용하지 않고, 옵션의 공정 가치를 좀 더 쉽게 이해할 수 있는 설명 방법을 찾아내려 애썼다. 파인만의 양자 전기역학 법칙은 복잡한 산란 사건의 확률을 정확하게 계산하기 위한 실용적 도구이다. 그보다는 떨어지지만 비슷한 방법으로, 동적 옵션 복제 이면에 자리 잡고 있는 고등 수학을 동원하지 않고서도 하나의 옵션 공식이 옳다는 사실을 거래 실무자가 확신할 수 있는 일관된 규칙을 찾아내고 싶었다.

나는 블랙-숄스 공식이 정말로 전달해 주고 있는 내용이 무엇인지 생각해 보았다. 원칙적으로 보면 동적 복제라는 머턴의 전략으로 이 공식을 이끌어 낼 수 있다. 이 관점에서 보면 이 공식은 주식과 무위험 채권의 구성비가 바뀌는 혼합물을 바탕으로 주식 옵션을 합성해 내는 방법을 세밀한 부분까지 정확하고 면밀히 결정한다. 그러나 좀 더 좁게 바라보면 이 공식은 주식의 현재 가격과 무위험 채권의 현재 가격을 통해 그 옵션의 공정 가격을 알려주고 있다. 공식의 핵심은 그 옵션이 혼합물이라는 점이다. 고대 그리스의 신화에 나오는 켄타우로스가 반은 말이고 반은 인간인 것처럼, 콜 옵션 역시 일부는 주식이고 일부는 채권으로 이루어진 혼성물이다. 나는 이와 같은 관점을 바탕으로, 블랙-숄스 공식을 주식과 채권의 시장 가격이라는 알려진 변수 값으로부터 그 혼합물의 공정 가치를 추정, 보간(補間)해 내는 하나의 간단하고 이해하기 쉬운 방법으로 간주하게 됐다. 블랙과 숄스 이전에 폴 새뮤얼슨을 비롯한 여러 경제학자가 바로 이런 논리로 블랙-숄스 공식과 거의 분간할 수 없을 정도로 비슷한 결론을 도출한 바 있다.

과일 샐러드의 가격을 산정하고 싶을 때에는 혼합물에 포함된 과일 가격의 평균값을 계산하는 법이다. 이와 비슷하게, 나는 이 옵션 공식을 내용물의 시장 가격이라는 알려져 있는 값을 평균 냄으로써 합성물의 가격을 산정하는 하나의 처방으로 생각했다. 그래서 나는 옵션이라는 혼합물의 가치를 계산하기 위해 간편하게 사용할 수 있는 일련의 법칙을 만들어 보면서 실험에 착수했다. 이런 법칙을 이용하여 지이아르 옵션을 위한 올바른 공식을 얻어 낼 수 있는지 찾아보려 한 것이다. 결국 다음과 같은 원리를 찾아내게 됐다.

첫째, 수학 문제가 다 그렇듯 단위, 즉 모든 증권의 가치를 나타낼 통화를 선택해야 한다. 통화는 어느 것으로 선택해도 된다. 엔화, 달러화, 심지어는 아이비엠 주식을 가치의 단위로 삼을 수도 있다. 높이를 나타낼 때 인치를 쓸 것이냐 센티미터를 쓸 것이냐를 결정하는 것과 같다. 하나의 옵션 또는 아파트 건물을 만들어 내는 데에 들어가는 비용이 선택한 통화에 따라 달라져서는 안 된다.

실질적으로 약간의 생각을 동원하면, 어떤 통화가 자연스러울지를 생각하여 통화를 택하면 문제가 무한히 간단하게 바뀔 수 있음을 알 수 있다. 옵션 세계 바깥에서 예를 들어 보면, 주식 시장 분석사는 한 주식의 가치를 측정할 때 해당 주식의 주가수익률, 즉 주가를 연간 수익으로 나눈 값을 이용하는 때가 많다. 이는 한 회사의 주가를 나타낼 때 달러 자체가 아니라 그 주식이 연간 벌어들이는 달러 수익을 단위로 사용하는 것과 같다. 주식 가격을 이런 식으로 나타내면 그 주식을 현재 가격에 사들일 때 몇 년 치의 추정 수익을 지불하고 있는지를 저절로 알 수 있다.

1990년대에 이루어진 옵션 이론의 발전은 상당 부분 달러보다 더 정교한 단위를 선택하는 영리한 방법에 의한 것으로, 블랙, 숄스, 머턴이 이룩한 발견을 보충한 수준에 지나지 않는다. 이 요령은 블랙-숄스 모델이 창안된 직후 윌리엄 마그레이브가 가장 먼저 활용했다. 수학 성향이 강한 옵션 이론가는 이런 요령을 "가치척도의 선택"이라 부른다.

가치척도를 선택한 다음, 우리는 여기서 위험을 다루고 있기 때문에 옵션의 여러 요소 중 미래 가치가 알려져 있지 않은 요소, 즉 위험 성분을 명시해 주어야 한다. 여기서 우리의 목표는 복잡한 옵션을 우리가 위험을 이해하고 있는 가장 단순한 기초 증권의 혼합물로 생각하는 것이다. 옵션 모델을 만드는 사람들은 이를 위험 요소라 부른다. 예를 들면 표준적인 주식 옵션에서는 주가가 커다란 위험 요소이다. 덴마크 왕국 닛케이 풋의 경우 가장 중요한 위험 요소는 닛케이 수준과 엔-달러 환율 값이었다.

다음, 위험 증권의 값이 띨 수 있는 미래 시나리오의 범위를 나타내 주어야 한다. 이 범위는 대개 여러 가지 모델 변수로 표현되며, 모델의 눈금을 맞출 때 변수로 지정해 주어야 한다. 일단 위험 성분의 미래 시나리오 범위를 알고 나면 그 다음에는 그 나머지 모든 증권의 (예를 들면 옵션의) 가치를 산정할 수 있는데, 이 가치는 각각의 시나리오에 대한 미래 지불액 평균을 현재 시간을 기준으로 할인한 값에 해당된다. 예를 들어 블랙-숄스 모델에서는 주식의 미래 수익이 종 형태의 분포를 따르는 것으로 간주하고 있다. 기초 통계학을 배운 사람이라면 누구나 익숙한 형태이다. 종 형태의 분포는 분포의 중심과 폭을 결정하는 변수, 좀 더 수학적으로 말해 평균과 표준 편차로 지정된다.

그런 다음에는 모델의 눈금을 맞춰주어야 한다. 즉 우리가 선택한 자연 통화로 나타낸, 더 단순하고 위험한 기초 증권의 현행 가격과 모델의 시나리오 변수가 일치하게 해 주어야 한다. 블랙-숄스 모델에서 눈금 맞추기란 그 모델을 이용하여 주식 자체의 가치를 계산할 때에는 주식의 현행 가격이 재현되는지 확인하는 것이고, 그 모델을 이용하여 무위험 채권의 가치를 계산할 때에는 그 채권의 가격이 재현되는지 확인하는 것을 말한다. 이 정도의 제약조건이면 블랙-숄스 공식을 명확히 정의하기에 거의 충분하다. 눈금 맞추기는 절대적으로 중요하다. 어떤 모델을 이용하여 어떤 단순 위험 증권의 가치를 계산할 때 — 그 증권의 위험을 이해하고 있고 또 시장가를 알고 있는 상태에서 — 그 모델은 언제라도 그 증권의 가격과 일치하는 결과를 내놓아야 한다. 그렇지 않으면 출발부터 잘못된 것이다.

모델의 눈금을 맞추고 나면 그것을 이용하여 해당 옵션의 가치를 계산할 수 있다. 미래의 시나리오 분포에 걸친 지불액 평균의 할인값을 계산하면 된다. 나는 이를 보간법이라 부르고 싶은데, 한 혼합물의 양 끝에 있는 구성 성분의 가격을 알고 있는 상태에서 모델을 활용하여 그 "사잇값"을 계산하기 때문이다.

나의 방법에는 이렇다 할 만한 독창적 부분이 없지만, 옵션 가치 결정법의 수수께끼를 풀어내는 동시에 그 이면의 경제학적 논리를 대부분 보존하고 있는 것은 분명하다. 이 방법은 모델을 거래사에게 설명하는 데에도 도움이 됐고, 내 자신에게도 직관적 사고 방법으로 유용했다. 생각보다 수학을 덜 사용하면서도 여러 가지 복잡한 파생 상품 문제에 대한 답을 얻어낼 수 있는 것이다.

이제 다음으로는 이 논리를 한번에 하나씩 덴마크 왕국 닛케이 풋에 적용해 나갔다. 이 풋 보증은 미국 달러로 지불하기 때문에 나는 자연 통화로 달러를 택했다. 관련된 위험 요소는 (엔화로 표현되는) 닛케이 수준과 (달러화로 표현되는) 엔화의 가치였다. 피오트르는 닛케이와 엔의 미래 수익이 모두 일반적인 종 형태의 시나리오를 따를 것으로 간주했다. 분포의 꼬리 부분이 넓게 나타난 문제와 그것이 옵션 가격에 미칠 영향에 대해 아무도 신경을 쓰지 않았던 당시로는 충분히 타당했다.

이어 이 모델의 눈금을 맞췄다. 종 모양을 띤 엔화 표시 닛케이 분포와 달러화 표시 엔화 분포의 각 중심값을 정하면서, 달러화로 표시된 닛케이와 엔의 가격 모두가 현재의 시장 가치와 일치하게 조정했다. 이제 모델은 조건을 완전히 지정한 상태였고, 이로써 보간 계산의 준비는 끝났다.

다음에는 닛케이와 엔화에 대한 미래의 모든 시나리오에 걸친 지불액 평균값을 계산함으로써 우리 풋 옵션의 공정 가치를 계산했다. 계산 과정에서 일단 지불액은 보증된 환율에 따라 달러로 변환하여 계산했다. 그랬더니 피오트르의 공식을 좀 더 직접적으로 얻을 수 있었다. 너무나도 가슴 뿌듯했다. 우리 옵션의 가치는 정말 엔화 표시 닛케이와 달러화 표시 엔화 간의 상관관계에 의존하고 있었다. 내 방법은 거래사에게 설명하기가 훨씬 더 쉬웠다. 항상 가격의 불일치를 유심히 살펴보던 그들이었으므로, 그들이 언제라도 사고 팔 수 있는 증권인 닛케이 및 엔화의 시장 가격과 모델의 눈금이 맞아야 한다는 사실을 본능적으로 이해하고 있었던 것이다.

물리학을 할 때 나는 검산을 위해 적어도 두 가지 다른 방식을 사용하여 계산했다. 여기서도 그런 식의 검산을 해 보기로 했다. 내 법칙이 옳고 또 그 법칙을 면밀하고 정확하게 사용했다면, 자연 통화가 아닌 단위를 선택한다 해도 최종적으로 얻어내는 지이아르 풋의 가치는 동일해야만 한다. 정말 그런지 확인하기 위해 나는 달러화가 아니라 엔화를 선택했는데, 달러화로 지불하는 지이아르 풋의 가치를 결정하기에는 비교적 부자연스런 가치척도였다. 이제 나는 분포의 눈금을 모두 엔화 표시 닛케이와 엔화 표시 달러화의 시장 가격에 맞추었다. 그리고 닛케이 풋 보증이 달러화로 지불함에도 불구하고 보증의 공정 가치를 엔화로 계산했다. 우리 보증의 최종 엔 가치를 현행 환율에 달러로 변환했더니 같은 값을 얻을 수 있었다. 문제를 풀기 위해 어떠한 통화를 선택해도 모든 것이 일관성을 유지했다.

최종 공식에서 닛케이-엔화 간의 상관관계가 띠는 양상에 역설적 요소가 있었지만, 시간이 가면서 우리는 이 상관관계가 왜 그렇게 중요한지 이해하게 됐다. 덴마크 왕국 닛케이 풋이 지불하는 달러화는 엔-달러 환율과 무관했다. 닛케이 수준에만 따라 움직일 뿐이었다. 그러나 이 풋을 헤지하자면 닛케이에 대한 우리 풋의 노출을 헤지해야 했는데, 그러자면 (엔화로 표시되는) 닛케이 수준에 따라 가치가 결정되는 닛케이 선물 포지션을 잡을 필요가 있었다. 이 닛케이 선물 때문에 추가로 엔화에 대해 노출되게 되므로 이제 이 노출에 대한 헤지도 필요했다. 둘 사이의 상관관계가 발생하게 되는 것은 첫 번째 (닛케이) 헤지에 대한 두 번째 (엔화) 헤지 때문이었다. 우리 옵션의 일생 동안 이루어질 두 가지 헤지 거래 비용을 모두 반영하자 지이아르 풋의 올바른 가치를 얻을 수 있었다.

나는 피오트르의 정연한 결과를 실용적 차원에서 재도출했다는 사실에 대단히 흐뭇했고, 거래사와 퀀트 사이를 바삐 오가며 귀를 기울이는 사람이면 신이 나서 붙들고 내가 알아낸 것을 설명해 주었다. 그 뒤 몇 달 동안 피오트르와 제프와 나는 정량전략 그룹 연구 보고서라는 일련의 새로운 논문 중 제1탄으로 〈보장 환율 옵션의 이해〉라는 논문을 썼다. 논문에 약간의 수학이 동원되기는 했지만, 고객과 판매사에게 보장 환율 옵션 상품에 대해 설명할 목적으로 비교적 평이한 투로 작성했다. 나는 잠시 동안 우리가 다른 사람들이 거의 이해하지 못하는 흥미로운 것을 알고 있다는 느낌을 누렸고, 우리의 보고서를 학계의 친구와 고객에게 보낼 날을 열심히 기다렸다. 논문 출판에 다시 관여하게 돼 기뻤다.

  그렇지만 그리 쉽지는 않았다. 투자은행이 고객에게 연구 보고서를 보낼 때에는 내용 중 특정 상품을 권장하는 내용으로 해석될 소지가 있는 부분이 있어서는 안 된다. 법적으로 문제가 될 수 있기 때문이다. 헤지에 대한 서술에서는 이론적 모델을 실제 시장에 적용할 때에는 효력이 달라질 수 있다는 전제조건을 달아 주어야 한다. 나아가 회사의 독점적 지위를 망칠 만한 어떠한 것도 드러내고 싶지 않음은 물론이다. 그리하여 논문을 작성한 다음 우리는 거래 영업장에 새로 채용된 책임자에게 건네주고 승인을 청했다.

  며칠 뒤 그는 우리에게 그 보고서를 회사 외부에는 배포하지 말라고 부탁했다. 우리가 아는 사실을 같은 분야 사람들에게 전달할 수 없다는 사실에 불만을 느끼기는 했지만, 옵션 가격 결정 공식을 그가 진심으로 영업상의 비밀에 가깝다고 생각하고 있음을 알 수 있었다. 따라서 경쟁자에게도 고객에게도 알려서는 안 된다는 것이다.

  나는 그가 틀렸다고 생각했다. 상업적으로 진정한 가치는 그래니의 착상 속에 있었다. 엔화의 하락과는 무관한 닛케이 보험을 닛케이에 거품이 있다고 생각한 미국 투자자에게 판다는 생각이야말로 뛰어난 것이었다. 그렇지만 이 생각은 이미 사회의 공유 재산이었다. 우리의 보증을 아메리카 증권거래소에 상장했기 때문이다. 당연히 우리가 상장하자마자 다른 은행도 모방 상품을 내놓기 시작했다.

  몇 달이 지나지 않아 여러 대학교의 금융학자가 지이아르 옵션의 가치 결정에 대한 논문을 내놓았다. 내용이 이해하기 어렵기 때문에 그 중 한

둘은 처음에 틀린 내용을 담고 있었지만, 몇몇은 올바로 파악했다. 우리가 논문을 펴냈더라면 골드만으로서는 거의 아무것도 잃을 게 없었을 것이다. 오히려 분석적 재능이 있는 사람이 모여 있는 곳이라는 약간의 영예를 얻었을지도 모른다. 그 뒤 몇 년 동안 우리의 사내용 보고서 몇 부가 외부로 새어 나갔는데, 필시 고객과 대화 자리를 마련하려는 열성 판매사들이 돌렸을 것이다. 그로부터 10년이 지난 뒤, 우리 보고서는 환 파생 상품을 다룬 책에 — 그렇지만 축약된 형태로 — 늦게나마 출판됐다.

그해 여름에 나는 존 헐이 토론토 대학교에서 마련한 강좌에서 지아이르에 대해 강의했다. 다른 여러 강사의 발언을 들으며 나는 골드만의 보통주 파생 증권 부문에서 일하는 게 얼마나 행운인지를 깨닫기 시작했다. 지이아르 옵션은 피어나는 보통주 옵션 시장이 우리에게 던져 주기 시작한 새롭고 흥미로운 수많은 문제 중 시작에 지나지 않았다. 이러한 문제에 대해 학자들은 아직 인식도 하지 못하고 있었다.

지적 및 영업적으로 흥미로운 문제는 거래사의 질문 형태로 우리에게 다가오는 때가 많았다. 문제가 있다는 사실은 인식하면서도 그게 뭔지 정확히 집어내는 데에 어려움을 느낀 거래사가 우리에게 질문을 던지는 것이다. 씨름의 첫부분은 문제가 무엇인지 이해하는 것이었다. 거래사가 항상 인내심을 가지고 우리의 해법을 들어 주지는 않았다. 판매사들로부터 알게 된 사실인데, 우리 회사의 고객, 특히 수학에 열광적인 프랑스와 일본의 고객이 금융 모델과 이색 상품에 대해 배우고자 하는 열의가 더 강할 때가 이따금씩 있었다. 나는 복잡한 주제에 대해 정직하고 단순하고 직접적이며 현학적이지 않은 글을 원하는 소비자가 많이 있다는 사실을 깨닫기 시작했다.

  그뒤 10년 동안 우리는 정량전략 그룹에서 보통주 변동성의 난해하고 복잡한 부분에 대한 논문을 많이 썼다. 우리는 학계와 월스트리트 양쪽을 아우르며, 생생하고 교육적인 문체로 거래와 가치 평가 이론을 설명하고자 했다. 학문적으로 엄격한 측면은 약간만 첨가했는데, 그나마 주로 부록으로 미뤄버렸다. 우리는 이해력을 갖춘 거래사, 판매사 및 고객이라는 독자가 이해할 수 있도록 한다는 목표로 논문을 썼다. 그리고 그들 모두가 주의를 집중할 수 있는 시간이 짧을 것으로 간주했다.

  나는 내면적으로 1980년대 퀀트 그룹의 관점을 유지하고 있었다. 스탠리 딜러와 피셔로부터 조금씩 삼투돼 들어온 사고방식이었다. 나는 우리가 이론과 현실 세계가 만나는 자리에서 일하고 있어서 유리하다고 느꼈다. 학계와 실무 세계 모두에 한쪽 발을 딛고 있다는 점이 좋았다. 우리 모델을 출간하면 금융경제학을 진전시키는 동시에 골드만삭스에게는 명성을 가져다주고, 결과적으로 자질이 뛰어난 사람들을 회사에 끌어들이게 됨을 알았다. 끝으로, 우리가 만드는 모델로 가치를 측정하도록 세상을 설득하는 일은 효과적이면서도 정직한 노력임을 깨달았다.

  골드만 외부 사람들은 우리가 추상적 연구와 그 결과의 출판에 온 시간을 다 쏟는 것으로 생각했다. 그렇지 않았다. 우리의 주된 활동은 항상 파생 증권 영업장에서 쓸 모델 및 거래 시스템을 작성하며 그들의 실무적 문제를 우리의 이론으로 해결하는 일이었다. 그 나머지 시간에는 보고서를 작성했다. 대부분 돈보다는 그 일이 좋아서였다. 우리는 실험가의 실험실에서 살고 있는 이론가가 되는 무한한 행운을 얻었다. 기존 법칙을 벗어나는 새로운 사례와 그에 따라 거래 영업장에서 겪는 어려움이 발견되면 가장 먼저 알게 되는 기회가 있었다.

그래니의 구조화된 거래가 성공하자 모두가 더 많은 거래를 찾아내기를 원했다. 더욱 많은 거래를 수행하려면 더욱 많은 퀀트와 더 나은 위험관리 시스템이 필요하다는 사실이 분명해졌고, 그에 따라 정량전략 그룹은 성장하기 시작했다.

당시에는 아무도 그 용어를 쓰지 않았지만, 우리가 소유하는 보증의 위험과 우리가 판매하는 지이아르 풋 간의 불일치를 제거하는 방법을 보여준 것은 피오트르의 "금융공학"이었다. 현실 세계에서 그에 따른 헤지를 실행하는 일은 좀 더 복잡했다. 거래 영업장은 엔화로 표시된 다양한 닛케이 풋에 대해 매수 포지션을 취하고 있었다. 그에 상응하여 골드만이 발행한 달러화 표시의 덴마크 왕국 닛케이 풋이라는 다량의 단일 종류 증권에 대해 매도 포지션을 취하고 있었다. 영업장은 이러한 불일치를 헤지하기 위해 닛케이 선물과 엔화뿐 아니라 일본의 몇몇 개별 주식까지 양을 달리하여 계속적으로 거래해야 했다. 이러한 전체 "닛케이 장부"는 적어도 매일 한 차례, 때로는 더욱 자주 헤지해 주여야 했다.

내가 1990년 1월에 들어갔을 때 이 모든 복잡한 업무가 구식인 도스 기반의 개인용 컴퓨터에서 블랙-숄스 옵션 모델을 적용한 로터스 스프레드시트로 처리되고 있었다. 효과적으로 위험관리를 수행할 수 있을 만큼 유연하지도 신뢰할 만지도 않았다.

나는 고정수익 세계 출신으로 정량전략 그룹에 참여하게 돼 운이 좋았다. 고정수익 세계는 이런 측면에서는 언제나 보통주 세계보다는 몇 걸음 더 진보된 상태를 유지하고 있었기 때문이다. 오랫동안 금리가 변동성이 낮은 상태를 유지하면서 안정적 수익을 보여주었으나 1970년대 말에 들어 금리가 급등했다. 그러자 고정수익 고객과 그들을 대하는 거래 영업장은 포트폴리오 헤지 시스템의 초기 개척자가 될 수밖에 없었다. 그 결과 나는 위험 시스템의 설계와 구축에 대해 많은 것을 알게 됐고, 바로 이 부분이 내가 기여할 수 있는 부분이라 생각했다.

피오트르와 나는 정량전략 그룹의 자문사 라오 아크유수니와 함께 한두 달이라는 단기간에 초보적 수준의 닛케이 위험관리 시스템을 설계하여 만들어냈다. 사무라이라는 이름을 붙인 이 시스템은 단순하긴 했지만 쓸모는 있었다. 우리는 한 줄에 한 가지 증권씩 우리의 거래 포지션을 표 형태로 입력하여 평범한 컴퓨터 파일로 만들었다. 각 줄에서 첫째 열에는 우리가 소유하고 있는 증권 수를, 둘째 열에는 증권 형태를 입력하고(주식, 옵션, 지수, 선물 계약, 통화 등), 그 나머지 열에는 평가에 필요한 세부 사항을 기입했다(권리 행사 가격, 만기 등). 매일 우리는 이 파일을 편집하여 새로운 거래와 만기 등 변동사항을 반영했다. 사무라이는 파일 위치를 읽어들인 다음 현행 시장 수준에서 전체 포트폴리오의 모델 값과 헤지 비율을 산출했다. 또 닛케이 수준, 엔화, 금리, 그리고 변동성이 최대 20%까지 등락하는 좀 더 극단적 시나리오가 포트폴리오에 미치는 영향도 산출해 냈다. 아마도 후자의 기능이 가장 유용했을 것이다. 이 기능을 이용하여 우리는 장부에서 손실을 발생할 수도 있는 "위험 구역"을 찾아냈고, 어떤 유형의 새로운 거래로 이런 위험을 개선할 수 있을지를 산정해 낼 수 있었다.

사무라이는 대단한 반향을 불러 일으켰다. 단순하기는 했지만, 보통주 사업부에서는 이제까지 완전히 새로 만들어진 파생 증권 포트폴리오 전용 위험관리 시스템을 본 적이 없었던 것이다. 영업장에서는 사무라이를 환영하며, 제프와 피오트르와 나를 초청하여 보통주 사업부의 카리스마 넘치는 두 책임자인 로이 주커버그와 데이비드 실편에게 시연해 보이게 했다.

우리가 만든 게 영업장에 그토록 잘 맞았던 것은 우리가 댄과 대단히 긴밀하게 협력한 덕분이었다. 거래사에게는 나름의 언어가 있다. 댄 역시 그런 언어를 썼지만, 내가 만난 거래사 중 그것을 우리가 알아들을 수 있는 말로 전달해 줄 능력과 용의가 있는 사람은 몇 명 되지 않았는데 댄이 그 중 한 명이었다. 그는 날마다 우리와 함께 몇 시간이고 칠판 앞에 서서 시스템의 구성과 시험을 도와주곤 했다. 무엇이 어떤 양식으로 화면에 표시되어야 하는가에 대해 인내심을 갖고 나와 논의하곤 했다. 댄은 또 숨어 있는 퀀트이기도 했다. 어느 날 그는 수년 전 그가 쓴 옵션 가격 결정에 관한 졸업 논문을 서랍에서 꺼내 자랑스레 보여주었다. 그 뒤 몇 년 동안 우리가 정량전략 그룹에서 작성한 프로그램이 그토록 잘 동작한 것은 댄이 거래 영업장의 대행인 역할을 맡아 준 덕분이다.

수많은 거래사와는 달리 댄은 성공은 개선의 누적에서 온다는 것 또한 알고 있었다. 우리가 만들고 있던 것은 우주왕복선이 아니었으므로 구체적 제원을 세밀한 부분까지 기록하여 공학자에게 넘겨줄 필요는 없었다. 우리가 발전도상에 있던 보통주 파생 상품 사업을 위해 위험 시스템 개발을 시작했을 때 우리는 이미 미지의 지역에 들어서 있었고, 그 지역을 통과할 수 있는 최선의 경로로 널리 인정된 것은 없었다. 거래사와 대화할 때마다 너무나도 많은 요구와 결정사항이 우리에게 쏟아져, 무엇을 먼저 해야 할지 정하기가 어려웠다. 내가 함께 일한 거래사 쪽 사람 중 물리학에서 건드림이론이라 부르는 것을 누구보다도 잘 이해하고 있었던 사람은 댄이었다. 가장 중요한 부분을 가장 먼저 완성하고, 그 다음 다시 남은 것 중 가장 중요한 부분을 먼저 완성하는 식의 접근 방법을 말한다. 이와는 대조적으로 대다수의 다른 거래사와 영업장 사람은 밀른의 시에 나오는 "우리 할아버지가 아시던 늙은 선원"과 비슷해서, "하고 싶은 일이 너무 많아서 이제 슬슬 시작해야지 하고 생각할 때마다 하고 싶은 일이 너무 많아 시작하지 못하는" 경우에 해당됐다. 댄은 자신의 임무를 영업장 전체를 위한, 통일되고 잘 짜인 거래 기반구조를 정의하고 만들어 내는 것이라 보았다. 그래서 거래사가 한 나라에서 다른 나라로 옮겨가 일한다 해도 일관된 업무 환경에서 일할 수 있게 한다는 것이다. 거래사는 대부분 그냥 거래만 하기를 원했다. 그러나 댄은 안전하게 거래하는 데에 필요한 도구에 대해 생각하는 일을 마다하지 않았다. 몇 년 뒤 회사에서 댄을 런던에 부임시키고 난 뒤 아무도 그의 역할을 이어받지 않았고, 그 때부터는 영업장에서 필요로 하는 것을 제공해 주는 일이 훨씬 더 어려워졌다. 그로부터 세월이 10년 넘어 흐르는 동안 우리 영업장과 장부의 규모는 여러 배로 불어났지만 그럼에도 불구하고 우리가 사무라이에 짜넣은 방법론이 우리 위험 시스템의 핵심으로 남아 있었다.

1990년대 초에 이르러 소련이 해체되고 역사는 외견상 미국의 편을 들어주었고, 자본주의가 전 세계를 풍미했다. 보통주 파생 상품 분야에서는 이색 옵션 시대가 시작돼 있었다. 이색 옵션은 한 나라에 있는 투자자가 다른 나라 시장에 정확히 원하는 만큼만의 노출되게 할 때 선호하는 방법 같았다. 예를 들어 우리가 프랑스의 주식 시장이 상승할 경우 이익을 보기 원하는 미국 투자자라 가정하자. 옛날에는 프랑스의 다양한 주식 종목을 골라 사들여 보유함으로써 프랑으로 표시된 주식 가격을 주시하고, 배당을 받고, 그것을 다시 달러로 환전하고, 소득세와 양도소득세를 내는 등의 시시콜콜한 일을 모두 해야 했다. 그런 모든 일을 다 하고 나서도 프랑스 프랑이 달러에 대비하여 약세로 흐를 위험에 노출되어야 했다. 이제는 그럴 필요 없이, 골드만의 보통주 파생 상품 영업장에 찾아와 시에이시-30 프랑스 보통주 인덱스의 달러화 표시 지이아르 콜 옵션을 사면 된다. 간단하게 매일 신문이나 텔레비전에서 시에이시-30의 종가를 확인하여 자신의 손익을 알기만 하면 되는 것이다. 복잡하고 성가신 부분은 우리에게 맡기면 된다.

   이와 같은 이색 옵션이 뜨고 있었고, 골드만은 구조화된 보통주 상품 사업을 구축하기로 작정하고 있었다. 사무라이가 성공하자 정량전략 그룹이 자연히 그 지원을 맡게 됐고, 그로부터 5년 동안 우리 그룹은 인원이 30명 정도로 늘어났다. 대략 순수 퀀트 한 사람당 소프트웨어 개발자 세 사람 꼴이 됐다. 거친 품질의 표준 옵션으로 갈고 닦은 실력을 바탕으로 우리는 그보다 더 세밀한 상황에 대한 노출을 제공하는 새로운 옵션을 설계하여 가치를 평가하는 작업에 대해 날마다 생각했다. 기준선 옵션[*1], 주가의 최고가에 대한 옵션, 주가의 평균에 대한 옵션, 되짚기 옵션[*2], 초과

성과 옵션, 금리 조건 옵션[*3], 옵션 자체에 대한 옵션 등이 있었다. 이와 같은 구조화된 상품이 처음 고안된 1970년대 말에서 1980년대 초에는 교묘한 수학 계산을 통해 이들의 가치를 평가했는데, 당시에는 이론적 한계를 넓혀 가는 과정에서 단순한 호기심 차원에서 만들어진 옵션일 뿐이었다. 그로부터 10년이 지난 지금, 투자은행은 이들 옵션을 고객이 원하는 형태의 위험에 정확히 맞춰 제공함으로써 매출을 올리는 맞춤형 상품을 생각했다. 거기에는 물론 프리미엄, 즉 웃돈이 부과됐다.

이러한 온갖 이색 상품 뒤에는 ─ 시장에서 성공적으로 받아들여질 경우 ─ 두 가지 뚜렷한 원칙이 있었다. 첫째, 옵션은 미래에 일어나지 않을 수도 있는 시나리오에 대해 돈을 거는 행위에 해당되기 때문에, 투자자는 거기에 대해 될 수 있는 대로 돈을 적게 지불하기를 원한다. 둘째, 옵션 비용을 최소화하려면 내가 돈을 거는 시나리오를 최대한 정확하고 정밀하게 정의해야 한다. 내가 이익을 보고자 하는 시나리오 또는 보호받고자 하는 시나리오를 정밀하게 정의하면 할수록 그에 대한 비용을 덜 지불한다.

우리에게는 온갖 투자 방식에 대한 옵션이 다 있었다. 고전적인 것은 콜 옵션이었다. 예를 들어 스탠더드앤푸어 500 지수에 대한 콜 옵션은 옵션

[*1] '배리어옵션 barrier option'이라고 영어 발음 그대로 쓰는 일이 많다. '장벽 옵션'으로 쓰기도 한다. 기초 증권이 일정 수준에 도달하거나 넘어서면 옵션의 권한을 행사한다 (옮긴이).

[*2] '룩백 옵션 lookback option'이라고 영어 발음 그대로 쓰기도 한다. 옵션이 만기될 때, 과거의 지정 기간 내 기초 증권의 가격변동 중에서 보유자 자신에게 가장 유리한 시점의 기초 증권 가격에 옵션의 권한을 행사한다 (옮긴이).

[*3] 금리 조건 옵션 rate-contingent option은 기준선 옵션과 비슷하지만 기초 증권의 가격이 아니라 금리를 관심사로 삼는다는 점이 다르다. 옵션 만기 시 옵션에서 지정한 금리, 예컨대 콜금리가 옵션에서 지정한 조건을 충족할 때 기초 증권에 대한 옵션의 권한을 행사한다 (옮긴이).

만기일에 지수가 오른다는 쪽에 돈을 거는 직설적 옵션이었다. 그래서 이 옵션을 매입하면 지수가 처음에는 떨어졌다가 다시 회복하는 경우를 비롯하여 지수가 궁극적으로 오르게 될 온갖 시나리오에 대해 돈을 지불하는 것이다.

이보다 더 이색적인 양념을 곁들인 것들도 있었다. 기준선 진입 콜 옵션은 지수가 먼저 지정 기준선 아래로 떨어졌다가 다시 원래 위치를 되찾을 거라는 데에 돈을 거는 것이다. 이런 하락에 이어 상승이 예상된다면 이 시나리오에 대해서만 돈을 지불하면 되는데, 이렇게 하면 표준 콜 옵션보다 돈을 덜 내게 된다. 이런 방향에서 비슷하면서도 조금씩 다른 옵션이 다양하게 많이 있었다.

스탠더드앤푸어 500 지수의 소폭 등락에는 신경을 쓰고 싶지 않고 오로지 지수가 전반적으로 오름세를 띨 것으로 본다면, 이 지수에 대한 평균 콜 옵션(또는 아시아 콜 옵션)을 매입할 수 있다. 이 옵션의 지불은 옵션의 일생 동안 스탠더드앤푸어 500 지수의 평균 수준에 의해서만 결정되기 때문이다. 한 지수의 시간 평균은 지수 자체보다 더 안정적 양을 나타내기 때문에 이 옵션 역시 대개 표준 옵션보다 값이 싼 편이다.

한편, 만일 연방 준비 은행에서 금리를 낮게 유지할 경우에만 주식시장이 오를 것으로 생각한다면 스탠더드앤푸어 500에 대한 금리 조건 콜 옵션을 사들이면 된다. 이 옵션은 금리가 오를 경우 소멸하며, 금리가 낮은 수준을 유지하는 동시에 지수가 오를 때에만 옵션이 유효하다. 이는 모든 상황에서 지수가 올라가는 경우보다는 확률이 낮기 때문에 이번에도 표준 옵션보다 값이 싸다.

우리의 옵션을 사들이는 전형적 고객 중 하나는 유럽의 어느 은행으로, 이율이 계속 떨어지자 더 높은 수익을 벌어들일 기회를 제공하면서 예금자를 끌어들이기를 원했다. 이 은행은 예금자에게 향후 1년 동안 시에이시-30의 연간 평균이 올라갈 경우 그에 비례하여 높은 이율을 지급하기로 약속해 주었다. 이를 위해 은행은 우리 영업장에서 시에이시-30 지수 평균에 대한 옵션을 사들였다. 이 은행은 예금자에게 단순한 고정수익형 투자를 제공하는 데에서 그치지 않고, 다른 데에서는 얻을 수 없는 혼성 상품, 즉 보통주의 이점을 결합한 채권을 예금자에게 제공하고 있었던 것이다.

역으로, 보통주 옵션을 파는 측 대다수는 유럽의 연금기금과 뮤추얼펀드 및 보험회사였다. 이들은 채권 수익률이 떨어지는 문제가 생기자 자신의 수익을 높이기 위해 보통주 지수에 대한 옵션을 팔았다. 이들은 지수가 올라가지 않는다는 쪽에 도박을 걸었고, 그래서 자기네가 판매한 옵션이 외 가격[*4]에서 마감되기를 원했다.

새로운 옵션 구조 개발은 무기 경쟁과 비슷했다. 한 회사에서 뭔가 새로운 것을 만들어 고객 사이에서 인기를 끌면, 그 이점을 유리하게 활용할 수 있는 기간이 몇 달 정도에 지나지 않았다. 그러고 나면 대개 다른 회사에서 모방 상품을 내놓았다. 한 가지 상품의 구조를 분해한 다음 거기에 몇 가지 묘안을 첨부하고, 위험관리 시스템을 개발하고, 법률적·기술적

[*4] 외(外) 가격 out-of-the-money이란 옵션을 사거나 팔 때 기초 증권 가격이 옵션에서 지정하는 가격 범위 바깥에 있는 경우를 말한다. 내(內) 가격 at-the-money, in-the-money은 그 반대 경우를 말한다 (옮긴이).

하부구조를 마련하고, 판촉에 들어가기까지 그 정도 시간이 걸렸다.

1990년대 초에는 옵션이 대부분 미국의 스탠더드앤푸어 500이나 영국의 에프티에스이 100 등과 같이 전 세계에서 통용되는 보통주 지수를 기반으로 만들어졌다. 옵션의 이색적 성격은 기초 증권이 아니라 기초 증권의 동향에 의존하는 옵션의 지불 방식 정의에 있었다. 1990년대 말 기술 및 생물공학의 거품기에는 투자자가 복잡한 기초 증권, 예를 들면 한 무더기의 기술주나 제약회사 주식에 대한 옵션에 좀 더 흥미를 갖게 됐다. 여러 거래 회사가 서로 경쟁하면서 옵션 지불 방식이 더욱 정교해지고 더욱 이해하기 어려워졌다. 1990년대가 끝날 무렵 가장 인기를 끈 옵션은 프랑스의 은행에서 파리의 고등 사범학교 출신 수학자들이 프랑스 특유의 딱딱한 수학을 동원하여 만들어 낸 옵션이었다. 이들이 출시한 이색 옵션은 무더기 주식에 대한 옵션으로, 무더기의 실제 구성 성분은 시간이 흐름에 따라 계속 바뀌었다. 그 중 한 가지를 예로 들면, 이 옵션에서는 전년도에 최고 실적을 보여준 주식이 무더기에서 빠져나가면서 무더기를 구성하는 주식 수가 매년 줄어들었다. 여느 업종과 마찬가지로 판매사는 복잡하게 맞춤 제작하는 것을 좋아했는데, 복잡할수록 돈을 더 많이 받을 수 있을 뿐 아니라 고객이 각 조건의 가치를 평가하기가 더 어렵기 때문이다. 경쟁자가 모방 상품을 만들어 내기가 더 어려워지기 때문에도 복잡한 구조를 좋아했다.

다양한 변종 옵션이 쏟아져 나왔다. 이러한 혁신의 물결 꼭대기에 자리 잡고 있는 동시에 그 물결에 원동력을 제공한 것은 피터 필드가 멋진 발상으로 시작한 〈리스크〉지였다. 매달 우리는 이 잡지를 보고 업계의 소식과 얘깃거리, 정량금융 관련 기사를 읽었다. 이 잡지는 옵션 세계 최초로 광택지에 인쇄됐다. 광고와 디자인 표지 등, 학자나 자산관리사보다는 정량금융 실무자를 대상으로 하는 잡지였다. 〈리스크〉는 〈금융 저널〉 같은 학회 정기간행물의 숨 막힐 정도로 딱딱한 형식을 거부했는데, 학계와 실무자 모두 좋아했다. 피셔 역시 이 잡지에 대해 칭찬하는 논평을 한 적이 있다. 1990년대 초 몇 년 동안 〈리스크〉는 매 호에 최신 이색 구조 상품 및 그것의 가치 평가 방법을 다룬 특집 기사를 실었다. 이내 〈리스크〉는 이색 옵션에 대한 값비싼 강좌를 개설하기 시작했는데, 투자은행 한 곳에서는 퀀트를 강사로 초빙하고 다른 곳의 퀀트로부터는 참가비를 받는 영리한 차익거래였다. 물론 참가비는 〈리스크〉가 챙겼다.

다른 잡지도 생겨났다. 새로 생겨난 전문 퀀트 조직인 국제 금융공학자 협회는 퀀트 훈련에 적합한 교과 목록을 규정하기 시작했다. 새로운 교재가 속속 나왔다. 또 돈을 내고 정량금융을 배우려는 사람의 수요를 감지하고 그들을 위해 금융공학 석사 과정을 개설하는 대학교가 점점 늘어났다. 내가 월스트리트에 발을 들여놓은 1985년에 정량금융 부문은 아마추어의 천국이었다. 유연하면서도 임시변통 식의 분야로, 일을 빨리 배우고 방정식을 풀고 스스로 프로그램을 작성할 능력이 있는 다른 학문 분야 출신이 가득했다. 옵션 이론을 혼자 배워야 했고, 게다가 도움이 될 만한 교재도 몇 가지밖에 없었다. 내가 찾아낼 수 있었던 것은 재로·러드와 콕스·루빈스타인 공저뿐이었다. 파생 상품 관련 모임은 매년 봄 내가 참석했던 아메리카 증권거래소 주최의 옵션 협의회가 유일했다. 1990년대 말에 이르자 수많은 석사 과정이 생겨나고 수백 가지 협의회가 만들어졌으며 수천 권의 교재가 쏟아져 나왔다. 학문직을 구할 수 없거나 학계의 정치와 급료에 염증을 느낀 물리학자와 수학자가 점점 더 많이 월스트리트에서 일자리를 찾았다.

예전에는 독학으로 익힌 아마추어의 편안하고 즐거운 영역이었던 퀀트 실무자 생활은 하나의 학문으로, 하나의 사업으로, 하나의 전문직으로 변모해 갔다. 동시에 재미도 조금씩 덜해졌다.

C h a p t e r 1 4

어둠 속의 웃음

■ 변동성 스마일의 수수께끼 ■ 블랙–숄스를 넘어 : 옵션의 지역 변동성 모델 개발을 위한 경쟁
■ 올바른 모델은 찾아내기 어려워 ■

스마일에 대해 처음으로 들은 것은 1990년 12월이었다. 도쿄에서 옵션 거래 책임자로 일하던 데이브 로저스가 말해 주었다. 당시 나는 우리의 위험관리 도구 최신판을 우리 회사의 거래사에게 전달하고 또 그들이 새로 어떤 모델과 소프트웨어를 필요로 하는지 파악하기 위해 정기적으로 일본에 출장을 다니고 있었다. 뉴욕 증권거래소와는 달리 도쿄 증시는 정오에 폐장했다. 거래사는 덜 광적이 되어 점심을 먹으러 나갔고, 판매사는 고객을 만나러 나가기도 했으며, 느긋하게 대화를 나눌 시간도 있었다. 잡담을 하는 동안 데이브는 닛케이 225 지수에 대한 옵션 가격을 지켜보는 데에 사용하던 컴퓨터 화면을 내게 보여 주었다. 그는 닛케이 옵션 가격에서 나타나는 특이한 비대칭 양상을 가리켰다. 외 가격 풋 옵션 가격 수준이 뜻밖에도 다른 옵션보다 더 컸다.

이러한 비대칭을 다들 "스마일" 또는 "뒤틀림"이라 불렀다. 처음에는 이례적 현상이기는 하지만 우리가 묵과할 수 있는 수준이어서 그저 약간 흥미로워 보일 뿐이었다. 그러나 약간 더 생각해 보니 이 스마일의 존재는 20년을 이어 온 블랙-숄스의 옵션 이론과는 근본적으로 배치되는 현상임을 깨달을 수 있었다. 그리고 만일 블랙-숄스 공식이 잘못됐다면, 기초 지수의 움직임에 대해 예측되는 옵션 가격의 감도, 즉 "델타" 역시 잘못된 것이다. 이게 사실일 경우 블랙-숄스 모델의 델타를 이용하는 거래사는 모두 옵션 장부를 부정확하게 헤지하고 있다는 말이 된다. 블랙-숄스 모델의 본질은 복제와 헤지를 위한 처방을 알려주는 데에 있었다. 따라서 스마일은 옵션 거래를 감싸고 있는 이론적 제방에 작지만 깊은 구멍을 뚫어 놓는 현상이었다. 만일 블랙-숄스가 틀렸다면 옵션을 헤지하기 위해 사용할 수 있는 올바른 델타는 도대체 무엇일까?

1990년대 동안 이 스마일은 처음에는 보통주 옵션 시장에만 나타난 특수한 현상이었지만, 시장마다 약간씩 다른 형태를 띠며 점차 다른 시장에도 번져 나갔다. 나를 비롯하여 그 시기 수많은 퀀트가 이 현상을 이해해야만 한다는 강박에 사로잡혔다. 옵션 거래와 옵션 이론이 만나는 바로 그 교차점에 자리 잡고 있는 특이현상이었고, 그래서 나는 내가 지닌 지적 에너지의 상당 부분을 들여 이를 모델로 만들고자 했다.

우리의 연구는 뭔가 중요하고 흥미로운 것을 위한 "올바른" 모델을 남보다 먼저 찾아내기 위한 달리기에 나서는 사람으로서 에너지와 야심에 들뜬 상태로 시작됐다. 나는 다시금 물리학으로 돌아온 것 같은 기분이 들었다. 블랙-숄스 모델을 대치하게 될 모델을 만들고 그것을 모두가 받아들이는 상상을 했다. 그러나 생각처럼 간단하지 않았다. 그 뒤 10년 동안 나는 금융 모델 세계에서 "옳음"이란 상상한 것보다 훨씬 더 모호하다는 사실을 알게 됐다.

금융 모델 계통에서 종사하다 보면 자꾸자꾸 깨닫게 되는 사실 한 가지는 단위의 중요성이다. 증권 가격을 표시할 때 늘 증권의 상대적 가치를 쉽게 비교할 수 있게 해 주는 방식으로 표시하기를 원하는 것이다.

예를 들어 채권의 가치를 비교할 필요가 있을 때 채권 가격만 가지고는 제대로 비교할 수 없다. 채권마다 만기와 이율이 다를 수 있기 때문이다. 그래서 우리는 채권의 수익률이라는 수단을 사용한다. 채권 수익률은 이율과 만기에 관계없이 그 채권이 안겨다 줄 추정 수익을 알려 준다. 98로 할인된 채권이 105로 프리미엄이 붙은 것보다 나은지 못한지는 몰라도, 다른 모든 조건이 같을 경우 5.3% 수익률이 5.6% 수익률보다는 매력이 떨어진다는 사실은 분명히 알 수 있다. 이처럼 가격을 수익률로 바꾸는 것 자체가 간단하기는 해도 하나의 모델이다. 가격을 전달할 수 있는 편리한 방법이기도 하거니와, 가치 추정으로 나아가는 훌륭한 첫걸음이기도 하다.

옵션 세계 역시 가격만으로는 가치를 충분히 나타내지 못한다. 300엔짜리 내 가격 풋 옵션이 행사 가격으로부터 멀찍이 떨어져 있는 40엔짜리 외 가격 풋보다 더 매력이 있는지는 판단이 불가능하다. 이보다 나은 가치 측정 수단은 옵션이 함축하고 있는 내재 변동성이다. 블랙-숄스 모델은 하나의 주식 옵션을 그 주식의 수익이 띠는 미래의 변동성에 대한 일종의 내기로 본다. 주식이 변동할 가능성이 높을수록 내기에 이길 가능성이 커지고 따라서 그에 대해 더 많은 대가를 지불해야 한다. 모델을 이용하여 하나의 옵션 가격을 그 주식이 지니는 미래의 변동성으로 변환함으로써 그 옵션 가격이 공정한지 판단할 수 있다. 이 측정 수단을 옵션의 내재 변동성이라 부른다. 이는 말하자면 해당 주식의 미래 변동성을 옵션 관점에서 바라보는 것이다.

블랙–숄스 모델은 시장 표준이었다. 내가 그 날 도쿄에서 데이브와 나란히 앉았을 때 그의 컴퓨터 화면은 표시 가격을 블랙–숄스의 내재 변동성 값으로 보여 주었다. 블랙–숄스 모델을 옵션 가치 산정을 위한 절대적 권위를 지닌 최상의 수단으로 믿는 사람이 아무도 없는 오늘날에도, 또 노련한 거래사라면 때때로 더 복잡한 모델을 이용하고 있는데도, 시장에서 가격을 표시할 때에는 여전히 블랙–숄스 모델의 내재 변동성을 이용하고 있다.

옵션은 대개 주식보다는 유동성이 떨어지며, 따라서 내재 변동성이라는 시장 자료는 조야한 어림에 지나지 않는다. 그럼에도 불구하고 데이브는 내가 이미 어렴풋이 인식하고 있던 부분을 지적했다. 즉 내재 변동성에 심한 뒤틀림이 있어서, 행사 가격이 낮은 3개월 옵션이 행사 가격이 높은 3개월 옵션보다 훨씬 더 내재 변동성이 높다는 사실이었다. 〈그림 14.1〉에 이와 같은 비대칭을 대략적으로 나타냈다. 한쪽으로 기울어진 형태를 대개는 미소, 즉 "스마일"이라 불렀지만 실상은 능글맞은 웃음에 더 가까웠다.

내재 변동성을 가치 척도로 삼으면 닛케이 옵션 중 행사 가격이 낮은 풋

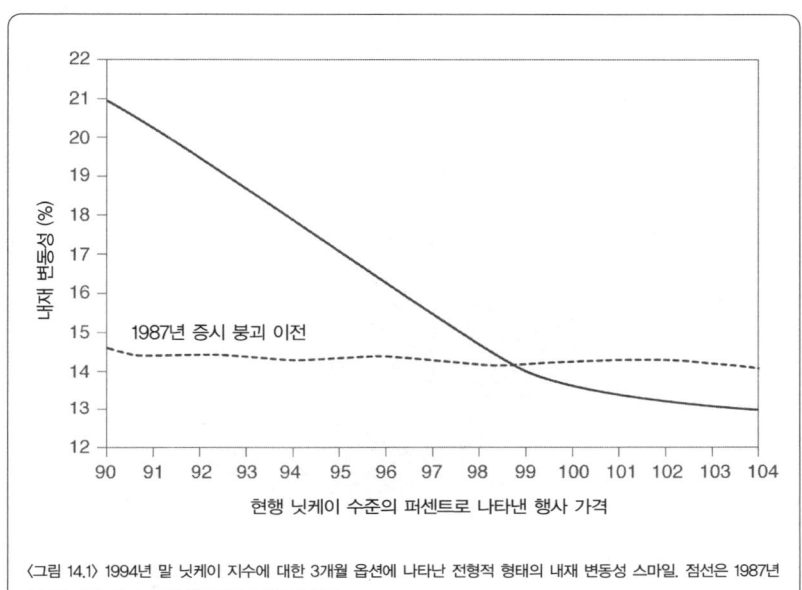

〈그림 14.1〉 1994년 말 닛케이 지수에 대한 3개월 옵션에 나타난 전형적 형태의 내재 변동성 스마일. 점선은 1987년 이전에 흔히 볼 수 있었던 형태로 뒤틀림이 없다.

이 가장 값이 비싼 옵션이 된다. 1987년 10월 19일을 기억하는 사람이라면 누구나 그 이유를 쉽사리 짐작할 수 있다. 전 세계의 보통주 시장이 추락한 그날 이후 투자자는 시장이 한순간 커다란 낙폭으로 주저앉을 가능성을 언제나 의식하고 있었고, 따라서 그런 위험으로부터 보호받기 위해 기꺼이 더 많은 돈을 지불했다. 외 가격 풋은 가장 값싸고 가장 훌륭한 보험이었다. 말이 도망간 뒤 마굿간 문을 닫아 두는 사람과 마찬가지로, 1987년의 증시 붕괴를 겪은 투자자는 이제 예전에 겪었던 위험에 대비하기 위한 미래의 보험 비용을 지불할 용의가 있었다. 1990년에 이르러 모든 보통주 시장에서 비슷한 스마일 또는 뒤틀림이 나타났다. 이와는 대조적으로 1987년 이전에는 옵션 시장이 더 낙천적이고 순진했기 때문에,

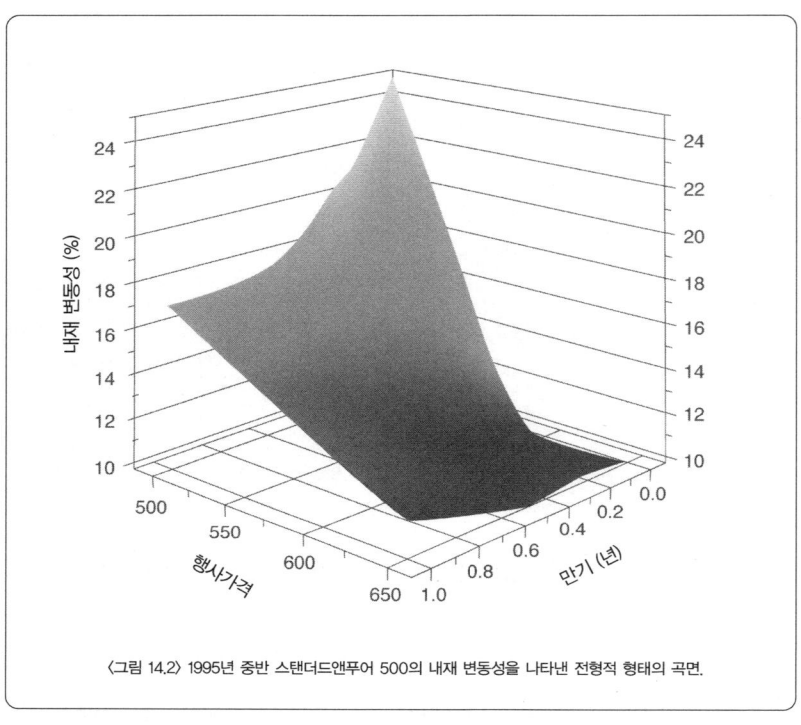

〈그림 14.2〉 1995년 중반 스탠더드앤푸어 500의 내재 변동성을 나타낸 전형적 형태의 곡면.

〈그림 14.1〉에서 점선으로 나타낸 것과 같이 모든 행사 가격에 대해 동일한 내재 변동성을 부과하는 데에 만족했다.

뒤틀리는 현상은 3개월 내재 변동성에서만 나타나는 게 아니었다. 이와 비슷한 효과는 어떠한 만기에서도 나타났으며, 따라서 내재 변동성은 행사 가격뿐 아니라 만기에 따라서도 달라졌다. 우리는 시간축과 행사 가격 모두에 따른 내재 변동성의 이와 같은 변화를 2차원의 내재 변동성 곡면으로 그려내기 시작했다. 스탠더드앤푸어 500 지수에 대한 옵션 곡면 그림을 〈그림 14.2〉에 나타냈다. 수익률 곡선과 마찬가지로 이 곡면은 매일 시시각각 변화한다.

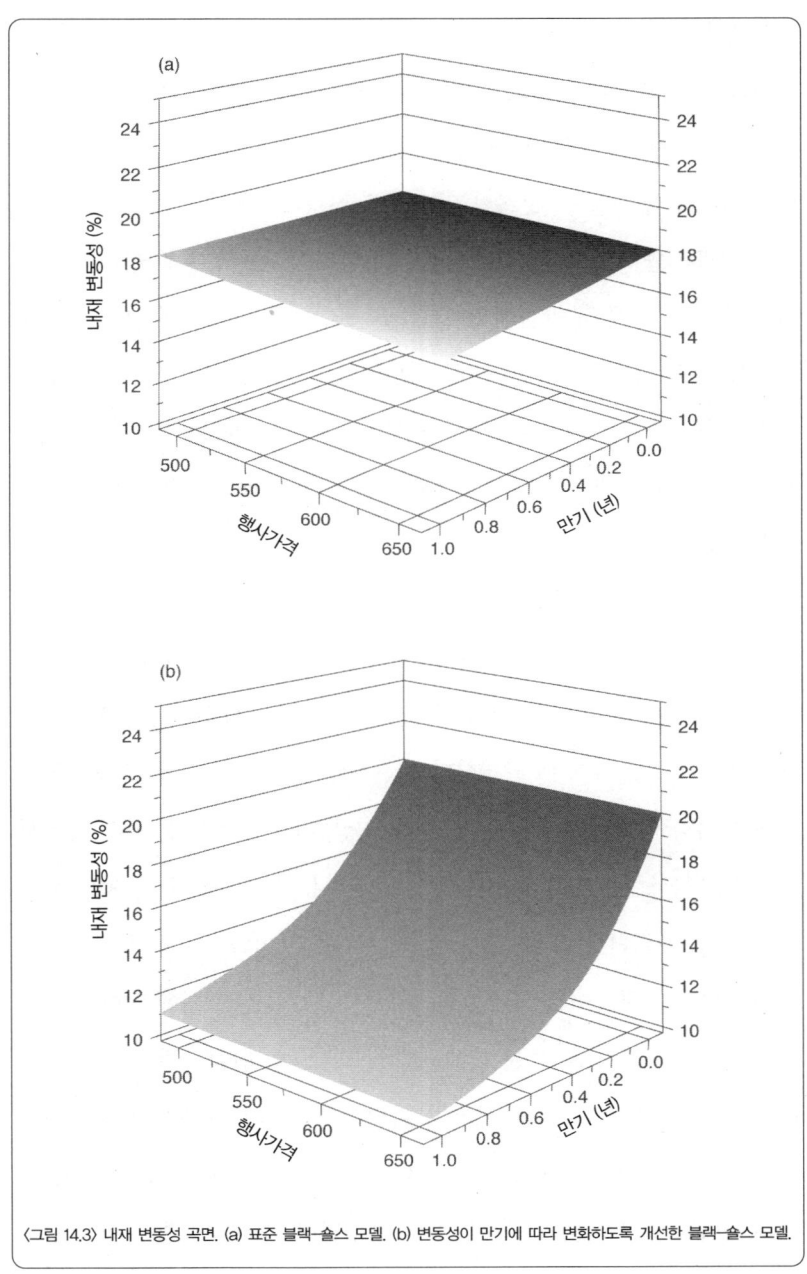

〈그림 14.3〉 내재 변동성 곡면. (a) 표준 블랙-숄스 모델. (b) 변동성이 만기에 따라 변화하도록 개선한 블랙-숄스 모델.

천막처럼 생긴 이 곡면은 모든 이론가에게 하나의 숙제였다. 블랙-숄스 모델로는 설명되지 않았다. 블랙-숄스는 하나의 지수나 주식이 미래의 모든 시간에 하나의 변동성을 갖는 것으로 간주했고, 따라서 언제나 〈그림 14.3a〉에서 보는 것처럼 밋밋하고 평평하고 특징 없는 평면이 나왔다. 블랙-숄스 모델을 변형하여 미래의 지수 변동성이 오늘과는 다르게 나타날 수 있게 하고 싶어도 〈그림 14.3b〉에 나타낸 것과 같이 시간축 상에서 기울어진 곡면을 얻어 내는 것이 고작이었다. 그러나 시간과 행사가격이라는 수직 방향의 두 변수는 하나의 수수께끼였다. 고전이 된 블랙-숄스 모델의 어디가 잘못된 것일까? 그리고 어떤 종류의 모델이 이런 곡면을 설명할 수 있을까?

우리는 블랙-숄스 모델이 주가 변화를 지나치게 단순화하고 있다는 사실을 알고 있었다. 주가가 현재 가치로부터 미래로 갈수록 임의적이고도 연속적 형태로 조금씩 더 확산한다고 간주했다. 불붙은 담배 끝에서 연기가 구름처럼 방 안으로 퍼지는 모습을 연상하면 될 것이다. 담배 끝에서 가까운 곳에서는 진하고 멀어질수록 엷어진다. 한 지점의 구름 농도는 구름 입자가 그 위치로 확산될 가능성을 나타낸다. 이와 비슷하게, 블랙-숄스 모델에서는 구름이 주가가 미래 어느 시점에 특정 위치에 다다를 확률을 나타낸다. 〈그림 14.4〉는 블랙-숄스 모델에서 하나의 주식이 띠는 확률 구름을 보여 주고 있다. 구름이 퍼질수록 미래의 주가는 불확실해진다. 주식의 변동성은 전통적으로 그리스 문자 시그마(σ)로 나타내는데, 이 변수 하나가 확산 비율과 구름의 폭을 결정한다. 주식의 변동성이 클수록

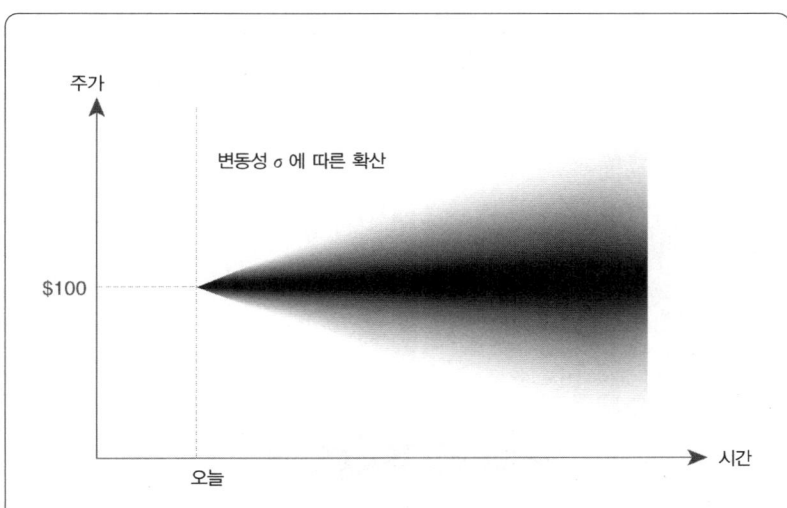

〈그림 14.4〉 블랙-숄스 모델의 단순 확산. 음영으로 표시된 부분은 오늘 100달러인 주식이 미래에 지닐 수 있는 가격 범위를 나타낸다. 시간이 갈수록 미래 가격의 불확실도가 커진다. 음영이 진할수록 가격이 그 지점에 자리 잡을 가능성이 높다.

구름 폭이 넓다.

    단순화시키는 일이 모델 작업의 본질이기는 하지만, 구름 확산을 나타낸 블랙-숄스의 그림은 너무 한정적이다. 첫째, 주가가 꼭 일정불변의 변동성에 따라 확산하지는 않는다. 때에 따라 구름이 빠르게 확산하기도, 느리게 확산하기도 하는 것이다. 둘째는 더 중요한데, 때로는 주가가 전혀 확산하지 않기도 한다는 사실이다. 〈그림 14.4〉에서 보는 것과 같이 확산은 느리고 연속적인 과정이다. 확산에서는 주가가 100달러에서 99달러로 내려갈 때 그 사이에 있을 수 있는 모든 가격을 다 거친다. 이는 그러나 1987년 증시 붕괴 당시와는 다르다. 그날 다우존스 지수는 스카이콩콩

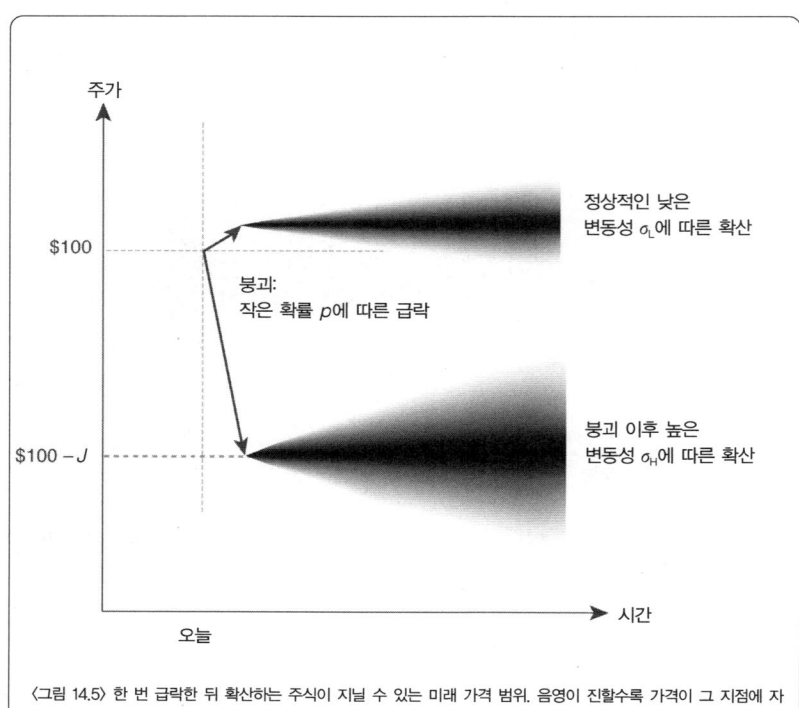

〈그림 14.5〉 한 번 급락한 뒤 확산하는 주식이 지닐 수 있는 미래 가격 범위. 음영이 진할수록 가격이 그 지점에 자리 잡을 가능성이 높다.

을 타고 신나게 노는 꼬마처럼 아래로 500포인트나 뚝 떨어졌다.

도쿄에서 뉴욕으로 돌아온 나는 정량전략 그룹 동료인 이라즈 카니와 알렉스 버지에와 함께 연구를 시작했다. 나는 스마일을 포함하는 데에 필요한 정도로만 블랙-숄스 모델을 확장하고 싶었다. "필요한 정도로만"이 항상 목표였다. 모델은 모델일 뿐이다. 현상의 본질을 잡아내고 싶을 뿐 현상 자체를 잡아내려는 것은 아니다. 블랙과 숄스가 가정한 주가의 단순한 변화에다 현실주의라는 이름으로 복잡한 측면을 가필하고 싶은 마음은 누구나 갖게 되지만, 아무리 복잡해도 눈금 조정이 없으면 무의미하다.

보통주 투자자의 엄청난 두려움 역시 1987년 증시 붕괴의 특징이었으므로 우리는 이 가능성을 블랙-숄스에 첨가했다. 이는 새로운 게 아니었다. 머턴이 1970년대 중반에 발표한 소위 급등락-확산 모델에서 이미 첨가한 바 있다. 그리고 사실 말이지만 우리는 머턴보다 더 조야했다. 주가의 연속적 확산에다 주가가 상당한 크기 J만큼의 급락을 한 차례 겪을 수도 있는 작은 가능성 p라는 한 가지 특징만을 새로 추가한 것이다. 〈그림 14.5〉에서 이 과정에 대한 확률 구름을 나타냈다. 현재 주식이 움직일 수 있는 두 가지 시나리오를 보여 주고 있다. 하나는 아래 방향으로 J만큼 급락한 이후 σ_H만큼의 변동성을 보이며 확산하는 경우인데, 이 경우 급락에 따른 자극 때문에 변동성이 높을 가능성이 크다. 또 하나는 그보다 더 가능성이 높은데, 주가가 σ_L이라는 정상적이고도 낮은 변동성에 따라 확산을 계속하는 경우이다.

일반적으로 우리는 확률 p가 1% 수준일 것으로 가정했는데, 옵션의 일생 동안 시장이 급락을 겪을 확률이 100분의 1임을 나타낸다. 또 σ_H는 σ_L보다 40% 정도 더 클 것으로 간주했는데, 증시 붕괴의 여파에서 겪은 경험과 직관을 바탕으로 정한 수치다. 이제 우리 모델에는 미지의 변수가 둘뿐으로, 급락 시나리오에서 낙폭 J와 정상적 확산일 때의 변동성 σ_L이다. 블랙-숄스 모델에서는 하나의 변동성만을 변수로 사용했으므로, 우리 모델은 그보다 변수가 하나만 더 많은 셈이다. 우리는 3개월 스마일의 형태를 결정하는 두 가지 내재 변동성, 즉 내 가격 옵션의 변동성과 행사 가격으로부터 5% 벗어난 외 가격 풋 옵션의 변동성을 모델의 옵션 가격에 맞춰 줌으로써 이들 변수의 눈금을 조정했다. 정상적 변동성 $σ_L$이 현행 주가의 10% 부근이고 급락 시의 낙폭이 주가의 25% 정도일 때 〈그림 14.1〉에서 보는 것과 같은 스마일을 만들어 낼 수 있었다.

우리 모델은 세상을 다음과 같은 눈으로 바라보았다. 즉 옵션의 일생 동안 닛케이가 25% 정도 떨어질 가능성은 대략 100분의 1이라는 것이다. 외 가격 풋에 훨씬 더 돈을 많이 지불한 것은 바로 이 때문이다. 이어 우리는 이 모델을 이용하여 옵션의 델타, 즉 지수의 위험을 상쇄하기 위해 필요한 헤지 비율을 산정했다. 그리고 예를 들면 기준선 옵션 같이 점점 더 인기를 끌고 있던 유동성 낮은 이색 옵션의 가치도 이 모델을 통해 평가했는데, 이런 옵션의 가격은 급락의 확률과 낙폭에 대단히 민감했다. 우리는 거래사가 시장을 검색하면서 현재 가격이 우리 모델에서 산출하는 것과는 상당히 큰 차이를 보이는 옵션을 찾아내게 하고 싶었다. 그러면 외견상 값이 싼 그 옵션을 매입하고 비싼 것을 팔 수 있을 것이다. 지금은 정상 가격을 벗어나 있지만 나중에는 결국 우리 모델이 산출하는 가격으로 제자리를 찾으면서 이익을 남겨 주리라는 생각에서였다.

급등락 모델이 스마일의 원인이 되는 필수적 감정 한 가지를 잡아내기는 했지만, 궁극적으로 너무 조야했다. 매일 아침 잠에서 깨어났을 때 닛케이가 흥분에 빠져 단숨에 아래로 뛰어내릴지 아니면 차분한 마음으로 확산할지를 결정한다는 식의 미래관은 너무 단순했다. 지금에 와서 생각해 보면 어쩌면 우리는 있을 수 있는 낙폭 분포와 급락 횟수를 추가했어야 하지 않았나 싶다. 그렇지만 급락은 아주 드물게 일어난다. 그리고 급락 분포에 대한 자료가 거의 없었으므로 뭔가 확인되지 않은 가정을 해야 했을 텐데 그것은 바람직하지 않다. 옳든 그르든 우리는 실제 관측된 옵션 가격에 맞게 변수가 완전히 고정되도록 눈금을 맞출 수 있는, 좀 더 한정된 모델을 원했다. 그렇지만 그로부터 10년이 지나자 스마일을 나타내는 더욱 세밀한 급등락-확산 모델이 다시 인기를 끌게 됐다.

우리가 만든 스마일 초기 모델 사용자는 골드만의 위험 차익거래 그룹 내에서 찾아낼 수 있었다. 이 그룹에서는 정통한 거래사들이 정량금융적 방법에다 세상을 살아가는 지혜를 결합하여 경험에서 우러나는 추측으로 거래를 실행하고 있었다. 차익 그룹의 일부 거래사는 기업 인수를 주로 다루었는데, 인수 회사가 대상 회사 주식에 입찰할 때 현행 수준을 상당히 넘어서는 공모 가격을 제시하는 경우에 초점을 맞췄다. 이 때 당국에서 이 인수를 승인할 경우 대상 회사의 주식은 공모 가격으로 급등하게 된다. 그때가 되기까지 주가는 거래가 성사될 추정 확률을 반영한다. 이런 상황일 경우 우리의 급등락 모델은 이론적으로 정확한 그림을 제공해 주었고, 그래서 차익 그룹 거래사는 이따금 우리 모델을 이용하여 그들이 추정한 인수 승인 가능성이 대상 회사 주식의 현행 가격에 내재된 급등 확률과 일치하는지 여부를 확인했다.

한편 1991년 중반부터 1993년 초까지 이라즈와 나를 비롯한 정량전략 그룹은 우리가 거래하는 점점 더 많은 수의 이색 옵션을 처리할 수 있도록 위험 시스템을 개선하는 좀 더 시급한 문제에 한동안 매진했다.

불행하게도 이색 옵션에 대해 연구를 하면 할수록 우리는 스마일 문제와 더욱 자주 마주치게 됐다. 블랙-숄스 기반의 모델로 영업장의 장부에 있는 이색 옵션의 가치를 평가할 때 항상 우리는 훨씬 더 간단한 표준 옵션에 대해 틀린 값을 계산해 내는, 스마일과는 모순되는 모델을 사용하고 있었다. 좋은 현상이 아니었다. 간단한 것을 틀리게 계산해 내는 모델이 복잡한 현상에서 정확하게 동작할 것을 기대할 수는 없는 법이다. 나사의 컴퓨터 프로그램이 태양 둘레를 도는 지구와 화성의 궤도를 정확히 예측할 수 없다면, 그 프로그램으로 지구에서 화성까지 가는 탐사선의 궤도를 예측한다 해도 결과를 신뢰하지 못할 것이다.

모든 표준 옵션, 즉 내재 변동성 곡면 전체에 걸쳐 시가와 일치할 수 있는 모델을 가지고 작업하는 것이 가장 바람직했다. 상식적으로 그런 조건이 먼저 충족되고 난 다음이라야 그 모델의 눈금을 올바르게 맞추어 이색 옵션의 가치 계산에 사용할 수 있는 것이다. 모든 곡면에서 일치하는 모델을 어떻게 찾아낼 것인가?

나는 우리가 비디티 모델을 개발하던 때를 되짚어 보았다. 1980년대 중반에 고정수익형 옵션 세계 역시 그와 비슷한 혼란을 겪었다. 실무자들은 모든 채권에 대해 라비가 만든 것과 같은 수익률 확산 모델을 이용했는데, 그런 모델을 쓰면서도 모든 재무부 채권 가격을 수익률 곡선 상에 동시에 일치시킬 수 없었기 때문에 마음이 편하지 않았다. 비디티는 이와 같은 고민을 해결해 준 모델 중 한 가지였다.

우리는 고정수익 세계 출신으로서 보통주 세계로 들어왔기 때문에 너무나도 유리했다. 이라즈와 나는 채권과 채권 수익률이 옵션과 옵션 변동성과 비슷한 점이 있다는 사실을 알아차렸다. 다음과 같은 부분이었다.

- 채권 가격은 현행 장기 수익률을 이용하여 표시되는데, 이는 미래의 단기 이율에 대한 시장의 전망을 반영한다.
- 옵션 가격은 현행 장기 내재 변동성을 이용하여 표시되는데, 이는 미래의 단기 변동성에 대한 시장의 전망을 반영한다.

우리는 현행 변동성 곡면으로부터 미래의 단기 변동성을 바라보는 시장의 전망을 이끌어 낼 수 있는 차기 블랙-숄스 모델을 만들겠다는 야심을 품고 있었다. 그 방법은 정확히 알지 못했지만, 그보다 더 나은 모델이 세상에 나올 때가 되었고 또 누구든 그런 모델을 발견하는 쪽이 시장의 보상을 받으리라는 사실은 알고 있었다. 1993년 내내 우리는 마치 보이지 않는 경쟁자들과 함께 그 모델을 찾기 위해 경합을 벌이고 있는 것 같은 느낌 속에서 지냈다.

이라즈와 나는 이항 옵션 모델을 굉장히 좋아했다. 미래의 주가를 나타내는 격자형 나무 구조 위에서 옵션 이론 계산을 수행할 수 있는 간단하고 생생하면서도 정확한 방법이었기 때문이다. 주가는 이항 나무 위에서 시간축을 따라 한 칸씩, 가격축을 따라 아래위로 한 칸씩 장기판의 말처럼 움직였다. 이항 나무는 그리기가 쉽다. 또 한 칸씩 불쑥 움직이기는 하지만 실제 주가나 지수의 움직임을 따랐다. 장기판의 눈금을 점점 더 세밀하게 잡으면 주가는 점점 더 연속적으로 움직이고 — 실제로 확산하기 시작하고 — 이항 나무는 블랙-숄스 모델과 같아진다. 이항 나무는 옵션 이론의 파인만 도해에 해당됐다. 이해와 이용이 쉬워, 간단한 거래 전략을 모의 시험해 보거나 가치 평가 모델을 개발할 때 놀라우리만치 유용했

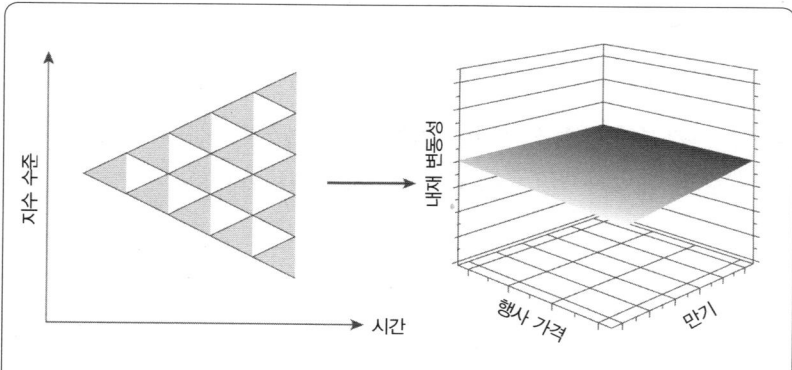

〈그림 14.6〉 왼쪽 그림은 미래의 지수 추이를 이항 나무로 나타낸 것이다. 미래의 변동은 모두 동일한 크기의 퍼센트 단위이며, 연속적 지수 변동성을 나타낸다. 오른쪽 그림은 그에 따른 내재 변동성 곡면 형태이다.

다. 우리가 대해야 하는 거래사 중에는 수학을 모르는 거래사도 종종 있었는데 그들까지도 이해가 가능했다. 이항 나무는 블랙과 숄스가 모델에 대한 논문을 쓴 직후 윌리엄 샤프가 처음으로 고안했고, 뒤이어 존 콕스, 마크 루빈스타인, 스티븐 로스가 세밀한 부분까지 영리하게 다듬었다. 옵션 이론가가 점점 더 전문적이 되고 더 나은 교육을 받게 되면서 이항 모델은 수준이 낮다는 불명예를 안게 됐지만, 우리에게는 여전히 쓸모가 아주 많았다.

그래서 우리는 〈그림 14.6〉에서 보는 것처럼 지수 옵션 가격을 나타내는 이항 나무를 길잡이로 활용하여 미래의 단기 변동성에 대한 시장의 관점을 이끌어 내고자 했다. 나무의 왼쪽 끝은 현행 지수 수준을 나타낸다. 거기서 위아래 방향으로 이동하는 칸은 미래에 지수가 그 방향으로 움직일 가능성이 있음을 나타낸다. 전통적으로 이항 나무에서는 나무 위의 모든 움직임이 동일한 퍼센트 크기 단위를 띤다는 것을 중요한 전제로 삼고

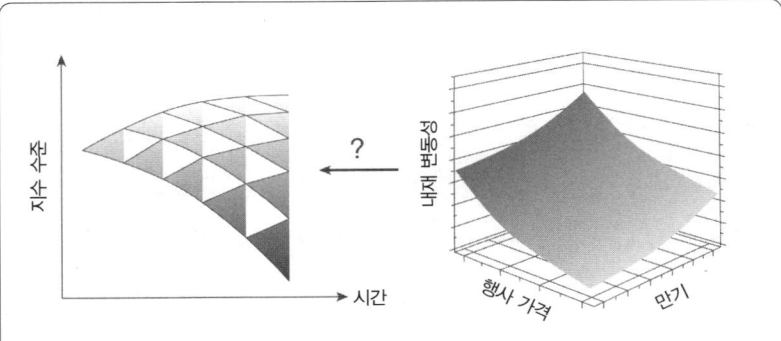

⟨그림 14.7⟩ 왼쪽 그림은 미래의 지수 추이를 나타낸 내재 변동성 나무이다. 미래의 퍼센트 변동은 지수 수준이 떨어질수록 증가하는 지역적 변동성을 띠고 있다. 오른쪽 그림에 있는 내재 변동성 곡면으로부터 내재 이항 나무의 형태를 추론해 낼 수 있을까?

있다. 즉 미래의 어느 시점, 어느 수준에서든, 움직이는 방향이 아래이든 위든 지수는 동일한 퍼센트 크기로 오르거나 내려간다는 말이다. 전문용어로 말하면 이 지수는 수익률 변동성이 일정하여, 나무 전체에 걸쳐 미래의 어떠한 시간, 어떠한 지수에서도 항상 동일하다. 블랙-숄스 모델에서는 이처럼 지수의 변동성이 일정하기 때문에, 실제 옵션 시장과는 모순되는 평평한 내재 변동성 곡면이 나타나는 것이다.

이라즈와 나는 지수 수준을 나타내는 미래 나무를 새로운 시각에서 바라보았다. 우리는 변동성이 일정한 보통의 이항 나무를 고무로 된 종이에 다시 그린 형태를 상상했다. 그러면 그것을 당기고 일그러뜨려, ⟨그림 14.7⟩에서 보는 것과 비슷한 나무를 만들 수 있을 것이다. 이처럼 일그러진 나무 위에서는 나무의 각 마디에서 지수가 변동하는 크기가 달라질 것이며, 각기 마디마다 값이 달라지는 가변적 변동성을 나타내게 된다. 이론가의 전문용어로 말하면 이 지수는 지역적 변동성을 띨 것이다. 지역적 변동성이란 미래의 특정 수준과 시간에서 지수가 띠는 단기 변동성을 말한다. 〈그림 14.6〉의 일정한, 즉 전역적 변동성은 〈그림 14.2〉에서 보는 것과 같이 천막 모양으로 나타난 시장의 내재 변동성과는 모순됐다. 우리는 시장의 내재 변동성 곡면과 일치하도록 지역적 변동성을 선택할 수 있는 내재 이항 나무가 분명히 있을 것으로 생각했다. 그리고 그 이항 나무는 〈그림 14.7〉의 나무와 비슷해 보일 것으로 보았는데, 이 나무에서는 행사 가격에 따른 곡면의 변화를 반영하기 위해 지수 수준이 떨어지면 지수의 지역적 변동성이 높아지고 수준이 올라가면 낮아지는 양상을 띠고 있다.

그런 나무를 상상하기는 쉬웠다. 사실상 지역적 변동성이 나무 내에서 변화하는 규칙을 지어낸 다음 그에 따라 구성하는 방법을 통해 그런 나무를 만들어 내는 일은 더욱 쉬웠다. 그런 나무가 있으면 그 나무를 이용하여 여러 가지 수많은 옵션의 가격을 계산하고 그에 따른 내재 변동성 곡면을 그려 낼 수 있다. 우리는 변화하는 지역적 변동성을 찾아내 실제와 같이 보이는 변동성 곡면을 만들어 내는 것도 가능하다고 보았다. 그러나 우리가 처한 궁극적 문제는 우리가 하는 작업의 역과정이었다. 우리에게 필요한 것은 시장이 보여 주는 내재 변동성 곡면에서 출발하여 거기에 맞는 유일한 지역적 변동성을 이끌어 내는 작업이었다. 내재 변동성 곡면은 일차적 목표물이었고, 우리는 그것으로부터 유일한 내재 변동성 나무를 추출해 낼 수 있을 때 전체 과정이 진정한 이론의 요건을 갖출 것으로 내다보았다.

1993년 내내 정량전략 그룹은 대부분의 시간을 더 정교한 위험관리 시스템 구축 작업에 쏟는 한편 스마일에 대해 계속 곰곰 생각했다. 간간이 틈이 나면 우리는 내재 나무를 만지작거렸다. 그렇지만 〈그림 14.7〉의 변동성 곡면과 거기에서 끌어내고자 하는 나무 사이에 정말로 유일무이한 상관관계가 있는지 아직은 확신을 못한 상태였다. 나무에서 곡면을 만들어 내는 것은 가능하다는 사실을 알고 있었다. 하지만 곡면에서 나무를 이끌어 내기 위한, 논쟁의 여지없는 방법은 무엇일까? 우리는 이 문제를 데이브 로저스와 그가 데리고 있는 거래사들과 논의했는데, 우리가 고무 종이에 비유해 설명한 탓에 그들은 내재 나무를 늘 '신축성 나무'라 불렀다. 우리는 이를 변형하여 여러 가지 모델을 만들어 다양한 옵션의 가격을 결정하고 헤지하는 데에 사용했지만, 영업장에서 필요로 하는 소프트웨어 작업에 바쁜 나머지 유일무이한 상관관계라는 문제에 전면적으로 매달리는 일은 피했다.

    곡면과 나무 간의 관계를 보면 30년 전 컬럼비아의 대학원생 시절에 들었던 마크 카흐츠의 강의가 생각났다. 그때 그는 북의 생김새를 듣는다는 문제를 풀었는데, 물리학자는 이런 문제를 역산란 문제라 부른다. 물리학의 모델은 대부분 물리법칙에서 출발하여 결과를 얻어 내는 반면, 역산란 문제는 거꾸로 풀어나가기 때문이다. 예를 들면 뉴턴의 중력 이론은 태양과 행성 간의 중력 인력 법칙에서 시작하여 행성의 궤도를 이끌어 낸다. 역산란 문제는 거꾸로 진행한다. 그래서 일정한 관찰 결과를 놓고 그런 결과의 원인이 되는 법칙이 무엇일까 묻는 것이다. 예를 들어 천문학자가 지구의 궤도에서 이상한 교란 현상을 관측했다고 상상해 보자. 중력 인력 법칙의 어떠한 변화가 그런 섭동 현상의 원인이 됐을까?

우리가 변동성 곡면으로부터 유일한 내재 나무를 추출하는 방법을 찾으려는 것 역시 역산란 문제였다. 이런 접근법은 물리학보다는 금융 모델 작업에서 더 흔히 볼 수 있다. 물리학에서는 한 이론에서 내놓는 아름답고 정연한 법칙, 그리고 그 법칙으로 이어진 직관이 강제력을 띠는 때가 많으며, 따라서 현상으로 나아가기 위한 자연스런 출발점이 된다. 자연과학보다는 사회과학에 가까운 금융에서는 아름다운 법칙이 아주 드물고 강제력을 띠는 것은 사실상 없다. 따라서 우리는 현상학적 접근법을 택하는 길밖에 없다. 금융에서는 시장의 자료에서 출발하여 거기에 맞게 모델의 법칙을 조정하는 경우가 훨씬 더 많다. 이때의 눈금 조정 역시 일종의 역산란적 접근법이며, 우리가 내재 나무를 구성해 내려는 노력이 바로 이런 예에 해당됐다.

1993년 말쯤 나는 런던에 있는 우리의 거래 영업장을 방문하는 한편, 런던에서 열린 〈리스크〉지 주최 협의회에서 이색 옵션에 대해 강연했다. 쉬는 시간에 〈리스크〉의 새 편집장인 그레이엄 쿠퍼를 만났고 또 우연히 존 헐과 마주쳤다. 대화하는 동안 나는 두 사람에게 이라즈와 내가 탐구해 오고 있던 내용에 대해 말해 주었다. 그레이엄과 존은 런던에 있는 파리바 캐피털마켓의 브루노 뒤피르와, 변동성이 일정한 원래의 이항 나무 모델을 공동 개발한 버클리의 금융학 교수 마크 루빈스타인이 같은 문제를 연구하고 있다는 소문을 들었다고 말했다. 우리가 독점적으로 가지고 있는 정보를 경쟁자들에게 건네주지나 않을까 걱정된 나는 뉴욕에 있는 데이브 로저스에게 전화를 걸었고, 그는 이라즈와 내가 한 연구 내용을 공개적으로 언급해도 괜찮다며 찬성했다. 나는 얼른 내가 머무르고 있던 호텔 방으로 돌아가, 발표에 쓰려고 준비해 온 프로젝터용 투명 필름에다 내재 나무에 대한 우리의 연구 방법을 설명하는 내용 몇 장을 재빨리 만들어 첨부했다. 내 강연이 끝나자 그레이엄은 나에게 우리의 연구에 대한 글을 〈리스크〉에 기고해 주기를 청했고, 또 존은 내가 때로는 '신축성 나무'를 때로는 '내재 나무'라는 이름을 사용하는 것을 보고 "내재" 쪽을 은근히 권했다.

경쟁자의 추격이 바짝 따라붙자 이라즈와 나는 마음이 바빠져 우리 나무의 유일성을 입증하는 일에 다시금 매달렸다. 우리는 영업장의 거래 모델을 개선하고, 새로 만든 구조화된 상품의 가격 평가 요구를 처리하고, 거래 소프트웨어를 작성하는 일로 거의 하루 종일 바빴다. 영업장 지원

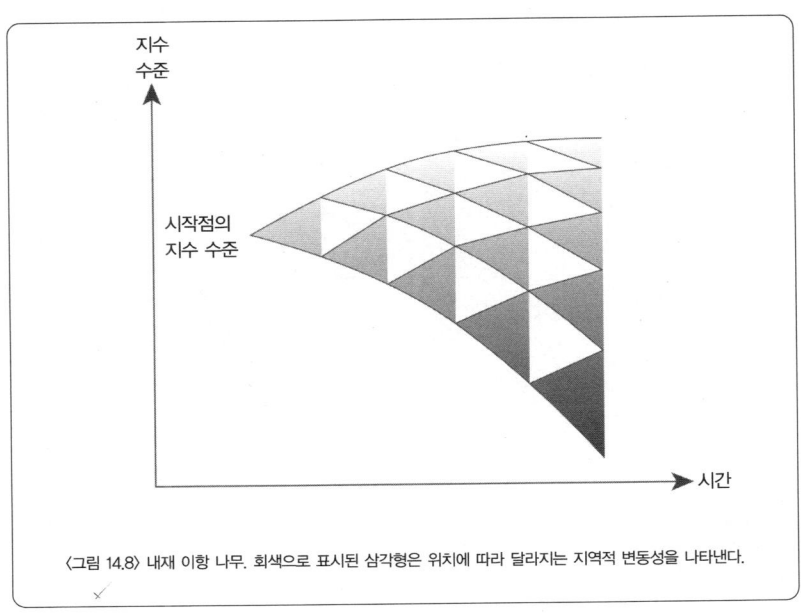

〈그림 14.8〉 내재 이항 나무. 회색으로 표시된 삼각형은 위치에 따라 달라지는 지역적 변동성을 나타낸다.

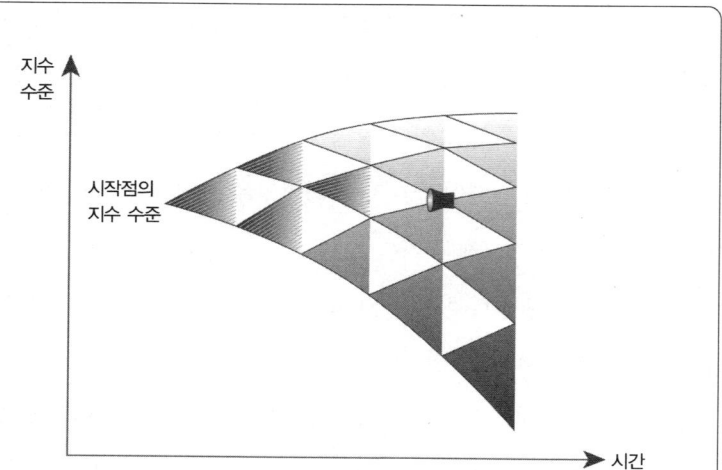

〈그림 14.9〉 만기일과 행사 가격이 전등 위치에 놓여 있는 옵션의 내재 변동성이 나무의 빗금 친 부분 내의 지역적 변동성을 비춰 주고 있다.

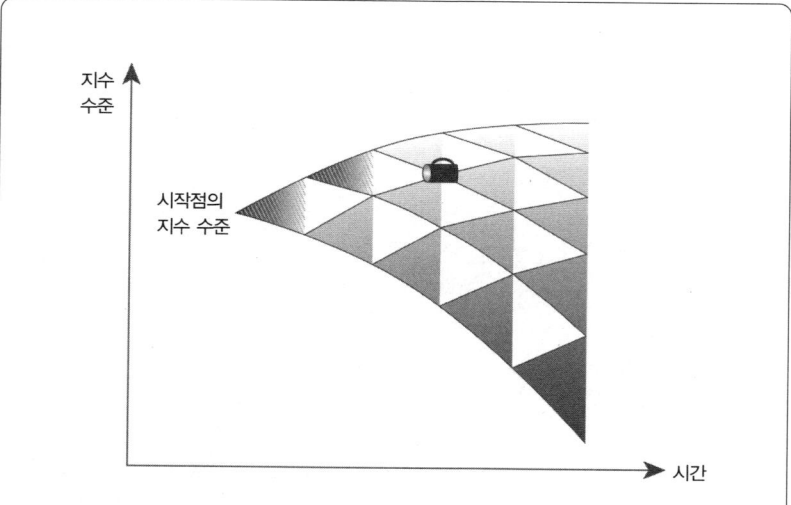

〈그림 14.10〉 만기일과 행사 가격이 손전등 위치에 놓여 있는 옵션의 내재 변동성이 나무의 빗금 친 부분 내의 지역적 변동성을 비춰 주고 있다.

업무가 한가해질 때마다 우리는 다시 내재 이항 나무의 미래 마디 각각에서 유일하도록 지역적 변동성을 추출해 낼 수 있는 도식 정의를 위해 노력했다.

우리는 〈그림 14.2〉에 나타낸 것과 같이 주어진 날에 시장이 띠는 내재 변동성 곡면에서 출발했다. 다음에는 〈그림 14.8〉에서 보는 것과 같은 이항 나무를 구성했다. 나무에서 음영으로 표시된 각각의 삼각형은 시간의 진행에 따라 지수의 수준에 따라 각기 다른 지역적 변동성을 보이며 전개되는데, 변동성의 정도는 음영의 농도로 나타나 있다. 지수 수준이 높으면 변동성이 낮고 (음영이 연하고) 지수 수준이 낮으면 변동성이 높다 (진하다). 〈그림 14.2〉에서 나타낸 처음의 내재 변동성 곡면과 일치시키려면 음영의 농도를 어느 정도로 정해야 할까? 바로 이것이 문제였다.

〈그림 14.8〉에 나타낸 지역적 변동성은 나무의 지역적 특징으로, 각각의 작은 삼각형 내부의 미시적 관점에서 본 변동성이다. 이와는 대조적으로 〈그림 14.2〉에 있는 내재 변동성은 전역적 특징으로, 작은 삼각형 모두를 만 미터 상공에서 바라본 넓은 관점이다. 우리는 한 옵션의 내재 변동성을 그 옵션의 일생 동안 해당 지수가 경험하게 될 모든 지역적 변동성의 평균[*1]으로 보았다.

만기일과 행사 가격이 〈그림 14.9〉에서 나무의 마지막 바로 앞 행에 있는 작은 손전등 위치의 시간과 지수 수준에 해당된다고 하자. 이 내재 변

[*1] 솔직히 말해 수학적으로 복잡한 평균이지만, 그럼에도 불구하고 평균임에는 틀림없다.

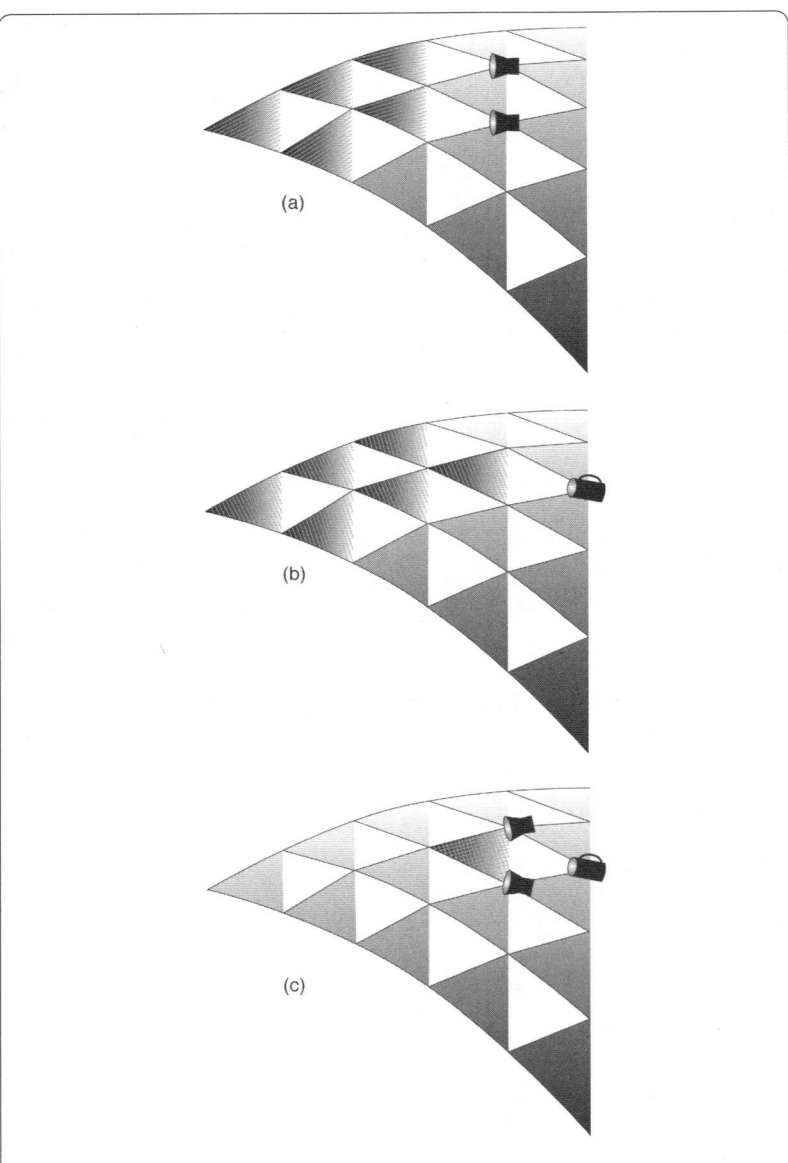

〈그림 14.11〉 옵션 셋이 하나의 마디를 비추는 방법. (a) 행사 가격이 인접한 옵션 둘이 각기 자기 왼쪽의 삼각형을 비춘다. (b) 시간축에서 한 마디 다음에 만료되는 옵션 하나가 이전의 모든 삼각형과 하나의 삼각형을 더 비춘다. (c) 나중에 만료되는 옵션으로부터 먼저 만료되는 옵션을 빼면 비춰진 삼각형은 하나만 남는다.

동성 값은 빗금으로 표시된 삼각형의 지역적 변동성 값에 따라 달라진다. 이들 삼각형은 옵션의 일생 동안 지수가 만기일을 향해 이동하며 통과할 수 있는 지역적 변동성 영역이다. 손전등 자리에서 만료되는 옵션을 나무에서 빗금으로 표시된 삼각형 내의 모든 지역적 변동성을 비춰 주는 엑스레이 광원으로 생각하면 편리하다.

마찬가지로, 〈그림 14.10〉의 나무에서 행사 가격이 전등 위치에 있는 옵션은 빗금으로 표시된 삼각형 내의 지역적 변동성을 비춰 준다.

행사 가격이 손전등 위치에 있는 옵션은 나무의 한쪽 부분을 비춰 주는 한편, 행사 가격이 전등 위치에 있는 옵션은 나무의 다른 부분을 비춰 준다. 그렇지만 전등 위치에서 행사 가격이 되는 옵션도 손전등 위치에서 행사 가격이 되는 옵션도 나무 내의 삼각형을 하나만 비춰 주지는 않는다. 우리가 알아내고자 하는 미지의 변동성을 지닌 단 하나의 마디만 비춰 주지는 않는 것이다.

우리는 힘든 노력을 계속했다. 우리는 단 하나의 마디에서 변동성을 비춰 주는 한 세트의 옵션을 원했다. 그러나 우리가 시도한 도식은 모두 실패했다. 단일 마디에서 지역적 변동성을 찾아낼 수 있는 처방은 없는 것 같아 보였다.

그러던 어느 날, 우리의 나무를 다섯 행 크기로 간단하게 줄인 모형을 스프레드시트로 만지작거리다가 기적적인 일이 벌어지고 있다는 사실을 깨달았다. 너무나 이상한 나머지 우리는 몇 분 동안 그저 스프레드시트 프로그램에 오류가 있구나 하는 정도로만 생각했다. 서로 다른 세 개의 옵션 행사 가격을 사용하여 나무의 내부를 비추면, 그 셋이 교차하는 단

하나의 마디만 남기고 나머지 마디는 전혀 비춰 주지 않는다는 사실을 알게 된 것이다. 우연에 가까운 발견이었다. 마치 엑스레이를 세 가지 다른 각도에서 나무에 비추듯, 둘은 인접하는 이전 행사 가격을, 나머지 하나는 그로부터 한 마디 직후의 행사 가격을 사용하는 방법이었다. 이를 〈그림 14.11〉에 나타냈다. 놀라울 따름이었다. 행사 가격이 삼각형의 세 꼭짓점에 오는 옵션의 시장 내재 변동성을 통해 단일 마디의 지역적 변동성을 결정하는 알고리듬을 찾아낸 것이다.

이제 우리는 단계별로 모든 마디의 지역적 변동성을 찾아내는 방법을 알아냈다. 내재 나무 위의 아무 마디든 골라, 시장의 내재 변동성 곡면으로부터 인접한 세 가지 옵션의 내재 변동성을 읽은 다음, 우리의 알고리듬을 적용하여 해당 마디의 지역적 변동성을 추출하는 것이다. 이와 같은 방식으로 한 번에 한 마디씩 모든 곳의 지역적 변동성을 찾을 수 있었다. 이들 지역적 변동성과 그 바탕이 되는 내재 이항 나무를 토대로, 지수에 대한 어떠한 옵션이라도 스마일과 부합되는 방식으로 가치를 평가하고 헤지할 수 있었다. 옵션 가격 결정에서 현실과 부합되도록 블랙-숄스 모델을 확장하는 대역사를 이루어 냈다고 믿은 우리는 한없이 의기양양했다.

흥분한 사람은 우리만이 아니었다. 마크 루빈스타인과 브루노 뒤피르 역시 지난 한 해 동안 블랙-숄스 모델을 비슷한 방식으로 확장하는 방법을 연구했다. 몇 주 뒤인 1994년 1월, 마크는 미국 금융학회 모임에서 학회장 연설을 하면서 〈내재 이항 나무〉에 대해 다루었다. 나는 그때부터 그와 교류하면서 그 역시 그때 대역사를 이루어 냈다고 생각했다는 사실을 알게 됐다.

그와 비슷한 시기에 존 헐은 그 몇 주 전 뉴욕에서 열린 국제 금융공학자 협회 모임에서 브루노가 나름의 내재 나무에 대해 강연한 내용을 한 부 우송해 주었다. 거기에는 브루노 역시 내재 변동성으로부터 지역적 변동성을 이끌어 내는 독특한 방법을 찾아냈음을 주장하는 내용이 담겨 있었다.

우리는 각기 — 이라즈와 나는 함께, 마크와 브루노는 따로 — 역산란 문제를 서로 독특하게 다른 방식으로 풀었다. 이라즈와 나는 수리적 사고에 덜 강한 거래사, 판매사, 고객 등 투자은행 세계의 거주자를 대하는 데에 익숙해져 있었던 만큼 논문을 최대한 단순하고 분명하게 썼다. 논문을 읽는 누구라도 내재 나무를 스스로 만들어 내는 방법을 정확히 알 수 있게 하고 싶었다. 우리는 나무를 만들어 내고 주어진 변동성 곡면에 맞게 나무의 눈금을 조정하는 정확한 방법을 차근차근 설명했다. 그리고 누구라도 확인할 수 있도록 수치를 완전히 적용한 다섯 마디짜리 나무를 예로 들어 보여 주었다.

마크의 학회장 연설은 좀 더 추상적이고 학문적이었으며, 문제의 역사를 다루었다. 그가 이 역산란 문제에 대해 처음에 내놓았던 해법은 단일 만기에서 시장의 내재 변동성과 일치시키는 데에 초점을 맞추고 있었고, 따라서 내재 변동성 곡면에 들어 있는 추가 정보 중 일부를 무시했다.

브루노가 금융공학자 협회에서 한 강연은 더 감질났다. 프랑스인인 그는 정형화된 수학을 좋아했고, 그래서 그는 대단히 짤막한 보고서 안에서 동일한 행사 가격과 만기에서 내재 변동성 곡면이 지니는 기울기와 곡률을 통해 지역적 변동성을 계산하는 정교한 수식을 내놓았다. 그의 논문은 이해가 쉽지 않았고, 내가 만난 사람들은 그게 정확한지 확신하지 못했다. 어떤 부분에서는 그가 일부러 모호하게 표현하여, 정확히 어떤 방법으로 발견했는지는 밝히지 않으면서 발견했다는 주장만 하고 있는 게 아닌가 하는 생각이 들었다.

우리는 브루노의 보고서를 연구했고, 그가 내놓은 압축된 공식은 이라즈와 내가 이항 나무를 바탕으로 개발한 것과 정확히 일치한다는 사실을 이내 깨달을 수 있었다. 그가 미적분을 사용한 부분에서 우리는 대수학을 사용했다. 우리는 파인만과 슈윙거 내지 블랙·숄스와 머턴 놀이를 하고 있었던 것이다. 물론 중요성이나 규모 차원에서는 전혀 그들과 비할 바는 아니었다. 우리는 논문의 부록에서 브루노의 결과를 재도출하고 좀 더 알기 쉬운 증명을 첨부하고 그의 연구를 참고문헌에 수록했다.

1993년 12월 말에 브루노와 이라즈와 나는 각각의 논문을 〈리스크〉의 그레이엄 쿠퍼에게 제출했다. 브루노의 논문은 우리 논문이 2월호에 수록될 예정이라는 편집자 설명과 함께 〈리스크〉 1994년 1월호에 수록됐다. 1월호에서는 또 그레이엄 쿠퍼가 한 면 전체를 할애하여 마크, 브루노, 이라즈와 내가 한 연구에 대해 보도했다. 그는 그것을 새로운 '슈퍼모델'이라 부르면서, 우리 각각의 접근 방법이 띠고 있는 상대적 장점을 비교적 정확하게 설명했다. 그는 기사에서 우리 모두에게 적절한 수준의 공로를 인정했다.

그 뒤 몇 년 동안 우리는 세미나와 협의회를 순방했다. 나는 십여 곳의 대학교 금융학과와 경영대학원에서, 빈 옵션 거래소에서, 그리고 업계의 수많은 협의회에서 강연했다. 정량금융 이론에 대해 배우기를 좋아하는 노련한 거래사가 많은 나라인 일본, 프랑스, 스위스, 스페인, 이탈리아의 판매사가 나를 대동하고 연이어 고객을 만났다. 우리는 취리히, 런던, 빌바오, 파리, 밀라노, 뮌헨 등지에서 수많은 사람을 모아 놓고 당일 과정 세미나를 열었다. 신나는 경험이었다.

1994년에는 물리학자 출신인 마이크 카말과 조 저우가 우리 그룹에 합류했는데, 이라즈와 나는 새로 들어온 두 사람과 함께 우리의 모델을 지속적으로 개선해 나가면서 이색 옵션의 가치 평가에 사용했다. 우리는 또 정량전략 그룹의 소프트웨어 공학자인 데니즈 에저너 및 앨런 벅월터와 함께 작업하여 우리의 모델을 영업장의 거래 소프트웨어에 첨부시켰다. 무엇보다도, 우리 모델의 수학적 부분을 몸으로 이해할 수 있도록 요약하여 거래사가 쉽게 받아들일 수 있게 만드는 일에 애를 먹었다. 그들의 직관은 전부 블랙-숄스 모델을 바탕으로 하고 있었으므로, 우리는 얼추 비슷한 결과를 얻어 낼 수 있도록 몇 가지 간단한 수정 방법을 개발했다. 거래사가 쓸 수 있는 일종의 주먹구구로서, 블랙-숄스 모델을 내재 나무 쪽으로 약간 밀어 줄 수 있게 만들었다.

알고 보니 우리의 모델을 거래사에게 설명하는 일이 고객에게 설명하는 일보다 훨씬 어려웠다. 거래사는 주로 화면을 지켜보고, 판매사를 지원하고, 세부 거래 내용을 컴퓨터에 입력하는 등의 활동으로 바빴다. 이들은 날마다 수백 또는 수천 건의 새로운 거래를 기장해야 했고, 그러다 보니 영업장에서 일상적으로 사용하는 위험관리 시스템과 우리 회사의 장부와 기록을 보관하는 대형컴퓨터 간에 세부사항이 모두 정확히 맞아떨어지는지 대조하느라 밤늦도록 남아 일하는 때도 많았다. 이들은 담당 업무 중 가격 결정 방법을 개선하는 작업보다는 장부관리를 자동화하는 작업에 더 관심이 많았다.

주도권은 거래사가 쥐고 있었다. 이들은 이유나 명분과는 무관하게 원하는 모델은 뭐든지 활용했다. 우리가 이들의 헤지 방식을 바꾸고자 할 때에는 그것을 증명해 보이는 책임이 우리에게 있었다. 이들은 바보가 아니라 그저 분별 있는 실용주의자로서 이해하지 못하는 새 모델 사용을 꺼릴 뿐이었다. 애석하게도 이들은 이해하기 위해 시간을 들이는 것까지도 꺼렸다. 거래사에게 아무 모델도 없던 때에는 처음으로 나오는 모델을 사용하게 만들기가 쉬웠다. 일단 뭔가 의지할 게 생기고 난 뒤에는 그보다 더 나은 것을 받아들이게 하기가 아주 어려웠다.

그래서 이들은 변동성 곡면이 평평하게 나타나는데도 블랙-숄스의 단일 변동성을 틀로 삼아 이색 옵션의 가치를 평가하는 방식으로부터 벗어나지 못했다. 그리고 그에 따른 오류를 보정하기 위해, 잘못된 모델에서 사용하기 위한 "올바른" 단일 변동성을 골라내는 일에 갖은 창의력과 직관을 동원했다. 어느 선임 거래사는 내재 나무 모델이 정확하고 블랙-숄스 모델이 잘못됐다 하더라도 자신은 언제나 그에 맞는 적절한 변동성을 생각해 낼 수 있기 때문에, 모델이 잘못됐다 해도 대상 옵션의 정확한 가치를 계산해 낼 수 있다고 고집했다. 그래서 어느 날, 블랙-숄스 모델을 사용하면 단일 변동성으로 어떤 값을 입력해도 내재 나무 모델로 계산하여 얻는 올바른 값의 범위를 완전히 벗어나는 이색 옵션이 발견됐을 때 나는 아주 기뻤다. 이러한 옵션에서는 잘못된 모델에 아무리 대입해 봐도 올바른 대답을 얻어 낼 수 있는 적절한 단일 변동성이 존재하지 않았다. 나는 이런 예를 거래사에게 보여 주었다. 약간의 보복 심리도 작용했지만, 그때의 만족감은 이루 말할 수 없이 컸다. 그렇지만 그것은 작은 승리에 지나지 않았다. 한 사람의 행동도 바꿔 놓지 못했기 때문이다.

내가 골드만 내 모든 모델의 사용 승인 문제를 연구하고 있던 2000년에 이르자 흐름의 방향이 바뀌기 시작했다. 골드만과 경쟁 회사 모두 마찬가지였는데, 거래사가 영업장에서 사용하는 모델이 그들이 관여하는 시장에 적합하다는 사실을 어느 정도 입증할 의무가 생겨난 것이다. 그럼에도 불구하고 거래사와 위험관리사 사이의 줄다리기에서는 대개 거래사 쪽이 줄을 당기는 힘이 셌다.

1994년 말 어느 날이었다. 나는 거래사와 퀀트 사이의 마찰 때문에 유달리 멍청한 행동 한 가지를 하게 됐다. 그날 온종일 나로서는 해결해 줄 수 없는 시스템 지원 업무에 대한 조급한 요구에 시달리며 하루를 보냈다. 저녁이 되어 리무진을 타고 케네디 공항에 가서 빈으로 가는 비행기를 탔다. 빈에 있는 오스트리아 옵션 거래소에서 열리는 어느 협의회에서 내재 나무에 대해 강연하기로 되어 있었기 때문이다. 비행기에 탑승한 나는 자리에 앉아 드디어 긴장을 풀었다. 내 자리는 비즈니스 석의 복도 쪽이었다. 그리고 사무실에서 하루 종일 전쟁을 치르느라 시달린 나머지, 다시는 다른 사람에게 이리저리 떠밀리지 않으리라 다짐했다.

자리에 앉아 긴장을 풀며 이륙을 기다리고 있는데 한 가족 세 사람이 출발 직전 비행기에 올라 자리에 앉기 시작했는데, 세 사람이 다 따로 떨어진 자리였다. 아버지는 쉰 살 정도 되어 보이는 신사였는데 내 옆 창가 자리에 앉았고, 아들은 내 옆으로 복도 건너편에 앉았다. 그리고 부인은 비행기 앞쪽으로 더 떨어져 앉았다. 내가 오스트리아 옵션 거래소의 협의회 프로그램을 뒤적거리고 있는데, 옆자리의 아버지가 승무원에게 가족이 함께 앉을 수 있는 자리가 있는지 물었다. 한 10분 정도 부산을 떨었는데도 자리가 나지 않자 그는 내게 자기 아들과 자리를 바꿔 앉을 수 있는지 물었다. 하루 종일 이리저리 떠밀린 분이 아직 가라앉지 않은 나는 "착한 남자 노릇은 이제 그만"이라는 다짐을 기억했다. 내가 앉은 좌석은 내가 일부러 예약한 복도 자리였다. 누구에게도 내주고 싶지 않았다. 그래서 나는 엉뚱한 데에 하는 화풀이임에도 불구하고 단호한 태도로 그에게 대답했다. "죄송합니다만 그냥 이대로 있는 게 좋겠는데요."

빈을 향해 이륙하는 사이에 나는 무의미하게 고집을 부렸구나 하는 생각이 들어 스스로에 대해 흠칫 놀랐다. 내 자리도 그의 아들 자리도 복도 좌석이었다. 고집을 부려서 내가 얻을 것은 아무것도 없었다. 게다가 더욱 큰 문제는 불필요하게 괘씸하게 대한 사람 옆에서 앞으로 열 시간을 앉아 있어야 하는 신세가 됐다는 사실이었다. 나는 죄책감에 휩싸이기 시작하면서, 어떻게 하면 이 일을 돌이킬 수 있을지 궁리했다.

나는 고민에 빠진 채로 협의회의 프로그램을 훑어보고 있었다. 그러다가 보니 내 오른쪽에 앉은 남자도 서류가방에서 비슷한 프로그램을 꺼내 들여다보기 시작하는 게 아닌가. 나는 곁눈으로 흘끔 그의 얼굴을 다시 쳐다보았다. 그리고 내 옆에 앉은 사람이 다름 아닌 로버트 머턴이라는 사실을 퍼뜩 깨달았다. 연속 시간 금융 모델의 개발자에다 하버드 대학교 교수이자 롱텀 캐피털매니지먼트의 파트너인 바로 그 머턴이었다. 급등락 확산 모델에 대한 글을 읽다가 그가 쓴 유명한 책 『연속 시간 금융』의 표지 날개에서 그의 사진을 본 것이 바로 그날 아침이었다.

나는 계면쩍은 얼굴로 그에게 무례하게 굴어 미안하다고 사과했다. 그의 아들은 이미 잠이 들어 있었으므로 자리를 바꾸는 게 아무 의미가 없었고, 그래서 우리는 옵션 가격 결정 모델의 역사에 대해 두어 시간 이야기를 나누었다. 그는 대단히 친절했지만, 그럼에도 나의 유쾌하지 못한 구석을 보여 주었다는 사실이 창피했고, 그래서 협의회 내내 나도 모르게 그와 그의 가족을 피하게 됐다. 나는 다시 다짐했다. 다음부터는 응당 그래야 할 사람에게만 강경하게 나가겠노라고.

마크, 브루노, 이라즈와 내가 지역적 변동성을 이용하여 스마일 문제를 다룬 최초의 이론가 축에 들기는 했지만, 비슷한 생각을 지닌 사람은 우리 말고도 많이 있었다. 캐나다의 사이먼프레이저 대학교에서 금융학을 가르치는 이스라엘 인 교수 아비 비크가 쓴 논문을 우연히 보게 됐는데, 그의 논문은 우리의 연구와 특히 밀접한 관련이 있었다. 1994년 11월에 〈파생 상품: 최신 기술〉이라는 주제로 뉴욕 대학교에서 열린 협의회에서 옵션 교재의 저자인 개리 가스티노가 강연했는데, 나는 우리의 모델 덕분에 옵션 가격을 더욱 정확히 결정할 수 있게 되어 시장의 유동성이 더 높아지게 되리라는 그의 논평을 듣고 기분이 좋았다. 우리는 지역적 변동성이 어디서나 언급되는 용어가 되고 교재에서 다루는 내용이 되는 것을 실제로 보고 듣고 있지만, 진정으로 성공적인 금융 모델을 만들어 내는 일은 상상보다 훨씬 더 어렵다는 사실을 알게 됐다.

지역적 변동성은 스마일을 설명해 준다는 점에서 블랙-숄스보다 진보된 모델이기는 했지만, 거기에는 세 가지 커다란 결점이 있었다. 첫째, 우리의 새 모델은 지수나 주식이 급등락할 가능성을 배제했는데, 오늘날 시장에 관여하는 사람은 대부분 아주 짧은 단기 변동성 스마일의 형태를 결정하는 주요 인자로 급등락 가능성을 꼽는다. 처음에 우리가 스마일을 모델로 만들 때에는 그와 같은 급등락을 고려하고 있었다. 우리는 급등락 모델을 전혀 좋아하지 않았다. 급등락은 너무 급작스럽고 불연속적이어서 헤지할 수가 없고, 그래서 급등락을 포함시키면 블랙-숄스 모델의 일관성을 많이 잃어버리게 된다. 그렇지만 급등락은 실제로 일어나는 일이기 때문에 그것을 다루지 않는 우리 모델은 그만큼 덜 현실적이 됐다.

둘째, 내재 나무는 눈금 조정이 어려웠다. 연산의 정확도를 높이기 위해 눈금을 조금씩 더 세밀하게 잡으려 하다 보면 지역적 변동성이 걷잡을 수 없는 양상을 띠면서, 지점에서 지점으로 변할 때 비현실적인 골과 마루가 나타났다. 시간이 지나면서 우리는 이러한 변동을 매끄럽게 해 줄 방법을 개발했지만, 그 때문에 영업장에서 쓸 수 있도록 내재 나무의 계산 결과를 자동화하기가 어려웠다. 이들 파동과 골 자체는 부분적으로 급등락을 배제한 데에 원인이 있었다. 우리는 격렬한 현상을 잔잔한 확산 모델에 짜 넣으려 하고 있었으니 눈금 조정이 불안정할 수밖에 없었다.

끝으로, 우리의 모델은 변동성 자체가 지니는 임의적 성격을 무시했다. 몇 년 뒤 이라즈와 나는 지역적 변동성에 임의의 요소를 첨가하는 방법으로 우리 모델을 개선해 보려 했는데, 그랬더니 눈금 조정과 계산이 더욱 복잡하고 비현실적이 되었다.

시간이 지나면서 우리는 지역적 변동성, 급등락, 임의적 변동성, 또는 이 셋 모두의 혼합을 통해 스마일을 얻어 낼 수 있음을 알게 됐다. 따라서 지역적 변동성과 내재 나무는 스마일의 유일무이한 모델이 되지 못했다. 세월이 지난 뒤의 어느 날 맨해튼에서 마크 루빈스타인과 내가 함께 저녁을 먹게 됐다. 우리는 그 자리에서 옛일을 되새기며, 우리의 기대와는 달리 일이 돌아가는 것을 두고 회한의 웃음을 웃었다.

그럼에도 불구하고 나는 궁극적으로 만족스러웠다. 이라즈와 나는 새로 등장한 이상한 현상과 일치하는 모델을 최초로 내놓은 사람들 중에 끼었다. 우리는 새로운 틀과 새로운 어휘를 만들어 냈고, 그것도 학계의 느긋한 연구 환경에서가 아니라 월스트리트라는 일선에서 해냈다. 모델이 다 그렇듯 우리 모델은 어느 정도 단순했고 또 전체를 다 잡아 주지는 않았다. 그러나 그것은 있을 수 있는 하나의 일관된 작은 세계로서, 보통주 변동성 시장이 보여 주는 있는 그대로의 본질적 특징 한 가지를 잡아내는 데에 성공했다. 그 특징은 시장이 하락할 때에는 변동성이 증가하는 성향이 있다는 것이다. 지역적 변동성 모델은 학계와 실무자 사이에서 사용되는 표준 도구의 하나로 자리 잡았다.

1990년대가 지나는 동안 변동성 스마일은 옵션을 다루는 거의 모든 시장으로 퍼졌다. 투자자에게 손실을 입힐 수 있을 정도로 시장이 큰 폭으로 — 보통주일 경우에는 아래로, 금 시장에서는 위로, 다양한 외환 및 금리일 경우에는 양방향 모두 — 움직이지 않을까 하는 두려움이 있을 때마다 스마일과 뒤틀림이 나타났고, 그럴 때 우리의 모델이 그런 현상을 일부분이나마 설명해 주는 핵심 도구가 됐다. 새 천 년이 될 무렵 스마일 모델은 어디에서도 볼 수 있게 됐고, 〈리스크〉지는 완전히 이 문제에만 초점을 맞춘 협의회를 해마다 주최했다. 나는 골드만삭스의 통합 위험관리 부서에 있을 때 파생 증권 분석 그룹 내에서 열두 명 정도의 박사로 구성된 팀을 운영했는데, 이 그룹은 회사 내의 파생 증권 사업 전체에 걸쳐 결정된 가격과 모든 모델을 승인해 주어야 했다. 그런데 우리 팀은 이내 두 가지 사실을 알게 됐다. 하나는 영업장마다 나름의 (서로 모두 다른) 스마일 모델을 가지고 있다는 것이고, 또 하나는 우리 임무의 대부분은 이들 모델의 검증 작업이라는 사실이었다. 모델이 영업장마다 다른 것은 대상 시장이 다른 때문이었다. 각 시장에는 저마다 독특한 이유로 인한 독자적 특징을 지닌 스마일이 있었다. 보통주 시장은 급락을 두려워했다. 저가를 유지해 온 금 시장은 오래 전부터 갑작스런 가격 상승을 두려워했다. 금리 시장에서는 채권 투자자가 높은 금리를 두려워했는데 자산의 실질 가치가 떨어지기 때문이었다. 그런가 하면 보험회사는 고객에게 최소 이율을 보장하는 일이 종종 있는데, 회사로 들어오는 현금 흐름이 줄어들 수도 있기 때문에 낮은 금리를 두려워했다. 환 시장에서는 일정한 안정적 범위 밖으로 이동하는 현상을 두려워했다. 저마다 쓰라린 경험을 바탕으로 하고 있는 이러한 두려움은 저마다 양상이 다르고, 그래서 저마다 다른 모델을 필요로 했다. 모든 스마일에 맞는 만능 모델은 없었다.

오래 전 내가 처음 스마일에 대해 인식하고 그에 대한 "올바른" 모델을 찾고 싶어 했을 때 나는 다른 회사에 있는 여러 동료에게 어떤 모델이 정확하다고 생각하는지 묻곤 했다. 그러나 이제는 모델 종류가 너무나도 많아 좀 더 실제적인 질문을 던진다. 무엇을 믿는가 묻는 게 아니라, 이런 식으로 묻는 것이다. "스탠더드앤푸어 500에 대한 어떤 표준 옵션을 헤지할 때, 블랙-숄스 헤지 비율을 쓰는가, 그보다 더 높은 헤지 비율을 쓰는가, 아니면 더 낮은 헤지 비율을 쓰는가?" 지역적 변동성 모델은 헤지 비율이 낮게 나오는 반면, 확률론적 변동성 모델은 더 높은 비율을 산출하는 경향이 있다. 이색 옵션에서는 모델 간의 차이가 더욱 극적으로 나타난다.

2003년 바르셀로나에서 어느 파생 상품 모임이 열렸는데, 나는 그 모임에서 스마일에 대한 소규모의 분과토론을 이끌었다. 그 분과에는 전 세계의 파생 상품 영업장에서 모여든 거래사와 퀀트 15명이 참가했다. 나는 모두에게 내가 늘 물어보는 간단한 질문을 던졌다. 스탠더드앤푸어 500에 대한 어떤 표준 옵션을 헤지할 때, 블랙-숄스 헤지 비율을 쓰는가, 그보다 더 높은 헤지 비율을 쓰는가, 아니면 더 낮은 헤지 비율을 쓰는가? 최초의 스마일 모델이 나타난 지 10년이나 지났건만, 스마일이 파생 상품의 거의 모든 시장에서 하나의 기정사실이 되고 또 수천 편의 논문이 나왔건만, 거기에 대해 모두가 동감하는 대응 방법이 없다는 사실은 뜻밖이었다.

지금도 여전히 없다. 우리는 스마일 이론에 대해서는 훨씬 더 많이 알고 있지만, 무엇이 올바른지에 대해서는 아직 어둠 속에서 헤매고 있는 형편이다. 10년 동안 거래사나 이론가와 이야기해 본 결과 "올바르다"는 게 무슨 뜻인지 생각해 보게 됐다. 우리가 이론가라면 우리가 만든 법칙을 존중

하지 않는 주민이 살고 있는 무법지대를 통과해 가고 있다는 사실을 절대로 잊어서는 안 된다. 시장과 이론 간의 마찰을 들여다보면 볼수록 금융 세계와 인간 세계 속에서 모델이 지니는 한계가 더욱 뚜렷이 다가온다.

Chapter 15

지난날의 흔적

- 월스트리트의 합병 ■ 간편한 복장으로
- 보통주 파생 상품으로부터 회사의 통합 위험관리 부서로 이동
- 인터넷 거품이 꺼지다 ■ 월스트리트와의 작별 ■

1990년대 전반부 동안의 생활은 너무 좋았기에 그리 오래 가지 못했다. 정량전략 그룹의 분위기는 고무적이었다. 우리는 물리학자 출신, 수학자 출신, 컴퓨터 프로그래머 등 각기 관심사가 다양한 사람으로 구성돼 있었지만 모두 금융에 대해 열정적이었다. 거의 언제나 우리는 즐거운 한가족이었다. 퀀트는 프로그래머에게 금융 이론을 가르치고, 프로그래머는 다시 퀀트에게 프로그래밍 방식을 가르쳤다. 무엇보다도 좋았던 것은 우리가 댄 오루크 같은 거래사와 긴밀하게 협력하면서 학문 이론과 거래 실무 사이의 거리를 메울 수 있었다는 사실이다. 우리는 몸은 산업 세계 속에 있었지만 머리는 학계의 영감을 받고 있었다. 삶 자체가 풍요로웠다.

게다가 연구와 개발에 들이는 돈은 밑 빠진 독에 물 붓기가 아니라는 사실을 이해하는 거래사를 위해 일했기 때문에 우리에게는 자원이 풍부했

다. 우리는 우리가 만드는 모델과 시스템이 월스트리트 최고라 믿었다. 그러나 사업에는 성쇠가 있는 법이다. 1994년 말 금리가 맹렬히 오른 뒤 권력은 거래사로부터 판매사 쪽으로 흘러갔는데, 그들은 새로운 모델과 거래 시스템에 투자하면 매출이 늘어날 수 있다는 상상을 잘 하지 못했다. 오히려 연구를 비용으로 보았다. 사치와 필요를 구별할 줄 몰랐던 그들은 아무리 작은 규모의 투자라 해도 "영업 쪽" 사람 중 그만한 가치가 있는지 그럴 필요가 있는지 판단할 수 있는 사람의 인가를 받을 것을 요구했다. 그렇지만 인가를 하려면 그만한 권위가 있어야 하는데, 판매사 중 그럴 권위를 확보하기 위한 시간과 흥미가 있는 사람은 거의 없었다. 그래서 그들은 회의를 열었다.

단기적으로 보면 그런 회의는 단순한 시간낭비에 지나지 않았다. 장기적으로 보면 기회의 낭비였다. 거래가 늘어나는 한편으로 우리의 기반구조는 침체됐다. 이제 거래사는 낡은 시스템으로 더 많은 거래를 처리하기 위해 저녁 늦게까지 남아 일하기 시작했다. 결국에는 우리 모델에도 악영향이 미쳤다. 그리고 우리 모델과 소프트웨어가 최첨단 수준을 유지하지 못하게 되면서 우리의 자존심도 떨어졌다. 얼마 지나지 않아 나는 그룹 내의 불만을 달래는 데에 점점 더 시간을 많이 보내고 있다는 사실을 깨닫게 됐다. 일상생활에서 더 이상 보람을 느끼지 못하자 돈도 소용이 없었다. 내 안에서도 뭔가 변화에 대한 요구가 지속적으로 조금씩 조금씩 더 절실해가고 있음을 느낄 수 있었다.

우리의 상사 대다수가 파악하지 못한 한 가지 근본 인자가 있었다. 우리가 그런 모델 작업을 한 것은 단지 누군가가 그것을 인가했기 때문이 아니라는 사실이었다. 우리 스스로 그것이 올바른 행동이라 생각했기 때문에, 우리 스스로 문제에 매력을 느꼈기 때문에 모델 작업을 한 것이다. 문제가 눈에 띄면 해결할 필요가 있는지 판단하고 거기 몰두하고 해결했다. 처음부터 끝까지 완전히 몰두하는 작업이었다. 신용과 보통주 위험을 결합해야만 하는 전환사채 모델의 모순을 해결하려 안간힘을 쓸 때, 또 스마일의 모델을 만드는 방법을 궁리할 때, 나는 샤워를 하는 동안에도 공원에서 달리는 동안에도 머릿속에서는 문제의 해결 방법을 생각했다. 때로는 잠자리에 누워서도 머릿속에서 문제를 덮어 두지 못했다. 우리는 열정과 긍지와, 고마워하는 사람들을 보는 뿌듯함을 위해, 공로와 진가를 인정받기 위해 열심히 일했다. 물론 돈을 위해서도 일했지만 돈만으로는 그렇게까지 하지 않았을 것이다.

투자은행 세계도 변했다. 1985년에는 골드만, 잘로몬, 퍼스트보스턴, 프루덴셜, 드렉셀, 시어슨, 레먼, 이에프허턴, 디엘제이, 스미스바니, 페인웨버, 뱅커즈트러스트, 체이스, 케미컬, 시티뱅크, 모카타메탈스 등 규모도 크고 어느 정도 존경받는 은행이나 거래 회사의 정량금융 연구직 일자리를 찾아볼 수 있었다. 이들 회사 대부분이 지금은 독자적 기업으로 존재하지 않는다. 2000년에 이르러 큰 물고기가 작은 물고기를 삼켰고, 시티그룹, 모건스탠리, 메릴린치, 골드만 등은 전 세계를 상대로 하는 거래와 자본 경쟁에 직면했다.

기업은 경쟁을 위해 불가피하게 몸집을 불렸다. 내가 골드만에서 일을 시작한 1985년에는 골드만의 전체 직원 수가 5천 명이 되지 않았다. 그때 우리의 뉴욕 직원 전체를 수용한 브로드스트리트 85번지 건물에 있던 카페테리아에서 날마다 점심을 먹었는데, 카페테리아를 찾는 직원 중 많은 사람의 얼굴을 익힐 수 있었다. 1994년 감원이 있은 뒤에는 회사 전체를 통틀어 직원이 1만 명 정도를 헤아렸다. 새 천 년이 얼마 남지 않은 1999년 말에 이르렀을 때 우리는 직원 수가 2만 명을 넘는 공개 회사가 되어 있었다. 분기마다 열린 임원회의에서는 회사의 경영자들이 회사 내의 인원 절반 이상이 들어온 지 2년이 되지 않았고, 경쟁력을 유지하기 위해 성장은 불가피하며, 우리의 문화를 유지할 수 있는 새로운 방법을 찾아내야 한다는 말을 주문처럼 되뇌는 것을 들었다.

그런데 문화는 정말로 있었다. 월스트리트 기준으로 골드만은 조금은 더 점잖았고, 약간은 더 인정이 있었으며, 지적 다양성에 대해 조금은 더 관대했다. 필요하면 누구든 찾아가 의논할 수 있었다. 거기에 요식행위가 자리 잡을 여지는 거의 없었다. 내가 뭔가를 잘하는 부분이 있으면 남들과는 다른 대접을 받을 수 있었다. 프로그래머와 퀀트까지도 자신의 재주와 기여에 대해 작으나마 존중을 받았다. 이러한 모든 활동이 저마다 방식은 달라도 회사에 유익하고, 직원과 손님을 끌어들이는 데에 도움이 되며, 돈을 벌어들이는 데에 쓸모가 있다는 사실을 모두가 이해하고 있는 것 같았다.

골드만이 주식을 공개한 뒤부터는 일상의 삶이 달라졌다. 로버트 루빈, 존 코자인, 로이 주커버그 등 내가 잘 알고 지내던 옛적의 귀족적 지휘관은 정계에 족적을 남기기 위해 또는 인생을 즐기기 위해 회사를 떠났다. 골드만은 새로 찍어 낸 주권 증서를 가지고 다른 회사의 인재를 빼내 오고 다른 회사의 사업을 매입하기 시작했다. 우리가 커다란 공개 기업으로 자라나면서 회사 내에서 이루어지는 정보의 흐름에 제약이 가해지고 계층은 더 분화됐다. 이런 변화 중 꼭 나쁘다고 할 만한 것은 아무것도 없었다. 바뀌는 환경에 맞춰 적응하기 위한 변화였을 뿐이다. 그래도 나는 염두에 두었던 다른 어떤 곳보다도 골드만이 더 좋았다.

외양 역시 바뀌고 있었다. 1999년 말, 나스닥은 가파른 정점으로 올라가고 있었고 베를린 장벽과도 같던 월스트리트의 정장 차림에는 날마다 새로운 균열이 생겨났다. 앞으로는 간편한 복장을 예절에 맞는 복장으로 규정한다고 발표하는 회사를 월스트리트에서는 날마다 볼 수 있었다. 어제까지 회색 정장만 입던 파트너가 눈에 띄게 간편한 바지에다 남방셔츠 위에 스포츠 재킷을 걸친 차림으로 출근하는 예를 매일 볼 수 있었다. 골드만에서는 역사적으로 좀 더 서민적인 환·상품 사업부가 가장 먼저 무너졌다. 그 직후에는 고정수익 사업부가 쓰러졌다. 최후의 보루인 보통주 사업부는 처음에 금요일에만 간편복 차림을 실시하는 정도에서 그쳤다. 지조가 강한 우리 그룹의 어떤 사람은 금요일에도 계속해서 정장 차림으로 출근했다. 누가 왜 간편복을 입지 않는지 물었더니, 날마다 유니폼을 입는 것만 해도 힘든데 날마다 다른 유니폼을 입어야 한다면 너무 힘들기 때문이라 대답했다. 간편복 금요일이 몇 주 지나자 보통주 사업부 역시 무너졌고, 그것으로 벨벳 혁명은 끝났다. 그때부터는 언제나 간편복이었다.

의도는 물론 좀 더 유행에 밝은 닷컴 회사와의 경쟁에서 지지 않고, 최고의 젊은 졸업생들을 구식의 근엄한 투자은행으로 계속 끌어들이려는 것이었다. 우리는 골드만에 대한 취업설명회를 다녔는데, 그러다 보니 경영대학원 학생 중에는 학업을 도중에 그만두고 돈 잘 버는 새로운 벤처에 합류하는 사람이 많다는 사실을 알게 됐다. 우리가 만나 본 학부생조차도 예년처럼 예민하게 관심을 보이지 않았다. 이에 대한 반격으로 골드만은 직원에게 날마다 과일과 음료를 공짜로 돌렸다. 그리고 그것만으로 부족할 경우를 대비하여 한걸음 더 나아가, 일을 너무 열심히 하다 보니 개인적인 일을 돌볼 시간을 내지 못하는 젊은 직원을 위해 심부름 서비스까지 제공했다.

끝으로, 1990년대 말 보통주에서 가장 중요하게 여긴 것은 고객을 영업장 내로 끌어들이는 일과 전자 유통의 추구였다. 투자은행은 전통적으로 도매업자였기 때문에 이런 추세를 빨리 따라잡아야 했다. 앞으로 몇 년 동안은 기술주 문제가 최대의 관심사가 되리라는 사실을 알 수 있었다. 그에 따라 평가 쪽 업무는 뒷전에 물러나 있게 될 것이 뻔했다. 그래서 1999년 말에 이르러, 불만을 느낀 퀀트와 자원에 굶주린 거래사 사이를 오가는 중재자 노릇에 다소 지쳐 버린 나는 변화를 생각하기 시작했다.

그런데 어떻게 옮길 것인가? 1988년에 내가 잘로몬브라더즈에 들어가기 위해 골드만을 그만두던 날, 스코트 핑커스는 회사 내의 다른 자리로 옮겨 가면 어떻겠느냐고 제안했다. 왜 좀 더 일찍 그런 얘기를 꺼내지 않았는지 물었더니, 그랬으면 남의 부서에서 사람을 빼내 가는 꼴이 되지 않았겠느냐고 설명했다. 다른 부서에서 사람을 뽑아 가는 일은 나쁜 행위였다.

그 역도 마찬가지였다. 다른 영역으로 자리를 옮기고 싶은 사람은 그런 의사를 드러내 놓고 타진해서는 안 되었다. 그것은 회사 일보다도 자신의 일을 우선시하는 행위로, 좋지 못한 성격으로 간주되는 것이다. 이런 행위를 용납하면 너도나도 그렇게 했을 것이다. 회사 내의 문화에 맞는 적절한 행동은 자신의 윗사람을 찾아가 다른 가능성을 생각해 봐야 하는 사유를 정중하게 설명한 다음 이렇게 물어보는 것이었다 — 다른 자리를 찾아봐도 괜찮을까요?

그렇지만 이렇게 하면 자신의 패를 다 드러내 보여 주는 셈이었다. 당신 밑에서 더 이상 일하고 싶지 않다는 이야기를 꺼내기는 쉽지 않다. 그래서 실제로는 이와는 반대로 정말로 밑에서 일하고 싶은 사람을 먼저 찾아가, 그쪽에 혹시 자신이 일할 만한 자리가 있는지 넌지시 물어보는 쪽이 일반적이었다. 그런 다음 그가 관심을 보이면 몇 차례 더 만나면서 가능성을 논의했다. 그래서 결국 두 사람 모두 자리를 옮기는 쪽으로 일을 진행하자는 결론에 이르면 그때 현재의 윗사람을 찾아가서 이렇게 묻는 것이다 — 다른 자리를 찾아봐도 괜찮을까요?

1999년 말, 나는 회사 내에서 알고 지내던 선임자 여러 사람을 만나 가능성을 타진해 보았다. 그중에는 훠턴 경영대학원의 유명한 교수 출신으로 골드만삭스의 통합 위험관리 부서 책임자로 일하던 밥 리첸버거도 있었다. 그가 지휘한 그룹은 회사 전체와 모든 산하 사업부의 위험을 감시하고 보고하는 임무를 띠고 있었다. 밥은 그 부서 운영의 적임자였다. 그는 대단히 광범위한 분야에 대해 대단히 잘 알고 있었고, 유명한 논문도 여러 편 썼으며, 파생 상품을 거래하는 여러 회사에서 일한 경력도 있었다. 또 그만한 의지력도 있었다. 연봉이 높은 막강한 거래 영업장 책임자들이 떠안고 있는 위험을 조절하자면 강인한 성격이어야 했다. 부드러운 겉보기와는 달리 밥에게는 불굴의 의지가 숨어 있었다.

그 뒤로 몇 번밖에 만나지 않았어도 밥이 나를 자신의 통합 위험관리 부서에서 일하게 하고 싶어한다는 사실을 확인할 수 있었다. 나 역시 자리를 옮기고 싶은 욕구가 강했다. 그는 파생 상품 전문가를 필요로 했는데, 회사에 대한 미묘한 위험의 많은 부분이 골드만이 장외에서 거래하는 복잡하고 이윤이 많이 남는 이색 옵션 안에 잠재해 있기 때문이었다. 이내 우리는 내 자리를 옮기는 데에 동의했다. 그리고 다른 자리를 찾아보는 속도위반을 일단 저지른 다음 우리는 속도계를 거꾸로 돌렸다. 다음 날 나는 내 상사에게 물었다 — 다른 자리를 찾아봐도 괜찮을까요?

2000년 1월 초에 나는 보통주 파생 증권 부서를 떠나 통합 위험관리 부서로 자리를 옮겼다.

내가 들어간 통합 위험관리 그룹은 운영 금융 자원 사업부 내에 자리 잡고 있었다. 이 사업부는 지원 사업부로서 그다지 매력적인 면은 없었다. 자원이란 인력, 회계 및 법률을 의미했는데, 모두 필수적이기는 하지만 회사의 주요한 사업 활동을 보조하는 역할일 뿐이었다. 수학과 모델 작업과는 너무나 거리가 멀어 퀀트에게는 생소한 자리였고, 그래서 노련한 전략가를 이곳에 불러오는 일은 쉽지 않았다.

따분한 곳에 자리 잡고 있기는 했지만 통합 위험관리 부서는 중요한 문제를 다루었다. 투자은행의 거래 영업장에서는 보험회사와 마찬가지로 수수료를 받고 계산된 위험을 떠안음으로써 돈을 번다. 우리의 주요 업무는 각 영업장, 각 사업부, 나아가 회사 전체가 현재 안고 있는 위험의 정도를 체계적이고 통일된 방법으로 측정하여, 어느 위험이 적절하지 않은지 판단하는 데에 도움을 주는 일이었다. 영업장에서는 저마다의 위험관리 시스템을 가동하고 있었지만, 우리는 좀 더 커다란 그림을 통합하는 책임을 맡고 있었다.

거의 매일 각 영업장은 작은 규모의 이익이나 손실을 보겠지만, 잠재적으로 커다란 손실을 입을 가능성은 항상 있었다. 위험이라는 개념을 정량적으로 측정하기 위해 우리뿐 아니라 월스트리트의 거의 모두가 소위 일일 브이에이아르$_{VaR}$, 즉 위험 노출 가치라는 것을 쓰고 있었다. 이는 달러로 나타낸 손실 한계선으로, 이 한계선 이상의 손실을 입을 가능성이 0.4%, 즉 250분의 1을 초과하지 않는 액수를 말한다. 이는 1년 동안의 거래일 중 하루 정도에 해당된다. 브이에이아르는 따라서 99.6% 확률로 일어나는 손실액을 말한다. 그러므로 보통주 사업부의 브이에이아르가 5천만 달러라면 연중 임의의 날에 이 이상의 손실을 기록할 가능성이 0.4%, 즉 250분의 1이라는 말이다.

1994년에 제이피모건 은행이 고안한 브이에이아르는 위험을 측정하는 계량법으로는 불충분하지만 웬일인지 업계의 표준으로 자리를 잡았다. 우리는 각 영업장에서 보유하고 있는 포트폴리오의 가격 변화를 밤 동안 시뮬레이션하는 방법으로 일일 브이에이아르를 산정했다. 이런 시뮬레이션은 각 영업장의 자산에 대한 과거의 통계를 활용하여 해당 포트폴리오가 앞으로 지니게 될 가능성이 있는 가치 분포를 산정하는 거대한 컴퓨터 프로그램이었다. 우리는 이렇게 산정한 값을 바탕으로 각 영업장의 포트폴리오가 하루 뒤에 보여 줄 가치 분포를 예측할 수 있었다. 우리는 각 영업장의 브이에이아르를 산출했고, 그런 다음 거래 분야가 같은 영업장 전체, 각 사업부, 최종적으로는 회사 전체의 브이에이아르를 계산하여, 회사의 위험도를 머리에서 발끝까지 알아볼 수 있는 계층별 일일 손실 가능액을 산출했다.

우리는 날마다 시계처럼 회사 전체와 각 부분의 브이에이아르를 계산하여 보고했다. 매주 몇 번씩 우리 그룹의 선임자들이 각 사업부의 위험 위원회와 회의를 가졌다. 그리고 매주 한 번씩 오전 일곱 시 반이라는 이른 아침에 열리는 전체 전화회의에서 중앙 위험 위원회와 만났는데, 이들은 브이에이아르에 한도를 정함으로써 회사 전체의 위험을 미세 조정했다. 격변을 겪는 시기에는 한도를 낮추었고 잔잔한 시기에는 한도를 높였다. 목표는 위험을 완전히 배제하는 게 아니라 경제 환경에 맞게 적절한 양의 위험을 떠안는 것이었다. 위험이 없으면 이익도 없는 법이니까.

브이에이아르는 만병통치약이 아니었고, 그래서 이 척도에 대한 반론도 만만찮았다. 가장 중요한 점은 브이에이아르는 본질적으로 통계적 분포를 이용하여 회사의 미래 가치를 예측하는데 통계는 필연적으로 과거에 바탕을 두고 있을 수밖에 없다는 사실이었다. 과거는 자자구구 똑같이 되풀이되지는 않는다. 사람들은 과거의 경험으로부터 충분히 배우고서도, 과거의 실수를 피하려는 노력과 탐욕 사이에서 갈등하며 새로운 실수를 저지른다.

브이에이아르는 또 너무 단순했다. 미래의 포트폴리오 가치가 나타내는 복잡한 분포 속에서 일어날 수 있는 이익-손실을 하나의 숫자로 나타내기란 불가능하다. 아주 다른 분포에서도 똑같이 99.6퍼센트 확률의 손실이 있을 수 있기 때문이다. 우리는 진정한 확률에 대해 무지하다. 스왑션이나 날씨 파생 상품 같은 복잡한 증권의 전반적 분포는 말할 것도 없고, 주식이나 채권 분포의 양쪽 극단부도 제대로 이해하지 못한다. 나아가 그런 부분은 정지상태가 아닐지도 모른다.

설사 하나의 숫자로 위험을 나타내기를 고집한다 해도 브이에이아르는 최적이 아니다. 퍼센트 수치는 위험 지각에 관련된 심리학을 잘 반영하지 못한다. 두 가지 다른 증권이 각기 작은 퍼센트의 손실을 보이고 있다 해도 합하면 포트폴리오 전체에서 더 큰 퍼센트의 손실이 될 수 있다. 따라서 하나의 포트폴리오 전체의 브이에이아르는 구성 요소의 브이에이아르보다 더 클 수 있는데, 이는 분산 투자하면 위험이 줄어든다는 관념과는 정반대이다.

그 결과, 우리가 브이에이아르를 사용하기는 했지만 그것을 종교처럼 떠받들지는 않았다. 우리는 동등한 지위의 수많은 위험 신에게 기도하는 범신론자였다. 예를 들면 1987년 증시 붕괴, 1998년 러시아의 채무 불이행 사태 등 다양한 시장의 붕괴를 직접 겪었는데, 그런 재난이 다시 닥치면 커다란 손실을 입게 될 텐데도 그 확률이 어느 정도일지 우리는 전혀 모르고 있었다. 그래서 회사는 각 영업장의 포지션에 한도를 정해 주어, 그런 일이 다시 벌어질 때 감내할 수 있는 수준 이상의 손실을 입지 않도록 했다. 그 밖에도 비슷한 경험이나 가상의 재난을 바탕으로 위기를 견딜 수 있는 한계치를 부과했는데, 이를 브이에이아르보다 더 중요하게 다루었다.

나는 우리가 위험을 다양한 각도에서 바라봄으로써 임무를 상당히 잘 수행하고 있었다고 생각한다. 그렇지만 그것은 끝이 없는 작업이었다. 매년 우리는 더 많은 자료를 수집하면서 통계를 개선했다. 익숙한 시장의 행동을 더 잘 반영하기 위해 매년 시뮬레이션을 개선했다. 그리고 골드만이 과거의 역사가 없는 새로운 사업에 발을 들여놓을 때마다 — 예를 들면 에너지나 날씨 파생 상품 같은 — 우리가 인식한 위험을 반영하도록 가상의 역사와 통계를 만들기 위해 애썼다. 금융 모델 작업에서는 너무나 많은 부분이 상상에 의해 처리된다.

통합 위험관리 부서는 대부분 브이에이아르에 초점을 맞추고 있었지만 나는 그것과 그다지 상관이 없었다. 그 쪽은 쓸모는 있었지만 세련되지는 않은 일로, 거래사보다는 감사를 염두에 두고 있었다. 그래서 나는 통합 위험관리에서 근무하는 시간의 대부분을 뉴욕, 런던, 도쿄 등에서 일하는 박사 열두 명 정도로 이루어진 파생 증권 분석 그룹의 책임자로 일했다. 우리의 임무는 거래 영업장에서 이루어지는 모든 파생 증권 거래가 정확히 "시장에 맞춰" 이루어지게 하는 것이었다.

시장에 맞춘다는 말은 우리 포트폴리오 내의 각 증권에 현재의 시장 가치를 반영하는 가격을 배정하는 행동을 가리킨다. 하루에도 수백만 번 공개 상장된 가격에 거래되는 마이크로소프트 주식 한 주의 가치가 얼마인지는 아주 잘 알 수 있다. 이 주식을 시장에 맞추기는 쉽다. 그러나 골드만의 (그리고 대부분의 투자은행의) 파생 증권 거래 영업장에서는 특정 고객의 필요를 충족시키기 위해 맞춤으로 만든 장기 또는 이색 장외 파생 증권에 대한 포지션을 점점 더 늘려 왔다. 이런 증권을 시장에 맞추는 일은 더 어려왔다. 구제 맞춤 크리스티앙 라크루아 이브닝드레스보다는 새 리바이스 청바지에 가격을 매기는 일이 훨씬 더 간단한 법이다.

우리 회사는 금리, 보통주, 환, 상품, 에너지 및 신용 시장에서 현금화할 수 없는 파생 증권을 다량 보유하고 있었다. 일부 구조화된 상품은 여러 시장에 걸쳐 있었다. 예를 들면 우리는 스탠더드앤푸어 500 지수가 올라가면 이율이 올라가게 되는 엔화 표시 채권을 거래했다. 이 포지션을 관리하려면 일본과 미국의 금리와 엔화, 스탠더드앤푸어 500의 변화에 대해 헤지해야 했다.

이런 증권에 대해서는 현행 시장 가격이라는 것 자체가 없었다. 퀀트와 거래사는 그런 증권을 "모델에 맞추었다." 모델에 맞춘다는 것은 꼼꼼하게 눈금을 조정한 모델을 통해 가치를 알아낸다는 말인데, 이때 쓰는 모델은 수학적 방법으로 개발한 다음 컴퓨터 프로그램으로 작성하여 일선의 위험관리 시스템에 짜 넣은 것이다. 게다가 이런 이색 상품은 대부분 유통 시장이 없었다. 그래서 소멸될 때까지 장부에 보관하면서, 내내 똑같은 모델을 통해 헤지하는 수밖에 없었다.

몇 년 동안 보유하고 있어야 하는 유동성 없는 증권의 공정 가치는 얼마일까? 이는 어마어마하게 중요하고 현실적인 질문이었는데, 이러한 증권의 가치가 회사의 수익, 주가, 나아가 그것을 관리하는 거래사의 상여금까지 결정하기 때문이었다.

거래 영업장은 보유하고 있는 유동성 없는 포지션의 가치를 대체로 자체 모델을 통해 평가했다. 그러나 여기에는 도덕적 위험이 따른다. 가격이 불분명한데다 거래사 자신이 좌지우지할 수 있는 증권의 가치에 자신의 연말 상여금이 달려 있을 때, 지급일이 다가오면 자신의 수익을 부풀려 꾸미고 싶은 마음이 들 수도 있기 때문이다.

파생 증권 분석 그룹은 회사의 모델 단속반이었다. 우리 임무는 수십 억 달러어치의 비유동적 이색 파생 증권이 공정하게 맞춰지고 있는지 확인하는 것이었다. 그것은 지식과 지혜 모두를 필요로 하는 명예롭고도 중요한 임무였다. 통합 위험관리에 들어간 첫해에 나는 뉴욕, 런던, 도쿄에 있는 회사의 장부에 특이하고도 유동성이 없는 증권이 지나치게 많이 있음을 보았다. 보통주 사업부는 개별적 기술주에 대한 4년 만기 외 가격 콜에 대해서는 매수 포지션을, 외 가격 풋에 대해서는 매도 포지션을 취하고 있었다. 회사가 공개될 때 받은 주식을 헤지하던 내부자로부터 사들인 것들이었다. 이들 옵션의 가치는 어느 정도 불확실한 부분이 있었는데, 그렇게 멀찍이 떨어진 만기와 행사 가격에 상장된 시장이 없었기 때문이었다. 고정수익 사업부는 훨씬 더 복잡한 스왑션을 장부에 보유하고 있었다. 복잡하기가 스탠더드앤푸어 500에 이율이 연동되는 엔화 표시 채권과 비슷했다. 상품 거래 영업장에서는 금에 대한 장기 기준선 옵션을 거래했는데, 채굴 회사가 금값 하락에 대비하여 자신의 미래 이익을 헤지하는 데에 도움이 될 수 있도록 구조화된 옵션이었다. 이러한 모든 시장은 변동성 스마일을 보이고 있었기 때문에 이처럼 복잡한 증권의 정확한 가치 평가는 어렵고 불확실했다.

시간이 가면서 나는 우리가 대하고 있는 것은 위험이라기보다 불확실성이라는 생각이 들기 시작했다. 위험은 증권을 소유할 때 감내하는 것이다. 예를 들면 마이크로소프트 주식 100주를 보유하고 있을 때, 지난 거래 가격에 아주 가까운 값에 언제라도 다시 팔 수 있기 때문에 어느 정도의 가치가 있는지 정확히 알고 있다. 이 주식의 현행 가치에는 불확실한 부분이 전혀 없고, 다음 순간 가치가 바뀌리라는 위험만 있을 뿐이다. 그러나 비유동적 이색 옵션을 보유하고 있으면 그때는 위험보다는 불확실성이 더 지배적이다. 자신이 사용하고 있는 모델이 옳은지 그른지 모르기 때문에 그 옵션이 현재 정확히 어떤 가치를 지니는지조차 모르는 것이다. 더 정확히 말하면 그 모델이 단순하기도 하고 그르기도 하다는 사실은 알고 있다. 문제는 얼마나 단순하고 얼마나 그른가 하는 것이다.

거래될 수 없는 주식 옵션의 정확한 가치를 제대로 아는 사람은 아무도 없다. 그 가치는 앞으로 소멸될 때까지 임의로 변화할 미래의 모든 가격 변동에 대해 그 옵션의 기초 증권을 헤지함으로써 거기서 무엇을 짜낼 수 있는가에 달려 있다. 그리고 이 가격 변동은 임의의 변화가 어떤 양상을 띠는지에, 또 그 변화에 대해 헤지할 때 구체적으로 어떤 전략을 사용하는지에 달려 있다. 그런데 이 둘은 모두 미리 완전하게 결정될 수 없다.

나는 불확실성 문제를 해결하기 위해 파생 증권의 가치에 대해 '다수의 세계' 관점을 취했다. 미래는 내다볼 수 있는 여러 가지 세계 중 하나가 될 수 있고, 그래서 결과적으로 옵션 하나에 정당하게 부여할 수 있는 가치는 하나의 범위 안에서 움직일 수 있다고 보았다. 예를 들어 그중 하나의 미래 세계에서는 주가가 올라가면 주식 변동성이 줄어들 수 있다. 또한 세계에서는 변동성이 그냥 임의적일 수 있다. 현재의 관찰과 모순되지 않는 여러 가지 세계 하나하나를 상대로 각각에 맞는 적절한 이론 모델을 만들어서 그것을 사용하여 옵션의 가치를 평가할 수 있다. 그다음 영업장에서 모델에 맞춰 얻은 가치를 다수의 세계에서 얻은 가치 범위와 비교하여 범위 안에 떨어지는지 보는 것이다. 범위 안에 떨어진다면 그것은 적절하게 맞춘 가치로 인정할 수 있다. 그러나 범위 안에 떨어지지 않으면 해당 영업장과 협의하여, 그들이 산정한 값이 올바른지 근거를 대도록 하거나 값을 수정하게 하는 것이다. 나아가 가능치가 하나의 범위를 띠기 때문에, 우리는 실제 영업장에서 맞춘 가치와 가능치 범위 간의 차이 평균과 동일한 양을 예비로 보유하도록 회사에 권고했다. 이 예비는 해당 영업장에서 벌어들일 것으로 예상되는 이익의 일부분으로 제3자에게 위탁하여 보관하는데, 그 영업장의 모델이나 헤지 전략이 잘못됐을 가능성에 대비한 것이다. 거래가 최종적으로 마무리되고 그에 따라 해당 옵션의 진정한 시장 가치가 실현되어 드러나면 그때 지급되게 한다.

 이것이 우리가 회사의 비유동적 이색 옵션 파생 상품을 평가하기 위해 채택한 전략이었는데, 화상이 자신이 보유한 그림을 처리할 때와 같은 방식으로 바라본 것이다. 예를 들어 어느 화상의 대리인이 인상파 화가 르누아르의 귀중한 그림 한 점을 천만 달러에 매입했는데, 실제 가치는 천삼백만 달러가 될 것으로 믿고 그에 따른 예상 수익금 삼백만 달러의 10%에 해당되는 액수인 삼십만 달러를 특별수당으로 지급해 주기를 요구한다고 하자. 그때 르누아르 그림이 팔리기도 전에 특별수당을 먼저 지급한다면 어리석은 일이 될 것이다. 그때까지 그 그림의 가치는 단순한 위험 정도에서 그치지 않고 불확실하기까지 하다. 비유동적 옵션이든 비유동적 그림의 가치든 마찬가지로, 달걀이 다 부화되기 전에는 마릿수를 셈해서는 안 되는 것이다.

생각을 하면 할수록 나는 이런 평가 방법이 옵션의 가치 결정을 위한 적절한 비유 같아 보였다. 오랫동안 주인이 바뀌지 않은 어떤 골동품의 가치를 산정하고 싶을 때에는 최근 낙찰된 예술 작품에 견주어 유추하는 것이다. 나는 우리가 다루는 방대한 옵션 구조의 가치와 모델을 평가하면 할수록, 옵션 가치 평가는 사실상 유추에 의한 평가임을 더욱 깊이 믿게 됐다.

어릴 적 다녔던 성경학교가 생각났다. 유명한 현자 힐렐에 대한 이야기를 배웠는데, 한번은 누가 그에게 한쪽 다리로 선 채 하느님의 율법을 아우르는 핵심을 말해 주기를 청했다. 그러자 그는 이렇게 말했다고 한다. "남이 나에게 하기를 원치 않는 행동을 남에게 하지 마십시오. 그 나머지는 모두 설명입니다. 가서 배우십시오." 마찬가지로, 한쪽 다리로 선 채 정량금융의 본질을 요약하자면 이렇게 될 것으로 생각한다. "한 증권의 가치를 알고 싶으면 그것에 가장 가까운 증권 가격을 이용하라. 그 나머지는 모두 모델 작업이다. 가서 모델을 만들어라."

금융경제학자는 이런 법칙을 일물일가의 법칙이라는 거창한 이름으로 부르는데, 미래의 지불액이 동일한 증권은 미래가 어떻게 전개되건 상관없이 현행 가격이 동일해야 한다는 것이다. 이는 이 분야의 근본적 — 어쩌면 유일한 — 원칙이다. 비유동적 증권 가치를 산정하려면 시장 가격이 알려져 있는 증권 가운데 모든 상황에서 비유동적 증권과 지불액이 일치하는 그와 비슷한 유동적 증권 세트를 찾아낸다. 그러면 지불액이 동일한 유동적 증권 세트의 가치가 해당 비유동적 증권의 가치에 가장 가까울 것이다.

모델은 어디에서 필요한가? 비유동적 증권과 유동적 포트폴리오가 모든 상황에서 미래의 지불액이 동일하다는 것을 보여 주려면 모델이 있어야 한다. 그 모델에서는 "모든 상황"이 무슨 의미인지 지정해 주어야 하며, 복제하는 포트폴리오가 미래의 모든 상황에서 지불액이 똑같다는 것을 보여 주어야 한다. 금융에서 복잡한 수학은 대부분 바로 이 원칙을 풀어 설명하기 위해 동원된다.

모델은 모델일 뿐이며, 이상화된 세계를 묘사하는 장난감 역할을 할 뿐이다. 간단한 모델은 간단한 미래를 그려낸다. 더 복잡한 모델에서는 실제 시장에 좀 더 근접할 수 있는 더 복잡한 일련의 미래 시나리오를 포함한다. 그러나 인간의 복잡한 심리를 잡아낼 수 있는 수학 모델은 없다. 거래사가 형식주의와 수학의 능력을 너무 많이 믿는 것을 이따금 볼 수 있었다. 그런 모습을 지켜보면서, 사이렌처럼 유혹적인 모델의 노래를 너무 오랫동안 듣고 있다 보면 바위에 좌초하거나 소용돌이에 휘말리게 될 수도 있음을 알게 됐다.

나는 2000년 9월에 국제 금융공학자 협회가 선정한 올해의 금융공학자가 됐다. 실무자 중 그 상을 받은 사람은 그 전에도 그 뒤에도 아직 없었다. 로버트 머턴, 피셔 블랙, 마크 루빈스타인, 스티븐 로스, 로버트 재로, 존 콕스, 존 헐 등 역대 수상자와 잠시 한 자리에 어울리는 행운을 얻었다. 이들은 모두 학계에 있을 때 이 분야에 커다란 업적을 남긴 사람들이다. 나는 출발이 늦었음에도 자그마한 흔적을 남기는 행운아가 됐다고 생각했다.

과거 나는 실무자로서 늘 일선에서 뛰었다. 내가 가장 즐긴 일은 연구였다. 이제까지 아무도 하지 않았던 기초 연구로, 결과에 진심으로 흥미를 지닌 소수의 거래 계통 사람들을 위해 한 연구였다. 이제 커다란 회사의 통합 위험관리 부서에서 활동하게 된 지금에는 영업장의 일선 퀀트가 문제를 최초로 다루어 내놓은 결과를 검증하는 이차 연구에 적응해야 했다. 나는 또 커다란 관료 체제의 일부였다. 매주 고정수익 위험 회의에 두 차례, 보통주 위험 회의에 한 차례, 파생 증권 분석 그룹 회의에 적어도 두 차례, 그리고 통합 위험관리 내의 전체 책임자 회의에 한 차례 나가야 했다. 그리고 또 각각 보통주, 고정수익, 환 및 상품을 담당하는 세 사람의 감사와 각기 한 차례씩 회의가 있었고, 통합 위험관리 부서의 모든 부대표가 정기적으로 한자리에 모이는 정례회의도 있었다.

그것은 시절이 좋을 때 얘기였다. 기술주 거품이 터진 뒤 모든 증시가 침체되어 있던 2000년 중반에 이르렀을 무렵, 내가 맡고 있던 그룹의 젊은 퀀트는 전망이 밝아질 가능성이 거의 없다는 생각에 풀이 죽어 있었다. 그래서 그들과 수없이 많은 면담을 했고, 2001년 초가 됐을 무렵에는 불만을 품은 인재들에게 용기를 불어넣어 주느라 내 시간의 커다란 부분을 할애하는 지경이 됐다.

통합 위험관리 부서의 선임자에게는 정말 실질적인 특권 한 가지가 있었다. 매주 한 번씩 열리는 회사 전체의 중앙 위험 회의에 참석하는 것이었는데, 회의에서는 거물 중의 거물이 우리의 사업 전망을 설명하고 시사 문제와 전략을 논의하는 등 그들의 활약을 지켜볼 수 있었다. 웨슬리 클라크 장군이 우리에게 이라크에 대해 강연하는 자리에 초대를 받기도 했는데 이라크를 침공하기 1년도 더 이전이었다. 그러나 결국 나는 외부인이었다. 회사 운영은 그들의 세계이지 내 세계가 아니었다. 나는 더 작은 세계가 좋았고 좀 더 구체적이고 세밀한 주제를 가지고 일하는 편이 더 좋았다. 이내 나는 내가 자리를 옮겨 가리라는 것을 알았다.

나는 화요일 아침마다 하노버스퀘어 10번지에서 파생 증권 분석 팀의 모든 선임자와 함께 전 세계 전화 회의를 열었다. 그들은 뉴욕시간으로 오전 8시에 런던과 도쿄로부터 전화로 참석했다. 어느 화요일, 스피커폰 둘레에 모여 앉아 우리가 돈을 걸고 있던 거래에 대해 논의하고 있었는데, 창밖을 흘끔 보다가 하늘에서 종잇장이 펄럭이며 떨어지는 광경을 보았다. 옛날 지구로 귀환한 우주인이나 경기에서 이기고 개선하는 양키즈 팀을 환영하던 장면 같다는 생각이 들었지만, 그런 가두행진을 하기에는 너무 이른 시각이었다. 잠시 뒤 누가 달려 들어와, 비행기 한 대가 세계 무역 센터에 부딪혔다고 말했다. 우리는 내 사무실 구석 높은 곳에 설치된 텔레비전을 켜, 불길에 휩싸인 건물을 지켜보며 충돌 사고에 대한 보도를 들었다. 그러다가 잠시 뒤, 내 사무실 창을 통해 천둥처럼 큰 소리가 들리는 동시에 화면에서는 쌍둥이 건물 중 나머지 하나가 불길에 휩싸이는 것이 보였다. 그 순간 우리가 공격받고 있음을 분명히 알 수 있었다.

우리는 건물 밖에서 다시 모여 쌍둥이 건물에서 무시무시한 불길과 연기가 쏟아져 나오는 광경을 지켜보았다. 나는 비행기들이 꼬리에 꼬리를 물고 날아와 다른 건물을 들이받는 광경을 상상했다. 우리는 각기 군중 속에 끼여 북쪽을 향해 걸어가기 시작했다. 아무 방벽도 없는 에프디아르 드라이브에 너무 가까워지지 않게, 또 팬앰 건물 같이 눈에 띄는 과녁과도 너무 가까워지지 않게 조심했다. 내가 차이나타운에 도착했을 때 쌍둥이 건물이 무너졌다는 소식과 국방부 건물에 대한 공격 소식을 들었다. 오후 세 시쯤 어퍼이스트사이드에 있는 소냐의 학교에 도착했다. 학교에서는 부모에게 직접 아이를 인계하여 내보내고 있었다.

그 뒤 몇 달 동안 맨해튼 남부지역은 마치 전쟁터 같았다. 공기 중에서는 타는 냄새가 났고, 교통이 봉쇄된 도로에서는 뉴욕 시 경찰과 겁먹은 표정의 비만한 주 방위군이 순찰을 돌았다. 나는 날마다 웨스트사이드에서 택시를 타고 그레이시맨션으로 갔는데, 그레이시맨션 자체가 모래를 가득 실은 대형 트럭에 에워싸여 있었다. 거기서부터는 여객선을 타고 이스트리버를 따라 사우스스트리트 시포트까지 내려갔다. 맨해튼에서 살며 일하는 생활은 숨이 막히는 듯했다. 다음 공격이 언제 닥칠지 모르기 때문에 마음을 놓을 수가 없었다. 헬리콥터가 밤마다 하늘을 순찰했다. 사람들은 마치 시계처럼 새벽 세 시에 자리에서 일어나 시엔엔CNN 뉴스를 보았다. 주말에 교외나 시골에서 지내는 동안에는 손에 만져질 듯 안도감이 들었다. 거기서 지내는 동안에는 잠시나마 안전하다는 느낌이 든 것이다. 맨해튼에서 처음으로 활기를 느낄 수 있었던 날은 9월 11일로부터 두 달도 더 지난 추수감사절 전 수요일이었다. 그날 도시가 갑자기 약간의 축제 분위기를 띠는 것처럼 보였다.

대개 내가 직장을 옮길 때에는 결심하기까지 여러 해가 걸렸다. 이번에는 골드만삭스를 떠날 때가 됐다는 결정을 내리기까지 두 달밖에 고민하지 않았다. 내가 골드만에서 보낸 최고의 시간은 거래사와 퀀트로 이루어진 소규모의 그룹에서 강한 공동 목표를 가지고 일하던 때로, 피터 프로인드의 영업장과 함께 비디티를 개발했을 때, 그리고 이라즈와 댄 오루크와 함께 보통주 위험 시스템을 구축하고 내재 나무 모델을 개발했을 때였다. 나는 1년 동안 쉬면서 책을 한 권 쓰고, 학계나 비교적 규모가 작은 투자 회사에 일자리를 얻기로 결심했다. 6월 7일, 골드만에 입사한 지 17년이 지난 뒤 환송회를 마치고 집으로 돌아가는 마지막 퇴근을 했다. 그리고 그 다음 날, 달리기에 가장 좋은 시간인 아침 11시에 센트럴파크에 나가 달렸다. 이렇게 달리기를 해 본 것도 벌써 여러 해 만이었다.

한 주 뒤 집에서 이메일을 한 통 받았다. 정량전략 그룹에서 같이 일했지만 사정상 환송회에 나오지 못한 사람이 보낸 편지였다. 그와 나는 소프트웨어 표준화 문제를 놓고 간간이 격론을 벌이기도 했다.

퀀트가 대부분 그렇듯 그 역시 이민자였다. 그는 이렇게 썼다. "돌이켜 보면 당신 밑에서 정량전략 그룹에서 일하던 때가 제게는 골드만에서 가장 행복한 때였습니다. 당신과 당신의 동료 곁에서 (때로는 함께) 일한 것이 얼마나 큰 특권이었는지를 제대로 깨닫지 못한 것이 깊이 후회되는 때가 많습니다. 당신이 설정해 둔 고도의 지적 분위기 속에서 당신 주위에 모여든 재능이 뛰어난 사람들과 함께 일할 수 있었던 게 얼마나 행운이었는지를 시간이 가면서 깨닫습니다. 그때가 그립습니다. 그리고 그런 기회를 최대한 활용하지 못한 것이 아쉽습니다."

지난날 내린 눈은 녹는 법, 거기에 대해 애석해 할 것은 없다. 나는 새로운 것을 향하여 나아갈 준비가 됐다.

다시 상아탑으로

Chapter 16

가식의 달인

■ 한 바퀴를 돌아, 다시 컬럼비아로 ■ 물리학과 금융으로 되돌아오다
■ 필요로 하는 정밀도는 목적에 따라 달라 ■ 금융 모델의 게당켄 실험 ■

1년 뒤인 2003년 가을, 나는 미래 시간 속에 있는 현재 시간과 과거 시간을 한 바퀴 완전히 돌아왔다. 교수 겸 금융공학 과정 지도교수가 되어 컬럼비아로 돌아온 것이다. 내 사무실은 암스테르담애브뉴와 120번가에 있는 머드 관에 있는데, 내가 박사 학위 공부를 하느라 그토록 오랜 세월을 보낸 푸핀 관으로부터 동쪽으로 100미터밖에 떨어지지 않은 건물이다. 나는 또 한편으로 고객의 돈을 헤지펀드 포트폴리오에 투자하는 어느 펀드 회사에서 일하고 있었다.

가르치면서 나는 실무를 보면서 배울 수 있는 것과 학교에서 가르칠 수 있는 것의 차이를 다시금 실감했다. 월스트리트에서 일을 시작했을 때에는 물리학 기법을 금융 모델 작업에 적용하는 게 일리가 있다고만 생각했다. 입자 물리학에서는 사람들이 통일장 이론과 끈 이론 및 만물 이론을

꿈꾸었다. 미분, 편미분 방정식, 푸리에 급수, 몬테카를로 시뮬레이션, 나아가 힐베르트 공간에 이르기까지, 그들이 사용한 도구는 입자와 장(場)의 묘사에도 적절했지만 한편으로 주식의 움직임과 수익률 곡선을 묘사하기에도 일견 적절해 보였다.

1980년대에 수익률 곡선의 움직임을 들여다보았을 때 나는 금융 이론가 역시 금융의 만물 이론을 생각하지 못할 이유가 없다는 생각이 들었다. 일련의 방정식이 모든 금리의 움직임을 나타내고 금리에 민감한 모든 증권에 대해 합리적 공정 가격을 산출하지 못할 까닭이 무엇이 있는가? 정량금융이 어디로 나아가고 있는지 누가 물었다면 나는 그 이론의 발견을 향해 나아가고 있지 않을까 하고 대답했을 것이다.

그로부터 17년이 지난 지금, 나는 일이 기대한 것과는 달랐다는 말을 주저 없이 말한다. 통일장 이론은 없다. 모델은 반드시 실용적이어야 하며, 거래사는 전반적으로 비슷하지만 약간씩 모순이 있는 다양한 모델을 사용한다. 똑같이 금리를 기반으로 하는 증권이지만 재무부 채권용 따로, 사채용 따로, 금리상한계약용 따로, 스왑션용이 따로 있다. 우리는 포괄을 추구하고 있지만 포괄을 달성할 수 있으리라 기대하지는 않는다. 최고의 퀀트는 그것이 달성 불가능하다는 사실을 알고 있다.

이 분야에 새로 발을 들여놓는 사람은 이런 사실을 받아들이기 힘들어 한다. 내 과목을 듣는 어느 프랑스 인 학생은 자신의 평가서에서, 내 과목을 통해 정량금융 실무에 대해 잘 알 수 있기는 했지만, "거의 모든 것을 설명하는 원초적 모델이 (다른 분야의 정교한 모델처럼) 금융에서는 존재하지 않는다는 게 아직도 확신이 가지 않는다"고 썼다. 나처럼 금융에 새로 발을 들여놓는 물리학자는 통일장 이론을 발견할 수 있다고 상상한다. 그래서는 안 될 금융학자 중에도 그것을 발견할 수 있다고 상상하는 사람이 많이 있는 것 같다. 그들은 현실 세계에서 살고 있지 않기 때문이다. 그 발견은 실제로 가능하지 않다. 그리고 그것은 연산 능력 문제가 아니다. 한없이 빠른 컴퓨터도 소용이 없다. 문제는 그보다 더 깊은 곳에 있다.

물리학 기법은 금융에서 진실에 가장 가까운 근사치를 만들어 내는 수준 이상의 역할을 하지 못하는데, 금융에서 말하는 "진정한" 가치 자체가 의심스러운 개념이기 때문이다. 물리학에서는 행성의 미래 궤도나 겔만의 오메가 마이너스 같은 새로운 입자의 존재와 성질을 정확히 예측하는 모델은 올바른 모델이다. 금융에서는 그런 관측을 통해 모델이 옳다는 것을 쉽사리 증명할 수 없다. 자료가 거의 없는 데다가, 또 그보다도 시장은 작용과 반작용, 정-반-합의 변증법이 이루어지는 투기장이기 때문이다. 사람들은 과거의 실수에서 배워 새로운 실수를 저지른다. 한 시절에는 옳았던 것이 다음 시절에는 틀리게 된다.

그 결과, 경제학자 중에는 순진하게도 자신의 이론으로부터 많은 것을 기대하는 사람이 많지만 퀀트가 된 물리학자는 너무 많이 기대하지는 않는다. 그것은 아마도 물리학자는 지고의 예지력을 지닌 이론을 배우며 성장했기 때문에 근본적 이론과 현상학적 장난감 사이의 차이를 알기 때문일 것이다. 경제학자는 진짜 일류 모델을 본 적이 없다. 물리학이 더 "낫기" 때문이 아니라 금융이 더 어렵기 때문이다. 물리학에서는 하느님을 상대로 경합을 벌이는데, 하느님은 자신이 세운 법칙을 그리 자주 바꾸지 않는다. 그래서 하느님을 외통수로 몰아붙이면 그분은 패배를 시인한다.

금융에서는 하느님의 피조물을 상대로 경합을 벌이는데, 그들은 자산을 자신의 덧없는 의견을 기반으로 평가한다. 이들은 패배해도 패한 줄 모르고, 그래서 시도를 계속한다.

응용 수학자 출신으로 퀀트가 된 폴 윌모트는 자신이 쓴 교재 『파생 증권』에서 이렇게 쓰고 있다. "내가 접한 금융에 관한 원리는 모두 명백히 잘못됐다. …… 진짜 질문은 그 이론의 타당성과는 관계없이 얼마나 잘못됐는가, 또 얼마나 유용한가 하는 것이다. 여러분이 이 금융이론서에서 읽는 내용은 지금 이 부분을 포함하여 소금을 넉넉히 친 다음 받아들여야 한다." 전적으로 동감한다. 실제로 윌모트가 나중에 낸 책 『윌모트의 파생 증권 강좌』의 제목이 그가 이 부분을 어떻게 이해하고 있는지를 잘 보여주고 있다. 제목의 "윌모트"는 하나의 어려운 주제를 권위자가 설명하고 있음을 나타내고 있지만, 그와 동시에 그 주제 자체가 진정한 과학의 일관성을 갖추고 있지 않음을 암시한다. 진정한 과학은 이런 식의 권위를 필요로 하지 않는다. 1918년에 『아인슈타인의 중력 강좌』라는 교재가 나왔을 것으로는 상상할 수 없는 것이다. 금융과는 달리 중력 이론은 논리적 불가항력과 그때까지 설명할 수 없었던 예외를 설명할 수 있는 능력으로부터 무게를 얻는다. 중력은 무게를 얻기 위해 아인슈타인을 필요로 하지는 않는다. 경제학 글에서는 진리 부분이 작기 때문에 인물이 중요하게 작용하는 것이다.

그런데 물리학의 방법이 금융에서는 덜 들어맞는 까닭은 무엇일까?

물리학자로서 자연에 대한 모델을 제안할 때에는 하느님이 만들어 낸 구조를 짐작할 수 있는 양 자처하는 것이다. 그것은 충분히 그럴듯해 보인다. 물리학자는 누구나 자신에게 그럴 가능성이 조금은 있다고 믿는다. 그렇지 않다면 그 분야에서 연구하고 있지 않을 것이다. 어쩌면 하느님 스스로 가식을 부리지 않기 때문인지도 모른다. 그러나 퀀트로서 하나의 가치에 대한 새로운 모델을 제안할 때에는 다른 사람들이 만들어 낸 구조를 짐작할 수 있는 양 자처하는 것이다. 새로운 수익률 곡선 모델을 시험할 때에는 묵시적으로 이런 식으로 말하는 셈이다. "시장에 관여하는 사람들이 오로지 미래의 단기 금리 수준에만 관심이 있고 또 그것이 정상적으로 분포할 것으로 기대한다고 치자." 정직한 사람이라면 스스로 그런 말을 하는 동안 가슴이 내려앉는 것을 느낀다. 그런 말은 그저 가식에 지나지 않으며, 자신이 진정으로 옳을 가능성이 조금도 없다는 사실을 그 순간 알고 있는 것이다. 다른 사람을 비평할 때에는 다른 가식쟁이를 이해하는 훨씬 더 어려운 작업을 할 수 있다는 가식을 내세우고 있는 것이다.

그런데 하느님은 사람을 만들기도 하지 않는가? 개인과 자연 사이에 정말 모순이 자리 잡고 있을까? 이는 오래 된 질문이다. 양자역학의 확률 파동 방정식을 낳은 독창적 아버지인 슈뢰딩거는 생명체의 물리·화학적 기반에 대한 중요한 강의를 모은 『생명이란 무엇인가?』의 후기에서 결정론과 자유 의지에 대한 자신의 관점을 짤막하게 요약해 썼다. 이런 내용이다. "내 몸은 자연의 법칙에 따라 하나의 순수 장치로 기능한다. 그렇지만 나는 — 부정할 수 없는 직접 경험을 통해 — 내 몸의 움직임을 내가 지휘하고 있고, 그 움직임의 효과를 내가 내다보고 있음을 알고 있다. 운명을 결정할 정도로 더없이 중요한 효과를 낳을 수도 있으며, 그 경우 나는 그에 대한 책임을 느끼고 고스란히 진다." 서로 모순되어 보이는 이 두

가지 경험을 — 자연은 인간에 의해 쉽게 이론화된다는 깊은 믿음과, 이론화에 대한 모든 시도 저변에는 개인의 자율성이 자리 잡고 있다는 확신을 — 조화시킬 수 있는 유일한 방법은 다음과 같은 추론이었다. "나—이 낱말이 지니는 가장 넓은 의미에서, 즉 '나'라고 말하거나 생각해 본 적이 있는 모든 의식적 정신을 나타내는— 라는 존재가 만일 있다면 그는 자연의 법칙에 따라 '원자의 움직임'을 통제하는 사람이다."

슈뢰딩거는 오랜 세월 이어온 수많은 독일 철학자의 발걸음을 따르고 있었는데, 그들은 대화에서 스스로를 "나"라 부른 세상의 다양한 목소리는 모두 실제로는 독립된 내가 아니라 동일한 보편적 나, 즉 하느님 또는 자연을 가리킨다고 생각했다.

그럼에도 불구하고, 금융의 가치를 결정하는 것은 이처럼 예측할 수 없는 — 여러분과 나 같은 — '나'이다. 피셔 블랙은 금융 이론에 대해 다음과 같이 쓴 적이 있다.

> 결국 하나의 이론이 받아들여지는 것은 경험이라는 관습적 시험을 통해 입증되기 때문이 아니라, 그 이론이 옳고 적합하다고 서로 설득하기 때문이다.

나는 이보다 한 걸음 더 나아가고자 한다. 나는 거래사와 일하는 사람의 관점에서 금융 모델을 지난 세기 초에 양자 및 상대성 물리학자가 활용한 게당켄 실험 방식에 곧잘 비견해 생각하곤 한다. 독일어로 생각 실험이라는 뜻인 게당켄 실험은 상상을 활용하는 연구 방법인데, 현실적으로 너무 어려워 수행이 불가능하기 때문에 머릿속으로 수행하는 것을 말한다. 물리적 세계를 대상으로 하는 일종의 정신적 응력 실험이다. 목표는 세계에 대한 자신의 개념적 그림을 하나의 모순으로 몰아넣는 것이었다. 아인슈타인은 움직이는 광선 끝에 앉아 있으면 무엇을 보게 될까 상상했다. 뉴턴에 의거한 관측자와 맥스웰의 빛 묘사 사이에 있는 모순의 본질을 꿰뚫어 보기 위해서였다. 빛의 파동은 파동의 마루 위에 앉아 있을 때에도 골과 마루로 오르내리는 것처럼 보이게 될까? 이와 비슷하게 슈뢰딩거도 극단적이고도 직관과는 다른 양자역학의 본질을 부각시키기 위해, 방사성 원자 하나가 들어 있는 상자 안에 고양이를 넣고 밀봉해 둔 것으로 상상했다. 그리고 그 원자가 붕괴하면 가이거 계수기가 동작하여 독을 내뿜게 만들어 두었다. 그러면 그 고양이는 살았다 죽었다 살았다 하기를 반복할까? 관측되지 않는 전자가 서로 다른 양자 상태 사이를 연속적으로 오가는 것처럼?

 내 생각에 금융에서 수학 모델을 쓰는 올바른 방법은 이런 것 같다. 모델은 모델일 뿐, 그 자체가 실물은 아니다. 따라서 우리는 모델이 진정으로 올바르기를 기대할 수 없다. 모델은 우리가 탐색할 수 있는 평행한 생각 우주의 집합체로 생각하는 것이 좋다. 각 우주는 모순이 없어야 하지만, 현실의 금융 및 인간 세계는 물질 세계와는 달리 우리가 만드는 그 어떠한 모델보다도 무한히 더 복잡하다. 우리는 현실 세계를 하나의 모델 안에 끼워 넣어, 그 모델이 얼마나 쓸모 있는 어림인지 늘 보고자 하는 것이다.

 다음 질문을 항상 염두에 두고 있어야 한다. 이 모델은 세계를 묘사하기 위한 그럴듯한 일련의 변수를 제공하는가, 그리고 그 변수 사이에 존재하는 일련의 연관관계를 제공하여 그 세계를 분석하고 조사할 수 있게 해주는가? 사람들이 이해할 수 있는 변수를 사용하여 현실을 제한적으로 어림하고자 하는 것이다. 그래서 자신이나 상사에게 예를 들면 이렇게 말할 수 있어야 한다. "신흥 시장 변동성에 매도 포지션을 취하고 있었습니다. 그래서 위기가 왔을 때 우리가 손실을 본 겁니다." 좋은 이론은 — 예를 들어 블랙-숄스 같은 — 있을 수 있는 원인으로부터 일어날 수 있는 결과를 알아내기 위한 다양한 아이디어를 갖춘 실험실 역할을 한다. 좋은 이론은 가치에 대한 나의 느낌을 계량하고 전달할 수 있는 공통의 언어가 된다.

  모델을 대하는 올바른 방식은 소설을 읽는 독자나 정말 뛰어난 가식의 달인처럼 의심을 잠시 접어 두고 그 모델을 최대한 끝까지 밀고 가는 것이다. 경제학 최고의 모델인 옵션 가치 평가 이론이 성공한 것은 이상적일 정도로 단순한 이론을 정도 이상으로 진지하게 받아들여, 인간의 사고를 받치는 버팀대로 오만하게도 지나칠 정도로 많이 활용한 데에 있다. 블레이크는 『천국과 지옥의 혼인』에서 이렇게 썼다. "바보가 스스로의 어리석음을 고수하면 그는 현명해질 것이다." 퀀트가 옵션 이론을 가지고 한 행동이 바로 이것이다.

  약간의 오만은 좋다. 그렇지만 모델 작업을 마치고 나면 우리는 '나'에 대해 이론화하고 있다는 사실과, 또 하느님의 세상은 원리라는 것으로 점칠 수 있지만 인간성은 신비 속에 남아 있기를 선호한다는 사실을 스스로 되새겨야 한다. 재난은 사람들이 이론에 나름의 생명을 부여하고 오만이 우상 숭배로 변질될 때 닥친다. 개념 모델의 현명한 활용은 이러한 두 양극단 사이 어딘가에, 상식보다는 약간 더 북쪽에, 그러나 우상화보다는 남쪽인 어딘가에 자리 잡고 있다. 그 사이에 선을 그으려면 판단 능력이 필요하다.

한편, 기초 물리학 및 10차원의 끈에 대한 상상은 점점 더 불가해한 모습을 띠어 가고 있는 것 같다. 정량금융은 점점 더 정교해지고 세밀해지고 있다. 과학자의 삶은 울적해질 때도 있다. 젊은 시절의 자신과 똑같은 과학자에 둘러싸인 채, 젊은 시절의 꿈과 장년의 현실 간의 괴리에 끊임없이 부딪히는 것이다.

제이피에스 우베로이가 쓴 괴테의 전기[*1]를 읽은 적이 있는데, 괴테는 예술과 과학 양쪽에 업적을 남긴 마지막 세대에 속하는 사람이다. 괴테의 『색 이론』은 빛과 색의 내적·외적 특징에 대한 통일된 연구로, 관찰자가 스스로를 의식한 상태에서 수행한 것이다. 우베로이에 따르면 과학자는 괴테를 자신의 원래 자리에서 벗어난 시인으로 생각하는 경향이 있다고 한다. 그를 비평하는 사람은 그가 자연을 예술 작품으로 생각하는 실수를 저지름으로써, 자신이 배제된 상태에서 정량(定量)적으로 접근해야 하는 부분을 개인적이고도 정성(定性)적으로 접근했다고 했다. 그러나 우베로이는 괴테가 자연을 예술 작품으로 생각할 정도로 고지식하지는 않았다고 한다. 자연에 대한 우리의 지식 묘사가 예술 작품이 되어야 한다고 믿

[*1] 우베로이, J. P. S., 『유럽의 지성: 과학자 괴테』, 옥스퍼드 대학교 출판부, 델리(1984).

었다는 것이다.

  나는 정량금융에서 우리가 하는 일을 괴테와 같은 입장에서 생각하고 싶다. 즉 우리가 관찰하는 것을 최대한 아름답고 최대한 있는 그대로 묘사하고자 한다는 말이다. 우리는 근접된 법칙과 패턴을 직관, 창의, 내지 조합하는 작업에 관여하고 있다. 우리는 예술과 과학 모두를 결합하여 이해를 이끌어 낸다. 우리는 직관, 과학 지식, 교육 방법을 동원하여 인간사의 세계에 대해 정성적으로 또 일정 한도 내에서 정량적으로 생각하는 방법을 그림으로 그려 내며, 그러는 과정에서 다른 사람들의 생각과 서로 영향을 주고받는다. 인생에서 이 이상을 이룩하려면 소망이 개입될 수밖에 없다.

| 감사드립니다

　누구보다도 존와일리 출판사의 담당 편집자 파멜라 반 기센에게 감사한다. 몇 년 전 퀀트의 삶에 대해 글을 써 보면 어떻겠는가 하는 나의 제안을 받아들여 주었다. 그때부터 그녀는 커다란 그림에서뿐 아니라 세밀하고 구체적인 부분에서도 영감과 열의와 지도와 충고를 아끼지 않았다. 관심과 인내를 가져 준 그녀에게 감사한다. 그녀가 없었다면 이 책을 마무리 짓지 못했을 것이다.

　와일리의 제니퍼 맥도널드도 도움을 주었고, 피브이앤엠 퍼블리싱솔루션 사람들, 특히 조애나 포머랜즈, 매트 쿠싱카, 게이브리엘라 카다르의 도움도 컸다.

　가족과 친구가 해 준 따뜻한 격려도 이 책을 완성하는데 정말 큰 역할을 했다. 그중에는 비교적 낯선 사람도 있었는데 나중에는 친구가 됐다. 글을 쓰는 일은 고독한 즐거움이어서, 다른 사람으로부터 열의가 약간만 전해져도 그 영향은 훨씬 크고 훨씬 이롭게 나타나는 법이다. 베벌리 벨, 스티브 블라하, 리처드 코언, 낸시 코언, 조수아 더만, 슐라미트 더만, 소냐 더만, 마이클 굿킨, 마크 그로즈, 루스 조웰, 마이크 카말, 로버트 키어넌, 마크 쾨닉스버그, 밥 롱, 헬가 노디, 나심 탈렙, 돈 와인가턴에게 감사한다. 이들이 내게 던진 긍정적 말은 이들의 생각 이상의 효과를 주었다. 고맙게 여기고 있다. 내게 용기를 주고 또 원고에 대해 조언해 준 레이 베이컨에게 특히 감사한다.

끝으로 누구보다도 내 아내 에바에게 감사한다. 그녀는 원고를 꼼꼼히 읽고 많은 부분에 대해 충고해 주었으며, 원고를 완성하기까지 심사숙고한 의견과 좋은 제안과 정신적 지원을 아끼지 않았다.

| 옮긴이의 말

얼마 전 아는 사람을 만났는데 그가 루빅스 큐브를 들고 나왔다. 큐브를 요리조리 돌리며 맞추는 모습을 보니 한때 거기 푹 빠져 있던 내 모습이 생각나 반가웠다. 2차원의 그림 맞추기 퍼즐을 3차원으로 옮겨 놓은 이 퍼즐은 마지막 줄을 맞추려 하다 보면 이미 맞춰 둔 부분이 흐트러지는 등 인생살이와 닮은 데도 많다. 워낙 뭔가를 맞추고 찾아내는 종류의 퍼즐을 좋아하다 보니, 큐브를 처음 보았을 때 나는 금방 매료되고 말았다. 친구가 학교로 가져온 큐브를 빼앗다시피 낚아채 맞춰 보기 시작했지만, 마지막 줄을 맞추기가 영 쉽지 않았다. 여기를 맞추면 저기가 비뚤어지고, 저기를 맞추면 다시 다른 모퉁이에서 엉뚱한 녀석이 떡하니 자리 잡고 있는 것이다. 퍼즐이란 푸는 게 재미이고 또 너무 풀기가 어려우면 재미가 덜해지는 법이다. 따라서 지나치게 어렵지는 않으리라 생각했고, 조금만 더 생각하면 풀어낼 수 있으리라 생각했다. 그렇게 혼자 몇 시간을 씨름하다 결국 포기하고 말았다. 그래서 혹시 하는 마음으로 친구에게 물어보았다. 그런데 친구는 그 정도야 간단하지 하며 금방 대답해 주었다. "이렇게 됐을 때는 말이야, 이걸 일단 이렇게 돌린 다음 이걸 이쪽으로 돌리는 거야."

나는 설명을 들으면서도 한편으로는 이 친구가 정말 영리하다는 생각이 들었다. 친구는 그 방법을 어떻게 알아낸 걸까? 큐브를 맞춰내려면 하나를 움직일 때 전체가 어떻게 맞물려 돌아가는지를 잘 알아야 한다. 게다가 한번에 맞추는 게 아니기 때문에 중간 단계를 여럿 거쳐야 한다. 기하학 문제를 풀 때 보조선을 긋는 것과 비슷할 것이다. 기하 문제를 풀 때에는 종이에 그림을 그려 놓고 직접 보조선을 그어가며 풀어나가지만, 큐브는 그럴 수 없으니 중간 단계까지 머릿속으로 그려야 한다. 그러니 최종적으로 풀어내려면 집중력과 상상력, 암산 능력 등 대단한 공력이 필요하다.

그런데 싱겁게도 친구의 비밀은 '공식'에 있었다. 큐브를 살 때 끼워 준 설명서에 자세히 그려져 있었던 것이다. 하지만 공식이라는 것도 결국 누군가 맞추는 법을 찾아내 체계화했기 때문에 존재하는 것이다. 즉 그만한 공력을 지닌 사람이 분명히 있다는 뜻이다. 그렇게 공식을 만들어 놓으니, '수재'라 말하기에는 어딘가 아쉬움이 느껴지는 우리 같은 사람도 꼼꼼히 공식을 따라 갈 정도의 성의만 있으면 간단히 퍼즐을 풀어낼 수 있다. 한 사람이 찾아낸 난해한 지식이 이렇게 모든 사람의 평범한 지식이 되는 것이다. (루빅스 큐브와 관련하여 한 가지 재미있는 사실은, 큐브를 발명한 사람은 이름이 널리 알려졌지만 해법을 찾아낸 사람은 그렇지가 않다는 점이다. 최근 해결됐다는 '푸앵카레 추측' 문제 역시 마찬가지 경우인 것 같다. 문제를 찾아낸 사람 이름은 널리 알려졌지만, 풀어낸 사람은 그렇지가 않다. 그리고 이 문제와 해법에는 앞으로도 그리고리 페렐만이라는 이름보다는 '푸앵카레'라는 이름이 계속 붙어 다닐 것이다.)

이 책의 저자 역시 이런 규칙을 찾아내는 일이 적성이 맞는 것 같다. 저자는 이론 물리학의 쾌거를 이루어 제2의 아인슈타인이 되겠다는 꿈을 안고 물리학 세계에 뛰어든다. 하지만 시간이 흐르면서, 시간에 쫓기면서 뉴턴과 아인슈타인 수준으로부터 파인만으로, 파인만에서 다시 여러 단계를 거쳐 결국에는 같은 연구실의 동료가 세미나에 초대됐다는 사실을 부러워하는 수준으로 눈높이가 낮아지는 고통을 경험한다. 그러고는 물리학을 완전히 그만두고, "인생과 일에 대해 품고 있던 환상이 세상이라는 거친 사포에 아프게 쓸리며 서서히 벗겨져 나가는" 과정을 거친 다음 월스트리트의 투자은행에서 '금융공학'을 하게 된다. 그러나 본질적으로 ― '순수' 학문을 하는 사람들은 동의하지 않을지도 모르지만 ― 현상 이면의 원리를 찾는 일을 계속한다는 사실만은 변함이 없는 것 같다. 그것이 이론 물리학과 금융공학의 공통점일 것이다. 그리고 지금은 학교로 돌아가, 원리를 찾아낼 필요가 있는 현상을 대하는 마음가짐과 방법을 제자에게 가르치고 있을 것이다.

이 책은 물리학 전공자가 퀀트로 전향하는 방법을 알려 주기 위한 책이 아니다. 흔히 '상아탑'이라는 이름으로 불리는 학문 세계로부터, 모든 것을 돈과 연관시키는 투자은행으로 들어가기까지의 과정을 솔직하고도 인간적으로, 절로 미소 짓게 만드는 독특한 유머로 그린 책이다. 물리학 세계, 컴퓨터 프로그래밍, 거대 기업의 관료주의, 금융 분석사 생활 등 내부자의 눈으로 깊이 바라본 여러 세계, 그 안에 자리 잡고 있는 '인간'과 '제도'의 상호작용에 대한 이야기를 읽다 보면 절로 고개가 끄덕여진다.

한편, 책 앞부분에서는 물리학에 관심이 많은 사람이라면 누구나 한번쯤 들어봤음직한 이름을 많이 보게 된다. 아인슈타인이라는 역사적 사건, 그의 이론이 없었다면 생겨나지 않았을 입자가속기, 냉전 체제의 무기 경쟁에 따른 풍족한 기초 연구 자금 지원 등 여러 가지 조건이 맞물려 일어난 현상이겠지만, 짧은 기간에 소수의 기관에서 그렇게 많은 노벨상 수상자가 나왔다는 사실도 눈여겨 볼만하다. 아마도 이들이 연구한 환경이 '뜨거운 물' 속이기 때문이지 않을까 한다. 얼음물에 장작을 때는 것보다는 아무래도 원래부터 뜨거운 물이 끓기까지 에너지가 덜 드는 법이다. 본격적 연구를 원하는 사람들이 유명한 학교나 기관을 찾는 것 역시 뜨거운 물속에서 지내려는 마음에서일 게다. 저자가 몸담고 있던 물리학과 역시 그런 의미에서 뜨거운 물속이었고, 그가 나중에 괄목할 만한 업적을 이룩한 투자은행 역시 뜨거운 물속이었다. 이런 것을 볼 때, 한 방면의 최고 실력자가 되려면 능력과 운도 많이 필요하겠지만, 물이 가장 뜨거운 곳이 어디인지를 찾아내는 안목 또한 무시할 수 없겠다는 생각이 든다. 나아가 우리 스스로 그처럼 뜨거운 상태를 유지하며 후학을 키우는 일도 중요할 것이다.

2007년 6월, 옮긴이

찾·아·보·기

ㄱ

가논문, 배포 108, 116, 118, 119
가먼, 마크 Garman, Mark 182
가바즈, 데이비드 Garbasz, David 222, 233, 293, 309, 310, 312, 349
가스티노, 개리 Gastineau, Gary 403
가우스, 칼 프리드리히 Gauss, Karl Friedrich 13
가윈, 리처드 Garwin, Richard 83
갈라이, 댄 Galai, Dan 259
개조 219
객체지향 언어, 개발 238, 300
객체지향 프로그래밍 237
갠스너, 엠던 Gansner, Emden 203
거래사 dealer
　거래, 처리 407
　사고 과정 30
　퀀트, 대비 29~32
〈거래사 관리〉(블랙) 284
거물들 134
거스, 앨런 Guth, Alan Harvey 112
거품상자 44
게당켄 실험 438
겔러, 유리 Geller, Uri 111
겔만, 머리 Gell-Mann, Murray 43, 47, 51, 53, 84
　양자 색역학 이론 72

전체주의 원칙 75
파이스, 원수지간 136
격자, 이율의 264
격자 연산 도표 120
경제학, 지나치게 형식적 수학 사용 35, 36
계층적 방정식 풀이 도구 (헥스)
　개조 198
　경력 206
　디자인과 적용 195, 196
　협력 217
고등 사범학교 (파리) 368
고등연구소 (프린스턴 대학교) 79
고에너지 현상학 101
고정수익 분석사 협회, 명예의 전당 Fixed Income Analysts Society 334
고정수익형 금융 모델링 기초 구조의 구축 200
고정수익형 증권 거래
　보통주 거래와의 비교 26
고정수익형 증권, 위험성 209
고차 세계의 인식 147
『고차 세계의 인식으로 가는 길』(슈타이너) 51, 125
고키, 아실 Gorky, Arshile 127
골드만삭스 애셋매니지먼트 Goldman Sachs Asset Management 281, 336
골드만삭스 회사 Goldman Sachs and

Co. 94, 172, 200
고정수익 거래 시스템 구축, 객체 지향 통합 기반 200, 292
고정수익 사업부 207, 222
보통주 사업부 236
상여금 304, 305
위험 차익거래 그룹 383
인생을 즐김, 골드만에서 203
정보공학 부서 306
지적 다양성에 관대함 409
채권 옵션 모델 229, 233
파생 증권 부서 416
파트너 선정 290
골드만삭스 회사, 정량전략 그룹 35, 206, 236
　면접 335
　보통주 변동성에 대한 논문 359
　프로그램 사용 횟수 277
　하드웨어에 대한 관심 340
골드C, 사용 238
골드필드, 제이컵 Goldfield, Jacob 223, 293, 300, 301
광자-전자 산란, 클레인-니시나 공식 123
『괴델, 에셔, 바흐』(호프스태터) 90
괴짜 파일 34
괴퍼트 마이어, 마리아 Goeppert-Mayer, Maria 48
교육, 슈타이너 (이론) 137
구르디에프, 게오르게 Gurdiieff, George 127
구조화된 보통주 상품 364
국립 브룩헤이번 연구소 Brookhaven National Laboratories 44, 47, 81

국제 금융공학자 협회 International Association of Financial Engineers (IAFE)
　교과 목록 규정 369
　모임 396
　올해의 금융공학자 285, 299, 426
그래노프스키, 밥 Granovsky, Bob 335
그랜트, 토니 Grant, Tony 167
그레고리, 앙드레 Gregory, André 202
그레이, 스팰딩 Gray, Spalding 166
그리스월드, 데이브 Griswold, Dave 236, 237, 239, 300
그린, 마이클 Green, Michael Bris 82
그린버그, 에이스 Greenberg, Ace 303
극초단파 복사선 microwave radiation 78
글래쇼, 셸던 Glashow, Sheldon 86, 93
글래스-스티걸 법 시대 Glass-Steagall Act 308
글리크, 제임스 Gleick, James 124, 128
금리
　민감도 226
　바시체크 모델 268
　시나리오 319
　앙등 (1990년대) 158
　통일장 이론 266
　평균회귀 271
〈금리 단일 인자 모델과 재무부 채권 옵션에 대한 모델의 적용〉(블랙, 더만, 토이) 268
금리에 민감한 증권 266
금리 옵션 interest-rate option
　판매 225
금리 위험 관리 209

금리 파생 상품 26
금융경제학의 기초 284
금융공학 financial engineering 15
금융 모델 작업에 대한 좁은 소견 266
〈금융 분석사 저널〉 268, 286, 287
금융상품의 증가 (1980년대) 158
금융 시계열
   묘사 198
〈금융 저널〉 369
급등락 378
등락-확산 모델 381
기간 헤지 기법 297
기본 입자 물리학 42
기술주 거품 427
긴즈버그, 앨런 Ginsberg, Allen 148
꼬리의 0, 제거 251
끈 이론 74

ㄴ

나노컴퓨터 33
나로파 연구소 Naropa Institute 148
나보코프, 블라디미르 Nabokov, Vladimir 60
내 가격 옵션 381
내 가격 풋 373
내재 변동성 374
   단기 변동성 385
   뒤틀림 372
   이차원의 내재 변동성 곡면 376
내재 이항 나무 387, 388, 391, 393, 396
〈내재 이항 나무〉 (루빈스타인) 396
너저분체 물리학 (고체 물리학) 53
네만, 유발 Ne'eman, Yuval 43, 47

논문을 내놓느냐 자리를 내놓느냐, 경험 102
논본 (컴퓨터), 계획, 데이비드 쇼가 구상한 189
뉴욕 냉동보존 협회 New York Cryonics Society 77
뉴욕 로드러너 클럽 140
뉴욕 증권거래소 371
닛케이 227
   보험, 판매 356
   선물 355, 357
   수준, 변동의 영향 367
   옵션 347
   풋 352

ㄷ

다수의 세계 관점에서 보는 가치 423
다운스, 짐 Downs, Jim 169~172, 175, 204
다이슨, 프리먼 Dyson, Freeman 246
다타트레야, 라비 Dattatreya, Ravi 207, 217, 221
   골드만삭스 퇴사 238
단기 금리 228
단기 변동성 385
   지역적 변동성 모델에서 388
단기 옵션
   만기 227
단기 채권 258
닷컴 거품, 결말 178
대칭 50
대학원 입학 자격시험 GRE 142
더굿어스 The Good Earth 151

『더블유아르: 유기체의 신비』(마카베예프) 180
『덱스터 얼의 파생 상품 강좌』 343
덴마크 왕국
　지이아르 옵션, 편미분 방정식 (유도) 348
뎀보, 론 Dembo, Ron 236
뎅글러, 테드 Dengler, Ted 297
도모나가, 신이치로 朝永振一郎 49
도브, 아서 Dove, Arthur 127
도이체방크 Deutsche Bank 300
두 개의 콘돔 문제 181
뒤마, 알렉상드르 Dumas, Alexandre 234
뒤마, 윌리엄 (로스코) Dumas, William 234
뒤틀림 372
뒤피르, 브루노 Dupire, Bruno 390, 396
드미테르피, 크레시미르 Demeterfi, Kresimir 313
디랙, 폴 Dirac, Paul 111
디엘제이 (회사) DLJ 411
디이쇼 회사 D. E. Shaw & Co. 33
　설립 188
　아메리카 은행, 파트너 관계 190
디지털 이퀴프먼트 사 Digital Equipment Corporation 187
딜러, 스탠리 Diller, Stanley 207, 209, 212, 213, 231, 295
딜런리드 Dillon Reed 238
〈딜버트〉 (애덤스) 179
또 다른 컴파일러 컴파일러(yacc) 194

ㄹ

라니에리, 류 Ranieri, Lew 291
라비, 이지도어 Rabi, Isidor 47, 70
라우, 야니 Louw, Jannic 21
라이히, 빌헬름 Reich, Wilhelm 180
라즈, 리타 Raz, Rita 205
램, 윌리스 Lamb, Willis Eugene 49
러더퍼드 연구소 Rutherford Laboratories 130
러드, 앤드류 Rudd, Andrew
　교재 240
러시아, 채무 불이행(1998년) 419
런던 식 속어의 운율 234
레더만, 리언 Lederman, Leon 49, 67, 83, 92
레먼브라더즈, 합병 296
레비, 거스 Levy, Gus 323
레크 (컴퓨터 도구) lex 194
로렌츠, 헨드릭 Lorentz, Hendrik Anton 63, 64
로스, 스티븐 Ross, Stephen 19, 320, 386, 426
로웬스타인, 로저 Lowenstein, Roger 169
로저스, 데이브 Rogers, Dave 371, 389, 390
로터스, 사용 Lotus 196, 349
록버그, 린다 Logdberg, Linda 58
록펠러 대학교 70, 130, 134
롤앤로스 애셋매니지먼트 Roll & Ross Asset Management 320
롱텀 캐피털매니지먼트 Long Term Capital Management 243, 291, 311,

313, 403
　긴급자금 투입 33
　파산/몰락 191, 233
루더만, 맬빈 Ruderman, Malvin 83
루빈, 로버트 Rubin, Robert 172, 222, 223, 248, 292, 294, 302
루빈스타인, 마크 Rubinstein, Mark 221, 229, 240, 369, 386, 396, 405
루하니, 라마인 Ruhani, Ramine 306
르네상스 (회사) Renaissance 295
리보위츠, 마티 Liebowitz, Marty 209, 310, 329, 333
〈리스크〉 (잡지) 259, 368, 390
리스프 (심볼릭스 컴퓨터) 239
리스프 (언어) Lisp 184
리정다오 李政道 50, 52, 56, 63, 66~72, 87, 101, 109, 130, 139
리첸버거, 밥 Litzenberger, Bob 415
리치, 데니스 Ritchie, Dennis 174
리터먼, 밥 Litterman, Bob 304
립차드 (카오스 연구자) Libchard 128

ㅁ

마그레이브, 윌리엄 Margrabe, William 352
마리노, 조리 Marino, Jory 205
마시, 테리 Marsh, Terry 183
마운트시나이 의과대학원 218
마이어, 조지프 Mayer, Joseph 48
마이크로소프트, 가치 (주식) 420
마카베예프, 두산 Makaveyev, Dusan 180
마코위치, 해리 Markowitz, Harry 284

마크맨, 스티브 Markman, Steve 205
마키에빅츠, 에드 Markiewicz, Ed 292, 304, 315
마투, 라비 Mattu, Ravi 331
만, 앨프리드 Mann, Alfred 105
만기수익률 yield to maturity 328
만물이론 54, 433
말, 루이 Malle, Louis 202
매사추세츠 공과대학 16, 112, 160, 182, 243
매스매티카, 사용 Mathematica 88, 116, 125, 200
매카티, 매클린 McCarty, Maclyn 134
매클라우드, 콜린 MacLeod, Colin 134
매틀랩, 사용 Matlab 116
맥나마라, 로버트 McNamara, Robert 138
맥스웰, 제임스 클라크 Maxwell, James Clerk 13, 46, 63, 72, 86, 439
맥애덤스, 할리 McAdams, Harley 160, 161
맨해튼 프로젝트 47, 112
머턴, 로버트 Merton, Robert 175, 242~247, 259, 283~287, 381, 398, 402, 426
메리웨더, 존 Meriwether, John 169, 243
　차익거래 그룹 291, 311, 312, 322
메릴린치 Merrill Lynch 411
멘델레예프, 드미트리 이바노비치 Mendeleyev, Dmitri Ivanovich 41
모건스탠리 Morgan Stanley 257, 409
　쌍거래 189
모기지 mortgage

모델 작업 319
복잡성 317~319
수명 318
모카타메탈스 Mocatta Metals 411
모턴티오콜, 풋 Morton Thiokol 235
몬드리안, 피트 Mondrian, Piet 128
몬테카를로 시뮬레이션 434
　　모델, 결과물 319
　　프로그램 구축 282
무거운 중성 렙톤 105, 108
〈물리학 리뷰 레터〉 132
물리학자, 월스트리트의 18, 19
뮤온 muon 74, 105~109, 115, 128
뮤추얼펀드 mutual fund 225, 318, 367
미국 교직원 연금보험 Teachers Insurance and Annuity Association-College Retirement Equities Fund (TIAA-CREF) 334
미국 국방연구원 Institute for Defense Analysis 83
미국 금융학회 American Finance Association 396
미국 물리학회 American Physical Society 132
　　총회(1969년) 162
미국 수학회 American Mathematical Society 135
미국식 풋 옵션, 닫힌 해(를 찾기 위한 노력) 168
미국의 모기지 시장, 규모 317
미래 시나리오의 범위 (묘사) 353
미분 방정식
　　파인만-카흐츠 해법 65

밀른, 앨런 Milne, Alan 344, 363
밀리컨, 로버트 Millikan, Robert 47

ㅂ

바딘, 존 Bardeen, John 174
바시체크, 올드리치 Vasiçek, Oldrich 268
바이스코프, 빅터 Weisskopf, Vitor 112
바이츠만 연구소 Weizmann Institute 122, 132
바필드, 오언 Barfield, Owen 127
박사 학위 논문 84
　　완성 92
박사 후 연구직 94
반 윅, 크리스 Van Wyk, Chris 197
반전성, 법칙 50, 67, 87, 92
발견을 위한 근사치 55
배니스터, 로저 Bannister, Roger 102
배커스, 존 Backus, John 192
배커스 표준형식 193
백스 (컴퓨터), 사용 Vax 206, 229, 248, 249
뱅커즈트러스트 Bankers Trust 300, 411
『버드나무 숲에 부는 바람』(밀른) 72
버지에, 알렉스 Bergier, Alex 380
버크, 조나단 Berk, Jonathan 235
벅월터, 앨런 Buckwalter, Alan 399
번스타인, 제레미 Bernstein, Jeremy 103, 139
번역, 과정 191, 192
베어스턴스 Bear Stearns 218, 238
　　모기지 포트폴리오 평가 시스템 213
베이비벨스

에이티앤티로부터 분리 178
베이커, 하워드 Baker, Howard 259
베조스, 제프리 Bezos, Jeffrey 188
베타 붕괴 67
베텔하임, 브루노 Bettelheim, Bruno 126
베트남 전
 반전 시위 83
 영향 17
벡, 미르자 압둘 바키 Bég, Mirza Abdul Baqi 136, 204
벨, 베벌리 Bell, Beverly 252, 267
〈벨 경제학 및 경영과학 저널〉 175
벨로, 솔 Bellow, Saul 127
벨벳 혁명 413
〈벨시스템 기술 저널〉 174
벨 연구소 (에이티앤티) Bell Laboratories (AT&T) 18, 60, 140
 관료조직 171
 관료체제의 불합리성 173
 관리직 숭배 풍토 172
 사규 165, 166
 입사 165, 166
 제90구역 (네트워크 시스템) 173
 제10구역 173
 퇴사 199
 프로그램 작성 183
벨 전화회사 178
벨코어 (회사) Bellcore 178
변동이율 모기지
 묶음 318, 319
 변동이율 모기지 기반의 구조화된 증권 318, 319
 연구 그룹 314

조기 상환 비율 회귀 모델 324
 특성 317
보간법
 옵션 모델을 바라보는 관점 354
보로, 제프 Borror, Jeff 217
보스코 Bosco
 개발 228
 사용 230
보어, 닐스 Bohr, Niels 14
보장 환율 (지이아르) guaranteed exchange rate (GER) 358
 옵션 347~349
 풋의 가치 평가 349~351
〈보장 환율 옵션의 이해〉 (더만, 카라진스키, 웨커) 356
보통주, 이점 358
보통주 옵션
 스마일 372
 시장 368
보험회사 318
북스테이버, 릭 Bookstaber, Rick 259
분석 도구 186
불교 센터 (미국 볼더) 152, 202
브래튼, 월터 Brattain, Walter 174
브레너, 메너켐 Brenner, Menachem 259
브레이스-가타레크-무지엘라 (비지엠) 모델 269
브롱크스 과학 고등학교 74
브이티(VT)-100
 터미널 프로그램 248
블라바츠키, 헬레나 Blavatsky, Helene 127

블라하, 스티브 Blaha, Stephen 179, 197
블랙, 피셔 Black, Fischer 236, 239~244, 261
   독자적 사고 284
   명확/직선적/탈형식적 성격 279~281
   보수적인 면 249~251
   사망 285, 286
   수상 285, 426
   연설 334
   인내심 271
   재취업, 피셔에 의한 335, 336
   정기적 만남 277
   정확성 250
   첫 만남 248, 249
블랙-더만-토이 (비디티) 모델 267~274
블랙-숄스 계산기, 사용 31
블랙-숄스 공식
   공식이 전달하는 내용 350
   눈금 맞추기 353
블랙-숄스 내재 변동성 373
블랙-숄스-머턴
   구조 280
   모델 287
블랙-숄스 모델
   컴퓨터 프로그램 작성 321
블랙-숄스 분포 256
블랙-숄스 주식 옵션 모델을 채권용으로 변환 227
블랙-숄스 형식론 319
블랙-카라진스키 (비케이) 모델 269
   나무, 시간 간격이 변하는 형태의 반영 271

블랙박스 컴퓨터를 활용한 통계적 차익거래 33
블레이크, 윌리엄 Blake, William 59, 113, 124, 155
블룸버그 (금융 소프트웨어 회사) Bloomberg 19
블룸버그, 마이클 Bloomberg, Michael 329
비선형 대수 방정식 196
비유동적 옵션 424
비유동적 증권
   가치 425
비절차적 프로그램 195
비지칼크, 사용 Visicalc 196
비탄성 전자-양성자 산란 105
빈 옵션 거래소 399
빌체크, 프랑크 Wilczek, Frank 95
『빌헬름 라이히: 세상에 대한 분노』
   (샤라프) 180

ㅅ

사무라이 (거래 시스템) 361~364
『42번가의 반야』 (말) 203
사이먼프레이저 대학교 403
살람, 압두스 Salam, Abdus 72
   표준 모델 93
『삶의 의미를 찾아서』 (프랭클) 81
새뮤얼슨, 폴 Samuelson, Paul 351
『색 이론』 (괴테) 441
생물정보학 프로그램 298
생성문법 193
샤르가프, 에르빈 Chargaff, Erwin 307
샤워즈, 재닛 Showers, Janet 310

샤프, 윌리엄 Sharpe, William 386
샤피로, 루시 Shapiro, Lucy 160
섀넌, 클로드 Shannon, Claude 174
섀라프, 마이런 Sharaf, Myron 180
선 유닉스 워크스테이션 295
선가드 (금융 소프트웨어 회사) SunGard 19
선가드 국제 금융공학자 협회 올해의 금융공학자 299
선물 계약 249
『성공하는 남자의 옷차림』 (몰로이) 178
세계 무역 센터, 공격 428
셀레스철 양념·차 회사 Celestial Seasonings Tea Company 148
셔먼, 론 Sherman, Ron 170
셰잉크먼, 호세 Scheinkman, José 304
셰퍼드, 에드 Sheppard, Ed 198
소립자 53
손익 profit and loss (P&L) 347
솔트하우스, 앤디 Salthouse, Andy 173
쇼, 데이비드 Shaw, David 188~190
　비밀스러운 성격 190
쇼클리, 윌리엄 Shockley, William 174
쇼터, 프랭크 Shorter, Frank 147
쇼펜하우어, 아르투어 Schopenhauer, Arthur 159
쇼피로, 조나단 Shopiro, Jonathan 203
숀, 월리스 Shawn, Wallace 202
숄스, 마이런 Sholes, Myron 242
『수익률 곡선의 내부』 (호머/리보위츠) 329
수학적 분석 26
수학적 아름다움 55

수학적 형식론 193
〈순수와 경험의 노래〉 (블레이크) 124
〈순수의 예언〉 (블레이크) 155
순수 이론 55
쉬츠, 에테 Szüts, Eté 61
슈뢰딩거, 에르빈 Schrödinger, Erwin 14
슈리퍼, 존 로버트 Schrieffer, John Robert 111
슈벵크, 페터 Schwenk, Peter 128
슈워츠, 멜빈 Schwartz, Melvin 49, 67
슈윙거, 줄리언 Schwinger, Julian 49, 70, 194, 246
슈타이너, 루돌프 Steiner, Rudolf 81, 82, 125~128, 137, 151, 160
슐럼버거 Schlumberger 158
　석유 채굴 관련 수학 17
스몰토크 (컴퓨터 언어), 사용 238, 300
스미스, 크리스토퍼 루엘린 Smith, Christopher Llewellyn 118, 125, 130
스미스바니 (회사) Smith Barney 411
스미스핸리 (회사) Smith Hanley 205
스왑
　가치 평가 291, 313
스위스 시계 충돌 42
스위스은행, 유비에스와 합병 298
스키델스키, 로버트 Skidelsky, Robert 36
스타인버거, 잭 Steinberger, Jack 49, 67, 111
『스타일의 요소』 (스트렁크/화이트) 187
스탠더드앤푸어(S&P)500 363, 364, 368, 376, 407, 421
스탠퍼드 선형 가속기 센터 Stanford Linear Accelerator Center (SLAC) 85,

101, 110, 119, 128
스탠퍼드 연구소 Stanford Research Institute 111
스퇴르머, 호르스트 Störmer, Horst 174
스트렁크, 윌리엄 2세 Strunk, William Jr. 187
스트레이치, 제임스 Strachey, James 126
슬론 경영대학원 16
C (프로그램 언어) 29, 174, 184
C 프로그래밍 (시험) 217
시겔, 모 Siegel, Mo 148
시그마(σ) 378
시디시 익시스 (회사) CDC IXIS 307
시모어 (객체지향 언어) 300
C++ (프로그램 언어) 184, 204, 295
시어슨 Shearson 308, 309
시에이시(CAC)-30 364, 367
시-에이티에스 (회사) C-ATS 295
시엔엔 CNN 429
시장 자료 275
시츠플레이시 53
시카고 대학교 77, 243
시티뱅크 Citibank 331, 411
신경망 이론 52
신지학자 127
실펀, 데이비드 Silfen, David 362
싱크탱크 (컴퓨터 프로그램) 252
싱클레어, 도널드 Sinclair, Donald 120

ㅇ

아랍의 석유금수 (1973) 18
아르엠에스 (회사) RMS 294~298, 309
아마존닷컴 Amazon.com 188
아메리카 증권거래소 Amex
   보증 357
   옵션 협의회 259
아메리칸익스프레스
   합병 296
아서디리틀 회사 Arthur D. Little and Co. 243
아시아 콜 옵션, 목적 366
아이비엠 IBM 19~22, 89, 187, 192, 216, 257, 351
아인슈타인, 알베르트 Einstein, Albert 14, 44, 52, 54, 63, 73, 95, 112, 436, 439
아크유수니, 라오 Achyuthuni, Rao 361
알고리드믹스 (금융 소프트웨어 회사) Algorithmics 236
『앙드레와의 식사』(말) 202
애널리틱스 (회사) Analytics 205
애덤스, 스콧 Adams, Scott 179
애들러, 데니스 Adler, Dennis 238
애들러, 마곳 Adler, Margot 166
애스펀 물리학 센터 Aspen Center for Physics 103, 141
애시메트릭스 (회사) Asymetrix 199
앤더슨, 필립 Anderson, Philip 54
앨런, 폴 Allen, Paul 199
야당석 234
야크 yacc 174
약한 전자기 상호작용
   양-밀스 게이지 이론 103
약한 중성류 87
〈약한 중성류 시험〉(더만) 92

약한 핵력의 붕괴, 반전성 68
양성자
   내부 구조 연구 78
   파톤 모델 묘사 (파인만) 87
양자역학 15, 34, 45, 65, 74
양자 전기역학 33, 48~50, 129, 246, 350
양전닝 楊振寧 50, 67~72
   명성 67
   소개 139
얼, 덱스터 Earle, Dexter 343, 344
에니악 컴퓨터 ENIAC 189
『에세이와 격언집』 (쇼펜하우어) 159
에이버리, 오스월드 Avery, Oswald 134
에이커즈, 캐런 Akers, Karen 167
〈에이티앤티 기술 저널〉 196
에이피엘 APL 198
에저너, 데니즈 Ergener, Deniz 399
에토레 마요라나 (입자 물리학 여름 학회) 94
에프티에스이 FTSE 102, 368
엑셀 (마이크로소프트) 200
엑슨 연구소 Exxon Labs 158
역산란 문제 389, 390
연립방정식 196
연방 저당공사 Federal National Mortgage Association, FNMA 318
연방 저축대부 조합 보험공사, 보증 Federal Saving and Loan Insurance Corporation, FSLIC 291
연방 주택금융 저당공사 Federal Home Loan Mortgage Corporation, FHLMC 318
『연속 시간 금융』 (머턴) 403

연속 시간 금융 모델, 개발 403
『영어 낱말 속의 역사』 (바필드) 127
오, 존 Ng, John 106
오렌지카운티, 파생 상품 추문 300
오루크, 댄 O'Rouke, Dan 349, 409, 430
오리건 대학교 16, 90
오메가 마이너스 (겔만) 44, 435
   발견 47
오브젝티브 C, 사용 238
오스트리아 옵션 거래소, 협의회 401, 402
오코너 회사 206, 294, 297
오토본드 (딜러), 개발 213, 295
오펜하이머, 로버트 Oppenheimer, Robert 47, 111
옥스퍼드 대학교 56, 109, 114
올스테이트 (회사) Allstate 21
〈옵션 가격의 합리적 결정을 위한 이론〉 (머턴) 175
〈옵션으로 본 금리〉 (피셔) 287
옵션 이론
   미분 방정식, 해법 66
   습득 229
   역사 242
옵션 조정 스프레드 324, 328
와인가턴, 돈 Weingarten, Don 216
와인버그, 데이비드 Weinberg, David 206
와인버그, 스티븐 Weinberg, Steven 72, 74, 86
   표준 모델 86
와인버그–살람 표준 모델 86
〈완전 자동화된 거래를 향하여〉 (블랙)

340
외 가격 367
욤 키푸르 83
우베로이, 제이피에스 Uberoi, J. P. S. 441
우주론 139
우주선 宇宙線 43
『우주의 암호』(페이절스) 138
『우주의 힘으로 이르는 신비한 길』 155
우첸성 吳健雄 67, 69, 97, 129
울프램, 스티븐 Wolfram, Stephen 125
울프램 연구소 Wolfram Research 125
워스트롬, 릭 Wastrom, Rick 205
원자 물리학 45, 142
월드만, 마이크 (모기지 연구 그룹) Waldmann, Mike 310, 314, 316, 334
월스트리트
   모델 작업의 필요성 207, 208
   물리학자, 취업 16
   쓴맛 229
웟슨연구소 Watson Labs 216
웨스턴일렉트릭 Western Electric 171
웨이스, 래리 Weiss, Larry 304
웨커, 제프 Wecker, Jeff 335, 336, 362
웰스파고 Wells Fargo 235
위스콘신 대학교 (매디슨) 108
위험 구역, 위험의 361
위험 노출 가치 (브이에이아르) 417
   제이피모건이 고안함 417
윌리엄칼리지 180
윌모트, 폴 Wilmott, Paul 436
『윌모트의 파생 증권 강좌』 (윌모트) 436

윌슨, 로버트 Wilson, Robert 78
유닉스 UNIX 29
   기종간 이식성 184
   도구 194
   철학 230
   프로그램 작성 환경 137
유럽 원자핵 공동 연구소 European Center for Nuclear Research (CERN) 105, 118
유류파동 (1970년대) 158
유비에스, 합병 UBS 298
유클리드 35
윤리문화 협회 180
응용 수학 41
이브닌, 제러미 Evnine, Jeremy 235
이색 옵션 345, 364, 368, 369
이에프허턴 E. F. Hutton 296, 411
이항 나무 385
이항 모델 386
   콕스-로스-루빈스타인 모델 221, 229
인지학자 126
인피니티 Infinity 296
일리노이 공과대학 (시카고) 143
일물일가의 법칙 258, 265, 425
일반 상대성 이론, 제안 (아인슈타인) 14
입자
   급증 43
   끈 이론 모델 82
   탐지 장치, 제작 59
입자 물리학 66
   비대칭 69
   지도교수, 찾기 위한 노력 74
잉거솔, 조나단 2세 Ingersoll, Jr.,

Jonathan 268

ㅈ

자바 (언어) 184, 191
자본 자산 가격 결정 모델 182, 282
자연 상수, 값 142
자연 언어, 표현
잘로몬브라더즈 Salomon Brothers 168
  감원 331
  고정수익 사업부 209
  골드만삭스 회사, 문화적 차이 323
  이직 309~311
  취업 179
  칼날처럼 단호한 문화 321
  힘들었던 시절 316
잡스, 스티브 Jobs, Steve 238
장기 기준선 옵션, 금 생산의 헤지 422
장기 수익률, 단기 금리의 평균이라는 관점 385
장기 채권에 대한 만기일이 먼 옵션 259
장외 콜 옵션 225
장 이론 95
재로, 로버트 Jarrow, Robert
  교재 240, 369
  수상 426
재무부 채권
  가치, 감소 209
  선물 계약, 첨부된 인도 옵션 가치 평가 304
  옵션 사업, 증대 224
  이자 지급 257
잭 케루악의 탈육체 시학 학교 Jack Kerouac School of Disembodied

Poetics 148
저우, 조 Zou, Joe 313, 399
전자
  뮤온과 유사한 성질 128
  산란에서 전자의 분포 예측 88
『전자 이론』 (로렌츠) 63
전자-양성자 산란
  실험 78
전자기
  통일장 이론 52
전자기력 67, 72, 75
전자기 이론 46, 49, 110
전자기 펄스(EMP) 연구 170
정량금융 36, 330, 369, 383, 399, 411, 425, 434, 441
정량전략 그룹 연구 보고서 356
정부 저당금고 Government National Mortgage Association (GNMA) 318
정수론, 문제/해결 63
제너럴모터스 (회사) General Motors 77
제로쿠폰 재무부 스트립, 개발 309
제로쿠폰채, 묶음 257, 258
제록스의 팰러앨토 연구 센터, 개발품 Xerox Palo Alto Research Center (Xerox PARC) 238
제이피모건체이스 J. P. Morgan Chase 308
모기지
조나스, 스탠 Jonas, Stan 308
조이, 빌 Joy, Bill 188
존슨, 조지 Johnson, George 136
주가
  분포 254, 255

확산 378, 379
주가수익률 price to earnings (P/E) ratio 352
주기율표
    작성 (겔만/네만) 43
    작성 (멘델레예프) 43, 86
주노 (이메일 서비스) Juno 188
주식거래 207
주식공개 initial public offering (IPO) 207, 343
주식 옵션 30
    블랙-숄스 모델 226
    사용 245
주커버그, 로이 Zuckerberg, Roy 362
중계역, 거래사와 퀀트 간의 276
중도상환채 callable bond 266
중성미자 neutrino 48
중성미자 협의회 112, 117
증권산업 협회 Securities Industry Association 297
『증기탕』(브루스 제이 프리드먼) 205
지, 마하라즈 (구루) Ji, Maharaj 148
지에스-원 GS-ONE 292
    작업의 완성 304
지역 게이지 불변성, 대칭 원리 (양전닝) 72, 86
지역적 변동성 387, 388, 391~395
집단요법, 놀이 177
집합적 행동 54

ㅊ

차기 블랙-숄스 모델, 개발 385
참 쿼크 106

붕괴 115
창 라이남 Chang, Lay Nam 106
채권
    가격에 눈금 맞추기 265
    거래사의 분석적/수학적 능력 210
    발행 208
    수익률 255
    위험 시스템 295
    첨도 28
채권 옵션
    거래사 239
    판매 226
    평가 모델 221
채권 포트폴리오 분석 209, 309, 314, 330
    그룹 218
    보고서 321
『천국과 지옥의 혼인』(블레이크) 440
『천재들의 실패』(로웬스타인) 169
체이스, 체비 Chase, Chevy 237
초과 근무 시간, 벨 연구소의 179
촉얌 트룽파 Chogyam Trungpa, Rinpoche 148, 180
촘스키, 노엄 Chomsky, Noam 193
츠비타노비치, 프레드라그 Cvitanović, Predrag 123

ㅋ

카니, 이라즈 Kani, Iraj 66, 275, 380
카라진스키, 피오트르 Karasinski, Piotr 339, 350
카말, 마이크 Kamal, Mike 313, 399
카시오, 정보를 저장할 수 있는 시계 252

『카오스: 현대 과학의 대혁명』(글리크) 124
카흐츠, 마크 Kac, Mark 65, 66, 135, 389
칸딘스키, 바실리 Kandinsky, Vassily 127
칼루자, 테오도르 Kaluza, Theodor 73
칼루자-클레인 이론 82, 123
캄보디아 침공, 미국의 91
캘리포니아 공과대학 (칼테크) 85
캘리포니아 버클리 대학교 16, 182
커누스, 도널드 Knuth, Donald 197
커니한, 브라이언 Kenighan, Brian 174, 187
커젤러스, 래리 Kegeles, Larry 179
컬럼비아 대학교 16
   교훈 52
   대학원 공부 45, 46
   물리학과 46, 160
   퀄 (논문 자격시험) 59
컴퓨터 언어, 문법 193
『컴퓨터 프로그래밍의 예술』(커누스) 197
컴퓨터 프로그램 작성 60
케이프타운 대학교 62
   물리학과 42
   작시, 펀치카드를 이용한 184
케임브리지, 우등졸업시험 46
케플러, 요하네스 Kepler, Johannes 73
켄더, 존 Kender, John 188, 189
코리, 엘리아스 Corey, Elias 58
코발레프스카야, 소냐 Kovalevskaya, Sonya 135
코볼, 사용 206
코브리닉, 자크 Cobrinik, Zach 206
코폴라, 프랜시스 포드 Coppola, Francis Ford 297
코프라시, 밥 Kopprasch, Bob 218, 268, 291, 310
   옵션 연구 그룹 290
콕스, 존 Cox, John
   교재 221, 369, 386
   수상 426
콕스-잉거솔-로스 모델 268
콘, 데이비드 Korn, David 203
콜 옵션 224
콜로라도 대학교
   외로움 143, 161
콤프턴 산란, 클레인-니시나 공식 123
쾨닉스버그, 마크 Koenigsberg, Mark 160, 168, 170, 179, 202, 268, 291, 310, 330
쿠랑 수학연구소 Courant Institute of Mathematical Sciences 16
쿠시, 폴리카프 Kusch, Polykarp 49, 110
쿠퍼, 그레이엄 Cooper, Graham 390, 398
쿼크
   발견 53
   존재 84
쿼트론 (단말기) Quotron 329
퀀털 (금융 소프트웨어 회사) Quantal 183
퀀토 옵션 347
퀀트
   부러움 215
   불만 414
   사고 과정 30

역사 24~28
크라이스트, 노먼 Christ, Norman 79, 83, 92, 204
크래스커, 빌 Krasker, Bill 312, 322
크로닌, 제임스 Cronin, James 111
크립키, 솔 Kripke, Saul 134
클라크, 웨슬리 Clark, Wesley 427
클래런던 실험실동 122
클래프키, 톰 Klaffky, Tom 309~311, 313
클레브, 로사 Klebb, Rosa 342
클레인, 오스카 Klein, Oskar 73, 82, 123
클레인-고든 방정식 123
클린, 스티븐 Kleene, Stephen 194

ㅌ

타르탈리아, 눈지오 Tartaglia, Nunzio 189
타우-세타 수수께끼 68
타키온 75
태양에너지 연구소 Solar Energy Research Institute (SERI) 17, 158
태이트보시언, 아먼드 Tatevossian, Armand 330
『터커』(코폴라) 297
테일러, 리처드 Taylor, Richard 92
테크 (컴퓨터 언어) TeX 197
텔러, 에드워드 Teller, Edward 111
토론토 대학교 358
토이, 윌리엄 Toy, William 175, 236, 239, 251, 258, 273, 306, 312, 335, 350
톨스토이, 레프 니콜라예비치 Tolstoy, Lev Nikolayevich 158
톰슨, 켄 Thompson, Kenneth 185

〈통신의 수학적 이론〉(섀넌) 174
통일장 이론 73, 434
통화, 자연 351
투르 드 프랑스 31
투자 포트폴리오, 재무부 채권 포함 158
튜링, 앨런 Turing, Alan 194
트레이너, 잭 Treynor, Jack 286
트레이먼, 샘 Treiman, Sam 109, 115
특수 상대성, 이론 (아인슈타인) 14, 64
티베트 불교 148, 152

ㅍ

파리바 캐피털마켓 Paribas Capital Markets 390
〈파생 상품: 최신 기술〉(협의회) 403
파생 증권 19
『파생 증권』(윌모트) 436
파이겐바움, 미첼 Feigenbaum, Mitchell 50, 100, 124
파이스, 에이브러햄 Pais, Abraham 70, 109, 115, 130, 131, 136, 140
파인만, 리처드 Feynman, Richard 42, 49, 56, 85
  노벨상 45
  논문 112
  도해, 사용 88, 194
  법칙, 사용 88
  연설 111
  지위 141
  충돌 묘사 105
  파톤 모델 88
파인만-카흐츠 정리 135
파인버그, 제럴드 Feinberg, Gerald

74~76, 111
파일로팩스 Filofax 189
파톤 parton 85
팔도 (겔만) 43, 53, 84
팜파일럿 Palm Pilot 189
패스트 (베어스턴스의 고정수익 연구 그룹) FAST 295
퍼스트보스턴 (회사) First Boston 411
   정보공학 그룹 217
펄스, 루돌프 Peierls, Rudolf 136
페더, 마이크 Feder, Mike 166
페르미, 엔리코 Fermi, Enrico 47
페르미 연구소 Fermilab 143
페이절스, 하인츠 Pagels, Heinz 138
페인웨버 Paine Webber 411
펜실베이니아 대학교 94, 101, 179
펜지아스, 아노 Penzias, Arno 78
펜컴 (회사) Pencom 205
펠라이스통 126
편미분 방정식 434
평균 콜 옵션, 목적 366
〈평형 거래〉 (블랙) 280
포트란 195
   개발 192
   금융 라이브러리 292
   C에 의해 교체됨 229
   프로그램 116, 184, 191
폰 노이만, 요한 von Neumann, Johann 189
『폴그레이브 경제학 사전』 19
폴리, 헨리 Foley, Henry 44
폴리패스 (회사) Polypaths 213
푸리에 급수 434

푸리에 분석 170
프랭클, 빅터 Frankl, Victor 81
프레스콧, 찰스 Prescott, Charles 92
프로그래밍 (활동) 183
『프로그래밍 스타일의 요소』 (커니한/플로거) 187
〈프로그래밍: 실무와 경험〉 199
프로메테우스 프로젝트 77
프로이트, 지그문트 Freud, Sigmund 126
『프로이트와 사람의 영혼』 (베텔하임) 126
프로인드, 피터 Freund, Peter 221~223, 300, 429
프록터앤갬블, 파생 상품 추문 Proctor and Gamble 300
프리드먼, 데이비드 Friedman, David 77
프리드먼, 밀턴 Friedman, Milton 77
프리드먼, 브루스 제이 Friedman, Bruce Jay 205
프리드먼, 제롬 Friedman, Jerome 175
프리드버그, 리처드 Friedberg, Richard 63
프리드버그 정수법 63
프린스턴 대학교 79, 95
플랑크, 막스 Planck, Max 14
플로거, 필립 Plauger, Philip J. 187
플로리다 대학교 (코럴게이블스) 142
피오더블유 POW 18
핀슬러 공간 131
핑커스, 스콧 Pinkus, Scott 315, 414

하버드 대학교 338, 403
하스 경영대학원 Haas School 16

하이젠베르크, 베르너 Heisenberg, Werner 14, 111
해거니, 빅터 Haghani, Victor 291, 312, 322
핵 물리학, 이해 73
행성 운동, 법칙 (케플러) 73
허먼, 로버트 Herman, Robert 77, 78, 110, 174
허시, 로이 Hershey, Roy 153
헐, 존 Hull, John 340, 358, 388, 397
헐-화이트 (에이치더블유) 모델 269
헤드헌터 18, 204
헤비사이드 (지시) 함수, 대수학 및 계산법 182
헤지
   금리 209
헤지 비율, 급등락-확산 모델에서 382
헤지펀드 19, 191, 318
『현대 물리학과 동양 사상』 (카프라) 302
현상학 55
현상학적 모델 267
호킨스, 그렉 Hawkins, Greg 291, 312
호킹, 스티븐 Hawking, Stephen 104
호프스태터, 더글러스 Hofstadter, Douglas 110
호프스태터, 로버트 Hofstadter, Robert 78, 110
화이트, 엘윈 브룩스 White, Elwyn Brooks 187
확률 구름 378
확률미적분 240, 350
환원주의자 53, 124
『훔볼트의 선물』 (벨로) 127

히스-재로-모턴 (에이치제이엠) 모델 269
힐렐 (현자) 425
힐리브랜드, 래리 Hilibrand, Larry 312
힐베르트 공간 434

승·산·에·서·만·든·책·들

과학의 새로운 언어, 정보
한스 크리스천 폰 베이어 지음 | 전대호 옮김 | 352쪽 | 18,000원
양자역학이 보여 주는 '반직관적인' 세계관과 새로운 정보 개념의 소개. 눈에 보이는 것이 세상의 전부가 아님을 입증해 주는 '양자역학'의 세계와, 현대 생활에서 점차 더 중요시되는 '정보'에 대해 친근하게 설명해 준다. IT산업에 밑바탕이 되는 개념들도 다룬다.
한국과학문화재단 출판지원 선정 도서

아인슈타인의 베일: 양자물리학의 새로운 세계
안톤 차일링거 지음 | 전대호 옮김 | 312쪽 | 15,000원
양자물리학의 전체적인 흐름을 심오한 질문들을 통해 설명하는 책. 세계의 비밀을 감추고 있는 거대한 '베일'을 양자이론으로 점차 들춰낸다. 고전물리학에서부터 최첨단의 실험 결과에 이르기까지, 일반 독자들을 위해 쉽게 설명하고 있어 과학 논술을 준비하는 학생들에게 도움을 준다.

리만 가설: 베른하르트 리만과 소수의 비밀
존 더비셔 지음 | 박병철 옮김 | 560쪽 | 20,000원
수학의 역사와 구체적인 수학적 기술을 적절하게 배합시켜 '리만 가설'을 향한 인류의 도전사를 흥미진진하게 보여 준다. 일반 독자들도 명실 공히 최고 수준이라 할 수 있는 난제를 해결하는 지적 성취감을 느낄 수 있을 것이다.

소수의 음악: 수학 최고의 신비를 찾아
마커스 드 사토이 지음 | 고중숙 옮김 | 560쪽 | 20,000원
소수, 수가 연주하는 가장 아름다운 음악! 이 책은 세계 최고의 수학자들이 혼돈 속에서 질서를 찾고 소수의 음악을 듣기 위해 기울인 힘겨운 노력에 대한 매혹적인 서술이다. 19세기 이후부터 현대 정수론의 모든 것. 일반인을 위한 '리만 가설', 최고의 안내서.

인류 시대 이후의 미래 동물 이야기
두걸 딕슨 지음 | 데스먼드 모리스 서문 | 이한음 옮김 | 240쪽 | 15,000원

인류 시대가 끝난 후의 지구는 어떻게 진화할까? 다윈도 예측하지 못한 신기한 미래 동물의 진화를 기후별, 지역별로 소개하여 우리의 상상력을 흥미롭게 자극한다. 책장을 넘기며 그림을 보는 것만으로도 이 책이 우리의 상상력을 얼마나 흥미롭게 자극하는지 느낄 수 있을 것이다. 나아가 이 책은 단순히 호기심만 부추기는 데 그치지 않고, 진화 원리를 바탕으로 타당하고 예상 가능한 상상의 동물들을 제시하기에 설득력을 갖는다.

엘러건트 유니버스
브라이언 그린 지음 | 박병철 옮김 | 592쪽 | 20,000원

초끈이론과 숨겨진 차원, 그리고 궁극의 이론을 향한 탐구 여행. 초끈이론의 권위자 브라이언 그린은 핵심을 비껴가지 않고도 가장 명쾌한 방법을 택한다.

〈KBS TV 책을 말하다〉와 〈동아일보〉〈조선일보〉〈한겨레〉 선정 '2002년 올해의 책'

우주의 구조
브라이언 그린 지음 | 박병철 옮김 | 747쪽 | 28,000원

'엘러건트 유니버스'에 이어 최첨단 물리를 맛보고 싶은 독자들을 위한 브라이언 그린의 역작! 새로운 각도에서 우주의 본질에 관한 이해를 도모할 수 있을 것이다.

〈KBS TV 책을 말하다〉 테마북 선정, 제46회 한국출판문화상(번역부문, 한국일보사), 아·태 이론물리센터 선정 '2005년 올해의 과학도서 10권'

파인만의 물리학 강의 I
리처드 파인만 강의 | 로버트 레이턴, 매슈 샌즈 엮음 | 박병철 옮김 | 736쪽 | 양장 38,000원 | 반양장 18,000원, 16,000원(I-I, I-II로 분권)

40년 동안 한 번도 절판되지 않았던, 전 세계 이공계생들의 필독서, 파인만의 빨간 책. 2006년 중3, 고1 대상 권장 도서 선정(서울시 교육청)

파인만의 물리학 강의 II
리처드 파인만 강의 | 로버트 레이턴, 매슈 샌즈 엮음 | 김인보, 박병철 외 6명 옮김 | 800쪽 | 40,000원

파인만의 물리학 강의에 이어 우리나라에 처음 소개되는 파인만 물리학 강의의 완역본. 주로 전자기학과 물성에 관한 내용을 담고 있다.

파인만의 물리학 길라잡이: 강의에 딸린 문제 풀이
리처드 파인만, 마이클 고틀리브, 랠프 레이턴 지음 | 박병철 옮김 | 304쪽 | 15,000원
파인만의 강의에 매료되었던 마이클 고틀리브와 랠프 레이턴이 강의록에 누락된 네 차례의 강의와 음성 녹음, 그리고 사진 등을 찾아 복원하는 데 성공하여 탄생한 책으로, 기존의 전설적인 강의록을 보충하기에 부족함이 없는 참고서이다.

파인만의 여섯 가지 물리 이야기
리처드 파인만 강의 | 박병철 옮김 | 246쪽 | 양장 13,000원, 반양장 9,800원
파인만의 강의록 중 일반인도 이해할 만한 '쉬운' 여섯 개 장을 선별하여 묶은 책. 미국 랜덤하우스 선정 20세기 100대 비소설 가운데 물리학 책으로 유일하게 선정된 현대과학의 고전.
간행물윤리위원회 선정 '청소년 권장 도서'

파인만의 또 다른 물리 이야기
리처드 파인만 강의 | 박병철 옮김 | 238쪽 | 양장 13,000원, 반양장 9,800원
파인만의 강의록 중 상대성이론에 관한 '쉽지만은 않은' 여섯 개 장을 선별하여 묶은 책. 블랙홀과 웜홀, 원자 에너지, 휘어진 공간 등 현대물리학의 분수령이 된 상대성이론을 군더더기 없는 접근 방식으로 흥미롭게 다룬다.

일반인을 위한 파인만의 QED 강의
리처드 파인만 강의 | 박병철 옮김 | 224쪽 | 9,800원
가장 복잡한 물리학 이론인 양자전기역학을 가장 평범한 일상의 언어로 풀어낸 나흘간의 여행. 최고의 물리학자 리처드 파인만이 복잡한 수식 하나 없이 설명해 간다.

발견하는 즐거움
리처드 파인만 지음 | 승영조, 김희봉 옮김 | 320쪽 | 9,800원
인간이 만든 이론 가운데 가장 정확한 이론이라는 '양자전기역학(QED)'의 완성자로 평가받는 파인만. 그에게서 듣는 앎에 대한 열정.
문화관광부 선정 '우수학술도서', 간행물윤리위원회 선정 '청소년을 위한 좋은 책'

천재: 리처드 파인만의 삶과 과학
제임스 글릭 지음 | 황혁기 옮김 | 792쪽 | 28,000원

'카오스'의 저자 제임스 글릭이 쓴, 천재 과학자 리처드 파인만의 전기. 과학자라면, 특히 과학을 공부하는 학생이라면 꼭 읽어야 하는 책.
과학기술부 인증 '우수과학도서', 아·태 이론물리센터 선정 '2006년 올해의 과학도서 10권'

스트레인지 뷰티: 머리 겔만과 20세기 물리학의 혁명
조지 존슨 지음 | 고중숙 옮김 | 608쪽 | 20,000원

과 20여 년에 걸쳐 입자물리학을 지배했던 탁월하면서도 고뇌를 벗어나지 못했던 한 인간에 대한 다차원적인 조명. 노벨물리학상을 받은 머리 겔만의 삶과 학문.
교보문고 선정 '2004 올해의 책'

볼츠만의 원자
데이비드 린들리 지음 | 이덕환 옮김 | 340쪽 | 15,000원

19세기 과학과 불화했던 비운의 천재, 루트비히 볼츠만의 생애. 그리고 그가 남긴 과학이론의 발자취.
간행물윤리위원회 선정 '청소년 권장 도서'

뷰티풀 마인드
실비아 네이사 지음 | 신현용, 승영조, 이종인 옮김 | 757쪽 | 18,000원

존 내쉬의 영화 같았던 삶. 그의 삶 속에서 진정한 승리는 정신분열증을 극복하고 노벨상을 수상한 것이 아니라, 아내 앨리샤와의 사람이 끝까지 살아남아 성장할 수 있었다는 점이다.
간행물윤리위원회 선정 '우수도서', 영화 〈뷰티풀 마인드〉는 오스카상 4개 부문 수상

우리 수학자 모두는 약간 미친 겁니다
폴 호프만 지음 | 신현용 옮김 | 376쪽 | 12,000원

83년간 살면서 하루 19시간씩 수학문제만 풀었고, 485명의 수학자들과 함께, 1,475편의 수학논문을 써낸 20세기 최고의 전설적인 수학자 폴 에어디쉬의 전기.
한국출판인회의 선정 '이달의 책', 론-풀랑 과학도서 저술상 수상

근간

무한의 신비
애머 악첼 지음 | 신현용, 승영조 옮김 | 304쪽 | 12,000원

고대부터 현대에 이르기까지 수학자들이 이루어 낸 무한에 대한 도전과 좌절. 무한의 개념을 연구하다 정신병원에서 쓸쓸히 생을 마쳐야 했던 칸토어와, 피타고라스에서 괴델에 이르는 '무한'의 역사.

유추를 통한 수학탐구
P. M. 에르든예프, 한인기 공저 | 272쪽 | 18,000원

유추는 개념과 개념을, 생각과 생각을 연결하는 징검다리와 같다. 이 책을 통해 우리는 '내 힘으로' 수학하는 기쁨을 얻게 된다.

문제해결의 이론과 실제
한인기, 꼴랴긴 Yu. M. 공저 | 208쪽 | 15,000원

입시 위주의 수학교육에 지친 수학교사들에게는 '수학 문제해결의 가치'를 다시금 일깨워 주고, 수학 논술을 준비하는 중등학생들에게는 진정한 문제해결력을 길러 줄 수 있는 수학 탐구서.

즐거운 365일 수학 여행(Math-A-Day)
시오니 파파스 지음 | 김흥규 옮김

재미있는 수학 문제와 수수께끼를 일기 쓰듯이 하루에 한 문제씩 풀어 가면서 문제 해결능력을 키우는 책. 더불어 수학사의 유익한 에피소드들도 읽을 수 있다.

불완전성: 쿠르트 괴델의 증명과 역설
레베카 골드스틴 지음 | 고중숙 옮김

괴델은 독창적인 증명을 통해 수학자들이 사용하고자 하는 체계라면 어떤 것이든 참이면서도 증명불가능한 명제가 존재한다는 사실을 밝혀냈다. 저자는 소설가로서의 기교와 과학철학자로서의 통찰을 결합하여 괴델의 정리와 그 현란한 귀결들을 이해하기 쉽도록 펼쳐 보임은 물론 괴팍스럽고도 처절한 천재의 삶을 생생히 그려 나간다.

Gamma: Exploring Euler's Constant
줄리언 하빌 지음 | 프리먼 다이슨 서문 | 고중숙 옮김

수학의 오일러 상수, '감마'를 본격적으로 진지하게 다룬 책.

옮긴이 권루시안은 전문 번역가로 활동하고 있으며, 메리 로취의《스티프》와《스푸크》, 데이비드 크리스털의《언어의 죽음》, 잭 웨더포드의《야만과 문명》, 피터 크라스의《월가의 영웅들이 말하는 투자의 지혜》, 아이작 아시모프의《과학에세이》, 앨런 라이트맨의《아인슈타인의 꿈》 등 많은 책을 옮겼다.

퀀트 : 물리와 금융에 관한 회고

1판 1쇄 인쇄 2007년 6월 26일
1판 3쇄 펴냄 2019년 9월 19일

지은이 | 이매뉴얼 더만
옮긴이 | 권루시안
펴낸이 | 황승기
편 집 | 박종훈
마케팅 | 송선경
디자인 | 소울커뮤니케이션
펴낸곳 | 도서출판 승산
등록날짜 | 1998년 4월 2일
주 소 | 서울시 강남구 역삼동 723번지 혜성빌딩 402호
전화번호 | 02-568-6111
팩시밀리 | 02-568-6118
이메일 | books@seungsan.com

ISBN 978-89-6139-002-6 03320

• 도서출판 승산은 좋은 책을 만들기 위해 언제나 독자의 소리에 귀를 기울이고 있습니다.